# 西方哲学原著
# 导读新编

A NEW GUIDE
TO
THE ORIGINAL WORKS OF
WESTERN
PHILOSOPHY

舒红跃 宋 伟 主 编
徐 弢 庄 威 副主编

社会科学文献出版社
SOCIAL SCIENCES ACADEMIC PRESS (CHINA)

# 目 录
# **Contents**

1

# 柏拉图的《申辩篇》和《斐多篇》

戴茂堂*

公元前 399 年春，苏格拉底以"慢神"和"蛊惑青年"的罪状受控，结果雅典法庭以 281 票对 220 票判处他死刑。本来，苏格拉底可以被赎走，或者逃狱。但他没有这样，而是在慷慨陈词、情感激越地反驳了法庭对自己的指控后，谨慎地做出了饮鸩而死的选择。换言之，苏格拉底的死与其说是法庭判处的，不如说是他自己选择的。苏格拉底几乎是毫无痛苦地迎接了他的死亡。黑格尔认为，苏格拉底的遭遇是高度悲剧性的。说它是高度悲剧性的，是因为苏格拉底的死不是一种偶然的灾祸，而是雅典的悲剧、希腊的悲剧、人生的悲剧。于是，苏格拉底的死便成了一个哲学事件，成了西方文化史上仅次于耶稣的死的第二个最著名的死。罗素说："柏拉图所描写的面临死亡的苏格拉底，无论在古代的还是近代的伦理上都是重要的。"① 本文力图通过柏拉图的《申辩篇》和《斐多篇》诠释苏格拉底的死并说明"死"在西方文化中特有的三重意义。

## 一 "死"是必然的：与神相比照

在苏格拉底看来，阿波罗神殿前的箴言"认识你自己"之所以如此重

———————

\* 戴茂堂，男，哲学博士，教授，主要研究方向为西方哲学、伦理学和美学问题。

① 〔英〕罗素：《西方哲学史》（上卷），何兆武、李约瑟译，商务印书馆，1963，第 176 页。

要，恰恰在于它提醒着每个人必须明了人生的有限性。一个自以为是的人是不会明了人生的有限性的；而一个苏格拉底意义上"自知其无知"的人当然是最懂得人生的有限性的人，并且他还懂得死亡是对人生有限性的最严肃的说明和提示。苏格拉底之所以被神认定为雅典最富有智慧的人，其实就在于他能自知其无知，而不是像那些自作聪明的人一样自以为是、傲慢无比。苏格拉底是神的仆人，生活在对神的完全服从之中，并总是带有几分幽默地讥讽这个他十分操心的人的世界。苏格拉底实现了希腊哲学从自然世界向人的世界的转向之所以显得格外瞩目，其实就在于他确定了人生哲学的真实主题恰好是死，并且以人尤其包括他自己的"必死性"揭示和诠释了什么叫"认识你自己"。显然，正是通过与神的比照，苏格拉底才发现：只有神是无限的，而人是必然要死的。在古希腊，尽管人神同形同性，但人神又很不一样。其中神是不死的，[①] 人是要死的；神知道一切，而人却一无所知或知之甚少。阿波罗神殿前的箴言"认识你自己"的深刻寓意在于：尽管人神同形同性，但人要认识到自己不是神而是人。而一旦人认识到自己是人不是神，人就得让神来规划自己生成的道路。其中，人"必然要死"就是神对人生做出的重大规划，可谓在劫难逃。因此，苏格拉底之死就有了宗教式的殉道意味，因为他对信仰的坚贞不渝表明，他具有一个真正的基督徒所具有的崇高德行。

死不是游离于人生之外的东西，而是内在于人生之中的东西。人总是"要"死的。在这里，"要"至少有两个意思：一是表示"必要""必然"，在这个意义上"要死"就是说死不可回避、不可逃离；二是表示"要求""索要"，在这个意义上"要死"就是说死是主动的寻求、渴望、意愿，而不是被动的给予。死本是普遍现象，只是战争把它的意义凸显了出来。战争中的死亡提示人们，死居然可以选择。战士之所以为战士，正在于他是为一个比生命更高的原则自愿去死的，这通常称为慷慨就义。费尔巴哈曾经在比较动物之死与人之死时的讨论中触及了这两个意思："正是因为人预见和预知他自己的死，所以，虽然他也像动物一样地死去，但他与动物不同，甚至能够把死提升为他意志的一个对象。我必然要死；但是，我不

---

① "没有不死，就没有上帝"，上帝之概念本身就是"不死之概念"。参见〔德〕费尔巴哈《基督教的本质》，荣震华译，商务印书馆，1984，第 234~235 页。

仅必然要死，而且，我也愿意死。"① 人人都必然会实际上遭遇死亡，尽管不是所有人都能理解死亡的必然性。

知道并理解了死的必然性，人生就能做到宁死勿辱、视死如归和大无畏，就能做到像对待生活一样对待死亡，而不至于"把死亡当作一个妖怪"②。面对死亡，就能表现出一种坦荡荡的大丈夫气概，而不是忐忑不安和心怀恐惧。柏拉图在《申辩篇》记录了苏格拉底这样的言辞："怕死只是不聪明而以为自己聪明、不知道而自以为知道的另一种形式。没有人知道死亡对人来说是否真的是一种最大的幸福，但是人们害怕死亡，就好像他们可以肯定死亡是最大的邪恶一样，这种无知，亦即不知道而以为自己知道，肯定是最应受到惩罚的无知。"③ 显而易见，问题不在于是否应该逃避死亡，而在于究竟应该怎么去面对死亡。知道了"必死无疑"的道理，人就能镇定自若、泰然处之，就能以乐观主义的态度去面对，勇敢地、努力地去抗争，而不是抱怨死亡、贪生怕死。苏格拉底的学生色诺芬是这样描述苏格拉底之死的："他不但不想乞求免死，反而认为自己现在死去，正是时候。他的这种想法，在他被判刑以后，就越发清楚了。""当时苏格拉底年事已高，即使那时不死，以后不久，他的生命仍然是要了结的；其次，他所失掉的只是所有的人都感到智力衰退的人生中最累赘的一段时期，而他所获得的则是：他显示了自己的精神力量；而且胜似任何人，他通过对于自己的案件所作的最真诚、最坦率和最正直的申诉赢得了光荣；并且最镇定、最勇敢地忍受了所判处的死刑。人们一直承认，直到目前为止，还想不起有任何比他更好地忍受了死的人。""他表现了英勇不屈的精神；因为自从他认定了，对他来说，死比继续活下去更好以来，他就一直坚定不移地面向着死亡迎上前去，即使是对别的美好的事情也没有这样坚定，他从来没有对于死亡表示过任何软弱，而是极其高兴地、耐心地等待着，终于献出了自己的生命。"④

① 《费尔巴哈哲学著作选集》（上卷），荣震华、李金山等译，商务印书馆，1984，第396页。
② 《柏拉图全集》（第1卷），王晓朝译，人民出版社，2002，第80页。
③ 《柏拉图全集》（第1卷），王晓朝译，人民出版社，2002，第17页。
④ 〔古希腊〕色诺芬：《回忆苏格拉底》，吴永泉译，商务印书馆，1984，第193、185、196页。

德谟克利特把怕死的人叫作"蠢人",并宣称"愚蠢的人怕死"。① 塞涅卡在《论幸福》中说:"只有在死的条件下我们才能够得到永恒的生。"在他看来,认识到死亡是新生的必要条件,就会滋生对死亡的冀望和追求心理,对死亡的恐惧心理就会化为乌有。在费希特看来,一切死亡都是诞生,正是在死亡中才可以明显地看到生命的升华。费希特说:"在自然的人常常视为罪过的那一切事情中,死亡对我来说是最微不足道的。我根本不会对我自己死亡,而只会对别人,对那些依然留下来的、我脱离其结合的人们死亡;对我自己而言,死亡之时就是一种崭新的、更壮丽的生命诞生之时。"② 黑格尔哲学把死亡看成对生命的扬弃和提升。亚历山大·科耶夫在他的《〈黑格尔读本〉导言》中说:"黑格尔的辩证法或人类学归根到底是一种死亡哲学。"③ 这是因为在黑格尔那里,精神这一黑格尔哲学最基本最高贵的概念自在地就是运动,就是自身返回到自身的运动。精神何以能够自身回复到自身?这就要靠它自己内蕴的否定力量。离开了精神的自我否定,就没有精神的自我超出,就没有精神本身。精神所拥有的这种自我否定力量不就是死亡吗?正因如此,精神生活既是充满否定的生活,也是充满死亡的生活。他在《精神现象学》里强调说:"精神的生活不是害怕死亡而幸免于蹂躏的生活,而是敢于承当死亡并在死亡中得以自存的生活。"④ 真正的精神生活必定要求具备一种敢于承担死亡的勇气。所谓承担死亡就是不要害怕死亡,也不要躲避死亡,要敢于直面自己应当被否定的方面,敢于去否定自己应当被否定的方面,不管自己经受怎样的风险和精神痛苦也在所不辞。

其实,人生就是一个与向你不断逼近的死抗争的过程,人生的意义也在这一抗争的过程当中来展现和完成。别尔嘉耶夫说得好:人如果永远不死,那生命便没有意义。在某种意义上说,死亡观恰好是人生观的核心,死亡哲学恰好是人生哲学的深化,因为恰恰是死亡之光照亮了生活的意

① 北京大学哲学系外国哲学史教研室编译《古希腊罗马哲学》,商务印书馆,1961,第116页。
② 〔德〕费希特:《论学者的使命 人的使命》,梁志学、沈真译,商务印书馆,1984,第214页。
③ 转引自段德智《西方死亡哲学》,北京大学出版社,2006,第190页。
④ 〔德〕黑格尔:《精神现象学》(上卷),贺麟、王玖兴译,商务印书馆,1979,第21页。

义，构成了生存的条件，标示了事业的完成。并不能将死亡理解为人生的一个消极的或否定的阶段，而是要理解为一个积极的或肯定的阶段。赫拉克利特说："在我们身上生与死始终是同一的东西。"① 黑格尔说："生命本身即具有死亡的种子。"费尔巴哈说："死本身不是别的，而是生命的最后的表露，完成了的生命。"② 海德格尔说，"只要此在生存着，它就实际上死着"，"死亡是一种此在刚一存在就承担起来的去存在的方式"。③ 这反过来可以帮助我们理解希腊哲人的言论："以正确的方式真正献身于哲学的人实际上就是在自愿地为死亡作准备"，"实际上终生都在期待死亡"。④ 从事哲学即是学习死亡。死亡问题不仅是哲学讨论的中心问题，更是哲学讨论问题的前提。从这种观点出发，我们可以明白，为什么叔本华说"死亡是给予哲学灵感的守护神和它的美神"，"如果没有死亡的问题，恐怕哲学也就不成其为哲学了"。⑤ 我们也可以明白，为什么海德格尔的存在论讨论的重大问题恰好就是死，为什么他的代表作叫《存在与时间》，为什么有人甚至将他的哲学称作"死亡哲学"。暂且撇开这么多的为什么，在他的存在论或者说死亡哲学中，至少有一点是确定无疑的：人从出生的那一刻起就已经把死接了过来，因此存在是死亡的开始，人是向死而生的，大可不必终日惶惶于死亡，只有死亡才能排除任何偶然和暂时的选择，只有自由地去就死，才能赋予存在以至高无上的目标。

## 二　"死"是幸福的：与物相比照

一般来说，"人类对死亡不可避免性和死亡终极性的思考，实质上是一个对灵肉关系或身心关系问题的思考"⑥。苏格拉底关于死的哲学理解，

---

①　参见叶秀山《前苏格拉底哲学研究》，生活·读书·新知三联书店，1982，第122页。
②　《费尔巴哈哲学著作选集》（上卷），荣震华、李金山等译，商务印书馆，1984，第208页。
③　〔德〕海德格尔：《存在与时间》，陈嘉映、王庆节译，生活·读书·新知三联书店，1987，第302、294页。
④　《柏拉图全集》（第1卷），王晓朝译，人民出版社，2002，第60页。
⑤　〔德〕叔本华：《爱与生的苦恼——生命哲学的启蒙者》，陈晓南译，中国和平出版社，1986，第149页。
⑥　段德智：《西方死亡哲学》，北京大学出版社，2006，第52页。

是和他对身体与灵魂的区分息息相关的。在他看来，灵魂显然与神圣的事物相似，是不朽的，而身体与可朽的事物相似。在《斐多篇》中，苏格拉底指出："当死亡降临一个人的时候，死去的是他的可朽部分，而他的不朽部分在死亡逼近的时候不受伤害地逃避了，他的不朽部分是不可灭的。"① 因此哲学家并不需要特别留意身体方面的情况，而是应尽可能把注意力从他的身体上引开，指向他的灵魂。有了这样的认识，哲学就没有必要去为身体的死亡而苦恼。事实上，哲学家的事业完全在于使灵魂从身体中分离出来。如果灵魂按正确的方式追求哲学，并且真正地训练自己如何从容面对死亡，就等于是在"实践死亡"，而死亡就意味着灵魂从身体中解脱出来了。所以苏格拉底把自己所有的时间都花在告诫雅典人，首先要关注的不应是他们的身体，而应是他们灵魂的最高幸福。②

对于世间万物来说，死是一个很外在的东西。事物可以消亡和灭迹，但却没有死亡意识。如果人仅是由物质所构成的，人反倒不会有实质上的死。然而，人是会死者，这就是说人是有能力去死的。人终有一死，终会断灭。这是因为人恰恰不只是由物质所构成的，而是超越物质的一种特殊的存在。在海德格尔眼里，作为"此在"的人是一会死者，是一能死者，他会以死为死，他能以死为死。但动物没有人类意义上的死亡，它们生命的完结不过是倒毙。明明白白地愿意去死、选择去死，这是人与自然界的根本不同。帕斯卡尔解释说："人只不过是一根苇草，是自然界最脆弱的东西；但他是一根能思想的苇草。用不着整个宇宙都拿武器来才能毁灭他；一口气、一滴水就足以致他死命了。然而，纵使宇宙毁灭了他，人却仍然要比致他于死命的东西更高贵得多；因为他知道自己要死亡，以及宇宙对他所具有的优势，而宇宙对此却是一无所知。"③

死的问题因此也就不再仅仅是一个自然现象，而且是一个形而上学问题。通过与自然之物的比照，恰好凸显死具有哲学的意义。海明威在《老人与海》中通过硬汉桑提亚哥揭示了这样一个道理：尽管可以消灭一个人的自然身体，但你就是不能打败他。在一切伟大悲剧的斗争中，毁灭了的

---

① 《柏拉图全集》（第1卷），王晓朝译，人民出版社，2002，第120页。
② 《柏拉图全集》（第1卷），王晓朝译，人民出版社，2002，第18、61、65、84、85页。
③ 〔法〕帕斯卡尔：《思想录》，何兆武译，商务印书馆，1985，第157～158页。

有价值的一方身体的力量失败了，但他们的精神力量却获得了胜利并往往获得了加倍的补偿。他们是肉体上的失败者，但却是精神上的胜利者。因为其精神的坚不可摧，还是让人感到由衷的惊叹，感到人生的胜利。相反，有的人虽然在肉体上活着，却从来感觉不到生活的愉快，享受不到生活的快乐。这就是苏格拉底所说的："谁做出了在永恒意义上的更有益、更高尚的事情，谁才是真正的胜利者。"① 正确地理解了死亡问题，我们在面临人生有死这个事实时也就能幸福起来，愉快起来。

所以，苏格拉底死的时候并不显得凄惨和悲痛，而是显得从容、幸福和愉快。色诺芬说："他的眼光、容貌和姿态，都表现出非常快乐的样子。"② 他曾对身边希望他申辩的人说："难道你不知道，到目前为止，我不承认有任何人生活得比我更好或更幸福吗？因我认为，生活得最好的人是那些最好地努力研究如何能生活得最好的人；最幸福的人是那些最意识到自己是在越过越好的人。"③ 在柏拉图的《申辩篇》中，苏格拉底说："我以为我碰上的这件事是一种福气，而我们极为错误地认为死亡是一种恶。"④ 在柏拉图的《斐多篇》中，苏格拉底说："在我看来一个真正把一生贡献给哲学的人在临死前感到快乐是很自然的，他会充满自信地认为当今生结束以后，自己在另一个世界能发现最伟大的幸福。"他还说："真正的哲学家为他们的信念而死，死亡对他们来说根本不足以引起恐慌。"⑤ 在苏格拉底看来，死亡无非就是两种情形之一：或者是一种湮灭，毫无知觉；或者是灵魂从一处移居到另一处。如果人死时毫无知觉，只是进入无梦的睡眠，那么死亡真是一种奇妙的收获；如果死亡就是灵魂从一处迁往另一处，如果所有死去的人包括赫西奥德和荷马都在那里，那么我们到哪里还能找到比死亡更大的幸福呢？⑥ 色诺芬在谈及苏格拉底之死时写道："当时苏格拉底年事已高，即使那时不死，以后不久，他的生命仍然是要了结的；其次，他所失掉的只是所有的人都感到智力衰退的人生中最累赘

① 〔古希腊〕色诺芬：《回忆苏格拉底》，吴永泉译，商务印书馆，1984，第195页。
② 〔古希腊〕色诺芬：《回忆苏格拉底》，吴永泉译，商务印书馆，1984，第195页。
③ 〔古希腊〕色诺芬：《回忆苏格拉底》，吴永泉译，商务印书馆，1984，第186页。
④ 《柏拉图全集》（第1卷），王晓朝译，人民出版社，2002，第30页。
⑤ 《柏拉图全集》（第1卷），王晓朝译，人民出版社，2002，第60、65页。
⑥ 《柏拉图全集》（第1卷），王晓朝译，人民出版社，2002，第30页。

的一段时期，而他所获得的则是：他显示了自己的精神力量；而且胜似任何人，他通过对于自己的案件所作的最真诚、最坦率和最正直的申诉赢得了光荣；并且最镇定、最勇敢地忍受了所判处的死刑。人们一致承认，直到目前为止，还想不起有任何比他更好地忍受了死的人。……所有和他在一起的人都清楚地看出，苏格拉底生活得和以前的时候没有一点两样，其实，在这以前，人们对于他比任何人都生活得愉快而恬静就已经非常赞叹了。任何人怎么能死得比这更好？有什么样的死比这样最英勇地死去更高尚呢？有什么样的死比这样最英勇地死去更幸福呢？有什么样的死比最幸福的死更为神所喜爱呢？"① 伊壁鸠鲁在谈及死亡时也显得格外豁达："一切恶中最可怕的——死亡——对于我们是无足轻重的，因为当我们存在时，死亡对于我们还没有来，而当死亡时，我们已经不存在了。因此死对于生者和死者都不相干；因为对于生者来说，死是不存在的，而死者本身根本就不存在了。"② 基督教靠的是对基督的信仰和厚爱，来保证在死亡面前做到镇定和达观。狄德罗靠的是对真理的热诚，来保证在死亡面前做到"愉快无比"。③ 在西方历史上，不仅苏格拉底的死是幸福而安详的，还有伊壁鸠鲁也是坐在盛满温水的澡盆里，手捧着酒杯"幸福"地走了，④ 弗兰西斯·培根也是在对知识的热烈渴求中"静静地死去"的。他们都平静地甚至是有风度地离开了人生宴会。

活着与活得高尚、活得正当并不是一回事。陀思妥耶夫斯基在《卡拉玛佐夫兄弟》中说："人类存在的秘密并不在于仅仅单纯地活着，而在于为什么活着。当对自己为什么活着缺乏坚定的信念时，人是不愿意活着的，宁可自杀，也不愿留在世上，尽管他的四周全是面包。"追求好的生活远远超过生活本身。人应该最高尚、最勇敢、最体面地活着，卑贱地活着是极其可悲的。没有根据地活着，将是"大地的负担"。⑤ 而高尚地死去，在苏格拉底看来，不是正在进入死亡，而是正在进入生命，一种"更

① 〔古希腊〕色诺芬：《回忆苏格拉底》，吴永泉译，商务印书馆，1984，第185~186页。
② 北京大学哲学系外国哲学史教研室编译《古希腊罗马哲学》，商务印书馆，1961，第366页。
③ 〔法〕安德烈·比利：《狄德罗传》，张本译，商务印书馆，1998，第386页。
④ 〔德〕马克思：《博士论文》，贺麟译，人民出版社，1973，第11页。
⑤ 〔俄〕陀思妥耶夫斯基：《卡拉马佐夫兄弟》，耿济之译，人民文学出版社，1981，第380~382页。

加丰富的生命"。正因如此，苏格拉底临死时守候在他身旁的忠诚的学生斐多向厄刻克拉底谈及他当时的感觉时说道："这种感觉非常特别，我竟然没有为他感到难过，而你们可能会想我会有那种面对临死前的亲密朋友的那种感觉。苏格拉底当时的行为和语言都显得相当快乐，厄刻克拉底，他高尚地面对死亡，视死如归。我禁不住想，甚至在他去另一个世界的道路上都有神的旨意在指引，如果人可以去那里的话，那么他到达那里时一切都会很好。所以我一点都不感到难过，而你们会认为在这样庄严的时刻应当感到难过。"① 活就活得充实，死要死得愉快。让死的恐怖缠住活人的心，是一种奴役。令人恐惧的不是死亡，而是对死亡的恐惧。苏格拉底以一种欢愉恬淡的心情向朋友、学生、过去告别，从死中得到了一个幸福安宁的归宿。黑格尔说："死使希腊人想到生活的享受……死亡对希腊人来说意味着生活。"②

## 三 "死"是独立的：与人相比照

通过与神的比照与区分，可以发现，对于人来说，死是必然的。这是人类自我认识的第一步。通过与物的比照与区分，可以发现，对于人来说，死是幸福的。这是人类自我认识的第二步。仅仅进展到人与动物这种区分，对人的认识来说显然还是不完整的。人要做到彻底地认识自我，还必须进一步将人与人自身加以比照与区分。人的世界的建立和历史的发展不是通过人与动物的分离，而是通过人与自身的分离而实现的。这种分离就是人与自身的区分，即与人自身的现实给予性的区分。③

通过与他人的比照，可以发现，对于人来说，死是独立的。也就是说，尽管每个人都必死无疑，但每个人的死都只能自己去完成，不能由别人来代替。死本质上只能是不可替代的"我"的死。死是世上最私有的东西，谁也帮不了谁，死是和别人毫无关联的，因而是"最本己的可能性"。因为在死亡中，我们的实存被切断，这最能使我们从死亡处境出发来认识

① 《柏拉图全集》（第1卷），王晓朝译，人民出版社，2002，第53页。
② 《黑格尔早期神学著作》，贺麟译，商务印书馆，1988，第52页。
③ 彭富春：《哲学美学导论》，人民出版社，2005，第102页。

实存的局限性，返归本原，达到本己，成为真人。所以雅斯贝斯说，体验死亡这一边缘处境和去生存是一回事，只要我们睁着眼睛迈进边缘处境，我们就成为我们自己了。用海德格尔的话说就是"此在的可能性质依借死亡而最为鲜明地绽露出来"，"死亡总只是自己的死亡"，"最本己的可能性是无所关联的可能性"。① 因此，死亡是此在本身不得不承担下来的存在可能性。只有死亡才能使人自身个别化，从而本真地作为他自己而存在。只有在死亡这个时候，人才能真正把自己与他人、集体、社会完全分离开来，从非本真生存走向本真生存。海德格尔断言，死是此在的最本己的可能性，只有它能把此在之"此"带到明处。为此，海德格尔提出"为死而在""先行到死亡中去"的著名论断。西方学者 L. 兰兹伯格在《死亡的经验》一书中指出："死亡意识是同人的个体化齐头并进的，是同单一个体的确立齐头并进的。"②

正是因为死对生命的意义构成了最大威胁和根本挑战，所以，死的独立性成为一条最高的原则和理由，要求人必须好好地筹划自己的生活，使之更加紧张、深刻、积极和充实。有了死亡意识，人就能获得人生的整体观念和有限观念，体悟出人生的有限性和短暂性，明确树立起自己生命的端点意识，把自己的生命如实地理解为一条有始有终的线段。有了死亡意识，人就能对自己的人生做出合理、切实可行的总体筹划，萌生出一种生活的紧迫感，从而双倍地享受和利用自己的有限人生，把自己的生命安排得更加紧张热烈。死亡的唯一性彰显出生命的内在价值和紧迫感，使每个人尽可能地去爱惜并享受自己的生命，使单个人从芸芸众生中分离出来，从日常共在的沉沦状态中超拔出来，走向超越的精神追求，使人为生命寻求高于生命本身的意义和根据。费尔巴哈说："正是因为我们明天就要死去，所以，我们不愿意在今天就大吃大喝，直到死了为止；正是因为我们不会永远活下去，所以，我们不愿意……在'吃喝嫖赌，杀人放火'中虚度年华，不愿意由于愚蠢和恶行而使我们的生活更为苦恼。"③

在某种意义上说，死既毁灭了人，又成全了人；既断灭人生，又成就

① 〔德〕海德格尔：《存在与时间》，陈嘉映、王庆节译，生活·读书·新知三联书店，1987，第310、315、317页。
② 转引自段德智《西方死亡哲学》，北京大学出版社，2006，第48页。
③ 《费尔巴哈哲学著作选集》（上卷），荣震华、李金山等译，商务印书馆，1984，第395页。

人生；既剥夺人生的意义，又赋予人生以意义。人大多数时间沉湎于日常的世俗生活中，不懂得筹划生活，更不懂得生活的价值。这就是斯宾诺莎所说的："世俗的一般人所追逐的名利、肉欲等等，不但不足以救济人和保持生命，而且反倒有害；凡是占有它们的人——如果可以叫做'占有'的话——，很少有幸免于沉沦的，而为它们所占有的人，则绝不能逃避毁灭。"① 有了死亡意识，人就极其容易摆脱俗累，毫无偏见地反思人生，并体悟人生不朽的真谛，从而把人生的有死性转换成为不死性。大凡对死亡无所意识的人，对生活也总是心不在焉。只有面临苦难特别是临近死亡时，那些无所用心的人才会突然醒悟过来，感到豁然开朗，明白很多事理，开始懂得对自己的人生负责，珍惜自己不可重复的生命，珍惜自己独一无二的本色。可见，人更容易从反面、从否定自己的一面来深刻而清晰地认识自我。死使自己觉悟，死中断了也终止了自己沉睡般的日常生活，并使自己从普通人和普通人的生活中解放出来，成为一个完全自由、完全独立的自己。所以苏格拉底强调："我从来没有过过普通人的平静生活。"② 海德格尔强调，此在有一个基本性质，就是"此"。也就是说，"这个存在者为之存在的那个存在，总是我的存在"。在海德格尔看来，人绝不是一个抽象的类概念，而是指单一的、具体的和不可替代的个人。如果此在在日常共在中丧失了自己的独立性，就是此在的沉沦。而死亡对于人之所以"性命攸关"，就在于只有"先行到死"才能使此在震惊不已，才能使人由"自己的死"充分意识到"自己的在"。

　　在黑格尔看来，一个人要达到独立的自我意识，非有死亡意识不可。因为死亡必然是对事物世界和功利世界的否定，正是依凭死亡，我们才能摆脱当下的欲望，而达到独立的自我意识。黑格尔还以生死态度区别了主人意识和奴隶意识。他在《精神现象学》"自我意识的独立性与依赖：主人与奴隶"一节中指出，存在两个"正相反对的意识的形态"，一个是主人意识，另一个是奴隶意识。所谓主人意识是指那种"独立的意识"，那种纯粹的自我意识，其本质是自为存在，也就是敢于拼命、敢于承担死亡

① 北京大学哲学系外国哲学史教研室编译《十六—十八世纪西欧各国哲学》，商务印书馆，1975，第 230 页。
② 《柏拉图全集》（第 1 卷），王晓朝译，人民出版社，2002，第 26 页。

甚至乐于一死的意识;所谓奴隶意识是指那种"依赖的意识",那种不是纯粹自为的,而是为他物的意识,其本质是为对方而生活或为对方而存在,也就是"死的恐惧在他的经验中曾经浸透进他的内在灵魂,曾经震撼过他整个躯体"的那种人的意识。因为主人可以激发奴隶为自由而战,把奴隶提升为主人,而追求自由——使人成为主人——的斗争恰好是历史的根本内容,所以在黑格尔看来,死亡不仅是精神超越意识达到自我意识的重要契机,不仅是主观精神达到客观精神、道德世界,成为伦理实体的重要契机,而且也是精神超越有限制的伦理实体达到更为普遍的"世界精神"乃至绝对精神的重要契机。[①]

俗话说:"不自由毋宁死。"活着,就要有自由。人之为人的本质在于精神,精神的本质在于自由,自由的本质在于超越。有了自由,人才有生死之间的超越,才有死的苦闷与焦虑,才有生的执着与期待。人的发展最重要的是人的精神的发展,是人的精神的不断自我否定、自我超越、自我提升。人只有在精神世界才可能超越必然限制,获得真正的自由,并找到人生的全部尊严和自信品格。当精神获得自由而不受它的眼前状态影响的时候,人才是真正不死的和永恒的;人也只有不贪生怕死,才能活出自由。活着就要活出自己的精神、自己的风格、自己的品位,不能依附别人,不能屈服于他人。如果能够为生命本身留出更多的自由空间,人就可以收获一份内在的悠然和充实,就能与身边的境遇保持一种欣赏的距离。苏格拉底就是这样要求自己的。苏格拉底申辩说:"我宁可去死也不愿用别的方法来换得活命。在法庭上,就像在战场上一样,我和其他任何人都不应当把他的智慧用在设法逃避死亡上。"[②] 宁愿要体面的和英雄的死亡,也不要苟且的和卑鄙的胜利。苏格拉底像一位艺术家一样热情地塑造着自己的人生,以至于黑格尔赞美苏格拉底是"一件完美的古典艺术品"。[③] 面对死神,伊壁鸠鲁高傲地宣布:"我已经预感到了你——命运,我已经以壕沟防卫自己以免你的全部偷袭。我们决不会像俘虏一样屈从于你或任何别的机遇。但是当我们走的时刻到来的时候,我们将蔑视人生,蔑视那些

---

① 参见段德智《西方死亡哲学》,北京大学出版社,2006,第194页。

② 《柏拉图全集》(第1卷),王晓朝译,人民出版社,2002,第28页。

③ 〔德〕黑格尔:《哲学史讲演录》(第2卷),贺麟、王太庆译,商务印书馆,1960,第48~49页。

徒劳迷恋人生的人，我们将听任人生高唱我们生活得很好的光荣凯歌。"①每个人死的机会与活的机会一样，都只有一次，且不能替代，所以特别值得珍惜。孔子讲"杀身成仁"强调的是人应当为仁而死，孟子讲"舍生取义"强调的是人应当为义而死。看来，人生既要学会如何去活，也要熟思如何去死。蒙田指出："对死亡的熟思也就是对自由的熟思，谁学会了死亡，谁就不再有被奴役的心灵，就能无视一切束缚和强制。"② 海德格尔说过，向死而生是人的自由原则。死和每个人的自由之所以有如此关联（海德格尔称为"向死的自由"），仅仅在于每个人都得把死亡这一最本己的可能性承担起来，面对自己的死亡，凭借自己的良心，自己选择自己，自己筹划自己，自己把自己的可能性开展出去。这样，死亡也就第一次获得了生存论－本体论的意义。

---

① 转引自段德智《西方死亡哲学》，北京大学出版社，2006，第 92 页。
② 《蒙田随笔集》，潘丽珍译，陕西师范大学出版社，2002，第 26 页。

# 2

# 亚里士多德的《形而上学》

陈 俊<sup>*</sup>

陈 俊<sup>*</sup>

形而上学（metaphysics）在西方一般是指哲学思想中最基本的部分，是讨论最根本、最普遍、最抽象的哲学理论的。亚里士多德根据学科的性质和用途将各门知识分为实践知识、制造知识和理论知识三个部分。实践知识主要包括政治学、伦理学，制造知识主要包括诗学和技艺，而理论知识则包括数学、物理学和形而上学（亚里士多德称之为第一哲学、神学）。在亚里士多德的知识体系当中，形而上学就是研究"作为存在的存在"的学问。下面我们就从"什么是本体"、"形式与质料"、"潜能与现实"以及"神学目的论"等几个方面来介绍亚里士多德的形而上学思想。

## 一 什么是本体

ουσια（"本体"）与 ον（"存在"）一词出于同一字根，是"存在着的东西"或"存在者（存在物）"的意思。亚里士多德认为，要了解一个事物，首先要知道它是"什么"，然后才能知道它"怎样"。"怎样"（如有"几个"、在"何处"、大小如何、颜色如何等等）是依附于"什么"才能得到了解的。所以这个"什么"，即"本体"应当是"第一存在"。从外延上讲，本体包括诸如各种物质元素（水、火、土、气等）以及它们

---

* 陈俊，男，哲学博士，教授，主要研究方向为政治哲学、环境政治学。

所构成的个别事物（如地上的动物和天上的星体）。从内涵上讲，本体就是一个东西中使它成为这个东西的最内在、最本质的东西。这有两层含义：第一，"别的每一事物都表述它，而它本身不表述别的任何事物"；第二，"那些既然成为一个'这个'，也就可以分离而独立的"①。根据第一层意思，本体就是"质料"，但根据第二层意思，本体最确切的意义乃是那不可以用来述说一个主体又不存在于一个主体里面的东西，例如某一个别的人或某匹马。也就是说，某一个别的人，如"苏格拉底"，就是一个本体，因为他不能用作述说任何其他主词的宾词。我们可以说苏格拉底是白的、胖的、有理性的，但不能说任何别的东西是苏格拉底；同时，他也不存在于一个主体里面，因为他自身就是主体，无须依赖任何别的主体而存在，他是独一无二的。因此，亚里士多德在其早期的著作中主张：具体的"这一个"是真正意义上的"第一本体"。但在其后期的著作——《形而上学》中，他却主张："形式""种的属"是最真实意义上的本体。可以看出，亚里士多德在寻求"本体"的过程中，他的思想是发生了重大变化的。下面我们循着亚里士多德的思想轨迹简要分析之。

在其早期著作《范畴篇》中，亚里士多德首先提出了界定本体的第一个标准："本体，就其最真正的、第一性的、最确切的意义而言，乃是那既不可以用来表述一个主体又不存在于一个主体里面的东西。"② 所谓"表述主体"，这是从逻辑上说的。在"甲是乙"这个判断中，甲是主词，乙是宾词，宾词是表述主词的。而"不可以用来表述一个主体"就是说，它永远是主词，而不能作宾词。凡是个别的、特殊的东西，例如特殊的颜色、个别的人和个别的马，这些都是不能表述主体的。凡是能够用来表述主体的东西，必然都是普遍的、一般的东西。例如：在"苏格拉底是人"这个判断中，"人"是一般的、普遍的东西，只能用更为普遍的"人"来定义（表述）具体的人——苏格拉底，而不能颠倒过来，否则就犯了逻辑

---

① 1028b36 – 1029a30.［本文引用均按照奥古斯特·伊曼努尔·贝克（August Immanuel Bek-ker, 1785 – 1871）编《亚里士多德全集》希腊文和拉丁文标准本页码标出，相应的中文译文可参阅《形而上学》，吴寿彭译，商务印书馆，1959；《形而上学》，李真译，上海人民出版社，2005；《亚里士多德全集》（第七卷），苗力田译，中国人民大学出版社，1993。下同。］

② 2a12 – 13.

错误。这个标准表明，越是普遍的东西越不能成为本体，因为定义事物就是用更为普遍的东西来表述较不普遍的东西，也就是从最普遍的范畴出发，通过"属差"一步一步限制、分解普遍范畴的过程，直至该事物不能再分为止。而所谓"存在于主体中"，"不是指像部分存在于整体中那样的存在，而是指离开了主体便不能存在"。① 例如，"白"的颜色是不能离开一个主体的。我们不能仅仅说"白的"，而必须说某个"白的"东西。所以亚里士多德在这里所说的"存在于主体中"的东西，实际上就是指本体以外的、依存于本体而存在的各种属性，而他所说的"不存在于主体中"的东西就是"本体"。

根据以上关于"本体"的标准，亚里士多德得出结论："只有个别的事物（个别的人、个别的马）才是第一性本体，而包含个别事物的种和属则是第二性本体。"② 何以具体的个别事物（这一个）才能称之为第一本体？第一本体之所以是最恰当的本体，是由于这个事实，即它们乃是其他一切东西的基础，而其他的东西或者是被用来述说他们，或者是存在于他们之中。③ 属和种在较弱的程度上也是如此。这个规定是从本体的一般逻辑规定"不可以用来表述一个主体"这一部分直接得出来的，"基础"可以同时理解为事物存在的基础和逻辑层次的底层。一个第二性的本体并不是一个个体，而是具有某一性质的一类东西。因为一个第二性本体并不像一个第一性本体一样是单一的、个别的，"人"和"动物"都可以用来述说一个以上的主体。而在第二性的本体中，属比种更接近于第一本体。比如，我们说"苏格拉底是人"和说"苏格拉底是动物"，虽然都是说明了本体，但前者比后者更中肯，更能说明苏格拉底的特征，而后者则更为一般化。④ 在此，亚里士多德实际上是想说，越是普遍的东西，它的本体性也就越小；而越是个别的东西，它的本体性也就越大。所以，只有个别事物才是第一本体。

再者，本体最突出的标志似乎是：在保持自身的同一性的同时却可以

---

① 1a23 – 24.

② 2a12 – 18.

③ 2b15.

④ 2b7 – 14.

容许有相反者的性质。① 这一点旨在强调本体作为“载体”的性质。一个人可以从没有教养变成有教养，就是在人这个“载体”上的性质的变化，但人本身没有变，张三还是张三，但加在他身上的东西却变化了。这也说明，本体作为主词是被述说的对象，它自身不表述任何东西。第二性本体之所以可以用来述说主词，就在于它还可以被再分，还可以对它加以限制和分割，而第一性本体则不可再分。这一点就是本体的“离存性”。所谓“离存性”就是变化之中存在不变的东西的这种状态。张三原来没有教养，现在有了。这里所变化的是加载在张三身上的偶然性质，而不变的则是作为载体的张三本人。本体是离去偶然性质自身存有的，然而它并非不具有任何一个偶然性质的赤裸裸的存在，乃是偶然性质的变化并不影响它的存在。

在《形而上学》中被称为“哲学辞典”的第五卷中，亚里士多德把本体分为如下几类。（1）简单的物体，包括水、气、土、火等元素，以及一般的物体和由这些元素组成的事物，因为它们不是表述一个主体的，而是别的东西表述它们。（2）那呈现于那样的事物中而不是作为表述一个主词的，是它们存在的原因。这里主要是指一个事物的“内伏的是因”，即形式。（3）出现于那样的事物中的部分，即限制它们并使得它们成为个体，而且由于它们的消失，整体也被摧毁。这主要是毕达哥拉斯和柏拉图等人主张的“线”“面”“数”。（4）本质（它的公式就是定义）也被称作每个事物的本体。由此，他进一步概括得出本体有两种意义。（1）终极基质，它不再是表述别的任何东西的；（2）那个作为一个“这个”，是可以分离存在的。每一个个别事物就最能被称为本体。② 在此，亚里士多德不仅将“个体性”和“离存性”赋予了具体事物，即他在《范畴篇》中所称的第一性本体，而且他也赋予了第二性本体中的“属”。例如，他说灵魂（一般被认为是动物的属差）是动物的存在的原因。“属”在此相当于他所说的“形式”。这是和《范畴篇》中关于“本体”的论述的不同之处。但亚里士多德在此并没有将“个体性”和“离存性”赋予“种”，这说明他还没有真正将“质料”看作本体。按照我国已故著名古希腊哲学研究专家

---

① 4a10.

② 1017b10 – 26.

陈康先生的说法，此时亚里士多德还没有提出"质料"这一重要的概念。①
但我们也应看到，他在这里所说的"终极基质"虽然是从逻辑上讲的，但
它已经完全具备作为"质料"的特征了。

在《形而上学》第十二卷前五章中②，亚里士多德关于"本体"的思
想发生了重要的变化。核心的是，他提出了一个非常重要的范畴——质
料。在此处，他根据是否"生灭变化"这个标准将本体分为三类③：第一
类是可感觉的事物，它们或者是永恒的（如永远做匀速圆周运动的各类天
体）；第二类是可生灭的（如动物和植物，也就是物理学所研究的对象）；
第三类就是不运动的东西（如数学所研究的对象，但亚里士多德更多的是
指永恒不动的、作为世界秩序和动力之源的"不动的推动者"，即"神"）。
他说："可感的本体都是可变化的。任何变化都是从对立进行，那么必定
有某种东西支撑在那变为对立的东西的下面。再者，有些东西持续着，而
对立并未持续存在。因此，在对立之外，有某个第三种东西，即质料。"④
在此，亚里士多德引入了"变化"这个范畴，并且通过这个范畴进一步来
论述"本体"的学说。

经过以上三个阶段的演进，到《形而上学》第七卷时，亚里士多德有
关"本体"的思想才最终确定下来。他主张，只有"形式""种的属"才
能称之为真正意义上的第一本体。

首先，他说，存在的主要意义就是它是"什么"，这就是指的本体。
因为，当我们问一个事物的性质是什么时，我们回答说，它是好的或坏
的。而当我们问它是什么时，则回答"他是一个人"或"他是一个神"。
所以，只有说明这种"什么"的，才是主要的本体，是"第一本体"。别
的存在都不过是它的性质，都是受本体规定的。比如，像"走路""健康"
"坐下"这样的词，都不是本体。因为它们都不能自我存在，都不能和本
体分离而单独存在。我们只能说，那个走路的人、健康的人、坐着的人是

---

① 汪子嵩等编《陈康：论希腊哲学》，商务印书馆，1990，第 262 页。
② 从亚里士多德的思想发展的逻辑脉络来看，第十二卷应该在时间上先于第七卷。因为在
这一卷中，亚里士多德引入"质料"这一重要范畴，为第七卷最终提出他的比较成熟的
"本体"学说打下了基础。
③ 1069a31 – 35.
④ 1069b4 – 8.

存在的。所以，正确地说，应该是：在这些"走路""健康"等的后面，还有某个确定的东西，这就是本体。①

接着他说，可以在多重意义上使用"本体"：本质、一般、种、基质。亚里士多德主要讨论了"基质"。"基质"这个词在希腊文中原本是指"在后面"或"在底下"的东西。从逻辑上讲，它是主词；从本体上讲，它是基础、基质。所以，所谓"基质"就是别的东西都是表述它的，而它是不表述任何其他东西的。因为那原初的支撑着一个事物的东西被认为是在最真实的意义上的它的本体。② 他说，有三种东西是被认为具有这样的基质的特征的，即质料、形状、前两者的结合。在这里，所谓"质料"，是指比如制造雕像的铜，雕像的形状就是它的形式，这两者的结合就是雕像，即那个具体的事物。那么，在这三种具有基质特征的本体中，哪一种是第一本体呢？他说，如果形式是先于质料的，而且是比质料更为真实的，那么，由于同样的理由，它也是先于两者的组合物的。③ 本来，在《范畴篇》中，亚里士多德就明确表示，具体的事物是"第一本体"，而他的属（形式）则是第二本体。但在此，他完全颠倒过来了。这说明他的思想发生了重大的转变。他说，如果说本体的特征仅仅在于它不表述别的东西，而是别的东西表述它，这种说法是不充分的，它可能会引起误解，即以为只有质料才是本体。因为，任何事物，如果我们将一切东西从它那里剥掉，最后留下的就只能是质料。那些别的东西，就是事物的偶然属性，如长度、宽度、深度等等。这些都是数量而不是本体。这些东西主要是属于本体的。所以，所谓"质料"，就是这样的一种东西，它自身不是一种特殊的事物，也没有一定的量，也不表示有任何范畴的规定性。所以，这个最后的基质本身，既不是特殊的事物，也没有特殊的量的规定性，还没有任何肯定的规定性，甚至连任何否定的规定性也没有，这才是最后的质料。

但亚里士多德也说，如果采取以上的观点，必然会得出质料是第一本体的结论。但这是不可能的。因为，本体的特征除了"别的每一事物都表述它，而它本身不表述别的任何事物"这一标准外，还有另外两个标准：

---

① 1028a10 – 31.

② 1028b35 – 1029a2.

③ 1028b36 – 1029a7.

个体性和离存性。所谓个体性，就是它所有的性质都是已经规定了的，它是"这一个"，与别的任何一个"这一个"不同。所以它是可以和别的分离开而独立存在的，这就是它的离存性。质料当然不能有这两个特征，因为，质料就是没有任何规定性的东西，它不能是"这一个"，不能和其他的东西分离存在。因此，从后两个标准来看，质料不是本体，形式和具体事物才是本体。而且在形式和具体事物之间，形式更是本体。因为具体事物是由形式和质料组成的，既然质料不具有个体性和离存性，具体事物的这两种性质就只能来自形式。所以，只有形式是第一本体。

## 二　形式与质料

亚里士多德形而上学思想研究的主题是本体。从开始有哲学以来，哲学家就在探讨万物的本原。所谓本原（arche），其本义是 beginning（时间上的开始、本初）和 origin（时间上的起源、起始）。早期自然哲学家大多采取"本原加生成原理"的思维方式来解释宇宙万物的来源与变化。他们所说的"本原"一般是具备一定物质形态的本体。当他们将水、气、火看作万物所从出而又复归于它的"本原"时，显然是将个别等同于一般，随之而来的是必然将个别事物及其属性一般化为物质的普遍属性。可是一种特殊形态的物质及其属性，无论怎样普遍化、一般化，都无法解释其他特殊形态的性质和变化。之后的巴门尼德将作为本原的具体的事物上升为一个抽象的概念"一"，这确实是哲学史上的一大飞跃。但巴门尼德的问题在于：抽象的"一"如何演变为万物？这里必然涉及一个"动力"问题。"本原加生成原理"经巴门尼德的冲击之后便动摇了。在巴门尼德之后，占据主流的是恩培多克勒、阿那克萨哥拉和原子论所代表的思维模式——"元素加组合与分解"，即用基本成分的组合与分解来解释万物的生成和变化。正因为要用元素的组合与分解来解释万物的生灭，所以需要为元素的分合注入某种动力——爱与恨、努斯等。这就意味着，"本原"除了有时间上的第一、起始、根源这一原本的意义之外，还进一步有了原因（动因）的意思。谈及动因，又必然涉及一个目的的问题。亚里士多德从苏格拉底寻求"定义的方法"和柏拉图的理念论、目的论中受到启发：爱与恨、努斯作为动力，作用于质料，所追求的目的是把质料变成某种

"是什么"，即用定义或公式所表述的形式。当且仅当质料具有形式的时候，它才能称其为"是什么"。这个形式就是事物之所是的"是"。不仅如此，这个形式还是被动的质料之所以运动变化的动力、原因、原理。这样一来，最初只具有物质形态意义的"本原"就被亚里士多德进一步引申为原因、原理。"是什么"正是动因作用于质料所要达到的目的。亚里士多德将早期自然哲学家们的物质形态的"本原"概念发展为更具哲学意谓的原因、原理范畴，在哲学史上具有重大的意义。在这里，我们要强调的是，亚里士多德所说的"原因"并非仅仅指"因果关系"，它更多的是指事物是其所是的"是"，是事物运动变化的最终根源，具有本体论意义。

他提出事物运动变化的最终根源有"四因"。

第一，质料因。所谓"质料"就是事物所由产生的，并在事物内始终存在的那个东西。质料又可以定义为：一切自然事物所依托的原初的基础，万物不是偶然地而是绝对地由之产生并且继续存在下去。① 从这个意义上讲，质料虽然是事物存在的必不可少的基础，但它仅仅是被动的、消极的、被制作的、惰性的、没有内在活力的材料。

第二，形式因。所谓"形式"亦即表述出本质的定义以及它们的"类"（属差）。也就是说，定义的属差就是一般形式的界说。亚里士多德的形式来自于柏拉图的"理念"，并带有"理念"的某些特征。所不同的是，柏拉图认为理念在事物之外，具体事物因"分有"它而存在。但亚里士多德认为，形式就在事物之内，形式和质料相结合构成事物。并且，亚里士多德还认为，形式先于质料，也即"理在事先"，形式是事物之所是的"是"，是真正的本体，形式是现实，是质料追求的目的。

第三，动力因。动力因就是事物运动变化的最初源泉。如出主意的人是原因，父亲是孩子的原因。一般来说就是那个使被动者运动的事物。受恩培多克勒以及阿那克萨哥拉思想的影响，亚里士多德认为凡运动必有制动者。这个制动者就是事物运动变化的动力因。对于自然事物而言，这个制动者就是内在于事物的形式；对于人造物而言，制动者是外在于事物的制造者。"凡运动必有动因"这一原理是推导出宇宙必有一个第一推动者（宇宙的形式、神）的大前提。

---

① 192a32 – 34.

第四，目的因。亚里士多德认为，任何一个系列都有一个终点，凡不完善的东西总要朝着完善的方向努力。因此，原因不是无限系列，否则会导致无穷后退，而目的因就是因果系列的终点。在亚里士多德看来，凡运动的东西都是不完善的，一切运动必定是为了自身的完善，因而都是朝向神性的。而只有永恒不动的推动者是最后的终极因，是完全的现实，是神性的本体。不动的推动者外在于运动的事物，它是作为运动的事物所追求的目的而对其产生作用的。

亚里士多德从"四因说"进一步引申出"质料与形式"的学说。他说，一般承认的本体都是可感觉的本体，而可感觉的本体全都有质料。本体有三种。①质料。他所说的质料不是一个现实的"这个"，而是一个潜能的"这个"。②公式或形式。这是一个能独立（分离）地给出公式的"这一个"。③二者的结合。这是能生成和毁灭的，能无条件地独立存在的。① 那么什么是质料呢？所谓质料，就是在一切对立的变化中，那个总是在后面支撑这些变化的东西。② 例如，在位置的变化中，有某个东西从这里到那里；在数量的变化中，有某个东西在增加或减少；在性质的变化中，有某个东西由健康到疾病。

按照亚里士多德的说法，质料还只是潜在的"这一个"，那么什么是现实存在的"这一个"呢？是形式。我们说事物存在，就是要说明它的这样或那样的特性。比如，一事物之所以是门槛（作为门槛而存在），就是因为它是在这样的位置上。所以，任何事物之所以是这个事物（它的本质），就是由这些特性来定义的。这些特性，也就是事物存在之差异性。认识事物必须掌握这些差异性，因为这些差异性就是事物存在的原则（本原）。③ 亚里士多德进一步说明，每个事物的本质就是它存在的原因，因此，我们必须去寻找那作为每一事物存在原因的差异性。而这样的差异性就是说明质料的现实性，就是形式。这一点通过给事物下定义就可以清楚地看出来。例如，我们为门槛下定义，说它是在如此这样的位置上的木和石，房屋就是在如此这样位置上的砖和木。

---

① 1042a24 – 31.
② 1042a33 – 34.
③ 1042b11 – 34.

因此，任何具体可感的事物（"这一个"）都必须是由质料和形式共同组成的。但在形式与质料之间，谁起决定性作用呢？亚里士多德强调，决定一个事物之所以成为这个事物的不是质料，也不是质料的任意组合，而是它的形式。这个思想正好与德谟克利特的原子论思想相反。德谟克利特认为，作为质料的原子才是万物的"本原"，而形状、位置、排列等标示原子组合的差异性，不过是原子存在的样式而已。但是，亚里士多德却认为这些不同的差异性（形式）才是决定这个事物之所以成为这个事物的东西，才是事物的"本质"。所以，砖、石是房屋的质料，但并不是砖石组合起来就是房屋。房屋之所以成为房屋，必须有一定的形式，按这种形式组合起来才是房屋。

形式和质料本身都不可能是生灭变化的。在亚里士多德看来，每一个生成的事物，都有几个因素：①由于某种动力生成的；②从某种东西生成的；③生成为某一种东西。因此，每个生成的事物都可以分析为形式、质料和具体事物这三种因素。亚里士多德强调，在这三者之中，形式和质料都不是生成的，只有具体事物才是生成的。因此，所谓"生成"，乃是将形式装进一个特定的质料中去，结果就成了一个具体的事物。[①] 任何生成的事物总是有事先已经存在的某种东西，其中之一就是质料，另一个则是形式。我们只能说形式出现在具体事物之中，形式被装进一个特定的质料之中，而绝不能制造出某个形式。

## 三　潜能与现实

"潜能与现实"这一对范畴，在亚里士多德的哲学思想中，同"质料和形式"这一对范畴一样，占有极其重要的地位。要理解亚里士多德本体学说，就必须理解质料与形式的关系。因为任何具体的事物都是由质料和形式组合而成的，而质料和形式又是同潜能与现实密切联系的：质料是潜能，形式是现实。质料与形式说的是事物的构成方式，而潜能与现实则说的是它们的存在方式。将事物分析为质料和形式，这只是将事物做静止的分析。但在亚里士多德眼中，整个宇宙体系并不是一个静止固定的系统，而是一个万物朝着宇宙的终极目的不断奋进的动态过程，是一个不断从纯

---

① 1033b10.

质料向纯形式、由潜在的状态向现实的状态运动变化的过程。这个运动变化过程最终的动因就是作为纯形式而存在的宇宙的终极目的，它是除了神（纯形式）之外的所有的存在物为之奋斗的运动根源。所以，亚里士多德实际上是把这个宇宙系统看作质料和形式、潜能与现实辩证关联的产物。这种辩证关联是能动的，它使整个体系都处在走向某个终极目的的运动之中。而在这种运动过程之中，整个宇宙体系就呈现出一种自下而上的不断上升的等级结构。在这一结构中，最低级的是纯质料，它只是一种可能性，一种潜能；最高级的是纯形式，它就是宇宙不动的推动者，是"神"。这两者在现实的宇宙中都是不存在的，而现实的宇宙中存在的都是由质料和形式结合而成的具体的事物。在这个等级结构体系中，使之运作起来的最内在的动力源就是既作为动力因又作为目的因的形式本身。

什么是潜能？亚里士多德说，潜能的主要的意义就是指"在某些其他事物中的变化的源泉，或者是就在这种事物本身，却不是作为这种事物，而是作为另一种事物"①。举例而言，建筑术是一种能力，它并不存在于那被建筑的事物之中，而是在建筑师的心里；医疗术也是一种能力，它可以存在于被医疗的人心中，但是在这种情况下，这个人已经不是作为被医疗的人，而是作为懂医术的人了。② 而所谓"现实"，就是事物的出现，但不是在我们说的"潜能的"那种意义上。③ 我们说"潜能的"是指例如未成形的雕像作为潜在的还存在于石头中，半段线还存在于全段线中。当前者还没有被雕刻出来，后者整段线还没有被割断的时候，它们都是尚未变成现实的存在，只能是潜在的存在。如果从质料和形式的角度来讲，现实的就是形式得以实现出来。例如种子是潜在的大树，大树是种子最终所追求并要去实现的形式，当种子长成大树，它就从潜在的变成现实的了。因此，从这个意义上讲，形式就是现实，质料就是潜能。

在《物理学》这部著作中，亚里士多德用潜能与现实的关系来定义"运动"这一范畴，从中我们可以进一步理解这两者的关系。他说，我们可以把运动或变化定义为潜能之为潜能的实现过程。④ 也就是说，运动不

---

① 1046a9 – 11.
② 1019a15 – 18.
③ 1048a31.
④ 201a11.

同于潜能，也不同于现实，运动是事物由其潜能状态向现实状态，也就是由质料向形式的转变过程。当然在这一转变过程中，质料不会自动地变为形式，潜能不能自动地变为现实。凡运动都必有一动因。这个动因或者存在于动变事物之中，或者存在于动变事物之外。在人工制品那里，动力在建筑师、雕刻师等制动者那里。而在形式与质料结合的自然物体那里，动因就在自然物体的形式因中。"推动者总是形式。"① 因为形式正是质料所追求的目的，正是这种追求给自己以动力。因而，在某种意义上讲，形式因、目的因与动力因在亚里士多德那里是三而一的东西。

那么，"潜能与现实"两者之间谁先谁后呢？这个看似平常的问题，却有着重要意义，是我们理解亚里士多德的第一本体的重要依据。亚里士多德的基本结论是"现实先于潜能"。② 他是从三个方面进行论证的。

第一，从定义上说（也就是从逻辑上说），"潜能"的最初意义就是有可能变为现实的。所以，建筑的潜能就是"能建筑的"；看的潜能是能看的。在潜能的公式中，已经包含了现实的东西（比如要建筑的东西、将要看到的东西）。我们要知道哪个是潜能的，必须先知道哪个是现实的。③ 所以，现实在逻辑上先于潜能。

第二，从时间上说，一般常识都认为潜能在先，因为成年人（现实的大人）总是由小孩（潜在的大人）成长而来的，大树都是由种子生长而来的。但亚里士多德论证道：是什么东西使得潜能变为现实的呢？如果不是现实已经存在在先，那么潜能将永远处在潜能状态，而不可能变为现实。这里的关键在于：必有一个动因导致由潜能向现实的转变，而这个动因就是现实。由此可以进一步推论：整个宇宙之所以运动变化，就是有一个作为绝对现实（纯形式，神）的第一推动者存在，它是最先存在的。正是它的在先存在引起、推动整个宇宙由低级向高级运动，从而使得整个宇宙成为一个"伟大的存在之链"。任何具体事物，包括人在内，都是这个存在之链上的一环。存在之链的两端是纯质料（绝对潜能）和纯形式（绝对现实）。由此，亚里士多德就推出他的神学目的论。"神"就是绝对的现实，就

---

① 202a10.

② 1049b4.

③ 1049b10 – 17.

是纯形式。它赋予宇宙秩序和动力，但自身却是永恒不动的第一推动者。

第三，从本体论上说，现实也是先于潜能的。首先，从通常的事物来看，运动变化在后的事物，在形式和本体上却是在先的。比如，从小孩到成人，成人在后，但成人比小孩具有更多的人的形式。其次，任何运动都是朝向一个目的的，而现实性就是目的。潜能则是为了要达到这个目的。比如，动物并不是为了要有视觉才去看的，而是为了要看才有视觉的。最后，质料之所以是潜能的存在是因为它要获得形式。当它获得形式时，它就是现实的存在了。由此看来，在论述现实先于潜能的过程中，亚里士多德始终是围绕着目的论来展开的，因为，任何运动变化都是目的在先，而现实就是目的。

## 四 神学目的论

亚里士多德的神学目的论思想是从论述永恒不动的"第一推动者"开始的。他在早期著作《物理学》中，将运动的要素分为五个：推动者、运动者（被推动者）、运动所经历的时间、运动所从出的起点、运动所趋向的目的。在这五个要素中，亚里士多德认为最重要的是三个：推动者、运动者和运动所趋向的目的。其中运动者就是运动的主体、运动的承担者。所谓"运动"，其决定性的因素就是致动者推动运动者在运动。所以，亚里士多德根据这个原理给运动下了一个定义：运动就是能推动的东西作为能推动者，能被推动的东西作为能被推动者的实现。[①] 按这个定义，必然得出一个非常重要的结论：凡运动着的事物都必须被某物所推动。[②] 也就是说，凡运动必有原因（动因）。

在亚里士多德看来，如果从运动的动因来看，运动可分为两种：被自身所推动（如动物）和被外力所推动。同时，也可按另一种分法将运动分为自然的运动（如重物向下，轻物向上）和反自然的运动（如重物向上，轻物向下）。[③] 如果将上述两种分类相结合，即可得出四种运动。第一种是既是自然的，又是被自身所推动的运动。如动物的运动，它既是自然的

---

① 202b27 – 28.

② 241b24.

③ 254b13 – 15.

（非外力推动），又是被动物自身的灵魂所推动。第二种是反自然的，但却是被自身所推动的运动。如运动的躯体为了某种目的向上跳跃，跳起来必然又回到地上，因为回到地上才是自然的。第三种是被外力所推动，而又是反自然的运动。如人将一重物向上扔，既是在外力作用下，又是反自然的。第四种是被外力所推动，但却是自然的运动。① 第四种运动的重要性在于："在任何情况下，推动者与被推动者都是分离的。"②

通过以上分析，亚里士多德得出结论："一切运动着的事物都是或者依据自然而运动，或者反自然而强制地运动；所有强制的、反自然的运动都由某个外在的推动者所推动，而合乎自然的运动也是由某一推动者所推动，其中有些事物如动物是被自身所推动，有些不是被自身所推动，例如轻的、重的东西。既然如此，显然所有运动着的事物都是由某个推动者所推动。"③ 又由于所有事物都是在追求从不完善向完善的超越，而且原因不是无限的系列，因此，亚里士多德就必然得出存在"永恒不动的第一推动者"的结论。

亚里士多德又从潜能与现实这个角度进一步论述永恒不动的推动者。在他看来，这种永恒的本体必须具有这样一种原则，它的本质恰恰就是现实性。这样的本体就是不带任何质料的本体。有质料就有潜能，不带任何质料的本体，才能是完全意义上的现实性。要能成为永恒运动的本体，必须是这样的完全现实的本体。④ 因此，永恒的本体必须是完全现实的、不带任何质料的本体，这样它才能成为永恒的运动的原因，而自身却又是不动的。既然永恒的本体是完全的现实的，那么也必然得出"现实先于潜能"的结论。亚里士多德说，如果潜能在先，它怎么会成为现实？潜能自己不会运动，不能成为现实，必须有另一种力量使它运动，这种力量不能是潜能，必须是现实的。这种现实在先，就是由阿那克萨戈拉的"努斯"表现出来的，也是由恩培多克勒的"爱"和"恨"表达出来的。这些"理性"、"爱"和"恨"就是现实性，就是动因。⑤

---

① 254b12 – 24.
② 255a17.
③ 255b31 – 256a3.
④ 1071b12 – 22.
⑤ 1072a4 – 9.

那么这种永恒不动的推动者是什么呢？亚里士多德说，这就是愿望的对象和理性（努斯、思想）的对象，它是主动而不是被动的。愿望的对象和理性的对象基本上是相同的。因为愿望就是以好的东西，即"善"作为自己的目的。而真正好的东西、真正的"善"是只有理性才能认识的。①因此，亚里士多德所说的不动的动者实际上是柏拉图在《理想国》中说的那个最高的"善"。而理性的对象，不是什么别的东西，正是事物运动所要达到的目的。所谓目的，就是表示某种存在，一种活动是由它的善才完成的，这就是运动所要达到的那种东西。作为目的因它是不动的，但是因为它被"爱"，别的事物想要达到它，这才产生了运动。

既然理性的对象和原则是"善"，一切天体和自然界都是依赖这个原则的，而且"善"也是我们能够享受的最好的生活，善的现实就是幸福，我们只有达到理性，那才是最愉快、最幸福的。而这样的理性就是"神"。亚里士多德说，"神"总是在善的状态中存在的，而我们却只能偶尔做到这一点。所以我们只能敬佩神，赞美神。神越好，我们就越加敬佩和赞美它。生命也是属于神的，因为理性的现实性就是生命，而神就是现实性。神的自我依存的现实性就是最善的、永恒的生命。所以我们说神是有生命的存在，是永恒的最善的存在。那永远延续的不朽的生命是属于神的。因为这就是神。②亚里士多德说神是有生命的存在，这并不是说它像人一样是具有生命的，像古代神话中的神，有生有死，还有各种活动。亚里士多德所说的神不是这种人格神。说神有生命只是说它是现实性的，永远是能动的、主动的，不是被动的和潜在的。因为它是这样的现实性，所以它是生命，是永恒的存在。

亚里士多德把自己的形而上学称为"神学"不是没有原因的。实际上，他的整个"第一哲学"体系，离开了神的第一推动力，都将毁于一旦。不过，亚里士多德的神已不是以往的宗教的神，而是哲学的神、理性的神。他的这个思想对中世纪的经院哲学产生了巨大而深远的影响。从长远来说，西方哲学史中的唯心论思想几乎都是从他这个思想出发的。③

---

① 1072a26-29.

② 1072b24-30.

③ 汪子嵩：《亚里士多德关于本体的学说》，人民出版社，1983，第83页。

3

# 奥古斯丁的《忏悔录》

汪 震[*]

奥古斯丁（354～430）是古代拉丁教父中著述最多的一个人，他的思想充分体现在他的神学三部曲之中——《忏悔录》《上帝之城》《论三位一体》。这三部曲有一个共同的主题，就是认识神和认识自己。《论三位一体》是从上帝的角度来认识人神之间的关系，《上帝之城》是从人类的角度、从上帝对整个人类的救赎计划中看待人神之间的关系，《忏悔录》则是从个人的角度、从个人的心灵体验中来看待人神之间的关系。《忏悔录》全书共有13卷，从内容上来看，可以分为两个部分。前九卷是奥古斯丁对自己从出生到33岁时母亲病逝的回忆和自述。第十卷到第十三卷则集中体现了奥古斯丁的神哲学思想。全书感情真挚，奥古斯丁对自己的行为和思想做了十分细腻的分析和自省，文笔优美生动，别具一格，成为晚期拉丁文学中的代表作，被列为古代西方文学名著之一。

## 一 偷梨事件和对善恶的思考

奥古斯丁在前九卷主要回忆和叙述了自己从童年到青年的成长过程，这也是他通过对自己经历的自省，借助理性来理解信仰、发现神、发现上帝的真理的过程。在这个过程中，最具有代表性的事件就是他在第二卷中

---

* 汪震，女，哲学博士，讲师，主要研究方向为西方哲学、宗教学、精神分析学。

记述的偷梨事件，正是这个发生在年少时期的恶作剧开启了奥古斯丁对善恶的思考，最终引导着他归向基督教的上帝。

奥古斯丁于公元 354 年 11 月 13 日出生于北非的塔加斯特城，即今天的阿尔及利亚的苏赫阿克拉斯，此时的北非已经完全并入罗马帝国的版图，处于罗马政治和文化的笼罩之下。基督徒在罗马帝国的初期一直处于受压迫和迫害的地位，直至罗马帝国皇帝君士坦丁于公元 313 年发布"米兰诏谕"，停止基督徒受迫害的命运，基督教才获得了合法的地位，罗马帝国也终于开始重视和利用基督教。公元 380 年，罗马皇帝迪奥多西当政期间，颁布了各种禁止信仰非基督教的异端的命令，使基督教逐渐获得了作为罗马国教的地位。

奥古斯丁的父亲同当时许多罗马公民一样仍然是异教徒，并且对奥古斯丁怀有世俗的厚望，这一直影响着奥古斯丁的青少年时代。但奥古斯丁的母亲莫妮卡是一位虔诚的基督徒，一心希望他皈依基督教，并在奥古斯丁的成长过程中一直为他担忧，劝导着他，希望他远离肉欲色相的诱惑，过纯洁高尚的生活。母亲作为基督徒对道德教导的恪守，无疑打开了奥古斯丁生活的另一扇门，随着他的成长，成为打开其心灵的新方向。

奥古斯丁 7 岁开蒙，进行小学教育，识字算术，12～16 岁在文法学校学习文法、诗、历史。这两个阶段的学习他都是在家乡和在父母身边度过的。奥古斯丁 16 岁时因家庭困难辍学在家，没能去迦太基上雄辩术学校，《忏悔录》第二卷中详细记载了这一年他和一帮浪荡的年轻人厮混在一起，在少年们的轻狂不羁的游乐中，发生了偷梨事件。奥古斯丁对这件事情的反思和自省开启了他对善恶的思考。他在《忏悔录》中仔细地分析了自己为什么要偷梨取乐："果子是美丽的，但我可怜的心灵并不贪那些果子，因为我有更多更好的；我摘这些果子，纯然是为了偷窃，因为我到手后便丢掉，仅仅饱餐我的罪恶，享受犯罪的乐趣。即使我丢下一两枚，这也不过作为罪恶的调味而已。"[①] 令奥古斯丁疑惑的是，自己明明知道偷窃是一种恶，为什么作恶会令自己感到欢喜呢？奥古斯丁从小受母亲基督教教义的教导，在基督教教义中，上帝是全然的独一的至善，包括人在内的万有

---

① 〔古罗马〕奥古斯丁：《忏悔录》，周士良译，商务印书馆，1963，第 32 页。

都是上帝所创造的，既然独一至善的上帝所创造的一切都应该是善的，那么恶又是从何而来的呢？

有关善恶问题的思考由此开始并一直伴随奥古斯丁的整个青壮年时期。他 17 岁时在亲戚的帮助下进入迦太基的雄辩术学校学习修辞学，在此期间，西塞罗的作品给了他很大的影响，引发了他对哲学的兴趣，开启了他的哲学视野。由于基督教教义无法回答恶来自哪里，来自摩尼教的教义对恶的理解给奥古斯丁提供了一种解答。在摩尼教的世界图示中，来自光明之神的善和来自黑暗之神的恶分属两个对立的实体，处在永恒的斗争之中。人的肉体来自于黑暗之神，灵魂则来自光明之神，那么同时拥有肉体和灵魂的人自然也处于善恶之中。当来自黑暗之神、代表着恶的肉体支配着人的时候，人就会作恶；当来自光明之神、代表着善的灵魂支配着人的时候，人就会行善。摩尼教教义的善恶二元论能够很好地解答为什么世界上会存在恶，但是也存在一个"难题"，既然人的作恶和行善不是出于人的意志，而是来自于人之外的、人自身无法控制的代表着恶或是代表着善的神，那么人既无须为自己作恶承担责任，也无须为自己的行善而获得报酬。既然人的作恶或行善都不是出于自身而是来自于自身之外的神，那么自然就会有免责和免酬，即人无论做什么都与自己没有关系。由此，摩尼教关于善恶起源的观点最直接的后果就是会鼓励人把自己的作恶归因于黑暗之神的支配，即让你作恶的不是你自己，而是那个所谓的代表恶的黑暗之神。奥古斯丁从 19 岁到 29 岁，在信奉摩尼教的十年间，受这种观念的教导，也沉溺情欲，追逐名利，过着十分放荡的生活。但是，他在迦太基所受的哲学训练，又使他对摩尼教善恶二元对立的宇宙观有进一步思考：为什么善恶这两种力量会处在永恒的斗争当中？在何种情况下善能够战胜恶？在何种情况下恶能够战胜善？

对于这些疑问，奥古斯丁希望摩尼教教义能够解答，但摩尼教只命令信徒们相信，而不是通过合理的阐释和论证让信徒们相信。公元 383 年，奥古斯丁 29 岁那年，受人敬仰的摩尼教主教福斯图斯来到迦太基，奥古斯丁本以为心中的疑惑可以通过他而得到解答，然而，尽管主教福斯图斯的辞令令人欣赏，但受过哲学训练的奥古斯丁仍然能够分辨出辞令和真理之间的区别，"我明白地看出他对于我以为他所擅长的学问是一无所知，我本来希望他能解决我疑难的问题，至此我开始绝望了。如果他不是摩尼教徒的话，那么即使他不懂这些学问，也可能具有真正的虔诚的信仰。但摩尼教的书籍，满纸是有关天象日月星辰的冗长的神话，我希望的是福斯福德能参照其他书籍所载根据推算而作出的论证，为我做明确的解答，使我知道摩尼教书中的论点更可取，至少对事实能提出同样使人满意的解答"①。

怀着对摩尼教的怀疑和失望，奥古斯丁于公元 383 年离开迦太基，前往罗马，第二年去了米兰，此后他一直在米兰从事雄辩术的教学工作，直到公元 387 年皈依基督教。在此期间，基督教主教安布罗西乌斯使奥古斯丁对基督教的教义有了新的认识。奥古斯丁青年时期阅读《圣经》，认为《圣经》文字太质朴，不够优美，里面甚至还有许多矛盾之处。但是基督教主教安布罗西乌斯从文字的精神意义来诠释解答《旧约》的方法，打开了奥古斯丁对基督教认识的新维度，改变了奥古斯丁青年时代只是限于字面意思来理解《圣经》而留下的对《圣经》的印象，所以他说："我不再用过去的眼光读《旧约》的律法和先知书了，过去看到许多矛盾荒谬之处，指责你的圣贤们有这样的思想，而其实他们并无这种思想。我很高兴听到安布罗西乌斯在对群众布道时一再提出要我们谨守的金科玉律：'文字使人死去，精神使人生'；对有些记载，单从字面看，好像错谬，他移去神秘的帷幕，揭出其精神意义，虽则我对于他的见解还不能辨别真伪，但听后并不感到抵触。我执持着我的心，不敢轻易相信，害怕堕入深渊，可是我的趑趄真害死我。我希望对于我所不了解的问题，能像三加七等于十一样地明确起来。当然我不会如此狂妄说这一点也不能理解，但我要求其他一切，凡我耳目所接触不到的物质，或我思想只能悬拟为物质的精神体，也都能同样地明确起来。"②

基督教的主教有能力合理地解答难题，奥古斯丁也改变了对基督教教义的看法。"从这时起，我已经认为公教教义比较可取、比较审慎而且绝不用欺骗手段命令人相信未经证明的——或是可能证明而不是任何人都能领会的，或是不可能证明的——道理、不像摩尼教人冒失地标榜科学、讪笑信仰，却以无法证明为借口，强令人相信一大批荒唐的神话。"③尽管如

---

① 〔古罗马〕奥古斯丁：《忏悔录》，周士良译，商务印书馆，1963，第 84 页。
② 〔古罗马〕奥古斯丁：《忏悔录》，周士良译，商务印书馆，1963，第 102 页。
③ 〔古罗马〕奥古斯丁：《忏悔录》，周士良译，商务印书馆，1963，第 103 页。

此，但是他仍然没有完全排斥摩尼教，而是认为双方应该是旗鼓相当的，除非能够找到一种可以彻底证明摩尼教观点错误的可靠证据。

## 二　信仰寻求理解

奥古斯丁想通过理性来证明摩尼教信仰的错误，或者说想进一步用理性来理解基督教信仰的真理性，新柏拉图主义为奥古斯丁认识到基督教的真理性、彻底脱离摩尼教提供了思想上的准备。

奥古斯丁说："这时，我读了柏拉图派学者的著作后，懂得在物质世界外找寻真理，我从'受造之物，辨识你形而上的神性'，虽则我尚未通彻，但已认识到我灵魂的黑暗不容许瞻仰真理究竟是什么，我已经确信你的实在，确信你是无限的，虽则你并不散布在无限的空间，确信你是永恒不变的自有者，绝对没有部分的，或行动方面的变异，其余一切都来自你，最可靠的证据就是它们的存在。"[1]

新柏拉图主义者普罗提诺认为，太一是万物终极唯一最高本原，它自身是绝对超越的，太一是第一原理，它是单纯的而不是复合的，因而普罗提诺经常以神、善来称谓太一。种种事物在其内部都是有原因的，没有一种事物是偶然产生或没有目的的，所有一切都来自善，一切实在都是从神那里流溢出来的，所以恶并不是一种实在，而是因为善的缺乏。

奥古斯丁从青少年偷梨事件之后就一直在思考恶的起源问题。基督教信仰的核心就是信仰一神的至善的上帝，但是至善的上帝怎么会令世界有恶呢？摩尼教教义善恶二元的观点虽然很好地解答了恶的来源，但是无法说明为什么善恶这两种力量会处于永恒的斗争中。借助于新柏拉图主义者普罗提诺关于恶是善的缺乏的观点，奥古斯丁认识到了基督教的真理性，即上帝是至善，创造了一切，恶是上帝善的缺乏，从理性层面认识到了信仰的真理性。

奥古斯丁虽然借助新柏拉图主义的学说从理性上认识了《圣经》的真理性，但是他仍然无法下定决心彻底皈依基督教，因为当时的他热衷名誉，渴望婚姻，直到发生了几件事情，那成为他皈依基督教的契机。

---

① 〔古罗马〕奥古斯丁：《忏悔录》，周士良译，商务印书馆，1963，第142页。

一件事情是他从朋友处获悉受人敬佩的新柏拉图主义者维克托利努斯在逝世前皈依基督教。维克托利努斯在当时的罗马享有极高的声誉和地位，因为他不仅精通各种自由学术，批判过许多哲学著作，奥古斯丁读过的新柏拉图主义的著作大多是他翻译成拉丁文的；而且他对教育也贡献卓越，罗马元老院的众多元老大多出自他的门下。他在皈依基督教以前经常以其出色的雄辩术为罗马的诸神辩护，直到他研读了《圣经》之后，认为柏拉图学派的学说用各种方式表达了天主和天主的道。他在生命的后期皈依基督教，接受公开的洗礼，这不仅意味着他放弃了自己曾为之辩护的信仰，也意味着他放弃了自己的辉煌的世俗成就。所以，维克托利努斯皈依基督教所引起的轰动可想而知。这件事自然也深深震动了奥古斯丁，让他不仅感受到了维克托利努斯的意志和决心，也更加认识到了基督教信仰的力量。

另一件事情则是奥古斯丁的一位来自非洲的基督徒朋友蓬提齐亚努斯的到访，他讲述了许多修士们在旷野献身上帝的诸多修行的神奇事迹。这些修行事迹的神秘色彩似乎是上帝对信徒的召唤，似乎也只有具有超凡意志的人才能够感受到上帝的召唤。

这两件事情令奥古斯丁认识到，人们想过怎样的生活，除了理性认识的指导外，更需要个人的意志，意志本身是人们进行决断的原因。尽管奥古斯丁在理性上认识到了基督教的真理性，但是青年时代的奥古斯丁在意志上一直无法摆脱世俗名利和情欲的诱惑，无法彻底皈依基督教，直到公元 387 年，在奥古斯丁 33 岁那年，他所亲身经历的一次神秘体验，令他如顿悟般义无反顾地投入上帝的怀抱，进入了崭新的世界。

奥古斯丁在《忏悔录》中详细记录了这次神秘的体验。公元 387 年，奥古斯丁与朋友们在花园中散步，突然感到一阵内心的风暴。"永远的真福在上提携我们，而尘世的享受在下控引我们，一个灵魂具有二者的爱好，但二者都不能占有整个意志，因此灵魂被重大的忧苦所割裂：真理使它更爱前者，而习惯又使它舍不下后者。"① 奥古斯丁被这种心疾所折磨，直到他突然听到一个声音对他说："拿着，读吧。"他觉得是神的命令，叫他翻开书来，看到哪一章就读哪一章，结果他拿起来读的正好就是《罗马

---

① 〔古罗马〕奥古斯丁：《忏悔录》，周士良译，商务印书馆，1963，第 165 页。

书》中的一段："不可耽于酒食，不可溺于淫荡，不可趋于竞争嫉妒，应被服主耶稣基督，勿使纵恣于肉体的嗜欲。"读到这里，奥古斯丁禁不住泪流满面。这段话所说的正是他从青年时期到当时经历的真实写照：尽管从理性上已经认识到了基督教的真理性，但是从青少年以来一直舍不下的世俗功名利禄、情欲色相，使他迟迟无法彻底皈依基督教。读完后，他突然觉得有一道恬静的光射到心中，击溃了阴霾笼罩的疑阵。此后，奥古斯丁彻底皈依了基督教，在生活上成为一个清心寡欲的信徒。从奥古斯丁前九卷对自己的自省中可以看出，他借助理性和个人经历来理解信仰、发现神、发现上帝的真理，"现在，无论我在哪里发现真理，就在哪里发现我的上帝真理本身"。由此他开始系统地阐释和论证基督教教义，这主要反映在《忏悔录》第二部分：从第十卷开始到第十三卷，他对《圣经》的内容进行重新阐释，尤其是第十一卷中对时间问题进行的哲学思考，打开了基督教思想的新维度。因此，《忏悔录》一书的第二部分重点介绍了奥古斯丁的时间观。

## 三　主观时间学说

时间是什么？泰勒斯说，"时间是最智慧的，因为它发现一切"。这意味着时间是一种能让万物展开和消逝的特殊的存在者。亚里士多德在《物理学》里把"时间是什么"的问题变成了"时间是运动的什么"的问题。这说明时间是一种不仅能够贯穿并展示着运动，而且可以借由运动得到测量的东西。当时的罗马帝国受希腊化的影响，笼罩在希腊文化之下，其对时间的理解也是希腊式的，即时间是一种特殊的存在者，事物的运动、变化是理解时间的条件，正因为时间具有过去、现在、未来三种状态，因而才有在时间之中的事物的展现和消逝。这种时间观也深深影响着生活在罗马帝国里的基督徒。

基督徒都熟悉的《旧约·创世记》开篇就是上帝六天创世，这也引起了基督徒的一些疑问："天主在创造天地之前做些什么？如果闲着无所事事，何不常无所为，犹如他以后停止工作一样？如果天主为了创造从未创造过的东西，有新的行动、新的意愿，那么怎能说是真正的永恒？"① 如果

---

① 〔古罗马〕奥古斯丁：《忏悔录》，周士良译，商务印书馆，1963，第255页。

上帝在时间中的话，这意味着他要么在时间轴上过去、现在、未来的某一个点上，所以就会有"天主在创造天地之前做什么"的疑问：如果上帝是时间轴上的某一个点，上帝就不具有永恒性；如果上帝贯穿整个时间轴，这就意味着上帝受时间的支配，那么上帝就不是时间这个受造的创造主。无论哪种情况都和上帝的性质相矛盾。

如果上帝在时间之外也会有问题，对此，奥古斯丁感慨道："主啊，永恒既属于你有，你岂有不预知我对你所说的话吗？你岂随时间而才看到时间中发生的事情？"① 换句话说，不在时间中的上帝预料在时间中发生的一切，这意味着上帝那里依然拥有时间秩序。

生活在罗马帝国深受希腊化时间观念影响的基督徒对上帝和时间的关系产生了深深的疑惑。既然基督徒的核心信念就是相信上帝的存在，如果相信上帝是所有存在包括时间在内的创造主，那么就需要对现存的时间观念进行重新的思考。"那么时间究竟是什么？没有人问我，我倒清楚，有人问我，我想说明，便茫然不解了。"② 所以，奥古斯丁必须很严肃地回答时间究竟是什么。

首先，奥古斯丁认为人们日常生活中对时间的错误的测量导致了对时间的错误认识。

受希腊化的时间观的影响，时间总是与某种事物的运动相关。所以，时间可以通过运动着的事物来测量。例如，可以用星辰的运行来区分日子、季节和年代。在此基础上，我们也可以度量时间的长度，也就是通过客观事物运动了多久从而知道时间的长度，同时也是通过不同运动的时间而形成了时间长短的概念。例如，从学校的宿舍步行到食堂需要 15 分钟，骑车却只需要 5 分钟，我们通过运动所计的数值来判断时间的长短。那么，这度量的究竟是时间还是事物的运动？

此外，客观事物有体积，可以在空间中得到测量。时间没有体积，在它经过的时候又该如何度量呢？时间无法在空间中得到测量，所以奥古斯丁感叹："我们度量时间时……（时间）从哪里来？来自将来。经过哪里？经过现在。往哪里去？只能走向过去。从尚未存在的将来出现，通过没有

---

① 〔古罗马〕奥古斯丁：《忏悔录》，周士良译，商务印书馆，1963，第 246 页。
② 〔古罗马〕奥古斯丁：《忏悔录》，周士良译，商务印书馆，1963，第 258 页。

体积的现在，进入不再存在的过去。"① 所以，人们日常所测量的时间只是事物的运动，时间是无法测量的。

其次，奥古斯丁重新定义了有关时间的过去、现在和将来的三种时态，认为时间只有现在，因而时间没有长度，进一步确定时间在空间中是无法测量的。

我们在生活中也习惯认为时间分为过去、现在、将来三种时态，但在奥古斯丁看来，这种对时间的分类是不正确的，因为"我知道如果没有过去的事物，则没有过去的时间；没有来到的事物，也没有将来的时间，并且如果什么也不存在，则也没有现在的时间"②，"既然过去已经不在，将来尚未来到，则过去和将来这两个时间怎样存在呢？"所以，在奥古斯丁看来，过去因为已经过去而不存在，将来因为还未到来所以也不存在，存在的只有现在。③ 奥古斯丁说时间分为过去、现在和将来三类是不确当的，或许说时间分过去的现在、现在的现在和将来的现在三类比较确当。

奥古斯丁又是怎么理解现在的呢？"现在如果永久是现在，便没有时间，而是永恒。现在的所以成为时间，由于走向过去；那么我们怎能说现在存在呢？现在所以在的原因是即将不在；因此，除非时间走向不存在，否则我们便不能正确地说时间不存在。"④ 换句话说，现在因为总是即将不在，所以是无法测量的。

我们在日常生活中感受到的时间的长短，只能对过去和将来而言，如长的过去或短的将来，因为对任何被认为是现在的时间而言，无论是百年、一年、一小时乃至一瞬间，在长度上都可以进行无限分，直到分得没有任何长度。所以现在没有长度，也无从度量，对上帝而言，永恒就是永远的现在。

最后，奥古斯丁通过肯定时间必定存在于人的心灵中，把客观存在的物理时间转化成了主观的内时间。

通过对时间的细致分析，奥古斯丁认为：时间没有体积，不能在空间

① 〔古罗马〕奥古斯丁：《忏悔录》，周士良译，商务印书馆，1963，第264页。
② 〔古罗马〕奥古斯丁：《忏悔录》，周士良译，商务印书馆，1963，第258页。
③ 〔古罗马〕奥古斯丁：《忏悔录》，周士良译，商务印书馆，1963，第258页。
④ 〔古罗马〕奥古斯丁：《忏悔录》，周士良译，商务印书馆，1963，第258页。

中进行度量；时间也没有过去和未来，只有现在；现在的时间也没有长度，无法测量。这是否意味着时间是无法度量的呢？所以我们要在哪里才能度量时间？怎样度量时间呢？他说道："我的心灵啊，我是在你里面度量时间。……事物经过时，在你里面留下印象，事物过去而印象留着，我是度量现在的印象而不是度量促起印象而已经过去的实质；我度量时间的时候，是在度量印象。为此，或印象即是时间，或我所度量的并非时间。"①

所以，奥古斯丁在肯定了能够度量的时间必定存在于人的心灵中之后，进一步对时间的三种状态做了重新阐释。他说："时间分过去的现在、现在的现在和将来的现在三类，比较确当。这三类存在我们心中，别处找不到；过去事物的现在便是记忆，现在事物的现在便是直接感觉，将来事物的现在便是期望。如果可以这样说，那么我是看到三类时间，我也承认时间分三类。"② 换句话说，奥古斯丁把客观的线性的物理时间的三种时态转换到了思想意识层面，在记忆、注意和期望三种状态的基础上确定了作为心灵内在体验的时间是可以测量的。

过去的现在就是留存在心灵中的记忆，即过去发生的事实经由感觉而遗留在心中的印象。他以"童年"为例，这就好比童年已经不存在，属于过去的时间，但是有关童年的记忆会在我们讲述的当下浮现出来。

将来的现在就是对可能发生的事情的预测或期望。对将来的预见或期望，并不是指现在尚未存在的将来的事物，而是指现在意识到的发生在将来的某种可能性。人预期未来都是因为首先在当下意识（注意）到某一事物，同时保留在记忆中的相关印象会引导人产生某种对将来的预期。例如，当我们看见黎明时，就会期望太阳升起。我们看见黎明是现在，而期望太阳升起是将来，我们期望的是尚未存在的日出，但是如果我们心中没有保留在记忆中的过去关于日出的影像，也就无法产生对还未发生的日出的期望。

"这是由于人的思想工作有三个阶段，即：期望、注意与记忆。所期望的东西，通过注意，进入记忆。谁否定将来尚未存在？但对将来的期望已经存在心中。谁否定过去已不存在？但过去的记忆还存在心中。"③ 正是

---

①〔古罗马〕奥古斯丁：《忏悔录》，周士良译，商务印书馆，1963，第271~272页。

②〔古罗马〕奥古斯丁：《忏悔录》，周士良译，商务印书馆，1963，第263页。

③〔古罗马〕奥古斯丁：《忏悔录》，周士良译，商务印书馆，1963，第272页。

因为过去的现在即记忆，将来的现在即期望，现在的现在即注意，这些都存在于人的心灵即思想意识中，所以时间在心灵中可以测量。

既然作为过去、现在和将来的记忆、注意和期望同时呈现在当下的意识中，那么是否意味着时间没有长度而不能测量呢？奥古斯丁说："谁否定现在没有长度，只是疾驰而去的点滴？但注意能持续下去，将来通过注意走向过去。因此，并非将来时间长，将来尚未存在，所谓将来长是对将来的长期等待；并非过去时间长，过去已不存在，所谓过去长是对过去的长期回忆。"①

以物理化的客观的流俗的时间观来看，如果过去的现在、现在的现在和将来的现在都凝聚在现在中，那么现在是疾驰而过的一瞬，现在是没有长度的。但是，如果时间是存在于人的意识状态中的主观时间，那么现在是朝向过去和未来两边延展的，人的思想意识通过把记忆纳入自身而向着过去延展，又通过对将来有所期望而向着未来延展，这样，时间在心灵中就伸展出一定的长度。所以，我们可以在心灵中度量时间，时间的长度就是心灵的延展。这就好比我们在听某首曲子时，由于刚刚过去的一个音已经过去而不存在，还未到来的音由于还没有到来也不存在，我们在每个瞬时的当下只能听到一个乐音，这样我们听到的只能是不连续的噪音而非音乐了。但事实上，我们却能欣赏到美妙的音乐，这是因为当我们在注意听的时候，前一个音留在了我们的记忆中，同时我们会产生对后一个音的预感，经由我们的意识持续的注意而使得每一个瞬间的音连接成一首完整的音乐。

综上，奥古斯丁认为过去即记忆，记忆中的印象被保留而伸展；现在即注意，注意到的印象被维持而伸展；将来即期望，从记忆中的印象和当下注意到的印象预知将要到来的可能性。因此，时间实质上是人的意识状态，是心灵的伸展。所以，奥古斯丁通过把时间内在化，改变了人们习以为常的时间具有过去、现在和未来三种时态的线性特征，由此消解了基督徒有关"天主在创造天地之前做什么"的疑问，因为人作为上帝的被造物，人的意识也是被造物，作为人的意识的持续的时间自然也是被造物。人被造之前不存在时间，时间是随着人的被造才有的，所以"你丝毫没有无为的时间，因为时间即是你创造的"，"你创造了一切时间，你在一切时

---

① 〔古罗马〕奥古斯丁：《忏悔录》，周士良译，商务印书馆，1963，第272页。

间之前，而不是在某一时间中没有时间"，上帝不在时间中。既然上帝不在时间中，自然就没有诸如上帝在创世之前和之后做什么的问题。又因为时间是心灵的伸展，本质上是人的意识状态，人的意识的运作和持续及能为上帝所知，所以不在时间中的上帝能够知道一切发生在时间中的事情。

奥古斯丁对时间的重新解读，首要的目的就是澄清现存的客观时间的观念给基督徒带来的理解《圣经》和上帝的疑惑。更重要的是，奥古斯丁在心灵的内时间中找到了与上帝相似的三一结构。上帝是父、子、灵的三位一体，内化在人的心灵中的内时间，即代表着过去的现在的记忆、现在的现在的注意和将来的现在的期望。这三者统一于"现在"的"一"中，"现在"无论多么短暂，在理性上都具有无限可分性，这为存在于时间中作为有限的人体会上帝的永恒，即上帝是永远的现在找到了一个切入点，为心灵能够借着自身智观上帝找到了路径。

如果说《忏悔录》第一部分是奥古斯丁在回溯往事的过程中，借着理性厘清自己对真理的理解，寻找到关于上帝的真理，为信仰寻求理解做了最好的说明，即信仰需要理性来理解；那么第二部分，奥古斯丁的内时间观点则是回归到自身的心灵之中，寻找到有关上帝的结构，借着心灵自身来智观到上帝的存在，为信仰寻求理解做了进一步阐释。只有在信仰的指导下才能正确地理解，只有在信仰的光照下才能最终和上帝相遇。综上，奥古斯丁的思想具有神哲学的背景，他对善恶、对时间所进行的思辨是基督教哲学史上的新起点，表现出了高度的理性化思辨，他对基督教信仰所进行的系统阐释和辩护，是以基督教思想为基本内核，赋予了其新柏拉图主义的理论形式，无疑是信仰的哲学化和哲学的神学化。

哲学史上除了奥古斯丁的《忏悔录》，还有一部著名的"忏悔录"，那便是卢梭的《忏悔录》。从文学层面上看，奥古斯丁的《忏悔录》前半部分的自传性质、细腻的自我剖析所表现出来的特点，无疑是卢梭的先声。一种散文如何传达哲学？奥古斯丁给出了一种文体范例。《忏悔录》后半部分则进一步展示了基督宗教背后的强烈的理性化，这是理解基督教要特别注意的。宗教并不是迷信，迷信只是宗教的一种功利化的表层运用。对于基督教，尤其要从理性的层面上去看，才能感受到其不输哲学的深刻性，这对于一般不具有宗教信仰的读者来说，也是一个极好的思想体验。在这个意义上，奥古斯丁的《忏悔录》同样是一个理性思辨的经典范例。

# 4

# 阿奎那的《论存在者与本质》

汪 震[*]

托马斯·阿奎那（1224/1225～1274）在基督教哲学史上，不仅是继奥古斯丁之后最杰出的神学家，被誉为"天使博士"，也是西方哲学史上中世纪著名的哲学家。阿奎那一生都致力于基督宗教哲学与神学的系统化和理性化，他所构造的理论体系成为西方中世纪经院哲学的主要代表。《论存在者与本质》写于1256年3月之后的一段时间，是阿奎那的早期著作之一，且全书篇幅也很小，但是，这并不意味着它是不成熟的作品，阿奎那有关形而上学的思想，在该作品中已经基本成形，并被当代著名的中世纪研究学者阿·莫勒（1915～2008）评价为西方形而上学传统中的一部经典。

## 一　存在者与本质

阿奎那在《论存在者与本质》的开篇就引用阿维森纳的观点，认为阐明"存在者（ens）"和"本质（essentia）"这两个术语是形而上学的起点。阿奎那说："存在者与本质是理智的原初概念，则为避免由于对它们的无知而滋生错误，并探究有关难点，我们首先就应当阐明存在者与本质这两个术语的含义，它们各自是怎样显现在形形色色的事物中，又是怎样

* 汪震，女，哲学博士，讲师，主要研究方向为西方哲学、宗教学、精神分析学。

相关于属相、种相与种差这样一些逻辑概念的。"① 在他看来，厘清存在者和本质不仅是探究形而上学的首要问题，也是避免滋生错误的前提。因为我们的认识都遵循着由"复合事物"到"单纯事物"、由"经验事物"到"先验事物"的路线，所以我们对存在者与本质关系的考察也应该通过考察存在者来考察本质。正如阿奎那所言，"既然我们应当由复合事物领悟单纯事物的知识，由经验的事物认识先验的事物，则我们在学习时从比较容易的东西起步就是恰当的了。因此之故，我们将从解说存在者的含义起步，然后进展到解说本质的含义"②。

那么什么是存在者呢？阿奎那说："对存在者本身可以用两种方式加以解说：按照一种方式它可以区分为十个范畴；按照另一种方式它则可以意指命题的真实性。"③ 阿奎那援引了亚里士多德《形而上学》第五卷中关于"存在者"意义的表述。按照亚里士多德的观点，对存在者本身可以用两种方式来陈述，一种方式是在十个范畴中来陈述存在者，另一种方式则是用命题的真实性来意指存在者。

阿奎那认为这两种陈述存在者的方式之间存在着差异，"按照第二种方式，任何事物，凡是能够对之形成一个肯定命题的，就可以被称作存在者，即使那命题没有肯定什么东西实际存在，亦复如此"④。也就是说，如果按照陈述存在者的第二种方式，一切由陈述的真所表示的东西都能够被称为存在者。阿奎那举例说，就像命题所表达的"肯定是与否定相对立的"，"盲是存在于眼中的"，这些命题都是真命题，所以"缺乏和否定""盲"都是真实存在的，虽然它们实际上是无。如果按照十个范畴来陈述存在者，则存在者所表述的是事实上的存在者，所以阿奎那说："按照第一种方式，则没有什么能够说成是存在者，除非能够指出有什么事物实际上存在。这样一来，盲以及诸如此类的东西就不再能够说成是存在者了。"⑤ 由此，在阿奎那看来有两种存在者和两种真，即事实上的存在者和事实之真，以及逻辑上的存在者和命题之真。

① 〔意〕托马斯·阿奎那：《论存在者与本质》，段德智译，商务印书馆，2018，第1页。
② 〔意〕托马斯·阿奎那：《论存在者与本质》，段德智译，商务印书馆，2018，第1页。
③ 〔意〕托马斯·阿奎那：《论存在者与本质》，段德智译，商务印书馆，2018，第4页。
④ 〔意〕托马斯·阿奎那：《论存在者与本质》，段德智译，商务印书馆，2018，第4页。
⑤ 〔意〕托马斯·阿奎那：《论存在者与本质》，段德智译，商务印书馆，2018，第4页。

那什么是本质呢？阿奎那认为，本质就是回答"一个对象是什么的东西"，即本质也就是定义所指示的东西。

在《论存在者与本质》中，阿奎那是通过对照两种存在者（实际的存在者与逻辑的存在者），在讨论两种存在者的区别中展开对本质的讨论的。阿奎那说道："'本质'这个词就不是由言说存在者的第二种方式产生出来的。因为按照这种方式，一些事物虽然被称作存在者，但是却并不具有本质，这在缺乏的情况下很清楚。"① 因为本质就是"那种使一件事物成为其所是的东西"②，本质就是定义所指示的东西。但从上述有关"否定"和"缺乏"、"眼盲"的命题来看，却是在说"不是什么"，"没有什么"。所以，一切能被定义的东西都能被看作存在者，但并非一定是具有本质的东西。

对作为实际的存在者而言，存在者在实际上存在必然是首要的，而本质是事物之所以为事物的基本因素，所以实际上的存在者必定包含本质，即这个存在是什么。存在者是本质的具体化，也就是说，实际上的存在者使本质得以实现，是本质的现实性，所以"只有按照第一种方式解说的存在者才可以说是内蕴有一件事物本质的东西"，"按照这种方式所言说的存在者可以区分为十个范畴，则所谓本质就应当意指那些为所有自然事物（omnibus naturis）所共有的东西，各种不同的存在者就是据此归属到各个不同的属相和种相之下的"③。而事物用以充当属相和种相的东西也就是由事物是其所是的定义所意指的东西，"哲学家常常称之为一件事物借以成为该物的东西，即那种使一件事物成为其所是的东西"④。所以，在两种存在者中，阿奎那强调事实存在的存在者，因为只有在事实上存在的存在者中才有本质可言，本质总是作为事实存在的存在者的本质，从而只可能与作为事实存在的存在者相关。

本质是关于一个对象是什么，本质是可由理性通过定义把握对象的本性。正如上文所述，本性也就是事物能被归属到种、属之下的根据，因此，事物必定首先被其本性所陈述才成为这一事物本身。在亚里士多德的

① 〔意〕托马斯·阿奎那：《论存在者与本质》，段德智译，商务印书馆，2018，第4页。
② 〔意〕托马斯·阿奎那：《论存在者与本质》，段德智译，商务印书馆，2018，第5页。
③ 〔意〕托马斯·阿奎那：《论存在者与本质》，段德智译，商务印书馆，2018，第5页。
④ 〔意〕托马斯·阿奎那：《论存在者与本质》，段德智译，商务印书馆，2018，第5页。

存在观里，存在与本质之间没有什么分别，本质即是存在，存在亦即本质。阿奎那受阿拉伯哲学家阿尔法拉比和阿维森纳的影响，区分了存在的实际存在和逻辑存在，强调只有事实的存在者才内蕴有事物的本质，从而区分开了存在与本质。存在实现本质，但是本质又具有优先性和规定性，因为"没有什么事物能够不借着定义和本质而成为可理解的"，"它之所以被称作本质，却是因为这存在者只有借着它并且在它之中才具有存在的"。① 所以，凡是存在者，必定是本质的存在，唯有本质才决定一切具体的存在。

存在者同本质相比，更容易为人们所理解和接受，这也是为什么人们的认识总是遵循着从"经验的事物"到"先验的事物"的路径。所以，阿奎那在厘清了什么是存在者和本质，以及两者之间的关系后，便开始从分析各类存在者入手进而分析本质。

阿奎那按照十个范畴对存在者做出区分。亚里士多德将范畴区分为实体、数量、性质、关系、地点（位置）、时间、姿态、状况（所有）、活动（主动）和承受（被动）这十种，由此存在者也被区分为十种。阿奎那进一步将十个范畴分为两类，即实体和偶性。因为在我们的日常生活中都可以观察到一种现象，即任何事物都既有变化的一面，又有不变的一面。例如一个人可能会有高矮、胖瘦的变化，但始终还是这个人；一张桌子可能会有或方或圆的变化，但始终还是这张桌子。所以，虽然有变化，但这个事物还是这个事物。实体所表述的就是事物中不变的东西，即实体是关于一个事物是什么的那个东西，所以它是以自己为根据而存在的东西，而且是首要存在的东西。实体也能接受其他附加物，为其他事物所依附，作为依附者的主体。实体之外的其他九个范畴所表述的内容则是偶性，偶性则必须以实体为根据，他们作为主体的属性而表述主体，所以，偶性是归属于实体的东西或附属于存在者本身的东西，偶性的本性是依附于主体，并参与主体的存在，使主体的样式具体化。阿奎那强调说："'存在者'这个词是绝对地和首先用来言说实体的，是随后并且是在次要的意义上用来言说偶性的。"② 所以，阿奎那在对存在者的分析中重点分析实体，在重点考

---

① 〔意〕托马斯·阿奎那：《论存在者与本质》，段德智译，商务印书馆，2018，第 5 页。
② 〔意〕托马斯·阿奎那：《论存在者与本质》，段德智译，商务印书馆，2018，第 5 页。

察完实体之后再对偶性问题做出简要说明。

## 二　复合实体与本质

如上文所述，阿奎那把存在者区分为实体和偶性，又进一步对实体做了区分，将实体分为复合实体和独立实体。

阿奎那最先讨论复合实体及其本质。"由于单纯的实体是以更加卓越的方式具有存在的，本质也就以更为真实、更为卓越的方式存在于它们之中。因为单纯实体是复合实体的原因，至少就第一单纯实体（substantia prima simplex）即上帝而言是如此。"① 所以，不仅因为我们的认识都遵循着由"复合事物"到"单纯事物"的路径，更"由于这些实体（单纯实体）的本质对我们更其隐蔽而不易辨认，故而我们应当从复合实体的本质入手，一如从比较容易的事情起步，学习起来就比较顺当一些"②。

阿奎那说："在复合实体中，有形式和质料的标记（nota），例如人身上就有灵魂和身体。既然如此，我们便不能够说单单形式和质料中的任何一方都可以称作复合实体的本质。"③ 复合实体就是自然实体，称自然实体为复合实体是为了突出这类实体结构的复合性，强调这类实体的标记主要在于它是由形式和质料两个元素组合而成的。阿奎那以人为例说明了人就是由灵魂和质料组成的复合实体，灵魂是人的形式，而肉体则是人的质料。复合实体由形式和质料复合而成，因此复合实体具有复合性。本质是一个对象之所以成为某事物的那个东西，因为复合实体是由形式和质料组合而成的，所以复合实体的本质也是由形式和质料复合而成的。也就是说，复合实体自身的复合性决定了复合实体本质的复合性。阿奎那说："所谓本质，在复合实体的情况下，无非意指由质料和形式复合而成的东西。"④

该怎么理解复合实体本质的复合性呢？

首先，阿奎那指出，"单单一件事物的质料不能构成复合实体的本

① 〔意〕托马斯·阿奎那：《论存在者与本质》，段德智译，商务印书馆，2018，第6页。
② 〔意〕托马斯·阿奎那：《论存在者与本质》，段德智译，商务印书馆，2018，第6页。
③ 〔意〕托马斯·阿奎那：《论存在者与本质》，段德智译，商务印书馆，2018，第11页。
④ 〔意〕托马斯·阿奎那：《论存在者与本质》，段德智译，商务印书馆，2018，第12页。

质"，因为质料构成不了认识的原则。尽管本质总是作为事实存在的存在者的本质，但是，本质与一个对象"是什么"或"其所是"有关，认识一件事物就是要知道它"是什么"或"其所是"，要达到这样一种认识，单靠认识质料是不够的，"事物是借着它的本质而成为可认知的"①。所以，阿奎那说："而质料却构成不了认识的原则；一件事物之归属于它的属相或种相，也不是由它的质料决定的，而毋宁说是由某种现实的东西决定的。"②

其次，事物是借着它的本质而成为可认知的，也是"借着它的本质被安排在它的种相或者属相之下的"。例如，苏格拉底和柏拉图都在"人"的种相里面，因为苏格拉底和柏拉图的本质有一些共同的东西，就人的本性而言他们没有什么不同。所以，"一件事物之归属于它的属相或种相"并不是"由它的质料决定的"，如同我们说苏格拉底、柏拉图是人，并不是因为苏格拉底或柏拉图身上的肉或骨头这些质料，而是因为他们本质中蕴含着所有人本质里都蕴含的东西。

阿奎那认为："一件事物的本质显然就只是该事物的定义所意指的东西了。但是，自然实体的定义不仅蕴涵有形式，而且还蕴涵有质料；否则，自然实体的定义与数学定义就会毫无二致。也不能说质料之安置在自然实体的定义中就像把某种东西附加到它的本质之上，或者说就像某一存在者处于它的本质之外。这种定义方式只适合于偶性；而偶性所具有的本质是不完满的。"③ 所以，阿奎那也承认，由单纯的形式构成实体的本质也是可能发生的，例如数理实体的本质就不包含质料，这也是自然实体与非自然实体之间的区别。但是，对自然实体而言，质料与形式是一切自然物本质的组成因素，本质既不可能单单是质料，也不可能单单是形式，而是二者在一起共同组成事物的本质，任何一个单独的因素是不可能组成事物的本质的。

阿奎那强调复合实体本质的复合性来自于复合实体由形式和质料组合而成的复合性，但是质料所具有的个体化特征与本质所代表的普遍性是否

---

① 〔意〕托马斯·阿奎那：《论存在者与本质》，段德智译，商务印书馆，2018，第 11 页。
② 〔意〕托马斯·阿奎那：《论存在者与本质》，段德智译，商务印书馆，2018，第 11 页。
③ 〔意〕托马斯·阿奎那：《论存在者与本质》，段德智译，商务印书馆，2018，第 11 页。

有冲突？复合实体的本质会不会因为质料的存在而取消本质的普遍性？阿奎那说："既然质料乃是个体化原则（individuationis principium），则似乎因此就可以说：自身同时蕴涵有质料和形式的本质就只能是特殊的，而不可能是普遍的。由此也就可以得出结论说：要是所谓本质即是由定义指明的东西，则对普遍的共相（universalia）便不可能下任何定义。所以，我们应当明白：并非以任何方式理解的质料都能够构成个体化的原则，只有特指质料（materia signata）才行。而我所谓特指质料是指那种被认为有确定维度（determinatis dimensionibus）的质料。"① 在这里，阿奎那通过区分两种质料，即"特指质料"和"泛指质料"，来说明复合实体本质的复合性与其普遍性并不冲突。

一般来说，质料是一种看得见的或者可以用化学和物理来分析的物质，这一类看得见的已经定型的物质，就是特指质料。如果对特指质料再分析，最后一定会得到一种毫无形状或者说纯粹的尚未确定的质料，也就是泛指质料。因为泛指质料是尚未定型的，它是事物最原始的构成因素，它没有什么特点，纯粹是一种潜在因素，它不能独立存在，但是它可以与各种实体形式结合而存在，构成具体的事物。所以，阿奎那说："并非以任何方式理解的质料都能够构成个体化原则，只有特指质料（materia sig-nata）才行。而我们所谓特指质料是指那种被认为有确定维度（determina-tis dimensionibus）的质料。不过，这种质料并不是被安置在人之为人的定义中，而是被安置在苏格拉底的定义中，如果苏格拉底有定义的话，事实就是如此。然而，被安置在人的定义中的是一种泛指质料。因为在人的定义里所安置的，并不是这根骨头和这块肌肉，而只是绝对的骨和肉，而这种绝对的骨和肉正是人的泛指质料。"② 阿奎那这里以"人"为例子，想要说明的就是"人"的定义并不涉及特指质料，因为在"人"的定义中所包含的质料并不是作为不同个体的人的肉体，而是排除了一切个体肉体差异的肉体，因此，在"人"这个定义中涉及的是一种无差别的质料，从而保证了这个定义的普遍性。

最后，阿奎那还指出复合实体的本质并不是指似乎有个什么实际存在

---

① 〔意〕托马斯·阿奎那：《论存在者与本质》，段德智译，商务印书馆，2018，第13页。
② 〔意〕托马斯·阿奎那：《论存在者与本质》，段德智译，商务印书馆，2018，第13页。

的东西，它更像是一种潜能。阿奎那说："我们也不能因此说：本质意指介乎质料与形式之间的那种关系，或是一种附加到它们之上的东西。因为如是，则本质就势必成了事物的偶性和外在于事物的东西，而事物也就不可能借它的本质而得到认识，而这一切却恰恰是适合于本质的。因为形式乃质料的现实，质料是借着形式才成为现实的存在者和一定种类的事物的。"① 在阿奎那看来，在一个具体事物中，存在与本质的关系类似于现实与潜能的关系，存在如同现实，本质如同潜能。本质是事物之所以为事物的基本因素，存在是本质的具体化。在复合实体的情况下，复合实体的本质要使由质料与形式组合而成的复合实体存在或成为现实，这就意味着它不仅要使作为复合实体构成要素的形式存在或成为现实，而且还要使作为复合实体构成要素的质料存在或成为现实，从而依据"同类产生同类"的原则，它本身也就必须同时既具有形式又具有本质，是形式和质料的复合体。也正是在这个意义上，阿奎那写道："复合实体的存在既不单单是形式，也不单单是质料，而毋宁说是它们两者的合体。所谓本质也就是事物借以被说成存在（esse）的东西。因此，本质这种一件事物借以被称作存在者的东西，便既不应当单单是形式，也不应当单单是质料，而应当是它们两者。"②

此外，阿奎那还从一些复合事物的命名上来说明复合实体本质的复合性。他说："在由多项原则构成的别的类型的事物中，我们也看到这类事物并不只是由这些原则中的这项原则或那项原则命名的，而毋宁是取自这两者的。"③ 也就是说，复合实体的名称不仅源自它的形式，而且还源自它的质料。阿奎那以味觉为例来说明，甜味的产生是由我们舌头上的味蕾或口腔的发热活动与我们称之为甜的事物复合而成的。

本质除了可以作为事实存在的存在者的本质，也可由理性通过定义把握对象的本性。本性也就是事物能被归属到种、属之下的根据，所以，"既然事物用以充当其属相和种相的东西即是表明这件事物是其所是的定义所意指的东西，则哲学家们因此也就用'实质'这个词取代本质一词。

---

① 〔意〕托马斯·阿奎那：《论存在者与本质》，段德智译，商务印书馆，2018，第12页。
② 〔意〕托马斯·阿奎那：《论存在者与本质》，段德智译，商务印书馆，2018，第12～13页。
③ 〔意〕托马斯·阿奎那：《论存在者与本质》，段德智译，商务印书馆，2018，第13页。

哲学家常常称之为一件事物借以成为该物的东西，即那种使一件事物成为其所是的东西"①。阿奎那也对种相、属相与复合实体的本质之间的关系进行了分析。

首先，阿奎那认为种相、属相与复合实体的本质相关。因为，属相、种差和种相分别对应质料、形式和复合实体。阿奎那说："因为属相作为一个名称所意指的整体，所标示的是一物中的质料之所是，而不在于特定的形式（propriae formae）。因此，属相虽说不是质料，却是来自质料的。"② 也就是说属相虽然能够泛指各种不同的形式，但它所标示的却不是形式，而只是事物中的"质料"。"相反，种差作为一个名称，却是源于确定的形式（forma determinate）的，就其原初理智概念（primo intellectu）而言，是不包含确定的质料（materia determinata）的。"也就是说，种差对应于形式。"但是，定义或种相却涵盖两者，亦即既涵盖由属相这个词所标示的确定的质料，又涵盖由种差这个词所标示的确定的形式。"③ 也就是说，种相不仅涵盖由属相这个词所表示的确定的质料，而且还涵盖由种差这个词所标示的确定的形式，所以种相与复合实体相对应。

其次，尽管属相、种差和种相与质料、形式和复合实体具有对应性，但是它们之间也具有差异性。阿奎那说："属相、种差和种相虽然分别对应于质料、形式及自然中的复合物的理由是很清楚的，但它们同这些东西却并非一回事。因为属相并不是质料，尽管它是由质料来意指整体的；种差也不是形式，尽管它是由形式来意指整体的。"④ 阿奎那认为属相、种差和种相这些概念表达了一种逻辑存在，而非一种事实的或实际的存在。他通过分析"人"的定义对此进行说明。如果我们把"人"作为一个复合实体来考察，人是由身体（质料）和灵魂（形式）组合而成的复合实体。但是，如果说人是理性的动物，即人是由动物和理性组合而成的，"这并不是在说人是由这两样东西组合而成的第三样东西，而是在说人是由这两个概念组合而成的第三个概念（intellectus tertius）"。所以，阿奎那称"人是由身体和灵魂组合而成"中的"人"为"人（homo）"，称"人是理性的

---

① 〔意〕托马斯·阿奎那：《论存在者与本质》，段德智译，商务印书馆，2018，第5页。
② 〔意〕托马斯·阿奎那：《论存在者与本质》，段德智译，商务印书馆，2018，第16页。
③ 〔意〕托马斯·阿奎那：《论存在者与本质》，段德智译，商务印书馆，2018，第16页。
④ 〔意〕托马斯·阿奎那：《论存在者与本质》，段德智译，商务印书馆，2018，第16~17页。

动物"中的"人"为"人性（humanitas）"。阿奎那强调："'人（homo）'这个词和'人性（humanitas）'这个词虽然都是意指人的本质的，但是，如上所述，它们意指的方式却并不相同。因为人这个词所意指的是作为整体（ut totum）的人的本质；……但是，人性这个词却是意指作为人的部分（ut partem）的人的本质的。"① 因为作为整体（ut totum）的人的本质所表达的是"这本质非但不排除质料的指定，反而内在而含混地蕴涵有它"②，所以作为整体的人的本质可以说明复合实体，而作为人的部分（ut partem）的人的本质所表达的是"在它的意涵中所内蕴的只是那属于人之所以为人的东西，而排除了一切指定性"③。也就是说，由属相、种差和种相所界定的本质排除了一切指定性，也就排除了构成复合实体本质要素的"特指材料"和"个体化形式"，所以，从根本上来讲就不可能是复合实体的本质。

既然属相、种差和种相不可能是复合实体的本质，那么复合实体的本质以什么方式与他们相关呢？阿奎那认为属相、种差和种相"是一种在那些由于其在理智中具有（quod habet in intellectu）存在而随附本质或本性生发出来的偶性（accidentibus）"。也就是说，阿奎那认为属相、种差和种相只是一种偶性，根本不属于复合实体的本质范畴，但是它们却随附本质或本性生发出来。而属相、种差和种相所具有的这种随附性不仅来自于人的抽象认识过程，也来自于属相、种差和种相与复合实体及其本质之间的相似性。

## 三　独立实体与本质

阿奎那在大体完成了对复合实体的本质问题的考察之后，立即开始了他对独立实体的本质问题的考察。阿奎那认为独立实体就是脱离了质料的实体，所以就独立实体的非物质性而言，独立实体具有单纯性。

首先，阿奎那通过分析形式与质料的关系来说明形式能够脱离质料而

---

① 〔意〕托马斯·阿奎那：《论存在者与本质》，段德智译，商务印书馆，2018，第19页。
② 〔意〕托马斯·阿奎那：《论存在者与本质》，段德智译，商务印书馆，2018，第19页。
③ 〔意〕托马斯·阿奎那：《论存在者与本质》，段德智译，商务印书馆，2018，第19页。

独立存在，独立实体具有单纯性。他说："无论什么时候，只要两件事物相互关联，其中一件事物是另一件事物的原因，则构成原因的那件事物便能够在没有另一件事物的情况下具有存在，反之则不然。"对于形式和质料而言，"形式与质料是以下述的方式相互关联的：形式能够将存在赋予质料。从而，如果离开了形式，质料便不可能存在下去。但是，如果离开了质料，形式之存在下去却并非是不可能的。因为，形式，就其作为形式而言，是不依赖于质料的。有时，我们会发现形式除非在质料之中便不可能具有存在，这种情况之所以发生乃是因为这样一种形式距离第一原则（primo principio）较远的缘故，而第一原则是原初的和纯粹的活动（actus primus et purus）。由此可见，那些最接近第一原则的形式实际上是无需质料而自行存在的。灵智就属于这种类型的形式"①。也就是说，阿奎那认为形式和质料之间存在一种因果关系，形式是原因，能够将存在赋予质料，现实的质料则是结果。质料如果离开了形式便不可能存在下去，但是，形式却能脱离质料而独立存在，所以，独立实体能够脱离质料而独立存在。

其次，阿奎那从认识论的角度进一步说明独立实体能够脱离质料而存在。他说："因为我们看到，形式实际上只有当其脱离了质料及其条件才能成为现实地可理解的。另一方面，这种形式也只有借理智实体的能力将它们接受进理智实体自身之中并且作用于它们，才能成为现实地可理解的。因此，在任何理智实体中，都应当是完全没有质料的：这种实体既没有作为其组成部分的质料，甚至也不是那种印在质料上的形式（forma impressa in matera），而那些物质事物的形式（formis materialibus）即属于后一种情况。"②

就独立实体的非物质性而言，独立实体具有单纯性。独立实体的单纯性决定了独立实体本质的单纯性。这正如由形式和质料复合而成的复合实体的复合性决定了复合实体本质的复合性。所以，从实体本质的结构出发，复合实体的本质和独立实体的本质的区别在于：复合实体的本质的特征在于它的复合性，独立实体的本质的特征在于其单纯性。正如阿奎那所说，"复合实体的本质与单纯实体的本质之间的区别在于：复合实体的本

① 〔意〕托马斯·阿奎那：《论存在者与本质》，段德智译，商务印书馆，2018，第32页。
② 〔意〕托马斯·阿奎那：《论存在者与本质》，段德智译，商务印书馆，2018，第31页。

质不单是形式，而是包含形式与质料两个方面，单纯实体的本质则单单是形式"①。

复合实体的本质与独立实体的本质在结构上的区别又演绎出了它们的另外两种区别。其一，"复合实体的本质既能够用来意指一个整体，也能够用来意指一个部分"②，例如在上文中所讨论过的人和人性之间的区别在于一个意指整体的人，一个意指人的部分。但是，单纯实体的本质总是可以用来意指实体本身的，"单纯事物的本质，作为它的形式，除非作为整体，是不可能意指什么的"。也正是在这个意义上，阿维森纳说："一件单纯事物的实质即是这单纯事物本身。"其二，复合实体由于内蕴有质料，即特指质料构成了复合实体个体化的原因，因而产生了各种数量的复合实体。所以，阿奎那说："复合事物的本质，由于它们是被接纳进特指质料之中的，便依照质料的区分而增多，所以，就出现了这样一种情况：某些事物虽然在种相方面同一，但在数量方面（mumero）却是有差别的。"对于独立实体而言，"既然单纯事物的本质并不被接受进质料中，则它就不可能有这样一种增加。所以，在这样的实体之中，我们也就找不到属于同一个种相的许多个体，而是在它们之中有多少个体就有多少种相"。③ 也就是说，独立实体由于排除了质料的因素，它的多样性来自于不同的形式。

与复合实体本质的复合性相比，独立实体本质的单纯性来自于独立实体只有形式而排除了任何质料。但是，阿奎那又进一步说："尽管这样一类实体只有形式而没有质料，但它们却并不是在任何方面都是单纯的；而且，它们也并非是纯粹的现实，而毋宁说它们混杂有潜在性（potenti-ae）。"④ 也就是说，独立实体的单纯性只是与复合实体本质的复合性相比较而言的，是由于排除了质料的成分而具有单纯性。独立实体及其本质还具有非单纯性。

阿奎那首先区别了三种独立实体，即灵魂、灵智和第一因。灵魂即人的灵魂，是生命的第一原则；灵智就是天使；第一因就是上帝。

在古希腊哲学家那里，事物的本质同时也被理解为它的存在。但是，

---

① 〔意〕托马斯·阿奎那：《论存在者与本质》，段德智译，商务印书馆，2018，第33页。

② 〔意〕托马斯·阿奎那：《论存在者与本质》，段德智译，商务印书馆，2018，第33页。

③ 〔意〕托马斯·阿奎那：《论存在者与本质》，段德智译，商务印书馆，2018，第33页。

④ 〔意〕托马斯·阿奎那：《论存在者与本质》，段德智译，商务印书馆，2018，第33~34页。

阿奎那受中世纪的阿拉伯哲学家阿尔法拉比和阿维森纳的影响，认为事物的本质与存在是有区别的，即事物的本质不是存在，事物的存在也不是本质。阿奎那还以"不死鸟"为例，认为我们可以明白一只不死鸟之所是，然而却不知道它究竟是否实际存在。"所以，很显然，存在是某种并非本质或实质的东西，除非或许有某种东西，其实质即是它自身的存在。"① 因此，根据本质与存在的关系，上述三类独立实体又可以分为作为第一因而具有单纯性的上帝和非单纯性的理智实体，即灵魂和灵智。因为"一切其存在有别于它自己本性的东西都是从他物获得其存在的。而且，既然凡通过他物而存在的东西都可以还原到那些通过自身而存在的东西，作为它的第一因，那就必定存在有某件事物，其本身为一纯粹的存在（esse tantum），构成所有事物存在的原因。否则，我们在探究事物的原因时就将陷入无穷追溯"② 。所以，对上帝而言，万物都是以上帝为根据的，上帝作为第一因，其本质即是自身的纯粹存在。而能够构成纯粹存在、构成万物的第一因的东西不仅本身即是存在，同时其本身既不包含质料和形式，也不包含任何潜在性的东西，这样的东西也就是只能作为"纯粹现实"或"纯粹活动"的东西。"所谓第一存在（primo ente）即是纯粹存在（esse tantum）。这也就是第一因（causa prima），亦即上帝（deus）。"③ 因而上帝的单纯性不仅在于其本质即是存在，还在于其自身的完满性，不包含任何潜在性。上帝本身所具有的单纯性并不意味着贫乏，反而意味着上帝是内容最丰富、最卓越的存在。"他具有存在于所有属相中的所有的完满性"，"上帝是以比别的事物更其卓越的方式具有这些完满性的"。阿奎那说："因为在他身上，它们是一，而在其他事物中，它们却是多。这又是因为所有这些完满性都是由于他自己的单纯存在而属于他的。同样，如果有人能够仅仅借一种性质产生出所有性质的运作，则在这一个性质中他就会具有每一种性质。而上帝也正是在他的存在本身中具有所有这些完满性的。"④ 也就是说，上帝的单纯性非但不影响他的卓越性，反而是其卓越性的根据，不仅各种具体事物所具有的完满性，而且作为受造的理智实体

---

① 〔意〕托马斯·阿奎那：《论存在者与本质》，段德智译，商务印书馆，2018，第34页。
② 〔意〕托马斯·阿奎那：《论存在者与本质》，段德智译，商务印书馆，2018，第35页。
③ 〔意〕托马斯·阿奎那：《论存在者与本质》，段德智译，商务印书馆，2018，第35页。
④ 〔意〕托马斯·阿奎那：《论存在者与本质》，段德智译，商务印书馆，2018，第45页。

（灵魂、灵智）的完满性都是经上帝的运作产生出来的。

在确认了上帝作为第一因的单纯性后，阿奎那从两个方面分析了理智实体的非单纯性。

首先，就存在和本质相区分来看，阿奎那说："在每一件别的事物中，这件事物的存在是一回事，而它的本质或实质、本性、形式则是另外一回事。所以，灵智除了它们形式外还必定另有其存在；从而一如我们业已说过的，灵智（intelligentia）是形式兼存在（forma et esse）。"① 也就是说，对于除上帝之外的理智实体而言，它们自身是形式兼存在，即这类独立实体的本质与存在相区分，因而它们不具有单纯性。由于理智实体的存在与本质相区分，则这类独立实体不是纯粹存在，又因为"凡不是纯粹存在的事物，其存在都是有一个原因的"，而通过他物而存在的东西的原因可能不止一个，必然会形成一个原因的链条，为了避免"我们在探究事物的原因时就将陷入无穷追溯"，在原因链条的终点必然会存在一个不依赖于其他事物、自己是自己存在的原因的第一因。所以，理智实体的存在来自于作为第一因的上帝，它们分有上帝的存在和完满性，这也是上帝卓越性和完满性的表现。

其次，理智实体的非单纯性不仅表现为本质与存在的区别，而且还表现为潜在与现实的区别。阿奎那说："凡是从他物接受某种东西的，都潜在地相关于它所接受的东西，而该事物所接受的东西即是它的现实性。"② 也就是说，上帝作为万物的第一因，作为受造的理智实体的形式或本质来自于上帝，其形式或本质相对于上帝而言是一种潜在；而从理智实体分有上帝的存在而言，上帝相对于其本质或形式而言，则是一种现实。这意味着，上帝不仅是理智实体得以存在的根据，而且也是其本质得以由潜在转变为现实的根据。既然理智实体中存在着潜在和现实，那么必然存在着许多理智实体。阿奎那说："独立实体虽然在其为非物质的方面是相互一致的，但它们完满性的程度却不相同，这是视它们同潜在性的疏远程度以及它们同纯粹现实的接近程度而定的。"③ 这意味着理智实体依照它们的潜在

---

① 〔意〕托马斯·阿奎那：《论存在者与本质》，段德智译，商务印书馆，2018，第34~35页。
② 〔意〕托马斯·阿奎那：《论存在者与本质》，段德智译，商务印书馆，2018，第35页。
③ 〔意〕托马斯·阿奎那：《论存在者与本质》，段德智译，商务印书馆，2018，第47页。

性和现实性的等级而相互区别，"灵智越是高级，就越是接近第一存在，具有的现实性也就越多，具有的潜在性也就越少，如此等等"①。在这一等级系列中，人的灵魂处于理智实体中的最低等级，因为"人的灵魂由于比别的理智实体具有更多的潜在性，就特别接近质料，致使物质事物能够分有它的存在，也就是说，由灵魂和身体产生出一作为复合物的存在，尽管这一存在，就其为灵魂而言，是不依赖于身体的。所以，在灵魂这种形式以下，所发现的别的形式就具有更多的潜在性，更其接近质料，以至于如果没有质料它们就不可能存在"②。

就此，阿奎那完成了对实体及其本质的分析。实体可以以三种方式具有本质。有一种实在，亦即上帝，其本质即是他自身的存在。受造理智实体的本质即是它的形式。复合实体的本质即是由形式和质料复合而成。

如前所述，阿奎那将作为事实存在的存在者区分为实体和偶性。所以，阿奎那在完成了对三类不同的实体及其本质的考察之后，便开始考察偶性。

首先，阿奎那根据偶性与实体之间的关系说明偶性具有派生性或随附性。"因为离开了主体，偶性自身是不可能自行具有存在的。正如实体的存在是由形式和质料结合在一起产生的一样，偶性的存在则是当偶性进入主体时，由偶性和主体产生出来的。"③所以，偶性的派生性或随附性来自于偶性对于其存在的主体的派生性或随附性。

其次，阿奎那通过分析偶性产生的各种方式说明偶性并不是一个存在者。如果从实体的构成要素来看，偶性要么来自于形式，要么来自于质料。阿奎那说："既然实体的组成部分有质料和形式两个方面，则一些偶性便主要是形式的结果，而另一些偶性便主要是质料的结果。"④他还分别以人的肤色和理解活动为例，说明一个人的皮肤发黑主要是质料的结果，而人的理解活动主要是形式而非质料的结果。此外，阿奎那还认为，"偶性有时是由一件事物的本质的原则按照其完满的现实性产生出来的"⑤，例

---

① 〔意〕托马斯·阿奎那：《论存在者与本质》，段德智译，商务印书馆，2018，第36页。
② 〔意〕托马斯·阿奎那：《论存在者与本质》，段德智译，商务印书馆，2018，第37页。
③ 〔意〕托马斯·阿奎那：《论存在者与本质》，段德智译，商务印书馆，2018，第51页。
④ 〔意〕托马斯·阿奎那：《论存在者与本质》，段德智译，商务印书馆，2018，第53页。
⑤ 〔意〕托马斯·阿奎那：《论存在者与本质》，段德智译，商务印书馆，2018，第54页。

如火之发热就属于这种情况；"有时偶性却是作为实体的倾向产生出来的，进而由一种外在的活动主体予以成全的"①，例如，事物的运动就是这种情况。偶性并不是一个存在者，但是，偶性却存在于某种事物之中，就好比白色并不存在，但是事物却以白的方式存在。所以，阿奎那认为："正如偶性只是在一种有所保留的意义上才称得上一个存在者（ens）一样，它也只是在一种有所保留的意义上（secundum）才说得上具有本质（essentiam）的。"② 也就是说，由于偶性自身只是随附作为其主体的实体而存在的东西，所以偶性不仅不具备完全的本质，而且也不能成为完全本质的一部分。

通过上述分析，我们不难发现，在《论存在者与本质》一书中，阿奎那遵循着由"复合事物"到"单纯事物"、由"经验事物"到"先验事物"的认识路线，从分析复合实体的存在及其本质入手，逐步分析到独立实体的存在及其本质，最终追溯到作为第一因的"纯粹存在"，它是各种存在者得以存在、各种存在者的本质能够由潜在变为现实的根据。所以，阿奎那的形而上学的基本立场是存在者存在，是一种从存在者到存在的哲学。尽管阿奎那的形而上学深受亚里士多德哲学的影响，但是，亚里士多德在讨论"有之为有"时，目的是探究事物自身的最终原因。阿奎那则不然，他以神学为依据，在各种存在者及其本质背后发现了万事万物的第一推动力、第一因和最终目的，即基督宗教的上帝。从这个意义上说，《论存在者与本质》也可以视为阿奎那对上帝存在的一个哲学证明。正如他在结尾处说的，"正是在这一存在者中，我们这篇论文发现了它的旨意和圆满"。阿奎那在《论存在者与本质》中解释了哲学的一些基本概念，可以作为初学者的哲学入门。他也不忘论证上帝的存在及其完满性，这不仅是阿奎那写作的根本旨趣，更是他作为神学家，论证神学命题、为基督教教义辩护的使命。今人在阅读时应该去体会，基督教哲学家的工作其实是思辨和哲学辨析极为精细的，有神学和哲学糅合为一的风格特征，更应该注意宗教哲学绝非迷信，而是值得认真对待的理性思考之物。

---

① 〔意〕托马斯·阿奎那：《论存在者与本质》，段德智译，商务印书馆，2018，第54页。
② 〔意〕托马斯·阿奎那：《论存在者与本质》，段德智译，商务印书馆，2018，第52页。

5

# 笛卡儿的《哲学原理》

宋 伟[*]

法国哲学家勒内·笛卡儿（René Descartes，1596－1650）被誉为"近代哲学真正的创始人"[①]，其身心二元论、天赋观念论、意志自由论、怀疑主义认识论、理性主义方法论至今影响着西方哲学从形而上学到伦理学诸多问题的讨论，其《几何学》《气象学》《屈光学》已成为现代数学和物理学的基础。在其1637年出版的《方法谈》（原文为法文）一书中，笛卡儿写下的"我思故我在"（Je Pense，donc je suis）[②]业已成为一句大众流行语。除了《方法谈》之外，笛卡儿还有几本重要的哲学著作：1641年出版的《第一哲学沉思录》（原文为拉丁文），1644年出版的《哲学原理》（原文为拉丁文），1649年出版的《灵魂的激情》（原文为法文），以及完成于1628年、出版于1701年的《探求真理的指导原则》（原文为拉丁文）。这些著作集中体现了笛卡儿的哲学（包括科学）思想，其中以篇幅最长的《哲学原理》（*Principia Philosophiae*）一书最为突出。

---

\* 宋伟，男，哲学博士，副教授，主要研究方向为逻辑史与逻辑哲学。

① 〔德〕黑格尔：《哲学史讲演录》（第四卷），贺麟、王太庆译，商务印书馆，1978，第63页。

② 这句话通常被翻译成拉丁语："*Cogito，ergo sum.*"英语翻译为："I think，therefore I am."笛卡儿本人将这句话展开为："Je doute，donc je pense，donc je suis."即："我疑，故我思，故我在。"有学者认为笛卡儿的"我思故我在"具有递归性质，可展开为"我思我思故我思我在"（参见 Corballis，M. C.，*The Recursive Mind*，Princeton：Princeton University Press，2001，p. 1）。

# 一 《哲学原理》概述

1640 年，为了教学之需，在荷兰乌得勒支大学任教的笛卡儿计划用拉丁文写一本《哲学大全》，后改称《哲学原理》。1644 年 7 月，《哲学原理》第一版在荷兰阿姆斯特丹发行。该书作为笛卡儿形而上学和自然哲学思想的系统总结，全面体现了笛卡儿在《方法谈》、《第一哲学沉思录》和当时尚未出版的《世界和论人》书稿中的思想，其主要目的在于替代当时在法国和英国大学里讲授的基于亚里士多德学说的一些传统教材。在《哲学原理》这本书中，笛卡儿希望从"人类知识原理"的形而上学出发演绎出具体的有关物质世界的知识，如第一次表述了他的三大"自然定律"，即"简单物体在没有外因的作用下会保持相同状态"，"不受外因影响的物体不会改变运动方向只会以直线运动"，"两个运动的物体碰撞时力量较小的物体会发生偏转，力量较大的物体丢失的运动与另一物体获得的运动相当"。① 这三大"自然定律"被牛顿（Issac Newton，1643 - 1727）借鉴到了《自然哲学的数学原理》之中，成为现代物理学中的"牛顿第一运动定律"和"动量守恒定律"。就此而言，笛卡儿的《哲学原理》无疑与培根（Francis Bacon，1561 - 1626）1620 年出版的《新工具》一样均属于 17 世纪表现哲学—科学浑然一体的典范之作，只是二者的认识论和方法论明显不同，而就书中所讨论的具体科学知识的内容和范围来看，前者也远远胜过后者。

笛卡儿将他的这本书献给了当时的波希米亚女王伊丽莎白公主（Elisabeth of Bohemia，1618 - 1680）。② 1647 年，法国神父皮科（Abbé Claude

① 实际上，这三大"自然定律"在笛卡儿 1629 ~ 1633 年完成的《世界和论人》法文书稿中就已经被提出，只是受罗马宗教裁判所对伽利略（Galileo Galiei，1564 - 1642）审判的影响，这部书稿直到笛卡儿去世后的 1664 年才出版面世。

② 笛卡儿与伊丽莎白公主相识于 1642 年，此后来往不断、书信不绝。伊丽莎白公主认为笛卡儿是她"灵魂的最好医生"，笛卡儿认为伊丽莎白公主是既能理解数学又能理解形而上学的爱智之人。2018 年 5 月，德国帕德博恩大学举办了波希米亚的伊丽莎白诞辰 400 周年纪念活动，各国女性哲学研究者齐聚于此，展开了关于 17 世纪女性哲学相关主题的讨论。此次活动颁发了第一届"波希米亚伊丽莎白奖"，获奖者是加拿大西蒙弗雷泽大学的 Lisa Shapiro 教授，Lisa Shapiro 教授因编著《波希米亚的伊丽莎白公主和勒内·笛卡儿通信集》一书而获得这个奖项。

Picot，1601－1668）将笛卡儿的《哲学原理》翻译为法文，笛卡儿为此专门给皮科神父写了一封信，因为这封信详细介绍了该书的写作目的和阅读方法，所以同时作为《哲学原理》法文版的序言。皮科神父的法文译本对拉丁文原著做了大量增补和多处改动，从笛卡儿给皮科神父的书信来看，笛卡儿对这些增补和改动完全认可，认为这些增补和改动既是对原著内容的一些不当和疏忽之处的改正，也是对原著内容所做的更为精确和富有启发性的阐释。

　　笛卡儿的《哲学原理》共分四部分。第一部分"论人类知识的原理"主要讨论了人的怀疑、身心、认知、思想、自由、错误等问题，该部分由76个段落构成。第二部分"论物质对象的原理"主要讨论了物质的概念和物质对象发生变化的自然规律，该部分由64个段落构成。第三部分"论可见的宇宙"主要讨论了恒星、行星、彗星运动变化的现象和原因，支持了"地动说"，提出了"涡旋说"，该部分由157个段落构成。第四部分"论地球"主要讨论了地球自身的结构和物质成分、洋流和潮汐现象、矿藏的形成、火和磁的性质及各种表现，此外，从第188段开始，笛卡儿还补充了有关人和动物的感觉意识的讨论，整个第四部分共由207个段落构成。在《哲学原理》的所有这些段落中，每一段都有一句话的概括，在最初的拉丁文版、皮科神父的法文版中，这些概括都以边注的形式附在每一段的旁边，其中的插图也直接放在与内容接近的位置上。但在后来的英文版及从英文版翻译而来的其他一些版本中，《哲学原理》中所有这些一句话的概括都以段落标题的形式直接出现在正文中，而书中的插图也全部被放在了书末集中。从图1的几幅图片中可对比一下《哲学原理》排版风格的变化，版本从左至右依次为拉丁文版、法文版、英文版和中文版。

　　笛卡儿的《哲学原理》现已有多种语言的译本，有些译本除排版格式的变动外，仅仅是原著的节译，读者阅读时要有所甄别。《哲学原理》常见的中文译本是1958年9月商务印书馆出版的关文运（1904～1973）的译本，其中第二、三、四部分原著分别有64段、157段和207段，但关译本分别只有25段、3段和20段，内容上有极大的压缩。目前，国内似乎还没有笛卡儿《哲学原理》的中文全译本。

a.拉丁文版

b.法文版

c.英文版

d.中文版

图1 《哲学原理》版本对比

## 二 笛卡儿的"序言"

笛卡儿希望他给法文版《哲学原理》写的序言能够达到如下三个目的。第一，表明《哲学原理》的主旨内容；第二，表明其写作《哲学原理》的意图；第三，表明《哲学原理》可能带给公众的益处。序言主要包含如下一些话题：哲学的概念、智慧的层级、怀疑与确信、第一哲学沉思、阅读此书的方法和"哲学之树"。①

笛卡儿介绍说，他这本书首先要解释"哲学是什么"。在笛卡儿这里，"哲学"一词意指"对智慧的研习"，而"智慧"不仅指人们处理日常事务的审慎，还兼指人们对所有能够认识的用于指导生活、保持健康、发现学问的各种东西的"完美认识"。这一"认识"既然是"完美的"，其一定是从一些"第一因"或"原理"演绎出来的，如此一来，这些"第一因"或"原理"必须满足如下两个条件：第一，它们必须足够明晰，只要人们对其认真思考就不会怀疑它们的真实性；第二，对其他东西的认识必须依赖这些"原理"，而对这些"原理"的认识无须依赖其他东西。这样，当人们必须从这些"原理"出发来演绎出对其他东西的认识或有关它们的知识时，在整个演绎序列中就没有什么东西不是清晰明了的。最终，人们认识多少真理就对应着拥有多少智慧。

接下来，笛卡儿认为他这本书还需要讨论一下"哲学的用途"。在笛卡儿看来，因为哲学涵盖人类心灵所能认识的一切东西，所以将文明人与野蛮人区别开来的就只有哲学，一个民族越是文明开化，那里就越是有更优秀的人在进行哲学思考。对个人来说，生活在致力于哲学思考的人当中无疑是有益的，因为常常能够得到智慧的指引，而如果自己也能致力于哲学思考，那益处就更大了，正如用自己的眼睛来辨明方向、观赏色彩总好过仅仅借用别人的眼睛来做这些事，一个人没有哲学思考地活着就像他紧闭双眼不愿睁开一样。实际上，哲学的思考比眼睛的功用更为重要，如果说畜类仅仅忙于追求身体的营养，人类则更为关注心灵的营养，而心灵的营养正是哲学或智慧。就人类的智慧来说，有如下五个层级。第一级仅包括一些自身十分清晰的观念，人们无须深思即可获得它们。第二级包括一切通过感官经验为人们所认识的东西。第三级包括从与他人的谈话中所收获的东西。第四级就是读书所得，尤其是通过阅读那些能够给人以良好教

① 本部分内容主要参考了笛卡儿《哲学原理》的中译本（关文运译，商务印书馆，1958）和英译本（Trans. by Valentine R. Miller and Reese P. Miller, *Principles of Philosophy*, Dordrecht: Kluwer Academic Publishers, 1982）。

益的作者写的书所收获的东西。人们所具有的智慧通常就是以这四种方式获得的，但总有伟大的人物想要通过比这四种方式更为高妙、更为确定的方式来获得智慧，这就是第五个层级，即寻求人们可以从中演绎出能够认识的一切东西的"第一因"或真正"原理"，那些努力这样去做的人被称为"哲学家"。不过，直到现在还不曾有一人能完成这种事业，即使伟大如柏拉图（429？B.C.E.～347 B.C.E.）和亚里士多德（384 B.C.E.～322 B.C.E.）也是如此。

这里不妨来看看柏拉图和亚里士多德的差别。柏拉图追随其师苏格拉底（470/469 B.C.E.～399 B.C.E.）的步伐，坦承其无法发现任何确定的东西，只能"想象"出一些"原理"来解释其他东西。而亚里士多德虽然做了柏拉图20年的弟子，却一反柏拉图的说法，认为那些"原理"是真实确定的。支持这两种不同的认识即"应当怀疑一切东西"和"存在着确定的东西"的人进行了长期的争论，双方都出现了愚蠢的错误。支持"怀疑"的一方将"怀疑"扩大到了生活行为，以至于忽视了支配或约束自身行为举止的态度和规范；而支持"确定"的一方却认为"确定"依赖于感官，感官所感知到的就是真实而确定的，如认为太阳本身就同人们所看到的一样大。显然，真理在这两种立场之间：人们不应当怀疑一切，应有所"确定"，但也不应当将"确定"归于感官。几个世纪以来，那些深受亚里士多德思想影响、想要努力成为哲学家的人总是将一些他们并未完全认识的东西当作"原理"，如将真空和原子、热和冷、干和湿等诸如此类的东西视为"原理"。然而，由于这些"原理"并非自明的，由这些"原理"出发得出的推论也就不可能是自明的。因而，他们无法通过这些"原理"获得任何确定的知识，也无法在追求智慧的道路上前进一步。实际上，哲学研究如同赶路，如果背离目标，那么走得越久、越快，离目标也就越远。从坏的"原理"出发，人们越是对其进行"精神培育""哲学思考"，离真知和智慧也就越远。就此而言，那些对迄今为止所谓的哲学研习越少的人反而越能够研习真正的"哲学"。

但是，《哲学原理》这本书中所提出的"原理"为什么可自称是能够达到最高智慧和人生至善的真正原理呢？有两个理由：一是这些"原理"本身是非常明晰的，二是所有别的东西都可以从这些"原理"中推导出来。真正的"原理"所需要的也就是这两个条件。既然那些想要怀疑一切的人不可能怀疑当他正在怀疑时他首先要存在，也不可能怀疑能够进行如此推理的东西并非"身体"而是"灵魂"或"心灵"，那么，心灵的存在就是第一条"原理"。由此可非常清楚地演绎出：存在着一位创造世间万物的上帝，① 这位上帝是一切真理的来源，他不会让人们在理解自然时对所知觉到的清晰明确的东西做出错误的判断。这些就是《哲学原理》这本书在涉及非物质的或形而上学的东西时所使用的"原理"。而从这些"原理"出发，又可非常清楚地演绎出那些有关有形的或物质的东西的"原理"，即存在以长、宽、高展开的物体，具有不同的形态，以不同的方式运动。简言之，存在着可以从中演绎出其他真理的所有"原理"。不过，虽然归入所有这些"原理"的那些真理一直都为人们所熟知，但在《哲学原理》这本书问世之前，尚无人将这些"原理"视为"哲学原理"，也无人认为可以从这些"原理"演绎出世界上其他所有东西的知识。就此而言，凡用心阅读《哲学原理》的读者足可相信，要想获得人类心灵所能获得的最高知识，有此书中给出的那些"原理"就足够了，大可不必再去寻求别的"原理"。

这里要说一下阅读此书的方法。首先，为了对书中的内容有一个大概的了解，建议读者像读小说一样先通读一遍全书，不必太过注意一些细节问题。之后，如果读者认为书中的内容值得再考察一番，并对其中的原因深感好奇，那他就可以再读第二遍，多加留意书中推理的前后关系，即使不能处处都跟上作者的思路，也不必灰心沮丧、中断阅读，只需标出感到困难之处，继续读完全书即可。再之后，如果读者还愿意读第三遍，笔者敢说之前所标记的困难大多能得到解决。此后，如果还有困难，那么在再次阅读之后，这些困难最终会得到解决。总之，对于那些肯费心思来阅读此书的读者来说，他们完全可以理解其中所说的一切道理。

此外，这里还要说明一下一个人在求学问知的道路上应遵循的次序。首先，如果一个人仅仅具备通过自明的观念、感官经验、谈话受教、书籍阅读这四种获得智慧的方式而获得的泛泛的、不完美的知识，那么由于人

---

① 笛卡儿在序言中也指出，那些认为感官知觉更为重要的人因为上帝看不见、摸不着而对"上帝存在"多有怀疑。

必须努力过一种良好的生活，他就必须尽早形成一种足以让其生命活动规范的精神准则。之后，他必须研习逻辑。当然不是那种作为论辩术的经院逻辑，那种逻辑只会败坏而不会增进人的理智。他必须研习那种教导人们如何正确地运用理智来发现未知真理的逻辑。当他能够熟练运用这种逻辑来发现简单而容易的问题如一些数学问题中的真理时，他就可以开始研习真正的哲学了。其中第一部分就是包括各种知识原理的形而上学，有解释上帝的主要属性的，有解释灵魂的非物质性的，有解释人们心中简明清晰的观念的。第二部分是物理学，在发现物质性的东西的真正"原理"之后，一个人就可以一般性地来考察整个宇宙的构成，然后再专门来考察地球及其上的气、水、火、磁石和其他矿物的性质。这之后，还有必要专门来考察植物、动物的性质，尤其是人的性质，为的是随后能够发现其他所有有用的知识分支。因此，全部哲学就像是一棵树，树根是形而上学，树干是物理学，从树干上发出的枝丫是所有其他的知识分支，这些分支主要可归为三种，即医学、力学和伦理学。这里的伦理学指的是最高、最完美的伦理学，其前提是对其他知识分支的完全认识，是智慧的最终一级。正如人们通常不是从树根和树干上而是从树枝上来采摘果实一样，哲学的主要用途就体现在人们最后学到的那些部分。

《哲学原理》一书的内容就是按照"哲学之树"的样式来编排的。笛卡儿在这里特别指出了他这本书中的"原理"可能给人们带来的益处。第一个益处是，人们会因为能从那些"原理"中发现许多先前未知的真理而获得满足感，这种满足感持久而坚实。第二个益处是，通过研习那些"原理"，人们会慢慢地对他们碰到的所有东西做出更好的判断，从而变得更有智慧。第三个益处是，那些"原理"中包含的真理是非常清晰明确的，会消除所有争执性的问题，从而让人类心灵趋向温柔与和谐。第四个益处是，通过研习那些"原理"，人们可以发现许多书中未曾解释的新的真理，这样不断地从已知到未知，久而久之，就能获得全部哲学的完美知识，上升到智慧的最高阶段。总之，笛卡儿希望更多的人能够认识到他的《哲学原理》一书对于人生的完美和幸福的重要性，从而从事或支持哲学学习和研究。

# 三 《哲学原理》选读

为了让读者对笛卡儿《哲学原理》一书的思考和讨论风格有更为直观的了解，下面从该书的四大主题中分别摘取少量内容呈现如下。①

## （一） 论人类知识的原理

1. 任何一个寻求真理的人，一生中必须尽可能把一切东西都来怀疑一次。

因为我们生下来都是小孩子，在能够充分运用理性之前就对感官感知到的东西进行各种判断（有些好，有些坏），所以我们会因许多偏见而偏离对真理的认识。我们似乎无法摆脱这些偏见，除非我们一生中尝试把所发现的有一丝不确定性的东西都来怀疑一次。

2. 必须把可怀疑的东西视为虚假的。

实际上，把我们所怀疑的（或想象中有一丝可怀疑的）那些东西视为虚假的是有用的，因为这样我们就可以更清楚地发现那些最确定、最容易认识的东西。

3. 这种怀疑并不同时适用于生活中的日常行为。

但就目前来说，这种怀疑仅仅限于对真理的思考，就生活中的日常行为来说，我们常常不得不接受仅仅是有可能的东西，或有时不得不从两个谁也不比谁显得更有可能的选项中挑选出一个，因为行动的机会在我们能够摆脱所有的怀疑之前常常会消逝。

4. 为什么我们可以怀疑可感知到的东西。

既然我们现在只专注于寻求真理，那么我们就从怀疑任何可感知的或可想象的东西是否存在开始。这首先是因为，我们认识到我们的感官时常出错，因而慎重的做法是绝不过多相信任何曾经欺骗了我们的东西。其次是因为，每晚在我们的梦里，我们似乎都看到或想象到了无数并不存在的

---

① 本部分内容在参考笛卡儿《哲学原理》中译本（关文运译，商务印书馆，1958，第1～3、30～33、34～36、47～48页）相关内容的基础上，根据英译本（Trans. by Valentine R. Miller and Reese P. Miller, *Principles of Philosophy*, Dordrecht：Kluwer Academic Publishers，1982，pp. 59－62，84－91，203－206，218－221，256－257，275－279）重新译出。

东西。对一个具有如此怀疑精神的人来说，似乎没有任何确切的方式能够让他把睡梦和清醒区别开来，并且能够让他知道出现在睡梦中的想法比其他任何想法更为虚假。

5. 为什么我们甚至可以怀疑数学的推理证明（mathematical demonstration）。

我们也要怀疑其他我们先前以为是最为确定的东西，甚至那些数学的推理证明和那些直到现在我们认为是自明的东西。这既是因为我们发现有时人们会在那方面犯错，并且会把对我们来说似乎是虚假的东西视为非常确定而自明的东西，也主要是因为我们听说有一个创造了我们并且可以做一切事情的上帝，我们不知道他是否选择了一种总是让我们犯错甚至在我们最为熟悉的方面也总是让我们犯错的方式创造了我们，而我们已经注意到，这似乎与我们有时会犯错一样是可能的。如果我们想象自己并非因最有能力的上帝而存在，而是因我们自己或任何别的东西而存在，那么我们越是觉得我们的造物主没有权能，就越要相信我们是不完美的，总是会犯错的。

6. 我们有自由意志，拒绝认同可疑的事物，从而避免错误。

然而，不管我们是由谁创造的，不管创造者有多大的能力、多大的欺骗性，我们依然体验到自身有一种自由，让我们总能避免相信那些并不绝对确定可靠的东西，从而避免错误。

7. 我们不可能怀疑当我们正在怀疑时我们存在。这是我们通过有条理地进行哲学思考时所认识到的第一件事。

进一步说，当以这种方式反驳我们能够有所怀疑的所有那些东西甚至想象它们是虚假的时，我们实际上可以轻易地假定没有上帝、没有天堂、没有物体，甚至设想我们自己没有手、没有脚、没有身体。然而，我们并不因此假定正在思考那些东西的我们不存在，因为对我们来说，认为能思的东西当其正在思考时不存在是矛盾的。于是，"我思故我在"这一认识对任何一个有条理地进行哲学思考的人来说，都应该是要注意把握的第一种最为确定的认识。

8. 由此我们理解了灵魂和身体之间的区别，能思的东西和物质的东西之间的区别。

这是理解心灵本质和心灵与身体之间区别的最佳方式。因为在考察我们有可能是什么而假定所有不同于我们自身的东西都是虚假的时，我们清楚地感知到广延、形态、位置移动或任何一种必须被归之于身体的东西都不属于我们的本质，但只有思考（cogitationem, thinking）的能力例外，对它的认识先于任何物质的东西，并且比对任何物质的东西的认识都更为确定，因为在我们怀疑其他的东西时我们已经感知到了这种思考。

9. 思（cogitatio, thought）是什么？

"思"这个词，我的理解是，就意识发生在我们内心（in us）而言，当我们有意识时出现在我们心里的所有那些东西。因此，不仅理解、意欲和想象而且感知都是"思"。因为如果我说，我看或我走故我在，而且如果我从身体的看或走推出这一结论，那么这一结论绝不是确定的，因为就像在梦中常常出现的那样，我可能认为我正在看或正在走，但我实际上并没有睁开眼睛，也没有移动位置，甚至我可能就没有身体。而如果我从我的心灵的活动或者说从对看或走的那种感知或意识推出"我在"，那么这一结论就完全是确定的，因为这样前提就指涉了独自即可感知或认识到其在看或在走的心灵的存在。

……

71. 我们犯错的首要原因源于我们孩童时期的偏见。

72. 第二个原因在于无法忘掉我们的偏见。

73. 第三个原因是，由于专注于那些并不直接呈现给感官的东西，我们慢慢变得疲乏，结果是我们不再根据当下的感知来判断那些东西，而是根据先入为主的意见来判断它们。

74. 第四个原因是，我们将观念附着在并不精确对应于事物的语词上。

75. 总结：为了进行正确的哲学思考必须遵守的东西。

因此，为了认真地进行哲学思考并且为了发现所有能够被认识的事物的真理，首先，必须摒弃一切偏见，或者说必须小心避免相信任何我们过去已接受的意见，除非我们通过让它们接受新的考察确定了它们是真的。其次，为了正确地进行哲学思考，我们必须小心我们自己心中已有的那些观念，而所有那些并且也只有那些我们小心翼翼地清晰明确认识到的观念才可判断为是真的。在这样做的时候，我们首先要注意，就我们的本质是一种能思考的东西的本质而言，我们存在。同时，我们也要注意：上帝存在，我们有赖于他，而既然上帝是其他东西的原因，从对他的属性的思考中我们可以考察有关其他东西的真理。最后，我们必须注意，除了有关上帝和我们的心灵的观念之外,我们还知道许多有关永恒真理的命题,如"无不能生有"等等。类似的,我们知道有一种有形的物质自然或一种有广延的、可划分的、可移动的等诸如此类的自然,还知道某些对我们造成了影响的感觉,如疼痛、颜色、气味等等,虽然我们还不知道是什么导致了我们受到如此影响。将这些东西和我们先前纷乱地认识到的东西加以比较,我们就得到了对所有能够认识的东西形成清晰明确观念的锻炼。人类知识的主要原理对我来说似乎就包含在这不多的东西当中。

### (二) 论物质对象的原理

1. 我们确切知道物质对象存在的理由。

2. 我们知道人类的身体和心灵相统一的理由。

3. 我们的感官知觉并非告知我们事物中真正存在的是什么,而仅仅是告知我们什么会伤害这种身心统一,什么会有益于这种统一。

4. 物质的本质并不在于重量、硬度、颜色或其他类似的性质,而只在于广延。

这样,我们就会看到,物质或一般所说的物体的本质并不在于事实上它是硬的、重的、有颜色的或任何其他影响感官的方式,而仅仅在于它是一种在长、宽、高上具有广延的东西。就硬度而言,除了我们的手在碰触到硬的物体时其各部分抵抗我们手的运动之外,我们的感官没有告诉我们有关硬度的任何东西。此外,如果不管什么时候我们的手朝某个方向运动时,位于那里的物体都以我们的手接近它们的速度后退,那么我们肯定不会感受到任何硬度,然而不可能因此就认为如此后退的物体不具有物体的本质。同样,可以表明,重量、颜色和其他所有这一类在物质实体 (material substance) 中所体验到的性质都可以被去掉而实体仍然完整。由此可知,物质的本质并不依赖于任何这样的性质,而仅仅在于它是一种具有广延的实体这一事实。

……

37. 第一自然定律:每一样东西,就其自身而言,总是保持同一种状态。因此,一旦它开始运动,它就会继续运动。

38. 为什么被扔出去的物体在离开手之后会继续运动?

39. 第二自然定律:一切运动都会自行沿着直线运动。因此,作圆形运动的物体总是倾向于离开所围绕的圆心而运动。①

40. 第三自然定律：一个物体，与一个力量更大的物体发生关联时，不会丢失任何运动，而与一个力量更小的物体发生关联时，他丢失的运动就是它转移给那个较弱物体的运动。

### （三）论可见的宇宙

1. 对上帝的工作再怎么高估都不过分。

我们已经发现了物质对象的某些原理，而且不会怀疑这些原理的真实性，因为我们是通过理性而不是通过感官的偏见寻找到它们的。我们现在必须考虑，是否仅仅通过这些原理我们就能解释所有的自然现象，而且我们必须从那些其他现象所依赖的、最普遍的现象——整个可见世界的一般结构——开始。为了对这一问题能够进行正确的推理，我们必须特别注意两件事：一是要记住上帝无限的能力和善意，对于上帝工作的伟大、美丽和完善再怎么高估都不过分，对此不必担心；相反，也就是第二件事，我们千万要小心的是，我们偶尔会把我们并没有真正弄清楚的局限性归因于上帝的工作，因而认为造物主的能力并不完备。②

2. 我们必须小心，免得过于高估了自己，以为我们理解上帝创造世界的目的。

3. 在什么意义上可以说，万物都是为人而创造的。

尽管从道德的观点看，认为上帝正是为了我们而创造万物，这种善意而虔敬的想法会由此促使我们因上帝所给予的诸多祝福而更爱他、更感激他，在某种意义上也确实如此，因为没有任何被造物是我们不能加以利用的，哪怕它只是这么一种东西，即我们只是通过思考它来锻炼我们的心灵，并且只

---

① 前一定律和该定律的第一部分通常被认为第一次表述了后来牛顿惯性定理的内容，不过，牛顿的观点和笛卡儿的观点在含义上有很大的不同，牛顿把运动和静止视为纯粹数量上的差异，而笛卡儿则把运动和静止视为对立或相反的状态。

② 相信无限的宇宙以及宇宙中有些恒星离太阳的距离十分遥远，这几乎已成为哥白尼（Nicolaus Copernicus，1473－1543）整体观点的一部分，尽管哥白尼本人反对这一点。笛卡儿的《哲学原理》一书在这个方面起到了重要的推动作用。托马斯·库恩（Thomas Kuhn，1922－1996）在其《哥白尼革命》一书中指出："从1600年布鲁诺去世到1644年笛卡儿《哲学原理》的出版这段时间里，没有任何有名的哥白尼主义者表现出对无限宇宙的信奉，至少没有公开表现如此。然而在笛卡儿之后，似乎又没有一个哥白尼主义者反对这一观念。"（参见〔美〕托马斯·库恩《哥白尼革命》，吴国盛等译，北京大学出版社，2003，第285页。）

是通过它而去赞美上帝。然而，这绝不是说，上帝创造万物全是为了我们，并无任何别的目的。在我看来，试图用这种看法来支持物质世界的推理显然是荒唐可笑的，因为无可怀疑的是，世界上现在有许多东西存在着，还有些先前存在现在已不再存在的东西，但却没有人见到、认识或利用过它们。

4. 论现象或实验及它们在哲学中的运用。

不过，我们所发现的那些原理形形色色、数量众多，以至于从中推出了比我们在这个可见的宇宙中见到的多得多的东西，甚至比我们在整个一生中心里想到的都要多得多。但是现在让我们来着手简单地描述一下那些主要的自然现象，其原因也会在这里被考察一番，虽然不是为了用它们来证明什么。我们希望从这些现象的原因中推出结果而不是从结果中推出原因，而我们这样做也只是为了就我们所认定的无数结果来说，我们可以认为其中的某一些而不是另一些是由那些原因产生的。

5. 太阳、地球和月球之间距离和大小的比率。

……

8. 地球从天上看似乎只是一个比木星或土星更小的行星。

9. 太阳和恒星靠自身发光。

10. 月亮和其他行星因太阳而发光。

……

15. 各种假说都可以用来解释行星的现象。

16. 托勒密的假说与现象不符。

17. 哥白尼和第谷的假说如果仅仅被视为假说则并无不同。

18. 第谷与哥白尼相比只是在言语上赋予了地球更少的运动，但事实上他赋予的更多。

哥白尼毫不犹豫地将运动赋予地球，在第谷看来，这不仅在物质世界是荒谬的，而且也与人们的常识相反，他试图纠正这一认识。然而，由于第谷没有充分考虑运动的真正本质，他只是在言语上断定地球是静止的，而事实上却比其前辈赋予了地球更多的运动。

**（四）论地球**

……

44. 这样，山脉、平原、海洋就在地球表面上被创造出来了。

45. 空气的本质是什么？

46. 为什么空气容易变得稀薄或浓稠？

47. 为什么在某些机器中空气可以被强力压缩？

48. 论水的本质，为什么它容易变形，有时变成气，有时变成冰？

49. 论海洋的涨潮落潮。

……

77. 地震是如何发生的？

78. 为什么火会从某些山中喷发？

79. 为什么在一场地震中通常会发生多次摇晃震动，结果造成地震持续数小时甚至几天？

80. 论火的本质及它与空气的差别。

81. 火最初是如何燃烧起来的？

82. 火是如何保持燃烧的？

83. 火为什么需要燃料？

……

153. 为什么两块磁石会彼此吸引？其中每一块磁石的作用范围是怎样的？

154. 为什么它们有时也会彼此排斥？

……

188. 为了理解物质对象，必须从我所计划的对动物和人的研究中借用一些东西。

如果像我先前所打算的那样，还要再写两部分即有关生命或者说有关动物和植物的第五部分以及有关人的第六部分，那么我就不应该再给《哲学原理》这本书的第四部分增添什么了，但因为所有我希望在另外那两部分讨论的东西还没有得到完美的考察，而且因为我不知道是否还有足够的闲暇来完成那些考察，所以为了不再继续延误前几部分的发表，不再继续保留前几部分中没有的、用于其他部分的内容，我就在此增添少许有关感觉意识对象（the objects of senses）的讨论。到现在为止，我已经把地球（实际上整个可见的宇宙）描述成了一个除形态和运动之外不考虑其他任何东西的机器，然而我们的感觉意识（senses）向我们表明了许多其他的东西，如颜色、气味、声音等等。而如果我对此完全不置一词，我似乎就忽略了对自然事物的解释的主要部分。

189. 感觉是什么？它是如何发生的？

必须要知道的是，虽然人类灵魂指导整个身体，但其主要位于大脑中。它不只是进行理解和想象，还进行感知。它通过从大脑中伸展到身体各部位的、像丝线一样的神经进行感知。这些神经与身体各部位以这样一种方式相连接，即对身体的任何一个部位来说，要是没有分布其中的神经末梢因触摸而受到刺激，并且这种刺激没有被传导到其他聚集在灵魂所处的大脑中的神经末梢，那么身体的任何一个部位都不会被触摸到。这一点我在《屈光学》第 4 章有详细的解释。然而，由神经在大脑中引起的这些刺激因其多种多样而以多种方式影响了与大脑密切相连的灵魂或心灵，直接来自这些刺激的心灵的各种状态或所思所想被称为"感觉意识的觉知"（the perceptions of the senses）或我们通常所说的"感觉"（sensations）。

190. 论感觉意识（senses）的区分：首先，论内在感觉意识（internal ones）即理性灵魂的激情或状态，并论自然欲望。

191. 论外在感觉意识（exterior senses）：首先，论触觉（the sense of touch）。

……

笛卡儿的《哲学原理》1644 年一经出版，其友人荷兰诗人和作家康斯坦丁·惠更斯（Constantijn Huygens，1596－1687）[①] 就送给他一首热情洋溢的诗歌——《赞美勒内·笛卡儿的〈哲学原理〉》，大意是说，大自然像一个被面具、伪装遮蔽了的美丽女子，晦暗不明，需要世界之光的照耀，为了恢复美丽女子的本来面目，笛卡儿出场了，他在与亚里士多德的竞赛中赢得了胜利。[②] 随着这首诗歌的传唱，1663 年，斯宾诺莎（Baruch de Spinoza，1632－1677）的《笛卡儿的哲学原理（附形而上学思想）》一书出版，这本书对笛卡儿《哲学原理》一书中的前三部分内容尤其是第一部分"论人类知识的原理"以几何学方式或公理化方法进行了解读和讨论。这首诗歌似乎也飘到了牛顿的耳朵里，在其《自然哲学的数学原理》于

---

① 康斯坦丁·惠更斯是荷兰数学家、天文学家和物理学家克里斯蒂安·惠更斯（Christiaan Huygens，1629－1695）的父亲，克里斯蒂安·惠更斯发现了土星环的真正形状，提出了光的波动理论，是动力学的奠基者。

② http://www.let.leidenuniv.nl/Dutch/Huygens/HuygensGedichten.html.

1668 年出版之前，牛顿精心研读了笛卡儿的《哲学原理》，对其中的很多内容进行了批判和吸收，在经过修订增补后于 1726 年出版的《自然哲学的数学原理》第三版中，牛顿郑重地在他这本著作的书名页前面又加了副标题（half title）——"牛顿的《哲学原理》"，这或许是对笛卡儿的致敬，也或许是对笛卡儿的挑战，但不管怎样，无疑都表明笛卡儿的《哲学原理》一书在 17 ~ 18 世纪的欧洲知识界产生了广泛的影响，也正是这种影响有力地推动了欧洲近代以来哲学和科学的发展。

# 6

# 莱布尼茨的《单子论》

江 畅[*]

## 一 人物及原著简介

1646 年 7 月 1 日，戈特弗里德·威廉·莱布尼茨（Gottfried Wilhelm Leibniz）出生于神圣罗马帝国的莱比锡的一个书香之家，其父亲弗里德希·莱布尼茨是莱比锡大学的伦理学教授，而其母亲凯瑟琳娜·施马克是一位出身于教授家庭的路德新教教徒。莱布尼茨自幼聪慧，在 18 岁和 20 岁相继获得哲学硕士学位和法学博士学位，并分别于 1663 年和 1666 年发表了《个体性原则的形而上学争论》和《论组合术》两篇论文。在这两篇论文中，他关注个体性和逻辑性的哲学思想初见端倪。毕业后，莱布尼茨由当时的政治家博伊内博格（Boineburg）男爵介绍从事外交事务。1672 年，莱布尼茨在巴黎执行一项政治任务时结识了马勒伯朗士和数学家惠更斯等人，并发明了微积分。同年，因博伊内博格男爵去世，莱布尼茨失去了职位和薪金，于 1676 年离开巴黎而任职服务于汉诺威的约翰·弗里德里希（Johann Friedrich）公爵。在工作之余，莱布尼茨开始研究哲学、自然科学等问题。1682 年，莱布尼茨与门克创办了近代科学史上卓有影响的拉丁文科学杂志《学术纪事》，他的数学、哲学文章大都刊登在该杂志上，其哲学思想在此期间逐渐形成。1686 年，莱布尼茨完成了《形而上学论》，这标志着他的哲学

---

＊ 江畅，哲学博士，湖北大学哲学学院教授，主要研究方向为伦理学、价值哲学和西方哲学。

思想体系初步形成。1695 年，他发表了文章《新系统》，这篇文章中包含的实体与心灵之间"预定和谐"的理论在学界广为人知。1689 年，莱布尼茨在为完成布伦瑞克卢内堡（Braunschweig-Lüneburg）族谱研究游历于意大利时，结识耶稣会派遣至中国的传教士，开始对中国产生强烈兴趣。1704 年，莱布尼茨完成《人类理智新论》，这本著作是针对洛克的《人类理智论》而作，但由于洛克的突然离世，此书直到莱布尼茨逝世后才得以发表。1710 年，出于对 1705 年过世的普鲁士王后索菲·夏洛特（Sophie Charlotte）的感念，莱布尼茨完成了他一生中最为重要的著作——《神正论》。《神正论》集中体现了莱布尼茨的哲学思想，正是在这本书中，莱布尼茨给后人留下"两个迷宫的难题"，即他称之为"自由与必然"之间的大问题。1714 年，莱布尼茨在维也纳将自己的主要哲学观点以总结纲要的形式写作成篇，这篇小册子便是《单子论》。1716 年 11 月 14 日，他完成了一份关于中国人宗教思想的手稿——《论中国人的自然神学》。几个月后，莱布尼茨于汉诺威过世。

莱布尼茨是德国重要的数学家、哲学家、自然科学家、历史学家、物理学家，他学科涉猎广泛，是少有的通才。他创立微积分和二进制，是一位天才的数学家。同时，莱布尼茨也是欧陆理性主义哲学的杰出代表人物之一，他的《神正论》推动和促成了自然神学和人类自由学说的近代化。因此，他被誉为 17 世纪的亚里士多德。

《单子论》原文为法文，并无标题。《单子论》篇问世后，许多学者曾将其译为不同版本，直至 1840 年 J. E. 爱尔特曼在莱布尼茨手稿中发现原文，收入其所编的《莱布尼茨哲学全集》中，并加上了《单子论》的标题。原文问世后，篇名被沿用，而后有各种文字的多种译本。本文采用的则是收录在生活·读书·新知三联书店出版的《十六—十八世纪西欧各国哲学》（1958）中的中译文本。

## 二　原著节选[①]

1. 我们这里所要讲的单子，不是别的东西，只是一种组成复合物的单

---

① 参见北京大学哲学系外国哲学史教研室编译《十六—十八世纪西欧各国哲学》，生活·读书·新知三联书店，1958，第 292～308 页。译文有所改动。

纯实体，单纯，就是没有部分的意思。

2. 单纯的实体是一定存在的，因为有复合物存在；因为复合物不是别的东西，只是一些单纯物的一个堆积或聚集。

3. 在没有部分的地方，是不可能有广延、形状、可分性的。这些单子就是自然的真正原子，总之，就是事物的原素。

4. 也根本不用害怕单子会分解，根本就不能设想一个单纯的实体可以用什么方式自然地消灭。

5. 同样理由，也根本不能设想一个单纯的实体可以用什么方式自然地产生，因为它是不能通过组合形成的。

6. 因此可以说，单子是只能突然产生、突然消失的，这就是说，它们只能通过创造而产生、通过毁灭而消失，至于复合物，则是通过部分而产生或消失的。

7. 也没有办法解释一个单子怎样能由某个别的创造物在它的内部造成变化或改变，因为我们不能在单子中作出任何移动，也不能设想单子中有任何内部的运动可以在其中被激起、引导、增加或减少，这在复合物中是可能的，那里有部分之间的变换。单子并没有可供某物出入的窗户。偶性不能脱离实体，不能漂泊在实体以外，像过去经院学者们的"感性形相"那样。因此，不论实体或偶性，都不能从外面进入一个单子。

8. 然而，单子一定具有某种性质，否则它们就根本不是存在的东西了。单纯的实体之间如果没有性质上的差别，那就没有办法察知事物中的任何变化，因为复合物中的东西只能来自单纯的组成部分，而单子没有性质就会彼此区别不开，因为它们之间本来没有量的差别。因此，既然假定了"充实"，每个地点在运动中就只会接受与它原有的东西等价的东西，事物的一个状态就无法与另一状态分清了。

9. 而且，每一个单子必须与任何一个别的单子不同。因为自然界绝没有两个东西完全一样，不可能在其中找不出一种内在的、基于固有本质的差别来。

10. 我也同意一切创造出来的东西都是有变化的，因此创造出来的单子也是这样，而且这种变化在每个单子里都是连续的。

11. 根据以上所说的，可见单子的自然变化是从一个内在的原则而来，因为一个外在的原因不可能影响到单子内部。

12. 但是除了变化的本原以外，还要有一个变化者的细节，这个细节，可以说造成了各个单纯实体的特异性和多样性。

13. 这个细节应当包含着单元或单纯物里面的繁多性。因为既然一切自然变化都是逐渐的，有的东西变，有的东西不变；因此在单纯的实体中一定要有许多特殊状态和关系，虽然它并没有部分。

14. 这个包含并表现单纯实体里的繁多性的过渡状态，无非就是知觉；我们应当把知觉与统觉或意识仔细分开，这是下面就会看到的。就是在这一点上，笛卡儿派有非常严重的错误，他们认为觉察不到的知觉是不存在的。也就是因为这个缘故，他们认为只有心灵才是单子，既没有什么禽兽的灵魂，也没有什么别样的"隐德来希"，他们同普通人一样把长期的昏迷与严格的死亡混为一谈，而且陷入经院学者的偏见，以为有完全与肉体分离的灵魂，甚至赞同那些思想乖谬的人的意见，主张灵魂有死。

15. 使一个知觉变化或过渡到另一个知觉的那个内在本原，可以称为欲求；诚然，欲望不能总是完全达到它所期待的全部知觉，但它总是得到某个东西，达到一些新的知觉。

……

18. 我们可以把一切单纯实体或创造出来的单子命名为"隐德来希"，因为它们自身之内具有一定的完满性，有一种自足性使它们成为它们的内在活动的源泉，也可以说，使它们成为无形体的自动机。

19. 如果我们愿意把一切具有我刚才所说明的一般意义下的知觉和欲望的东西部统统称为灵魂的话，那么，一切单纯的实体和被创造出来的单子就都可以称为灵魂；可是，既然感情是一种比一个单纯的知觉为多的东西，那么我同意认为"单子"和"隐德来希"这两个一般的名称对于单纯的实体是足够了，单纯的实体仅仅是有知觉的，而我们只是把那些具有比较清晰的知觉伴随着的单纯实体称为灵魂。

20. 因为我们在自身之内经验到一种状态，在这种状态中，我们什么都不记得，也没有任何清楚的知觉，像我们陷入昏迷或酣睡而无梦时就是这样。在这种状态中，灵魂与一个单纯的单子并无显著的区别，不过这种状态不是持久的，所以当它摆脱这种状态时，它仍然是一种较高的东西。

22. 既然一个单纯实体的任何现在状态都自然地是它以前状态的后果，那么，现在中就包孕了未来。

23. 因此，既然我们从昏迷中醒来时觉察到自己的知觉，那么我们在觉醒之前应当是有知觉的，虽然我们一点也没有觉察到；因为一个知觉只能自然地从另一个知觉而来，正如一个运动只能从另一个运动而来一样。

24. 由此可见，我们的知觉中如果没有什么特出的、可以说高级的和有较高趣味的东西，我们就总是处在昏迷状态之中。这就是一切赤裸裸的单子的状态。

......

26. 记忆供给灵魂一种连接性，这种连接性与理性相仿，但是应当与理性分开。我们就曾见到，动物遇到某个东西刺激它，而它对这个东西在过去又有过相似的知觉，它就凭借着它的记忆中的表象，期待着过去那个知觉中所遇见过的，并且怀抱着与当时相似的情绪。例如，当我们拿棍子对着狗时，狗就想起棍子给它造成的痛苦，叫着跑了。

27. 刺激并推动动物的那种强烈的想象，或者是由于过去的知觉的巨大而产生，或者是由于过去的知觉众多而产生。因为一个强烈的印象常立刻造成一种效果，和长期的习惯或许多反复出现的知觉所造成的一样。

28. 人们的知觉的连接，只是根据记忆的原则而造成，就这一点说，人的活动是和动物一样的，很像经验派的医生，只有单纯的实践而没有理论，我们在四分之三的行为上，只不过是经验派。例如，当我们期待明日有白天时，就是经验派的做法，根据的乃是一向总是如此。只有天文学家才用理性来对这一点作出判断。

29. 使我们与单纯的动物分开、使我们具有理性和各种科学、将我们提高到认识自己和上帝的东西，则是对于必然和永恒的真理的知识。这就是我们之内的所谓"理性灵魂"或"精神"。

30. 也是凭着关于必然真理的知识，凭着关于这些真理的抽象概念，我们才提高到具有反省的活动。这些活动使我们思想到所谓"我"，使我们观察到这个或那个在"我们"之内；而由于我们思想到自身，我们也就思想到存在、实体、单纯物或复合物、非物质的实体和上帝本身，理解到在我们这里是有限的东西在上帝那里则是无限的。这些反省的活动给我们的推理提供了主要的对象。

31. 我们的推理是建立在两个大原则上，即是：（1）矛盾原则，凭着这个原则，我们判定包含矛盾者为假，与假的相对立或相矛盾者为真。

32. 以及：（2）充足理由原则，凭着这个原则，我们认为：任何一件事如果是真实的或实在的，任何一个陈述如果是真的，就必须有一个为什么这样而不那样的充足理由，虽然这些理由常常总是不能为我们所知道的。

33. 也有两种真理：推理的真理和事实的真理。推理的真理是必然的，它们的反面是不可能的。事实的真理是偶然的，它们的反面是可能的。当一个真理是必然的时候，我们可以用分析法找出它的理由来，把它归结为更单纯的观念和真理，一直到原始的真理。

34. 数学家们就是这样用分析法把思辨的定理和实践的法则归结成定义、公理和公设。

35. 最后，有一些单纯的观念，我们是不能给它们下定义的；也有一些公理和公设，总之有一些原始的原则，是不能够证明的，也不需要证明。这就是"同一陈述"，其反面包含着显然的矛盾。

36. 但是充足理由也必须存在于偶然的真理或事实的真理之中，亦即存在于散布在包含各种创造物的宇宙中的各个事物之间的联系中；在创造物的宇宙中，由于自然界的事物极其繁多，以及物体可以无穷分割，所以对特殊理由的分析是可以达到无穷的细节的。有无数个现在和过去的形相和运动，构成了我现在写字的动力因，也有无数个现在和过去我的心灵的倾向和禀赋，构成了目的因。

37. 既然这全部细节本身只包含着另外一些在先的或更细的偶然因素，而这些因素又要以一个同样的分析来说明其理由，所以我们这样做是不能更进一步的。充足的理由或最后的理由应当存在于这个偶然事物的系列之外，尽管这个系列可以是无限的。

38. 所以事物的最后理由应当在一个必然的实体里面，在这个实体里，变化的细节只是卓越地存在着，和在源泉中一样，而这个实体就是我们所谓上帝。

39. 这个实体乃是全部细节的充足理由，而这种细节也是全部联系着的：只有一个上帝，并且这一个上帝就足够了。

40. 我们也可以断定，这个唯一、普遍和必然的最高实体，既然没有任何东西从它以外独立存在，既然是从可能有的存在物得出的一个单纯结论，就应当不可能有任何限制，并且应当包含着全部可能有的实在性。

41. 由此可见，上帝是绝对完满的，完满性不是别的，就是严格意义下的最高量的积极实在性，它排除有限制的事物所具有的限度或限制。在没有限制的地方，就是在上帝之中，完满性是绝对无限的。

42. 由此可见，创造物有它们由于受上帝影响而得来的完满性，但是它们也有由于它们自己的本性而来的不完满性，所以不能没有限制，因此创造物与上帝的区别就在这一点上。［这些创造物的原始的不完满性的一例，就是物体的自然惰性。］

43. 同样真实的是：上帝不仅是存在的源泉，而且是本质的源泉，是实在事物的源泉，也同样是处在可能性中的实在事物的源泉。这是因为上帝的理智乃是永恒真理的所在地，或永恒真理所依赖的理念的所在地，因为如果没有上帝，就没有任何处在各种可能性中的实在的东西，不仅没有任何实存的东西，而且没有任何可能的东西。

44. 然而应当说，如果在本质中或可能性中，或者在永恒真理中有一种实在性，则这种实在性便是建立在某种存在的和现实的事物中，因而也就是建立在必然实体的存在中。在必然的实体里面，本质是包含着存在的，换句话说，在必然的实体中，凡是可能的都是足以成为现实的。

45. 所以，只有上帝（或必然的实体）有这种特权，即是：如果它是可能的，它就应当是存在的。既然没有任何东西能够阻碍那不包含任何限制、任何否定，因而也不包含任何矛盾的东西的可能性，那么，仅仅由这一点便足以先天地认识上帝的存在了。我们也曾经用永恒真理的实在性证明过上帝的存在，我们在上面也曾后天地证明过上帝的存在，因为偶然的事物是存在的，而这些偶然事物只有在必然的实体中才能得到它们的最后理由或充足理由，必然的实体则是从自身而具有其存在的理由。

……

47. 因此只有上帝是原始的统一或最初的单纯实体，一切创造出来的或派生的单子都是其产物，可以说是凭借神性的一刹那的连续闪耀而产生的，神性是受到创造物的容受性的限制的，对于创造物说，有限乃是它的本质。

48. 在上帝之中有权力，权力是万物的源泉，又有知识，知识包含着观念的细节，最后更有意志，意志根据那最佳原则造成种种变化或产物。这一切相应于创造出来的单子中的主体或基础、知觉能力和欲望能力。不过在上帝之中这些属性是绝对无限或完满的，而在创造出来的单子或"隐德来希"（赫尔谟劳·巴尔巴鲁译作 perfectihabies [具有完满性者]）中，则只是按照具有完满性的程度而定的一些仿制品。

49. 创造物之被称为对外活动，是就它具有完满性而言：它被称为受另一物影响，是就它的不完满而言。因此说单子具有能动性，是就它具有清晰的知觉而言；说它具有被动性，是就它具有混乱的知觉而言。

50. 说一个创造物比另一个创造物更完满，意思就是说，我们发现这个创造物中有一种成分，可以用来先天地说明另一创造物中所发生的事情的因由；就是因为这一点，我们才说它对另一创造物起作用。

51. 但是在单纯的实体中，只有一个单子对另一个单子所发生的理想的影响，它只是通过上帝为中介，才能产生它的效果，因为在上帝的观念中，一个单子有理由要求上帝在万物发端之际规范其他单子时注意到它。因为一个单子既然不能对另一个单子的内部发生一种物理的影响，那就只有靠这种办法，一个单子才能为另一个单子所依赖。

52. 因为这个缘故，在创造物之间，能动与被动是相互的。因为上帝比较两个单纯实体，发现每一个中间都有使它适应于另一个的理由，因此就某个方面说是能动的，从另一个观点看来则是被动的。说它能动，是由于我们清楚地知道其中有一种成分，可以说明另一个中间所发生的事情；说它被动，是由于其中所发生的事情的因由在另一个我们清楚地知道的成分中。

53. 既然在上帝的观念中有无穷个可能的宇宙，而只能有一个宇宙存在，这就必定有一个上帝进行选择的充足理由，使上帝选择这一个而不选择另一个。

54. 这个理由只能存在于这些世界所包含的适宜性或完满性的程度中，因为每一个可能的世界都是有理由要求按照它所含有的完满性而获得存在的。

56. 这种一切事物对每一事物的联系或适应，以及每一事物对一切事物的联系或适应，使每一个单纯实体具有表现其他一切事物的关系，并且使它因而成为宇宙的一面永恒的活的镜子。

57. 正如一座城市从不同的方面去看便显现出完全不同的样子，好像因观点的不同而成了许多城市，同样情形，由于单纯实体的数量无限多，也就好像有无限多的不同的宇宙，然而这些不同的宇宙乃是唯一宇宙依据每一个单子的各种不同观点而产生的种种景观。

60. 此外我们还看到，在我方才所说的话中，有一些先天的理由说明何以事物不能是别样的；因为上帝在规范全体时注意到每一个部分，特别是注意到每一个单子。单子的本性既是表象，所以任何东西都不能限制单子只表象事物的一部分，虽然这种表象确乎在整个宇宙的细节方面只是混乱的，而只能在事物的一个小部分中是清晰的，就是说，只能在那些对于每一个单子说或者最近或者最大的事物中，才是清晰的；要不然单子就会是一个神了。单子之受到限制，并不是在对象方面，而是在认识对象时所采取的方式方面。单子都以混乱的方式追求无限、追求全体，但是它们都按照知觉的清晰程度而受到限制和区别。

61. 复合物在这一方面乃是单纯实体的象征。因为既然全体是充实的，因而全部物质是连接的，既然在充实中所有的运动都按距离的比例对远处形体发生影响，因而每一个形体都不仅受到与它相接触的形体的影响，并以某种方式感受到这些形体中所发生的事件的影响，而且还以这些事物为媒介，感受到与它所直接接触到的这些事物相接触的事物的影响——所以，这种传达一直达到一切遥远的距离。因此一切物体都能感受到宇宙中所发生的一切，因而观看全体的人能够在每一个物体中看到各处所发生的事，以至过去或未来所发生的事，在现在中观察到在时间上和空间上甚为遥远的事；希波格拉底曾说过，"万物一致"。但是一个灵魂只能在自身中看到清晰地表象于其中的东西，而不能一下发挥出它的全部奥秘，因为这些奥秘是趋于无穷的。

62. 所以，虽然每个创造出来的单子都表象全宇宙，它却特别清晰地表象着那个与它关系特别密切的、以它为"隐德来希"的形体：这个形体既是以"充实"中的全部物质的联系来表现全宇宙，灵魂也就以表象这个以一种特殊方式附属于它的形体来表象全宇宙。

63. 形体既然附属于一个单子，而这个单子乃是它的"隐德来希"或灵魂，所以它与"隐德来希"一起构成所谓生物，与灵魂一起构成所谓动物。一个生物或动物的形体永远是有机的，因为每一个单子既是一面以各自的方式反映宇宙的镜子，而宇宙又是被规范在一种完满的秩序中，所以在表象中，亦即在灵魂的知觉中，应当也有一种秩序。因此在形体中也应当有一种秩序，而宇宙是随着形体而被表象于灵魂中的。

64. 因此每个生物的有机形体乃是一种神圣的机器，或一个自然的自动机，无限地优越于一切人造的自动机。因为一架由人的技艺制造出来的机器，它的每一个部分并不是一架机器，例如一个黄铜轮子的齿有一些部分或片段，这些部分或片段对我们来说，已不再是人造的东西，并没有表现出它是一架机器，像铜轮子那样有特定的用途。可是自然的机器亦即活的形体则不然，它们的无穷小的部分也还是机器。就是这一点造成了自然与技艺之间的区别，亦即神的技艺与我们的技艺之间的区别。

65. 自然的创造主之能够行使这种神圣而且无限神奇的技巧，是因为物质的每一部分不仅如古人所承认的那样无限可分，而且实际上被无限地再分割，部分更分为部分，这些小部分中的每一个都有其固有的运动，否则不可能说物质的每个部分都能表象宇宙了。

66. 由此可见，在物质的最小的部分中，也有一个创造物、生物、动物、"隐德来希"、灵魂的世界。

67. 物质的每个部分都可以设想成一座充满植物的花园，一个充满着鱼的池塘。可是植物的每个枝丫，动物的每个肢体，它们的每一滴体液，也是一个这样的花园或这样的池塘。

68. 虽然花园中植物与植物之间的泥土和空气、池塘中鱼与鱼之间的水并不是植物也不是鱼，然而却包含着植物和鱼，不过常常极为细微，是我们觉察不到的。

69. 因此宇宙中没有任何荒芜的、不毛的、死的东西，根本没有混沌，根本没有混乱，而只是看起来如此。这有点像远处池塘中所显示的情况：人们在远处可以看见池中的鱼的一种混乱的运动和骚动，而分辨不清鱼本身。

70. 由此可见，每一个活的形体有一个统治着的"隐德来希"，这就是动物中的灵魂，但是这个活的形体的肢体中又充满了别的生物、植物、动物，其中的每一个又有其统治着的"隐德来希"或灵魂。

……

72. 因此灵魂只是逐渐地和逐步地更换其形体，在动物中经常有形态的改变，而绝无灵魂的更替，绝无灵魂的轮回，更没有完全与形体分离的灵魂，也没有无形体的精灵，只有上帝才完全没有形体。

73. 也就是由于这个道理，从来没有完全的生，也没有严格意义下的绝对的死存在于与灵魂的分离之中。我们所谓生乃是发展与增大，而我们所谓死乃是隐藏和收敛。

......

76. 但是这只是真理的一半。所以我曾经判定：如果动物从来不自然地发生，它也就决不自然地终结，不仅不会有产生，也根本没有严格意义下的完全毁灭。这些后天的、从经验中引申出来的推理，是与我以上先天地推演出来的那些原则相一致的。

77. 因此可以说，不仅灵魂（反映一个不可毁灭的宇宙的镜子）是不可毁灭的，动物本身也是不可毁灭的，虽则它的机体常常部分地消毁，常常脱去或取得有机的皮壳。

78. 这些原则给予我一种方法，来自然地说明灵魂与形体的结合成一致。灵魂遵守它自身的规律，形体也遵守它自身的规律，它们的会合一致，是由于一切实体之间的预定的和谐，因为一切实体都是同一宇宙的表象。

79. 灵魂依据目的因的规律，凭借欲望、目的和手段而活动。形体依据动力因的规律或运动而活动。这两个界域——动力因的界域和目的因的界域——是互相协调的。

80. 笛卡儿曾经承认灵魂不能给予形体以力量，因为在物质中永远有着同样数量的力。然而他认为灵魂可以改变形体的动向，不过这是由于在他的时代人们还不知道一条自然律，即物质中的全部动向本身也是守恒的。如果他知道了这条规律，他是会投入我的预定和谐体系的。

81. 这个体系使形体好像（自然这是不可能的）根本没有灵魂似的活动着，使灵魂好像根本没有形体似的活动着，并且使两者好像彼此互相影响似的活动着。

82. 说到心灵或理性灵魂，虽然我发现归根结蒂一切生物和动物情形是一样的，像我们方才所说的那样（即动物和灵魂只是与宇宙一同发生，也只是与世界一同终结），然而在理性动物中却有特殊之处，就是它们的处在精子状态中的小动物当仅仅是精子时，只是具有普通的灵魂或感性灵魂，但是当那些可以说特选的小动物凭借实际的受胎作用而获得人性时，它们的感性灵魂就上升到了理性的等级，进而取得心灵的特权。

83. 普通灵魂与心灵之间的其他一些区别，我已经指出过一部分。此外还有一种区别，就是：一般的灵魂是反映创造物的宇宙的活的镜子，而心灵则又是神本身或自然创造主本身的形象，能够认识宇宙的体系，并能凭借建筑模型而模仿宇宙体系的若干点；每一个心灵在它自己的范围内颇像一个小小的神。

84. 就是这个道理，使精神能够以一种方式与上帝发生社会关系，上帝对于精神的关系，不仅是一个发明家对于他的机器的关系（如同上帝对其他创造物的关系），而且是一位君主对他的臣民的关系，甚至是一个父亲对他的子女的关系。

85. 由此很容易得出一条结论，即是：一切精神总合起来应当组成上帝的城邦，亦即最完善的君王统治之下的尽可能最完善的国家。

86. 这个上帝的城邦，这个真正普通的王国，乃是自然世界中的一个道德世界，乃是上帝的作品中最崇高和最神圣的部分。就是在这个王国中真正包含着上帝的荣耀，因为如果上帝的伟大和善不为精神所认识和崇拜，就根本没有上帝的荣耀可言。也正是由于对这个神圣的城邦的关系，上帝才特别具有善，至于上帝的智慧和权力则是无处不表现的。

87. 既然我们在上面已经在每个自然界域之间，亦即动力因与目的因之间，建立了一种完满的谐和，我们现在就应当指出另一种谐和，存在于自然的物理界与神思的道德界之间，亦即存在于建造宇宙机器的上帝与君临精神的神圣城邦的上帝之间。

88. 这种谐和使事物通过自然的途径本身而引向神恩，例如，当精神的政治要求毁灭和重建地球以惩罚一些人和奖励另一些人时，这个地球就通过自然的途径本身而得到毁灭和重建。

89. 我们还可以说，作为建筑师的上帝，在一切方面都满足作为立法者的上帝的。因此罪恶必然凭借自然的秩序，甚至凭借事物的机械结构而带来它的惩罚；同样地，善良的行为则通过形体方面的机械途径而获致它的报偿，虽然这是不能也不应当经常立刻达到的。

90. 最后，在这个完满的政府之下，绝不会有善良的行为不受报偿，也不会有邪恶的行为不受惩罚，一切都应当为了善人的福利而造成，亦即为了那些在这个伟大的国家中毫无不满的人，尽责而后听任天命的人，适如其分地爱戴和模仿全善的创世主、遵从真正的纯爱的天性而在观照上帝的完满性中怡然自得的人。这种纯爱，可以使人从所爱的对象的幸福中取得快乐。就是这个道理，使贤明有德的人为那看来合乎预定的或先行的上帝意志的一切而工作，然而却满足于上帝凭借其秘密的、一贯的和决定的意志所实际带来的一切，而承认，如果我们能够充分了解宇宙的秩序，我们就会发现宇宙实在超出了所有贤明的人的愿望，并且承认，如果我们归附那创造一切的创世主，不但像归附那位建筑师和那个使我们存在的动力因那样，而且像归附我们那位应当作为我们意志的全部目的，并且唯一能造成我们的幸福的主宰和目的因那样，那么，这个宇宙秩序就是不可能比现在更好的了，不但一般地对全体说是如此，就是特殊地对我们本身说也是如此。

## 三 导读

个体的独立自主和整体的普遍和谐及其关系问题是近代西方社会的时代课题，莱布尼茨的哲学特别是形而上学是在对近代早期所有哲学对这个时代课题的回答感到不满意的情况下建立的。一方面，他力图证明个体是完全独立自主的；另一方面，他又力图证明独立自主的个体是普遍和谐的，以从本体论上确立个体独立自主和宇宙普遍和谐这两大形而上学原理，并阐明两者之间的内在统一关系。莱布尼茨确立两大形而上学原理的逻辑依据是矛盾原则和充足理由原则，而使这两大原理与两大原则联系起来的中介是真理的"包含"概念。莱布尼茨还提出了上帝存在、前定和谐和可能世界等假设，以给他对他的形而上学原理的论证提供终极根据。阐述所有这些原理、原则、假设的理论包括个体实体论、单子论、原初物质与次级物质论、前定和谐论、必然真理与偶然真理论、真理包含论、绝对必然与假设必然论、意志自由论、自发性加理智的自由论、自然王国与精神王国论、可能世界论、上帝论等。其中最重要的学说是单子论、前定和谐论和真理包含论，这三大学说构成了莱布尼茨形而上学体系的主体，它们所阐述的两大形而上学原理和两大逻辑原则构成了莱布尼茨形而上学理论的核心和基础。

在莱布尼茨卷帙浩繁的著述中，《单子论》是他将自己的哲学思想高度浓缩而成的作品。他有两篇这样的作品，即《以理性为基础，自然与神恩的原则》和《单子论》。这两篇内容基本一致，但《单子论》的内容更为完善。《单子论》全文由 90 节构成，每一节与前后两节都具有较强的逻辑关联，每个大的节段与节段间相互作为理论支撑，层层递进，这体现了莱布尼茨注重逻辑的哲学风格。全文 90 节可划分为 6 个部分：第 1~14 节为第一部分，主要阐述单子的概念及特性；第 15~30 节为第二部分，主要阐述单子的等级；第 31~48 节为第三部分，主要阐述上帝作为必然实体的必然存在；第 49~58 节为第四部分，主要阐述单子相互之间的影响；第 59~81 节为第五部分，主要阐述预定和谐；第 82~90 节为第六部分，主要阐述上帝之城。

单子是单纯的、没有部分的、无广延的实体，这表明单子是没有形状、不可分割的精神实体。单子没有作为量的存在，必然有作为质的存在，因为单子是存在的东西，必须具有存在的依托。自然界不存在两个一模一样的东西，单子由于彼此质的不同而被区别开来。单子没有广延，不可分割，单子不可能通过组合而产生，只能通过创造而产生。"一切创造出来的或派生的单子都是其（上帝）产物，可以说是凭借神性的一刹那的连续闪耀而产生的。"一切存在的、被创造的事物处于变化之中。由于单子是无窗户的，是不受外界事物影响的。从单子被创造出来的那一刻起，变化便是单子存在的特性，这种变化源自单子自身，这是单子作为质的存在的依托，否则单子就变成了死的东西。不同单子的区别在于它们的变化的细微处的不同，这样的细微处的不同使单子变成了复杂的、繁多的，形成了不同单子的独特性。

单子变化的原因在于"欲"，"欲"是"力"的表现，变化的结果是不同的知觉的表象。但是由于单子的变化必须具有连续性，单子不能在不同知觉间跃迁，因此单子自身必定存在一种更为根本的内在规定性，以使单子摆脱扁平的二维状态。莱布尼茨给单子命名为"隐德来希"，隐德来希源自希腊语，原义为"完满""完整"。单子自身具有一定的完满性和自足性，而这种完满性和自足性构成了单子自身的内在规定性。这种内在规定性促使单子处一种运动的状态，因此使得单子具备内在的自我活动。这种自我活动诉诸"欲"，"欲"作为"力"的表现，这种"力"来源于单子内部的完满性和自足性与单子作为创造物固有的自限性之间的矛盾。显然，被创造的单子不可能是完满的、自足的，只有上帝才是完满的和自足的。"力"和"完满性"、"自足性"处于一个不断运动的过程中,"力"和"阻力"同时存在,衍生出变化、知觉和灵魂。为了追求完满和自足,单子进入永不停歇的运动过程,在不同知觉的转换中变得连续起来,"力""变化""知觉"构成了单子变化稳定的三维立体结构。

由于单子延绵连续的变化性质,莱布尼茨认为笛卡儿派的"由于觉察不到的知觉是不存在的,所以只有人类的心灵才具有灵魂"的观点犯了严重的错误。莱布尼茨认为单子是不能消灭的、连续变化的存在,一切单子都有知觉,知觉是变化的表象。尽管人们察觉不到无意识的知觉,但是这种知觉依然存在。上帝给予动物某些高级知觉,给它们配备器官。当动物昏睡时,知觉并没有消失,而是陷入了一种无意识状态;当动物苏醒时,知觉也苏醒了。莱布尼茨认为灵魂是高于知觉的存在,因而是具有较为清晰的知觉的单纯实体。同样,当昏睡时,拥有灵魂的单纯实体与一般单子并无两样,但一旦苏醒,灵魂又成了更高级的东西。不同单子的知觉是不尽相同的,莱布尼茨按知觉的清晰程度把单子分成几个等级:最低级的是赤裸的单子,只具有最含混的无意识的知觉;其次是灵魂,具有有意识的知觉即感受,有记忆相伴随;再次是心灵或精神,其知觉具有自我意识和理性;而最高级别的单子就是原初的单子,即上帝。

知觉是同单子一起一直存在的,无法毁灭,灵魂与记忆具有一种特殊的连接性。正如我们拿着棍子对着狗,狗会想到棍子曾给它带来痛苦,便叫着逃跑了。过去的知觉所形成的表象隐藏在记忆中,这使得人在大部分时候都像经验派一样行动。单子的运动不是彼此独立的,而是连续的,"因为一个知觉只能自然地从另一个知觉而来;正如一个运动只能从另一个运动而来一样"。

与此相应的,人与其他经验派个体实体的区别在于:"人具有有意识的欲望或意志,人与所有其他个体实体的根本区别正在于人有察觉和意志。人作为一类特殊的个体实体,其规定性不仅在于无意识、意识,尤其在于自我意识或理智,不仅在于冲动、本能,尤其在于意志。理智和意志高于无意识和意识,高于冲动和本能,因而具有理智和意志的人就高于不具有它们的其他个体实体。"而"理性灵魂"或者"精神"是人体内占统治地位的单子,人通过"理性灵魂"或者"精神"去认识自己和上帝这些必然的、永恒的真理知识。人能够凭着这些必然的真理知识反省自身、存在、上帝、有限和无限的东西，这便使推理成为可能。

莱布尼茨用两大原则来确立他的两大形而上学原理，即矛盾原则、充足理由原则。这两个原则和真理之间相互对应：矛盾原则对应推理真理，充足理由原则对应事实真理。人们通过矛盾原则总结出许多公理和定理，若真的方面为真，则它的反面一定为假。同样，这个世界也存在一些毋庸置疑的原始的原则和公理。但是充足理由原则并不能为偶然真理和事实真理提供穷尽的、确切的辩证，因为偶然事物的运动不需要任何理由，它的运动是由前一个运动导致的，这一切关于偶然事物的辩证便正如"同一陈述"的循环一般。因此，对偶然事物运动理由的追寻注定一无所获。对此，莱布尼茨在另一本小册子《以理性为基础，自然与神恩的原则》中提到："必须存在于偶然事物的系列之外，必须存在于是这一系列的原因的实体之中，或存在于在其自身之中具有其存在的理由的存在物之中；否则我们仍然不能拥有一个使我们停下来的充足理由。事物的这一最终理由被称作上帝。"超越的上帝给予世界自然的秩序，使得一切偶然的运动成为可能。由于上帝为世界包括世界中一切的偶然运动提供了充足理由，而且上帝是其自身的充足理由，因而充足理由律的追问之链在上帝这里终结了。

上帝作为绝对完满的存在，给予了创造物完满性，但是创造物却由于自身的自然惰性而被限制。上帝是绝对完满的，因为其知觉是完全清晰的，可以以纯粹精神而存在，而其他的单子需要成为单纯实体，实体既是它的载体也是它的束缚，它们的不完满性是它们作为创造物的自限。所有单子都必须通过上帝才得以存在，它们可能的现实存在是通过上帝必然的实体存在而实现的。所有偶然事物同样通过上帝这个必然事物得到充足理由或最后理由，由于所有单子也是通过上帝得以变成现实的存在，在万物发生之际，所有一切都在上帝这里。因此，所有单子已经包含了无数的现在和过去的运动。并且，在创始之初，所有单子都在上帝的怀抱中，它们有权力要求上帝使另外的单子注意到它，它必定要通过上帝这个媒介对另一个单子产生影响。因此就如偶然事物的运动一般，每个作为单纯实体的单子包含着某一者的成分，又成为某一者的成分。这样，单纯实体的单子是包含着积极性和消极性的双重存在，因为我们既能从一个实体发生的事情之中看出一个实体中的成分，又能发现一个实体的事实原因被包含在另一个实体的成分之中。这使得单纯实体成为一面宇宙的永恒的活的镜子，时时刻刻反映着事物与事物之间的联系。不过，由于单子对自身的限制，每个单子对于宇宙中其他事物的表象只有在最近的或最大的事物中才是清晰的，至于其他表象往往是混乱的模糊。但不可否认的是，在所有单子之间存在着这样一种秩序，这种秩序不仅仅在表象中，还在知觉中，在每一个单子的内部深处。像这样，每一个形体附属于一个作为宇宙活的镜子的单子。这是上帝创造的神圣机器，这个机器即使无限细分下去也不会因此损坏，而是变成一个个细小的神圣机器。这是人类不可能做到的，因为上帝已经将和谐的因素放进去。对于世界上任何物质的最小部分，都有一个创造物，即使是最微小的活的形体，也同样伴随着一个隐德莱希。因此，宇宙从来就不是混沌的，而是有机的，只不过人们缺乏分辨的能力罢了。每个活的形体中充满着许多隐德来希，形体常常消毁，但是隐德来希却永远不变，生与死不过是隐德来希随着形体发展、消毁的壮大与收敛，或者说是知觉在有意识和无意识之间的转换。

上帝为世界挑选一切可能的偶然事件，为单纯实体之间建立秩序，在创始之初规定形体的规律与灵魂的规律协调一致，使得形体与灵魂在欲求、运动、方向的三维立体结构中并行不悖。这一切都是由上帝这个必然实体创造的最好的世界，这个世界是前定和谐的。正因如此，对于每一个心灵来说，由于它具备了理性，它也就分有了上帝的神性，它已经是自己范围内的小小的神。这种上帝的善的荣耀只有在人类社会中才能体现出来，这是上帝的最高杰作。人类之城和上帝之城不是分割的，而是紧密联系的，这种联系在于上帝给予人类心灵的神性以及人类对于上帝崇高的善的向往和追求。上帝早已将自然和神恩通过隐德来希的秩序联系起来，从那时起，符合神恩的事物会得到奖赏，违背神恩的事物将受到惩罚。这便是"善"与"恶"的关系。但是，"恶"并不是由上帝刻意创造的，"任何真实之物的存在都是上帝规定和授与的，上帝之所以容许恶，只是因为他是从最初存在于可能性领域之内的那个最好方面理解恶的。恶是意志的对象，只是指它作为条件而言，而不是指它作为目的和手段而言"①。形而

---

① 转引自〔德〕费尔巴哈《对莱布尼茨哲学的叙述、分析和批判》，商务印书馆，1985，第126 页。

上学的恶是纯粹的不完满性和局限性，物质的恶就是痛苦，道德的恶就是罪孽。物质的恶和道德的恶虽然不是必然的，但却是可能的。恶是局部的混乱，但是局部的混乱不会威胁整体的和谐。上帝从一切可能中挑选出最好的可能，他在先的意志早已预设了人类的幸福，其为人类创造最好的秩序，创造一切可能的条件。如若我们能够充分了解到这种秩序，能够归顺于那自然的动力因和目的因，我们便已接受上帝的神恩。正是由于创造物单子固有的不完满性和局限性，以及部分与部分、整体和部分、现在和将来的相互联结的极端复杂性，上帝的意志不是人类的有限的理智所能够认识和预料的。贤明之士尽人事而听天命，在行动时遵循上帝的假定的、在先的意志，为人类的幸福而努力，无论其结果如何都欣然接受，因为这是上帝的意志的体现。因此，上帝是最高的德性。爱最完满的上帝的一切，这个行为本身就代表了人对上帝的完满性和上帝所造最好世界的可能性的认可，这也将引领人们得到幸福。

　　《单子论》这本小册子涵盖了莱布尼茨主要的哲学思想，短小却包含其哲学之精髓。不难看出，莱布尼茨的哲学带着唯心的色彩，他将单子看作无广延的实体，将心灵看作无限的实体。但是与一般唯心哲学不同的是，莱布尼茨的思想带有十分浓厚的辩证色彩。单子以变化、运动为核心，它们是彼此区别、独一无二的，是既包含主动又包含被动、既相互独立又相互联系的。费尔巴哈评价莱布尼茨的哲学时说道："莱布尼茨的哲学是一种聪明绝顶、感情充沛和思想丰富的唯心主义。你所感觉到、听到和看到的一切，都是灵魂的表现、幻影；你在万物中都能觉察到本质、灵魂、精神，无限性。"莱布尼茨哲学的关键在于寻求走出"个体"与"整体"的关系这座迷宫的阿莉阿德尼线团，同时这也是近代西方社会发展的客观要求，他为他的两大形而上学原理提供了充分的论证，并提出了许多对后来的哲学产生重要影响的有价值的观点。然而，莱布尼茨终究没有寻求到迷宫的真正出路，个体的普遍和谐并不能代替整体的和谐，系统整体的能动作用在他那里被忽视了。同时，将上帝作为终极根据，这或多或少体现出莱布尼茨对其理论完整性的妥协。他的哲学像一片和谐的森林，上帝不仅给森林涂上绿色，还为森林里的所有一切带去了生机。一旦上帝走开，森林就变成死气沉沉的形式堆积；而一旦上帝回来，人们就发现绿色和森林是如此契合。这也是为何罗素说莱布尼茨的哲学中最好的部分是最抽象的，而最糟糕的部分却是那些同人类生活最为密切的内容。但是从整体上来说，莱布尼茨以个体性作为基础去探讨本体性，试图弥合个体与整体的鸿沟，这样的思维模式在哲学理论、时代发展上具有重要的开创和启迪意义，这是值得受到后人称赞的。

# 休谟的《人类理智研究》

陶文佳[*]

## 一　作者及作品简介

大卫·休谟（David Hume，1711－1776）出生于苏格兰爱丁堡的一个拥有中等产业的家庭，自幼丧父，由重视孩子教育的母亲抚养长大。当休谟的母亲发现他颇为少年老成时，便让10岁的他跟随哥哥进入爱丁堡大学学习。在那里他学习了拉丁文和希腊文，广泛阅读历史、文学书籍，以及古代和近代哲学书籍，还学习了数学和当时被称为自然哲学的科学理论。尽管如此，他受到的教育主要还是为了培养遵循严格的苏格兰加尔文教派教义的学生。家里认为他适合学习法律，但休谟对古典文献特别是西塞罗的作品情有独钟，并决心成为一个哲学家。他坚持勤奋阅读和思考，然而，对自己所领悟的哲学新思想的思考却为这位孤独的年轻学者带来了一场心理危机。危机过去之后，他又面临经济上的困难，不得不迁往生活成本更加低的法国，在那里，他继续阅读欧洲大陆学者们的著作。1734年，年仅23岁的休谟开始写作《人性论》，并于1737年回到英国将该书匿名发表。该书并未如休谟期待的那样让他一举成名，反而因为书中的观点而

---

\* 陶文佳，女，哲学博士，副教授，主要研究方向为近代契约论、功利主义、当代政治哲学与伦理学。

让休谟被贴上了无神论者和怀疑论者的标签，导致他两次申请爱丁堡大学和格拉斯哥大学教职的尝试都遭失败。为谋生计，休谟开始了他的外交使节秘书生涯。1748 年，他将《人性论》第一部中的主要观点改写成文风更为通俗的《人类理智研究》出版，1751 年又将《人性论》第三部《论道德》重新修改成《道德原则研究》这本他自认为最好的作品。在他成为苏格兰辩护士学会图书馆员之后，他利用图书馆中的丰富资源写作了六卷本《英国史》。这部作品极为畅销，令他终于获得了经济上的独立。休谟随后出任英国驻法国大使秘书一职并在法国生活了三年，与当时法国启蒙运动的著名学者们建立了密切的联系，回到英国后甚至还在卢梭流亡期间收留了他，不过这两位学者最终不欢而散。晚年，他回到爱丁堡修改前作，在确诊癌症之后，他为死后出版他最具争议性的著作《自然宗教对话录》进行了妥善安排。

休谟被认为是英文世界中最重要的哲学家之一，也是他生活的年代重要的历史学家和散文家。他最重要的著作《人性论》《人类理智研究》《道德原则研究》《自然宗教对话录》在道德哲学、认识论和宗教哲学领域都具有深远的影响。虽然在他生活的年代，他的许多作品因为被认为是怀疑主义和无神论而受到谴责，却对他的亲密好友亚当·斯密的道德哲学和经济学作品产生了重要的影响。康德曾经指出休谟的作品让他从"独断论的迷梦中"惊醒过来，达尔文甚至认为自己的进化论受到了休谟的启发。今天，哲学家们认为休谟是彻底的哲学自然主义倡导者、当代认知科学的先驱，并为当代最重要的几种伦理学理论提供了启示。

在《人类理智研究》中，休谟通过对人类认识过程的探讨，明确地提出了经验主义的认识论，并通过对原因与结果之间关系的讨论摧毁了因果关系的客观性和必然性，认为必然性本身只不过是人的主观思想的结果。但休谟并未因此陷入怀疑主义，而是提出人类的主观心理习惯本身也同样可以用来对未来即将出现的事情进行较为可靠的预测，所以习惯是"人生的伟大指南"。

《人类理智研究》的英译本和中译本均不少，本篇导读以吕大吉的中译本为主，辅以关文运的译本，其中中译本表达含糊的部分以米利肯（Peter Millican）编注的英译本为准。

## [节选]《人类理智研究》第二章
## 关于观念的起源①

[1] 每个人都会欣然同意，当一个人感觉到灼热的痛苦或温暖的愉快时，和他事后在其记忆中重新唤起这种感觉或在其想象中预感到这种感觉时，在心灵的这两种知觉之间，是有重大的差别的。回忆和想象可以摹写这些感性知觉，但是永远不能完全达到原来的感觉那样有力量和有生气。即使当它们以最大的活力发生作用时，我们充其量只能说，它们是那样生动地代表着它们的对象，以至于我们差不多可以说我们感到或看到这个对象了。但是，除非我们的心灵为疾病或疯癫所侵扰，它们永远不能达到那样生动活泼的程度，以至于这两种知觉完全不能区别开来。诗文不管多么华丽多彩，总不能把自然事物描写得同真情实景一样。最生动活泼的思想还是抵不上最迟钝的感觉。

[2] 在心灵的其他一切知觉中，我们也可以观察到同样的差别。一个正在发怒的人所感受到的激动，与一个仅仅想到那种愤怒情绪的人所感受到的激动，在态度上是大不相同的。如果你告诉我有人正在恋爱之中，我容易了解你的意思，并对这个人的境遇形成一个正确的概念；但是我们决不会错把这种概念和这个人在恋爱中真正的神魂颠倒的情绪等同起来。当我们反省我们过去的情绪和感情的时候，我们的思想是一面可靠的镜子，能真实地摹写它的对象，但是它所用的色彩，与我们原来的知觉所具有的色彩比较起来，却总是暗淡的、模糊的。要想区分出这两种知觉之间的差别，我们并不需要细致的辨别力或形而上学的头脑。

[3] 因此，我们可以把心灵的一切知觉分为两个等级或两类，这是依其强力和生动的程度来区分的。那比较微弱而不生动的一类，通常称之为思想或观念。另外的一类在我们的语言（英文）和大多数其他语言中还缺少一个名称。我猜想，这是因为除了哲学上的目的以外，任何人都并不需

---

① 〔英〕休谟：《人类理智研究》，吕大吉译，商务印书馆，1999，第11～16页。

要把它们列在一个一般的术语或名称之下。因此，我们可以稍微随便一点，把这种知觉叫作印象。不过我运用这个词，其意义与普通用法稍有不同。我所谓印象，意思是指一切较生动的知觉，就是指当我们听到、或看到、或感觉到、或爱、或憎、或希望、或意欲时的知觉而言。印象不同于观念，观念是较不生动的知觉，我们是在反省上述这些感觉和运动时才意识到这些观念的。

……

[4] 虽然我们的思想似乎享有无限制的自由，但如果我们予以比较切实的考察，就会发现它实际上是被限制在一个狭窄的范围之内。心灵的全部创造力只不过是将感官和经验提供给我们的材料加以联系、调换、扩大或缩小的能力而已。当我们想到一座黄金山的时候，我们只是把以前所熟知的"黄金"和"山"这两个没有矛盾的观念结合起来。我们也能设想一匹有德行的马；这是因为我们凭自己的感觉设想到德行，而又可以把它与我们所熟悉的马这种动物的形象结合起来。简言之，所有思想的原料，或者是来自我们的外部感觉，或者是来自我们的内部感觉。心灵和意志只是将这些原料加以混合和组合而已。或者我们用哲学的语言来说，我们的一切观念或比较微弱的知觉，都是我们的印象或较生动的知觉的摹本。

[5] 要证明这一点，我想有下列两个论证就足够了。第一，当我们分析我们的思想或观念的时候，不管它们是何等的复杂或崇高，我们总是发现它们可以分解成为简单的观念，而这些简单的观念又是先前的一种感情或感觉的摹本。即使有些观念乍看起来似乎与这个来源相去甚远，但是经过比较详细的考察，我们仍然发现是从那个始源得来的。上帝的观念，意思是指一个全智和至善的神，就是由于反省我们自己心灵的作用并无限地扩大善良和智慧的品质而产生出来的。我们可以任意把这种研究进行到任何程度，但在那里总会看到，我们所考察的每一个观念都是与其相似的印象的摹本。如果有人断言这个论点既不是普遍的正确，也不是没有例外，那他们只有一个简便的方法来反驳它，就是拿出他们认为不来自这个源泉的那种观念来。如果我们想要坚持我们的学说，我们就有义务拿出与此相应的印象或生动的知觉来。

[6] 第二，如果一个人由于感官的缺陷而不能感受到任何感觉，那么，我们总是看到，他也感觉不到相应的观念。一个瞎子不能形成颜色的观念，一个聋子不能形成声音的观念。如果你治好了他们在感官上的缺陷，为他们的感觉打开了新的通道，那么，你也就为他们的观念打开了新的通道；他在设想这些对象时就没有什么困难了。同样，如果一个对象本来可以引起感觉，却从来没有与我们的感官接触过，那么人们也就不会有这种感觉。一个拉普兰人或黑人对于酒的味道是没有任何观念的。在心灵方面虽然很少或者没有对某种精神现象缺乏感受的例子，我们虽然不曾看到一个人从来没有感受到或根本不能感受到人类所共有的某种感情和情趣，可是我们也能看到同类的现象，只是程度较轻而已。一个温和的人就不能形成根深蒂固的报仇观念或残忍观念；一个有自私自利之心的人，也不能轻易地设想高度的友谊和慷慨。我们欣然承认，其他的存在物可能具有我们意想不到的许多感官。因为它们的观念从来也不是按照我们的观念进入心灵的唯一方式而引起的，也就是说，它们的观念不是通过实际的感触和感觉而引起的。

……

[7] 因此，这个命题的本身不仅是简明的、可理解的，而且如果使用得当，还可以使各种争论同样可以理解，并驱散那种长期迷住形而上学的推理并使之丢脸的一切呓语。一切挂念，特别是抽象观念，天然是暗淡的、模糊的，只是为心灵泛泛地把握，它们容易与其他相似的观念混淆。任何一个名词，当其经常被使用的时候，即使没有明确的意义，我们也容易想象它附带有一个确定的观念。相反，一切印象，即一切感觉，不管是外部的还是内部的，都是强烈的、生动的，它们中间的界限是比较精确的限定了的，对他们是不容易陷入任何错误和误解的。因此，当我们对一个被使用而没有任何意义或观念的哲学名词产生疑问的时候（这是常见的），我们只需追问：所假定的那个观念是从何种印象得来的？如果不可能找到任何与它相应的印象，那就证实了我们的怀疑了。在把各种观念置于这种明确的观点之下来考察以后，我们就可以合理地希望消除关于观念的本性和实在性的一切

可能产生的争论。①

# 二　［节选］《人类理智研究》第三章
## 关于观念的联系②

[1] 显然，在心灵的不同思想和观念之间存在一种联系的原则，各种思想和观念在记忆或想象中出现时，它们也以一定的方法和规律互相导引。从我们比较严谨的思考或谈话中可以看到，任何特别的思想如果闯进来打断观念的有规律的渠道或链条，便会立刻被发现并予以排斥。即使在我们最疯狂、最紊乱的狂想中，甚至于在真正的梦境中，如果我们回想一下，也会发现想象并不是完全任意地胡奔乱跑，而是在彼此连续的不同观念之间仍然保持着某种联系。如果将最散漫、最随便的会话记录下来，我们可以立刻发现其中有一个线索连贯着所有的转折点。如果有一个地方这个线索断了，那么打断谈话线索的人还可以告诉你，在他的心中有一系列思想暗地里盘旋着，渐渐使他偏离了谈话的主体。在各种不同的语言中，甚至在我不能猜想到其中有任何联系或交流的地方，我们仍然能发现，那些表达最复杂的观念的词，大致也是彼此相当的。这一点就确切地证明了

---

① 那些否认天赋观念的人的意思，可能不过是说一切观念都是我们的印象的摹本。不过必须承认，他们对使用的名词，没有谨慎地加以选择，也没有精确地予以规定，这就不能防止对其学说的一切误解。所谓天赋的意思是什么？如果天赋的与自然的是一个意思，那么，关于心灵的一切知觉和观念都必须被认作天赋的或自然的。无论我们是否把"自然的"一词与"反常的""人为的""奇迹般的"等词对立，情况都是如此。如果所谓天赋的，意思是指与生俱来，那么这个争论似乎是琐碎的，我们不值得去考究思想究竟开始于什么时候，是在降生之前，降生之时或降生以后。其次，洛克和其他哲学家所用的观念一词，在通常的情况下，意义也似乎非常模糊不清，观念被用来代表我们的一切知觉、感觉、情感和思想，在这种意义下，我就希望知道，他们硬说所谓对自己的爱、对侮辱的恨或两性之间的爱情不是天赋，那还有什么意义呢？

如果我们按上面说明的意义来理解印象与观念这些名词，并且把天赋的理解为原始的，或不是先前知觉的摹本，那么，我们就可以断言，我们的一切印象都是天赋的，而我们的一切观念则不是天赋的。

坦率地说，我的意思是，洛克是被经院学者诱引到这个问题上来的，那些经院学者使用没有定义的名词，把他们的争论搞到令人厌烦的底部而又没有触及问题的要点。在这个问题以及其他的许多问题上，那个哲学家的推理似乎同样充满了暧昧和遁词。

② 休谟：《人类理智研究》，吕大吉译，商务印书馆，1999，第17～18页。

包含在复杂观念中的简单观念是由某种普遍原则结合起来的，这个原则对于全人类具有同样的影响。

[2] 虽然各种观念的互相联系是非常明显、一望而知的，但是我却未曾见到任何一位哲学家曾试图把所有的联系原则列举出来或加以分类；然而这却似乎是一个值得好奇的问题。在我看来，观念的联系只有三条原则，这就是："相似性"、时间或空间上的"连接性"，以及"原因"或"结果"。

[3] 我相信这几条用来联系观念的原则是不会引起太多怀疑的。例如看见一张图片便会自然地想到原物；① 说到一座建筑物的某一房间便自然地问起或说到别的房间；② 如果想到一个伤口，便难免想到由此而引起的痛苦。③ 但是如果认为这个列举是完备的，如果说只有这三种联系的原则，除此以外别无其他的联系原则，那可能是难以证明、难以使读者满意，甚至也难以使自己满意的。在这种情况之下，我们所能做的，只是将若干例证逐个地加以检验，仔细地考察结合各种不同思想的原则，不停地做下去，直到使这个原则尽可能成为普遍的原则为止。④ 我们检验的例子愈多，检验得愈仔细，我们便愈加确信我们由全体中做出的列举是完备的、完全的。

┌─────────────┐
│ 解读及简析 │
└─────────────┘

对于观念的起源问题，休谟主要论证了两个问题。第一，人们感知世界的所有知觉（perception）可以被分成两种：印象（impression）和观念（idea/thought）。第二，一切观念都是印象的摹本。

在前三段引文中，休谟通过考察人类对外部世界的所有知觉，为读者描绘了一种人类认识世界的心理过程。在心灵所能够知觉到的一切内容中，人们首先产生的是在受到外部的刺激时立刻形成的各种感觉，甚至是

---

① 相似性。
② 连接性。
③ 原因和结果。
④ 例如反对和矛盾也是观念之间的一种联系，不过我们可以把它看作因果性和相似性的一种混合。如果两个对象互相矛盾，一方消灭另一方，那就是说，一方是另一方消灭的原因，一个对象的消灭观念包含着它的先前存在的观念。

情感或意欲（will）等反应。这些受到外部刺激之后的即时反应既有通过我们的外部感官即眼耳口鼻等产生的感觉，也有因为这些感觉而引发的更深层次的情感如爱、恨、愤怒等，甚至是渴求（desire）和意欲这样的更加复杂的情感。以上所有这些知觉都十分生动而强有力。接下来的另一类的知觉则是对前一类知觉的回忆或想象。所谓回忆就是在这个外部刺激发生之后再重新忆起当初人的心灵面对这个外部刺激所形成的那些感觉和情感，而想象则是去预感在某种外部刺激之下人们可能产生的感觉和情感。我们可以看到，这两种知觉并不是即时反应，虽然可能与感觉和情感颇为相似，但不会与之完全一致。相较于感觉和情感来说，回忆或想象知觉没有那么生动，即便一个人的思想再有想象力，再能够构想出栩栩如生的画面来，也仍然无法同真情实景一样，它们总是更加暗淡而模糊。这样，休谟就根据知觉的强力和生动程度来做出区分，将比较微弱而不生动的回忆或想象等称为思想或观念，而将更加生动的知觉包括感觉、情感甚至与人的意志相关的渴望和意欲等情绪都归在印象这一类，观念是在对印象进行反思的时候才出现的。

需要注意的是，休谟对印象这一类知觉的定义与我们通常的理解有一定的区别。在他这里，印象不仅包括通常所说的感觉，即人的感官在接收到了外物刺激之后产生的生理反应，还包括诸如爱、恨之类的情感和愤怒等情绪，以及与人的意愿、渴望等相关的意志活动。如果说感觉是人们通常会与印象联系在一起的，将情感、情绪也归入印象的范畴之中体现出的则是休谟对人的情感的肯定和重视。在他这里，情感同样是生动而有力的，是能够真正激发人行动的重要力量。休谟对印象的定义最为特别之处在于他将意愿与渴望也归入了印象的范畴。虽然人的渴望可能与感性的部分联系得较为紧密，但意志的部分通常被归入人类的理性反思活动之中，而非感官的感性活动。不过在休谟看来，因为人的意志活动，或者说决定自己是否行动的意志主要是依赖于这一行动可能激发的自己和他人的情感，如自己的快乐和痛苦、他人的赞许和谴责，这些情感才是激发人的意志、让人决定行动的真正动力，所以他将意志也归入印象而非观念的类别，虽与许多哲学家的理解不同，但却是符合休谟本人哲学思想的。

这样的区分是否全无质疑的余地呢？虽然休谟诉诸人们的经验，从一开始就提出人们都经验到了两种在强烈程度和生动性上有所区分的不同知觉，如果跟随休谟的思路，我们也会很自然地认同他的这一区分，然而为何应该以强烈程度和生动性这两个标准来对知觉做出区分呢？即便按照休谟的表述，我们也完全能够想象以一种标准不同、结果相同的区分，如分成外部刺激的即时反应和经过一段时间的思考这两种，我们同样会将以上感觉、情感和渴望等归为前一种，而将回忆和想象归为后一种。因此，强烈程度和生动性这一区分标准的依据何在？在此，仅提出一种可能的解释以供参考，即对于人类的认知活动，我们的最终标准在于"真"，正因如此才会有自古希腊以来对于人类认知问题的考察。哲学家们将感觉和理性区分开来，以其中一种为真实存在，而另一种则为这种真实存在的摹本。从休谟的解释来看，他采取的是类似的思路，即越是生动，越是能够强烈地激起人感官反应的知觉，才是越真实的，而观念或思想因为即使准确也仅仅是在模仿那些印象而已，所以才会更加暗淡而模糊。

这就引出了休谟在这一部分想要论证的最关键结论：观念并不是天赋的，而是我们的印象的摹本，印象才是观念的基础。休谟首先指出，虽然人们以为想象力完全不会被人类的生理和环境束缚而看似能够毫无限制地展开，然而只要仔细考察就会发现，想象力也就是心灵的创造力只不过是将感官经验材料进行不同的排列组合和加工而已，一切想象都基于先前已经获得的印象。因此，观念受到印象的制约，我们以为毫无边际的想象，其实是需要以目前能够获得的感官经验为基础的。这种说法虽然似乎有些不符合我们对人类想象力的无限性的理解，但仔细考察人类历史上的各种充满想象力的神话传说甚至是科幻故事，的确会发现那些看似漫无边际的想象其实是以我们的日常生活经验为基础的：不论是将自然万物当作拟人化的神的古老崇拜，还是龙这样的想象中的生物，抑或是我们所想象出的外星文明，其实都是基于人类所观察和体验到的印象。

接着，休谟通过两个方面来论证这个原则。第一，思想或观念不论多么复杂，都能够分解成简单观念，而简单观念又是某种情感或感觉的摹本，就连上帝这样的观念，实际上都能够找到其根植于印象中的依据来。如至善这一观念来源于心灵对善观念的无限扩大，而善这个观念又来源于人的经验与情感，而并非完全由脱离印象的理性反思形成的。第二，从另一个方面来讲，人如果由于感官或情感的缺陷而不能对外界刺激获得相应的知觉，那么他们也同样无法形成与之相关的观念。如一个先天失明的人不管怎么想象也无法想象出世界的多姿多彩。虽然在休谟的年代，他还不能拿出对精神现象缺乏感受的例子来，但是当代精神科学的研究已经能够告诉我们，人的情感特别是共情（empathy）是由大脑中的某些特殊部分控制的，的确存在天生就缺乏情感的人，而这些人虽然能够模仿他人的情感反应如欢乐和痛苦，但无法真正形成与之相关的观念，也无法理解这些情感。通过这些例子，休谟试图证明在绝大多数情况下，① 观念必须依赖于相应的印象。

正因为印象都是强烈的、生动的，所以，不同的印象之间的界限也更加分明，人们认识它们时不容易陷入错误。也就是说，它们更能达到"真"这一标准。因此，当我们要讨论任何观念时，我们都需要回答，这个观念其实是从哪种印象中来的，也就是说，观念所依据的是哪种感官经验。

在第三章中，休谟进一步对简单的观念如何形成复杂的观念进行了一定的解释。同样通过诉诸经验，休谟论证说，人们的任何思想过程其实都有一定的联系，简单观念组合成为复杂观念存在着某种对于全人类都适用的普遍原则。观念之间联系的原则有三条："相似性"（resemblance）、时间或空间上的"连接性"（contiguity）和"原因"（cause）与"结果"（effect）。对于这三个原则，休谟暂时只是通过列举和描述来进行了说明。相似性原则较易理解，需要稍做解释的是"连接性"，该词没有十分贴切的中文翻译，指的是在时间上和空间上存在交界或有直接接触的状态，如休谟的例子：提及一栋大楼中的一间公寓便会自然地想到同一栋大楼中的其他公寓，这就是因为这间公寓与其他公寓在空间上是相连接的。因此，在时间或空间上相互连接的外物所产生的相应的简单观念就会形成一定的联系。三个原则中最重要的是"原因"与"结果"，即因果关系，而这一关系就是休谟下一步进行细致考察的重中之重。

---

① 休谟承认也有例外现象，就是虽然没有完全对应的印象来形成观念，但如果人们通过与之十分近似却又有细微差异的印象，那么即便没有直接接触到这一个印象，也仍然可以形成相应的观念，如在更深一度的蓝和更浅一度的蓝之间的那个蓝色，如果我们能够观察到前两种蓝色，便能够形成对于中间那种蓝色的观念。但这种例外在休谟看来不足以推翻他的原则。

## 三  ［节选2］《人类理智研究》第四章
## 关于理智活动的怀疑性的疑问<sup>①</sup>

［1］人类理性或研究的全部对象，可以自然地分为两类，即：观念的关系和实际的事情。属于第一类的是几何、代数、三角和算数等科学。简言之，任何一个命题，只要由直觉而发现其确切性，或者由证明而发现其确切性，就属于前一类，"直角三角形斜边的平方等于其余两边的平方和"这个命题，便是表达这些图形之间的一种关系。又如："三乘五等于三十除以二"这个命题，便是表达这些数目之间的一种关系。这类命题，只凭思想的作用就能发现，而不以存在于宇宙中某处的任何事物为依据。纵然在自然中并没有圆形或三角形，欧几里得所证明的真理仍然保持着它的可靠性和自明性。

［2］人类理性的第二种对象——实际的事情，则不能用同样的方式来加以确定；它们的真理性不论有多大，在我们看来总不能与前一类的真理性同样明确。各种事实的反面仍然是可能的，因为它并不会包含任何矛盾，而且可以同样轻易明晰地为心灵所设想，就像那符合实际情况的一样。"太阳明天将不出来"这个命题和"太阳明天将要出来"这个断言是同样易于理解的，同样没有矛盾的。因此我们要想证明前一个命题的错误，将是徒劳的。如果论证它是错误的，一定要证明它包含着矛盾，并且绝不能明确地为心灵所构想。

……

［3］一切关于实际的事情的推理，似乎都建基于因果关系之上。仅仅通过这种关系，我们便能超出我们的记忆和感官的见证。如果你问一个人，他为什么相信任何一件不在眼前的事实，例如，他的朋友正在乡下或在法国，他就会给你说出一个理由，这个理由会是另外一些事实，例如他接到了朋友的信，或者知道这个朋友先前的决定或约定。如果一个人在荒岛上发现一只表或任何其他器械，他就会推断那个荒岛上曾经有人到过。

———————————

① 休谟：《人类理智研究》，吕大吉译，商务印书馆，1999，第19~24页。

一切关于事实的推理都同样是这种性质。在这里，通常总是假设，在眼前的事实与由此推断出来的事实之间存在着一种联系；如果没有东西将它们联系起来，这种推断就会完全不可靠。如果我们在黑暗中听到一种有节奏的声音和合乎理性的谈话，就会使我们确信有人在那里。为什么？因为这些声音和谈话是人造成的，与之有密切的联系。如果我们分析一切具有这种性质的推论，我们就会发现，它们是建基于因果关系之上的，而且这种关系不是接近的，就是遥远的；不是直接的，就是同时的。热和光是火的同时的结果，一种结果是可以正确地从另一种结果推论出来的。

[4] 如果我们要想使自己满意于那种使我们确信实际的事情的确实性的本质，我们就必须研究，我们究竟是怎样得到关于原因与结果的知识的。

[5] 我要大胆地提出一个没有例外的一般命题：我们关于因果关系的知识，在任何情况下都不是从先验的推理获得的，而是完全产生于经验，即产生于当我们看到一切特殊的对象恒常地彼此联结在一起的那种经验。一个人不管他有多么强烈的自然理性和才能，如果在他面前的对象对他来说完全是新的，那么，即使他极其精细地考察它的可感性质，他也不能发现关于这个对象的任何原因和结果。即使我们假定亚当的理性官能一开始就是十分完美的，他也不能根据水的流动性和透明性推论出水会让他窒息，或者根据火的光明和温暖就推论出火会把他化为灰烬。任何对象都不能借其呈现于感官的性质，显露其所由产生的原因或由之而生的结果。我们的理性如果离开经验的帮助，也不能做出关于真实的存在和事实的任何推论。

[6] "原因和结果的发现，不是通过理性而是通过经验"这个命题，如果就我们记得曾经有一个时候完全不为我们所知的那些对象来说，是很容易被人所接受的；因为我们必须意识到，在那时候我们完全没有能力预知从这些对象中将会产生什么东西。拿两块平滑的大理石放在一个没有受过自然哲学熏陶的人面前，他绝不会发现，它们是以这样一种方式黏合在一起，以至于从纵的方面要把它们分开费力很大，而它们对横向的压力的抗力则很小。这些事件与自然中经常发生的事件很少有类似之点。因此很容易承认，要认识它们，只有通过经验。没有人可以想象，火药的爆炸或磁石的吸引能够通过先验的论证来发现。同样地，如果我们假设某种结果

依据于复杂的机械或各部分间的秘密结构，我们就不难将我们对于这方面的一切知识归于经验。谁敢断言他能提出终极的理由来说明牛奶和面包只对人是适宜的营养品，而不是狮子或老虎的适宜营养品呢？

[7] 但是，乍看起来，同一个真理对于我们有生以来就熟悉的那些事件，可能没有相同的明确性，那些事件与整个自然过程非常相似，而且人们假设它们是以那些并无任何部分间的秘密结构的事物的简单性质为依据的。我们很容易想象，我们单凭理性的活动，不靠经验，就能发现这些结果。我们妄自设想，假如我们突然来到这个世界，我们立刻就能推断出，一个弹子撞击另一个弹子后，就会把运动传递给那个弹子，而不必等待事件发生，就可以确定地宣布这件事一定会发生。这是习惯的影响。习惯到了最深的程度，它就不仅掩盖了我们天生的无知，甚至隐蔽了习惯本身，好像没有习惯这回事似的，这只是因为习惯已经达到了最高的程度。

[8] 要使我们相信所有的自然规律和所有的物体活动都毫无例外仅仅为经验所认识，作下面这些思考大概也就够了。如果一件事情呈现在我们面前，如果我们必须断定从这件事物中将要产生的结果，而不必参照过去的观察，那么，我要问你，心灵应当以什么方式来进行这种活动呢？它必须构想或想象出一个事件，把它当作那个事物的结果；很明显，这种构想一定是完全任意的。心灵即使用最精密的考察也绝不能在所假定的原因里面找出结果来。因为结果是与原因完全不同的东西，所以我们绝不能在原因里面发现结果。第二个弹子的运动是一件完全不同于第一个弹子的运动的事件，一个弹子中没有任何东西暗示出另一个弹子的丝毫线索。一块石头或一块金属抛到空中，如果没有任何东西支持它，便会立刻落下来。可是，假如先验地来考虑这件事，我们在这种情况下，是不是可以发现一种东西能够使我们产生石头或金属降落的观念，而不是上升或别种运动的观念呢？

[9] 既然在一切自然事物的活动中，我们如不参照经验，则对于一种特殊结果所做的最初的想象或构想便是任意的，那么，我们也必须认为：我们在原因与结果之间所假定的那种纽带或联系，亦即将原因和结果结合起来，使那个作为原因的活动不可能产生出别的结果的那种联系，也同样是任意的。例如，当我看到一个弹子沿着直线向另一个弹子运动时，即使假定第二个弹子的运动使我偶然想到这是他们接触或重装的结果，难道我

就不能设想从这个原因中同样可以产生成百种事件来吗？这两个弹子就不会完全静止下来吗？第一个弹子就不会循着直线向后退，或者从第二个弹子跳到其他的路线或方向去吗？所有这些假定都是不矛盾的，可以设想的。那么，为什么我们却偏爱那个并不比其他的假定更不矛盾、更可以设想的一种假定呢？我们的一切先验的论证是永远不能指出这种偏爱有任何基础的。

[10] 总之，每个结果都是与它的原因不同的事件。因此，结果是不能从原因中发现出来的，我们对于结果的先验的构想或概念必定是完全任意的。即使呈现了结果之后，结果与原因的联系同样还是任意的；因为还有许多其他的结果，依照理性看来，也同样是不矛盾的、自然的。因此，我们如果没有观察和经验的帮助，要想决定任何单个的事件或推断出任何原因和结果，那是办不到的。

┌┈┈┈┈┈┈┈┈┈┐
│ **解读及简析** │
└┈┈┈┈┈┈┈┈┈┘

在这一段内容中，休谟首先将人类通过理性来研究的所有问题分为两类。一类是观念之间的关系（relations of ideas），休谟指的是几何学、代数学和算术这几门属于数学的学科。这些学科的特点是只用符号进行运算和推演就能拥有确定性，不涉及实际存在的任何事物。例如，不论实际存在的每个直角三角形具体是什么样子的，甚至即便在现实中不存在直角三角形，"两条直角边的平方之和等于斜边的平方"这个公式都是成立的。这一类的问题最大的特点就是只需要凭借理性进行思考就能发现公式，并且有确定性（certainty）和自明性（evidence）。将数学知识看作人类所能研究的知识中最为毋庸置疑的确定真理，这是西方哲学家们自古希腊以来便有的传统。他们认为，数学知识是完全依赖理性的推理、证明来得出命题，只要按照一定的推理规则如矛盾律①，就能够判断出命题是正确的还是错误的，因此有着普遍性和确定性。

而另一类问题则是实际的事情（matter of facts），也就是与实际的事实相关的内容，它们无法拥有同样的确定性和自明性。也就是说，我们无法

---

① 在休谟看来，证明一个命题的错误就是要证明它包含着矛盾，这里的矛盾指的是传统逻辑的基本规律——矛盾律（law of contradiction），简单地说就是"A 一定不是非 A"。

只通过理性的思考来确定某个与事实相关的命题是正确的还是错误的，因为如"明天会不会出太阳"这个问题，"会"和"不会"这两个正好相反的答案都是有可能的，我们无法仅通过矛盾律来确定命题的正确和错误。因此，在探索实际的事情时，我们又是如何达到确信的呢？休谟认为，人们对于实际的事情的推理都是建立在因果关系基础之上的。当人们确信某件既不是通过记忆——对过去的感官印象的回忆——也不是通过当下的感官印象获得的事情时，他们的理由往往是另一件事情。仔细追问之下就能发现，人们之所以相信通过另一件之前发生的事情可以推理出这件事，是因为他们都做出了一个假设——这两件事之间存在着某种联系，而这种联系就是我们通常所理解的因果关系，之前发生的事情对后面发生的事情产生了影响。

因此，休谟在下一步讨论的就是我们所假设的这种因果关系本身从何而来。他提出，人们对因果关系的知识并不是从先验的（a prior）推理中获得的，而是产生于经验，是当人们观察到两个对象总是彼此联结在一起的现象之后形成的。正如休谟自己所说，这是一个十分大胆的命题，因为在他之前，因果律一直被哲学家们当作与矛盾律一样普遍的、确定的逻辑规则，而且是一种先验的逻辑规则。这里的先验指的不是天生的，或是在时间上先于经验的，而是完全不依赖于经验，仅靠思想的推理活动就能获得的规则。但休谟认为这种理解是错误的，因果关系必须依赖于经验。

为了论证这个命题，休谟首先举例说明，对于一个完全不熟悉的对象，人们不可能不通过任何经验，仅仅靠理性就能了解任何有关这个对象之所以是这样的原因以及对象可能造成的结果的知识。当一个全然陌生的事物摆在我们面前时，不论拥有多么强大的理性推理能力，我们也无法只依靠理性去推理出这个事物的由来和它可能的影响，只有通过我们的经验才能进一步了解这个事物。在这个层面上，经验对于因果关系的必要性在休谟看来是自明的。但是对于那些人们似乎天生就已经熟悉的事实，特别是与自然法则相一致的事实，我们时常认为无需经验就能够通过理性来推断出其结果来。休谟便进一步追问，如果真的完全不依赖于经验，仅仅依靠心灵的思考，那么又如何保证从一个事件中仅仅构想出唯一必然的结果来呢？因为在与实际的事情有关的领域中，原因和结果是两个各自独立的不同的事件，结果并未包含在原因之中，所以不可能先验地推理出来。仅凭思维活动只有可能通过前一个事情任意构想出不同的可能结果，而因为这些完全不同的结果不能通过矛盾律来判断其正确性，所以所有这些结果都是可能的。而所有的这些不同结果与原因之间的联系也就是任意的，且无法通过理性推理来排除或确定其中任何一种因果联系。唯有通过经验的观察，才能为这些任意的因果联系提供相对的确定性。当我们观测到，事件 A 发生之后，事件 B 总是随之出现，这种恒常的联系就令我们预测，当事件 A 再一次发生时，事件 B 也会接着发生。然后，通过经验的积累，人们才形成了关于事件 A 是事件 B 的原因、事件 B 是事件 A 的结果的判断。

在论证了因果关系的基础是经验之后，休谟在后一节进一步追问，从经验中得来的结论的基础是什么。根据他的分析，通过经验得出的结论并不是建立在理性推理之上的，而是习惯的力量：根据过去我们看到某个事物总是会产生与之相伴随的某种结果的经验，我们会自然地假设，表面相似的事物会产生相似的结果。但是显然，这种推理本身并不可靠，只是一种或然的推理，基于未来将会发生的事情符合过去已经发生的事情这个假设，而这个假设本身无法得到证明。即便通过过去的经验观察得出了某种规律，也仍然无法确定未来是否一定会这样。这样一来，人们据此以获得关于实际的事情相关知识的因果关系及因果关系所立足于其上的通过经验得出的结论就都无法获得必然性的、确定的证明了。以上就是著名的"休谟问题"的最主要的论证。当他论证了因果关系的可怀疑性时，这就意味着自然科学（当时被称为自然哲学）和建立在因果律基础上的形而上学的基础受到了动摇。

## 四　简评

首先，要对《人性论》和《人类理智研究》之间的关系稍做探讨。休谟本人曾经明确地表示，《人性论》中所有最重要的原则都在《人类理智研究》和《道德原则研究》中得到了更好的表达，而《人性论》只是他不成熟的作品。然而，两部著作虽然大致思路相似，但也存在较为明显的差异性，因此后世的休谟研究者们都不得不面对这样一个问题：应该如何理解《人性论》和《人类理智研究》？是遵循休谟本人的意愿以后者为标准文本来理解休谟的哲学，还是忽略他本人的看法而重点关注《人性论》？

目前学界较为认同的做法是，既然两者的基本哲学原则是一致的，休谟本人也承认《人类理智研究》只是补充了一些之前不太成熟的论证，并且在行文风格上令自己的论文变得更加有可读性，修改的是结构、行文而非核心观点，那么最好的办法是对两者施以同样的重视程度，结合起来阅读，以更加完整地理解休谟的哲学思想。

其次，在上述导读中，我们对休谟关于因果关系的论证进行了大致梳理。在认识论上，休谟坚定地认为通过感官获得的印象比观念更加具有生动性和明确性，更加不容易导致错误。然而，从对事物的印象、感官经验获得对实际的事物的认识过程中，人们总是依赖的因果关系并不如大家所以为的那样具有确定性和必然性。与观念之间的关系不同，在有关实际的事情的问题上，仅靠理性推理是不够的，必须通过经验的不断验证。然而正因为靠经验只能得出"过去是这样"的结论而无法由此必然地推出"未来也会这样"，所以，我们对于实际的事物的知识并不具有像观念的关系那样的普遍确定性。休谟的确提出了一个可能导向认识论上的怀疑主义的论证，但是我们不能以此便断言休谟最终走向了怀疑论和不可知论。因为在《人类理智研究》的第五章，他提出了自己用以取代因果关系的原则——习惯或习性。在休谟看来，这种普遍的人性原则就足以用来指导人们的生活和实践，这个原则能够让过去的经验对人类有用，让人们期待将来的事件也会与过去相似。而这种信念是人类的心灵会产生的必然结果和人的自然本能。这样，通过怀疑因果关系而被推翻的客观普遍性和必然性就被人自然本性中的习惯这一具有主观必然性的原则所取代，成为人生的伟大指南。

休谟的经验主义认识论将16~18世纪的经验论哲学传统推到极致，对形而上学的独断论提出了极为严峻的挑战。他所建立的经验主义认识论体系以人的经验为基础，以指导人的实践为目标，通过考察人类的实际认知过程，他向整个理性主义传统提出了一个极难解决的问题。"休谟问题"不仅直接令康德从独断论的迷梦中惊醒，并以一本《纯粹理性批判》做出了自己的回应，还深刻地影响了后世的哲学家们。直至今日，学者们仍然在为该如何解决"休谟问题"而继续探索，也许这才是休谟哲学的真正魅力，也是他对哲学的最大贡献。

# 8

## 卢梭的《社会契约论》

陶文佳<sup>*</sup>

## 一 作者及作品简介

让·雅克·卢梭（Jean Jacques Rousseau，1712－1778）出生于信仰加尔文教的城邦国家日内瓦。父亲是钟表匠，享有当时在日内瓦城内只有少数人才拥有的公民资格。母亲在卢梭出生九天后即去世。因此，他童年的教育主要是培养爱国情怀以及阅读古典作品如普鲁塔克的《希腊罗马名人传》，这为他政治哲学中的古典主义倾向埋下了种子。十几岁时，卢梭成为雕刻师的学徒，但由于感到学徒生涯过于束缚，在 16 岁那年的某天，错过回城时间之后，他决定离开日内瓦。尽管如此，卢梭终生保持着对日内瓦的热爱及作为日内瓦公民的自豪。在遇到贵族华伦夫人之后，卢梭当了一段时间仆役，随后获得了基本的教育，并以抄写乐谱和做私人教师为生。其间，他设计出了一套以数字为基础的乐谱系统并提交法兰西科学院，但遭拒。他的乐谱系统与我们今天所熟知的简谱颇为相似，有些音乐史甚至将简谱的发明归功于他。这段时间里，卢梭认识了百科全书学派的重要人物达朗贝尔和狄德罗，并参与了一些百科全书条目的撰写，然而随着卢梭本人哲学观点的不断成熟，他与百科全书学派最终交恶并笔战不

---

* 陶文佳，女，哲学博士，副教授，主要研究方向为近代契约论、功利主义、当代政治哲学与伦理学。

休。定居巴黎之后，卢梭写了他最重要的一些作品，其中包括政治哲学论文《论科学与艺术》《论人类不平等的起源》以及他最具影响力的作品《社会契约论》和《爱弥儿》，他还创作歌剧和小说，并在学术界和平民之中都获得了巨大声名，然而《社会契约论》和《爱弥儿》均因为富有争议性的宗教观点而受到法国和日内瓦官方的查禁。卢梭不得不度过了长达八年的逃亡生涯，其中一段时间受休谟邀请而移居英格兰，其间他的精神状况变得越来越不稳定。卢梭最终返回法国，并在乡间写完了更具反思性的作品——《忏悔录》、《对话录：卢梭审判让·雅克》和《孤独漫步者的遐思》等，他还继续音乐创作和博物学研究。卢梭于1778年去世，1794年，他的遗骨被转移到巴黎先贤祠，最终与自己终生的论敌伏尔泰做了邻居。

卢梭在哲学史上之所以重要，不仅因为他对政治哲学和道德心理学的贡献，也因为他对后世的思想家产生了深刻的影响。卢梭的写作风格充满文学性和激情，作品的可读性很强，他的文学作品得到了普通民众的喜爱，歌剧也获得成功，两篇论文和《社会契约论》在学术界引起了热烈的讨论。受卢梭哲学影响最大的是康德，后者的伦理学、政治哲学著作中体现出颇多受到卢梭启发之处。虽然黑格尔对卢梭的公意理论有所批判，但他在《精神现象学》中仍参考了卢梭关于基于他人评价之上的自爱理论。马克思的人的异化理论虽未直接引用卢梭的理论，但批判思路与卢梭颇有相似之处。由于卢梭作品的内在张力及一些模棱两可之处，人们对这些作品产生了十分不同、毫不相容的诠释。例如，既有学者从他的政治哲学中找到了自由主义、社群主义、公民共和主义、审议民主和参与性民主的理论萌芽，也有学者认为卢梭是法国大革命中威权主义倾向的理论来源，并随后启发了法西斯主义。虽然"人是生而自由的，但却无往不在枷锁之中"在近代和当代的读者当中耳熟能详，但对卢梭作品的研究仍然充满争议性。卢梭到底是自由的倡导者还是极权主义的阴谋家，最好留待诸位读者自行判断。

《社会契约论》的法文版、英文版不少，中译版主要有何兆武与李平沤的两个版本，本篇导读以何兆武的中译本为主，辅以李平沤的译本，其中中译本表达含混的部分以科尔（G. D. H. Cole）编注的英文版为准。

# 二 ［节选1］《社会契约论》第一卷①

[1] 我要探讨在社会秩序之中，从人类的实际情况与法律的可能情况着眼，能不能有某种合法的而又确切的政权规则。在这一研究中，我将努力把权利所许可的和利益所要求的结合在一起，以便使正义与功利二者不致有所分歧。

[2] 我并未证明我的题旨的重要性，就着手探讨本题。人们或许要问，我是不是一位君主或一位立法者，所以要来论述政治呢？我回答说，不是；而且正因为如此，我才要论述政治。假如我是个君主或立法者，我就不会浪费自己的时间来空谈应该做什么事了；我会去做那些事情的，否则，我就会保持沉默。

[3] 生为一个自由国家的公民并且是主权者的一个成员，不管我的呼声在公共事务中的影响是多么微弱，但是对公共事务的投票权就足以使我有义务去研究它们。我每次对各种政府进行思索时，总会十分欣幸地在我的探讨之中发现有新的理由来热爱我国的政府！

## 第一章　第一卷的题旨

[4] 人是生而自由的，但却无往不在枷锁之中。自以为是其他一切的主人的人，反而比其他一切更是奴隶。这种变化是怎样形成的？我不清楚。是什么才使这种变化成为合法的？我自信能够解答这个问题。

[5] 如果我仅仅考虑强力以及由强力所得出的效果，我就要说："当人们被迫服从而服从时，他们做得对；但是，一旦人民可以打破自己身上的枷锁而打破它时，他们就做得更对。因为人民正是根据别人剥夺他们的自由时所根据的那种同样的权利，来恢复自己的自由的，所以人民就有理由重新获得自由；否则别人当初剥夺他们的自由就是毫无理由的了。"社会秩序乃是为其他一切权利提供了基础的一项神圣权利。然而这项权利绝不是出于自然，而是建立在约定之上的。问题在于要懂得这些约定是什么。但是在谈到这一点之前，我应该先确定我所要提出的东西。

---

① 〔法〕卢梭：《社会契约论》，何兆武译，商务印书馆，2005，第3～11页。

## 第二章 论原始社会

[6] 一切社会之中最古老的又唯一自然的就是家庭。然而孩子也只有在需要父亲养育的时候才依附于父亲。这种需要一旦停止，自然的联系也就解体。孩子解除了他们对于父亲应有的服从，父亲解除了他们对于孩子应有的照顾以后，双方就都同等地恢复了独立状态。如果他们继续结合在一起，那就不再是自然的，而是自愿的了；这时，家庭本身就只能靠约定来维系。

[7] 这种人所共有的自由，乃是人性的产物。人性的首要法则，是要维护自身的生存，人性的首要关怀，是对于其自身所应有的关怀；而且，一个人一旦达到有理智的年龄，可以自行判断维护自己生存的适当方法时，他就从这时候起成为自己的主人。

[8] 因而，我们不妨认为家庭是政治社会的原始模型：首领就是父亲的影子，人民就是孩子的影子；并且，每个人都生而自由、平等，他只是为了自己的利益，才会转让自己的自由。全部的区别就在于：在家庭里，父子之爱就足以报偿父亲对孩子的关怀了；但是在国家之中，首领对于他的人民既没有这种爱，于是发号施令的乐趣就取而代之。

……

## 第三章 论最强者的权利

[9] 即使是最强者也绝不会强得足以永远做主人，除非他把自己的强力转化为权利，把服从转化为义务。由此就得出了最强者的权利。这种权利表面上看起来像是讥讽，但实际上已经被确定为一种原则了。可是，难道人们就不能为我们解释一下这个名词吗？强力是一种物理的力量，我看不出强力的作用可以产生什么道德。向强力屈服，只是一种必要的行为，而不是一种意志的行为；它最多也不过是一种明智的行为而已。在哪种意义上，它才可能是一种义务呢？

……

## 第四章 论奴隶制

[10] 既然任何人对于自己的同类都没有任何天然的权威，既然强力并不能产生任何权利，于是便只剩约定才可以成为人间一切合法权威的

基础。

[11] 格劳秀斯说,如果一个个人可以转让自己的自由,使自己成为某个主人的奴隶;为什么全体人民就不能转让他们的自由,使自己成为某个国王的臣民呢?这里有不少含混不清的字眼是需要解说的。让我们就举"转让"一词为例。转让就是奉送或者出卖。但一个使自己做另一个人的奴隶的人并不是奉送自己,他是出卖自己,至少也是为着自己活下去。可是全体人民为什么要出卖自己呢?国王远不能供养他的臣民,反而只能是从臣民那里取得他自身的生活供养;用拉伯雷的话来说,国王一无所有也是活不成的。难道臣民在奉送自己人身的同时,又以国王也攫取他们的财产作为条件吗?我看不出他们还剩下什么东西是可以保存的了。

……

[12] 纵使每个人可以转让其自身,他也不能转让自己的孩子。孩子们生来就是人,并且是自由的;他们的自由属于他们自己,除了他们自己以外,任何人都无权加以处置。孩子在达到有理智的年龄以前,父亲可以为了他们的生存,为了他们的幸福,以孩子的名义订立某些条件;但是却不能无可更改地而且毫无条件地把他们奉送给人,因为这样一种奉送违反了自然的目的,并且超出了做父亲的权力。因此,要使一个专制的政府成为合法,就必须让每一个世代的人民都能做主,决定究竟是承认它还是否定它;但是,那样一来,这个政府也就不再成其为专制的了。

[13] 放弃自己的自由,就是放弃自己做人的资格,就是放弃人类的权利,甚至就是放弃自己的义务。对于一个放弃了一切的人,是无法加以任何补偿的。这样一种弃权是不合人性的;而且取消了自己意志的一切自由,也就是取消了自己行为的一切道德性。最后,规定一方是绝对的权威,另一方是无限的服从,这本身就是一项无效的而且自相矛盾的约定。对于一个我们有权向他索取一切的人,我们就并不承担任何义务;这难道不是清楚明白的事吗?难道这种既不等价又无交换的唯一条件,其本身不就包含着这种行为的无效性吗?因为,无论我的奴隶可以有什么样的权利反对我,既然他的一切都属于我所有,而且他的权利也就是我的权利;那么,这种我自己反对自己的权利,岂不是一句毫无意义的空话了吗?

```
┌─────────────┐
│ 解读及简析  │
└─────────────┘
```

在《社会契约论》第一卷的开篇，卢梭首先说明了这本书研究的核心问题：探讨从人类的实际情况出发能否存在某种具有合法性的政权。这正是近代启蒙时期契约论传统想要解决的核心问题。虽然古希腊的政治哲学中也有有关社会是自然的（physis）还是约定的（nomos）的争论，但古代的契约论思想主要不是为了讨论国家政权的合法性问题，更多是在于讨论城邦社会应该提倡何种政治美德。自中世纪以来，欧洲各国家政权（国王）的合法性一直依赖于基督教的"君权神授"，也就是说，国王统治权毋庸置疑的合法性是以上帝的意志为基础的。然而到了近代，世俗国王们对罗马教廷教权的挑战和基督教会势力的衰弱、宗教改革的影响，都使"君权神授"的合法性论证受到了各方质疑。在卢梭之前，霍布斯、洛克等哲学家就已经开始试图通过假设一个以他们各自对人性的认识为基础而构造的自然状态向社会状态的转变过程，来探讨人类结合到一起形成社会的原因和动力，并以此为基础来探讨何种形式的政权才具有合法性。卢梭采取的也是同一条路径，不过他对从自然状态向社会状态的转变过程的详细讨论主要在《论不平等》中。在《社会契约论》第一卷中，他则主要强调了人拥有天然的自由，并简述了人们如何让渡出自己的自然自由、平等及各种自然权利，并通过签订最初的社会契约来形成社会。

在进入卢梭对天然自由的论述之前，我们还需要对第三段的内容稍做强调。虽然读者们时常误以为卢梭是法国人，但需要注意的是，每当他在各类政治著作中提及"祖国""我的国家"时，指的都是日内瓦这个城邦共和国，而不是当时引领欧洲风气之先的法国。卢梭始终为自己身为一个城邦共和国的公民而骄傲，为日内瓦共和国类似于古希腊城邦制的政治体制而自豪。爱国之情在卢梭的整个政治哲学体系中有十分重要的地位，而此段中卢梭对自己身为主权者的一员对城邦公共事务进行讨论的义务的强调，正是他在后文提倡的公民参与城邦政治实践的体现。

近代维护国王统治权的学者们如卢梭在《社会契约论》中主要针对的学者格劳秀斯，以及洛克在《政府论》中的主要论敌菲尔曼，在维护君权时都主要采取了以下的论证思路：第一，国家中君主对臣民的统治权对应的是家庭中父亲对子女的统治权，因此，臣民对君主的服从就正如子女对父亲的服从一样，这样，人并非生而自由，而是生而便该服从的；第二，主人对奴隶也有天然的统治权，既然奴隶将自己的自由转让给了主人，那么他们服从主人也是应该的；第三，在战争中，强者战胜弱者之后就对弱者有了天然的统治权，因此弱者有服从的义务。

卢梭针对这三点分别进行了反驳。首先，家庭作为最原始、最自然的社会结构，虽然子女的确在能够自己生存之前需要依赖父亲的照料，从而也应该服从父亲，但是，一旦这种需求停止，这种自然的服从关系便应该解体，父亲不再有照顾子女的义务，子女也不再有服从父亲的义务，双方便都成为独立而平等的人。也就是说，一旦子女获得了独立，他们就同时获得了天然的自由，成为自己的主人，而不是永远都要服从父权。当然，父子之间的情感和关怀也许会让他们主动选择继续维系家庭关系，但这是双方的意志的选择，是一种约定。因此，以父权来类比君权，并以此论证君权统治的合法性是行不通的，父权是有限制的，一旦子女无须依赖父亲，这样的服从与统治的关系就解体了。

其次是最强者的权利，即强者对弱者的权利。卢梭认为，强力只是一种物理上的力量，是强者暂时压制弱者的情况，这时弱者的屈服只不过是为了维护自身生存的权宜之计而已，并不暗含任何权利和义务关系。退一步来说，即便有这样的最强者的权利，一旦出现更强者，这种权利也就被推翻了，而任何人都不可能永远成为最强者，所以人们也根本没有服从的义务。人们对强力没有任何服从的义务，只有对合法的权力才有服从的义务。

最后，转让自己的自由主动成为某个主人的奴隶这种情况本身是反人性的，也许在迫不得已的情况下，的确有人会主动放弃自由而成为奴隶以换取太平，但这往往是为了自我保存，没有人会无偿奉送自己。即便有人这么做，他们也不能将自己的奴隶身份传给子女，因为子女的自由是属于自己的，只有他们自己可以处置，因此即便奴隶制最初是某些人的主动选择，也完全不能成为君主对臣民的统治的合法性基础，因为每一代臣民都有权自己做主，决定是否转让这种自由。

通过反驳父权、主人对奴隶的统治权以及强者对弱者的统治权，卢梭论证了人人都生而自由和平等，自由权是人类的最基本的权利和一个人对自己的最基本的义务，因此，放弃自由本身不符合人性。另外，绝对的权威与绝对的服从这种所谓的约定本身因为不存在任何等价交换，所以是无效的约定。这样，就需要去探索一个真正有效、符合人性——特别是人天然的自由和平等——的约定。

如果仅从第一卷的内容来看，读者们很容易得出卢梭是自由主义者的结论。的确，通过以上的分析，我们的确可以看到，卢梭相信人的天然平等和自由是人类最基本的人性，但根据他的论述，这种自由并非某些具体的自由权，而是一种不受其他人奴役，与其他所有人类都同等地拥有的，只要是独立的、理智的人就有的基本自由。但除此之外，人性中还有一个更加基础的首要法则——人的自我保存，只有为了维护自己的生存，人才有可能愿意主动地让渡这种天然的自由。而这就是最初的社会契约形成的可能性基础。由此可见，卢梭对人性的基本理解是：人最首要的要求是自我保存，也只有为了自我保存而牺牲人生来就有的自由是合乎人的理智的，除此之外，其他任何让渡自由的理由都站不住脚，是不合乎人性的。

## 三 ［节选2］《社会契约论》第一卷

### 第六章 论社会公约①

［1］我设想，人类曾达到过这样一种境地，当时自然状态中不利于人类生存的种种障碍，在阻力上已超过了每个个人在那种状态中为了自存所能运用的力量。于是，那种原始状态便不能继续维持；并且人类如果不改变其生存方式，就会消灭。

［2］然而，人类不能产生新的力量，而只能是结合并运用已有的力量；所以人类便没有别的方法可以自存，除非是集合起来形成一种力量的综合才能够克服这种阻力，有一个唯一的动力把它们发动起来，并使它们共同协作。

［3］这种力量的总和，只有由许多人的汇合才能产生；但是，既然每个人的力量和自由是他生存的主要手段，他又如何能致身于力量的总和，

---

① 〔法〕卢梭：《社会契约论》，何兆武译，商务印书馆，2005，第19～22页。

而同时既不至于妨害自己，又不至于忽略对自己应有的关怀呢？这一困难，就我的主题而言，可以表述为下列的词句。

[4] "要寻找出一种结合的形式，使它能以全部共同的力量来卫护和保障每个结合者的人身和财富，并且由于这一结合而使得每一个与全体相联合的个人又只不过是在服从其本人，并且仍然像以往一样地自由。"这就是社会契约所要解决的根本问题。

[5] 这一契约的条款乃是这样地被订约的性质所决定的，以至于就连最微小的一点修改也会使它们变得空洞无效；从而，尽管这些条款也许从来就不曾正式被人宣告过，然而它们在普天之下都是同样的，在普天之下都是为人所默认或者公认的。这个社会公约一旦遭到破坏，每个人就立刻恢复了他原来的权利，并在丧失约定的自由时，就又重新获得了他为了约定的自由而放弃的自己的天然的自由。

[6] 这些条款无疑地也可以全部归结为一句话，那就是"每个结合者及其自身的一切权利全部都转让给整个集体"。因为，首先，每个人都把自己全部奉献出来，所以对于所有人的条件便都是同等的，而条件对于所有的人既都是同等的，便没有人想要使它成为别人的负担了。

[7] 最后，每个人既然是向全体奉献出自己，他就并没有向任何人奉献出自己；而且既然从任何一个结合者那里，人们都可以获得自己本身所让渡给他的同样的权利，所以人们就得到了自己所丧失的一切东西的等价物以及更大的力量来保全自己的所有。

[8] 因而，如果我们撇开社会公约中一切非本质的东西，我们就会发现社会公约可以简化为如下的词句：我们每个人都以其自身及其全部的力量共同置于公意的最高指导之下，并且我们在共同体中接纳每一个成员作为全体之不可分割的一部分。

[9] 只是一瞬间，这一结合行为就产生了一个道德的与集体的共同体，以替代每个订约者个人；组成共同体的成员数目就等于大会中所有的票数，而共同体就以这同一个行为获得了它的统一性、它的公共的大我、它的生命和它的意志。这一由全体个人的结合所形成的公共人格，以前称为城邦，现在则称为共和国或政治体。当它是被动时，它的成员就称它为国家；当它是主动时，就称它为主权者；而以之和它的同类相比较时，则称它为政权。至于结合者，他们集体地就称为人民；个别地，作为主权权

威的参与者，就叫作公民，作为国家法律的服从者，就叫作臣民。但是这些名词往往互相混淆，彼此通用；只要我们在以其完整的精确性使用它们时，知道加以区别就够了。

**解读及简析**

那么，最初的社会契约是一种什么样的契约呢？在《论不平等》中，卢梭假想的自然状态是一种人人自给自足、自由而平等的状态，既没有人与人之间的战争，[①] 也没有最初的财产权和所有权概念，[②] 卢梭假想中的自然状态似乎更加和平而稳定。因此，这种自然状态一定需要有某种诱因，才会迫使人们走向社会状态。他对这种诱因的解释是：自然状态中人们面临着越来越不利于生存的巨大障碍，而对于这些障碍，每个人依靠自己的全部力量也仍然无法克服，在自我保存越来越难以实现的情况下，人们只能与他人联合起来，形成某种合力才能克服这些障碍。在这样的特殊情形之下，人们逐渐形成了最为朴素的约定概念，并共同协作以保证每个人的生存。这就是订立最初社会契约的原因，如果人类没有走到这一地步，那么他们就会一直保持着自然状态，只有当人与人之间的协同合作成为他们维持生存的必要条件时，他们才会改变自己的生存方式，进入社会状态之中。

接下来的问题就在于，既然每一个自然状态下的人都是依赖自己的力量和自由才生存下来的，在这种与他人协同合作以形成合力的过程中，如何保证个体不受到损害呢？透过卢梭对这个问题的提出我们可以看到，卢梭十分清楚，在形成最初的人类集体的那一刻，就已经存在着个体利益与集体利益之间的张力。因此，在他看来，真正拥有合法性的社会契约必须是一种"能以全部共同的力量来卫护和保障每一个结合者的人身和财富"的契约，而个体服从契约时也只是在服从自己的意志，只有这样，个体才能"像以往一样地自由"。也就是说，最初的社会契约必须符合两个条件：其一，它要是一个能够维护每一个结合者的生存和财富的公共契约；其二，这个契约必须体现出每一个结合者本人的意志，只有这样，当个体服从契约时，才能保证他服从的是本人的意志。一旦契约无法达到以上的条

① 参见霍布斯《利维坦》中的论述。
② 参见洛克《政府论》下篇中的论述。

件，每个个体就立即能够重新获得他最初的自由和权利。

　　容易令读者对卢梭的社会契约心生警惕的是下面的论述。在他看来，如果契约要达到这些条件，唯一的做法就是每一个参与签订契约的人都将自身及其一切权利、力量和自由转让给整个集体。这么做的理由是，只有每个人都把自身的全部转让出来，才能够保证签约的条件对于每一个人都是同等的。也就是说，每个人都奉献了自己的全部——不论这个全部从绝对值上来说是否有差别——才能保证对于契约来说每个人都做出了同等的奉献，也因此应该得到同等的对待。从另一方面看，也只有这种毫无保留的转让，才能保证"每个结合者也就不会再有什么要求了"，这里指的应该是每个缔约者不会对契约有特殊的个体要求，而真正彻底地融入整个集体之中。也难怪当代自由主义学者们会将卢梭的理论与极权主义特别是法西斯主义联系起来：这种将个体的全部转让给集体的做法似乎的确面临着消解个体的自我而只留下集体的危险。不过在该书第二卷第四章讨论主权权力的界限时，卢梭对这个问题进行了一定的解释，他认为契约社会中的公民不仅拥有公民身份，也拥有私人的身份，以人的资格，他们就有一些可以享受的自然权利，所以当我们说要转让自身的全部时，还有一个限定条件：转让的必须是个体所有那些用途与集体有重要关系的部分。由此可见，卢梭还是为个体的权利和利益留下了余地的。结合该书其他部分的论述，读者需要意识到卢梭对于每个个体作为公民、作为主权者的一员的身份，与个体的私人身份是有所区分的。当他在讨论社会契约、公意、主权者和公民时，他关注的是个体作为集体之不可分割的一部分的身份；而在讨论个体利益、众意、臣民对公意的服从等问题时，关注的则是个体的私人身份。如果不仔细区分这种二重身份，便极容易对卢梭的理论产生误解。

　　也正因如此，读者需要十分重视本节选的最后一段，虽然卢梭在后续行文之中对该段提及的这些概念并未进行严格区分，但仍有必要理解清楚这些概念。最初的社会公约一旦签订，形成的就是一个道德与集体的共同体，即共和国或政治体，当这个共同体行使其权力时，即当它作为一个公共人格来行动时，它才是主权者，否则它就是国家，而缔约者这个集体才是人民。个体在作为这个集体的一员来参与主权权威的各项活动时，是在完成其作为主权者的一员的公民义务；而当个体成为共和国法律的服从者时，则是其私人身份的体现，这时的个体是臣民而非公民。由此可见，卢梭不仅认为社会中个体的人同时拥有公民和臣民的双重身份，连共和国这个公共人格也拥有权力的主动行使者——主权者和被动的存在——国家这两个层面的内涵。正是这种复杂的双重性才导致了《社会契约论》的巨大争议，然而若能厘清在后续的相关讨论中卢梭分别是在哪一个层面讨论个人和共和国的，也许能够帮助读者更好地理解他的理论。

# 四　［节选3］《社会契约论》第二卷①

## 第一章　论主权是不可转让的

［1］以上所确立的原则之首先的而又最重要的结果，便是唯有公意才能够按照国家创制的目的，即公共幸福，来指导国家的各种力量；因为，如果说个别利益的对立使得社会的建立成为必要，那么，正是这些个别利益的一致才使得社会的建立成为可能。正是这些不同利益的共同之点，才形成了社会的联系；如果所有这些利益彼此并不具有某些一致之点的话，那么就没有任何社会可以存在了。因此，治理社会就应当完全根据这种共同的利益。

［2］因此我要说：主权既然不外是公意的运用，那么就永远不能转让；并且主权者既然只不过是一个集体的生命，那么就只能由他自己来代表自己；权力可以转移，但是意志却不可以转移。

［3］事实上，纵使个别意志与公意在某些点上互相一致并不是不可能的，然而至少这种一致若要经常而持久却是不可能的；因为个别意志由于它的本性就总是倾向于偏私，而公意则总是倾向于平等。人们想要保证这种一致，那就更加不可能了，即使它总该是存在着的；那却不会是人为的结果，而只能是机遇的结果。主权者可以说，"我的意图的确就是某某人的意图，或者至少也是他自称是他所意图的东西"；但是主权者却不能说，"这个人明天所将意图的，仍将是我的意图"，因为意志使自身受未来所束缚，这本来是荒谬的，同时也因为并不能由任何别的意志来许诺任何违反

---

① 〔法〕卢梭：《社会契约论》，何兆武译，商务印书馆，2005，第31～37页。

原意图者自身幸福的事情。因此，如果人民单纯是诺诺地服从，那么，人民本身就会由于这一行为而解体，就会丧失其人民的品质；只要一旦出现一个主人，就立刻不再有主权者了，并且政治体也从此就宣告毁灭。

……

## 第二章　论主权是不可分割的

[4]　由于主权是不可转让的，同理，主权也是不可分割的。因为意志要么是公意，①要么不是；它要么是人民共同体的意志，要么就只是一部分人的。在前一种情形下，这种意志一经宣示就成为一种主权行为，并且构成法律。在第二种情形下，它便只是一种个别意志或者是一种行政行为，至多也不过是一道命令而已。

[5]　可是，我们的政论家们既不能从原则上区分主权，于是便从对象上区分主权：他们把主权分为强力与意志，分为立法权力与行政权力，分为税收权、司法权与战争权，分为内政权与外交权……

[6]　这一错误出自没有能形成对主权权威的正确概念，出自把仅仅是主权权威所派生的东西误以为是主权权威的构成部分。例如，人们就这样把宣战与媾和的行为认为是主权的行为；其实并不如此，因为这些行为都不是法律而只是法律的应用，是决定法律情况的一种个别行为。只要我们把法律一词所附有的观念确定下来，就会很明显地看出这一点。

……

## 第三章　公意是否可能错误

[7]　由以上所述，可见公意永远是公正的，而且永远以公共利益为依归；但是并不能由此推论说，人民的考虑也永远有着同样的正确性。人们总是愿意自己幸福，但人们并不总是能看清楚幸福。人民是决不会被腐蚀的，但人民却往往会受欺骗，而且唯有在这时候，人民才好像会愿意要不好的东西。

[8]　众意与公意之间经常有很大的差别；公意只着眼于公共的利益，而众意则着眼于私人的利益，众意只是个别意志的总和。但是，除掉这些

---

① 意志要成为公意，并不永远需要它是全体一致的，但必须把全部票数都计算在内，任何形式的例外都会破坏它的公共性。

个别意志间正负相抵消的部分①，则剩下的总和仍然是公意。

[9] 如果当人民能够充分了解情况并进行讨论时，公民彼此之间又没有任何勾结；那么从大量的小分歧中总可以产生公意，而且讨论的结果总会是好的。但是当形成了派别的时候，形成了以牺牲大集体为代价的小集团的时候，每一个这种集团的意志对它的成员来说就成为公意，而对国家来说则成为个别意志；这时候我们可以说，投票者的数目已经不再与人数相等，而只与集团的数目相等了。分歧在数量上是减少了，而所得的结果却更缺乏公意。最后，当这些集团中有一个是如此之大，以至于超过了其他一切集团的时候，那么结果你就不再有许多小的分歧的总和，而只有一个唯一的分歧；这时，就不再有公意，而占优势的意见便只不过是一种个别的意见。

[10] 因此，为了很好地表达公意，最重要的就是国家之内不能有派系存在，并且每个公民只能是表示自己的意见。伟大的莱格古士的独特而高明的制度便是如此。但如果有了派系存在的话，那么就必须增殖它们的数目并防止它们之间的不平等，就像梭伦、努玛和塞尔维乌斯所做的那样。这种防范方法是使公意可以永远发扬光大而且人民也绝不会犯错误的唯一好方法。

### 解读及简析

在《社会契约论》第二卷中，卢梭详细地解释了以这种特殊的社会契约为基础建立起来的国家应该是怎样的。我们所节选的部分主要体现出卢梭笔下的契约社会的政治结构与其他近代社会契约论学者的不同之处。在第一章中，卢梭主要反对的是以当时的英国为代表的代议制，也就是人民将自己作为主权者行使权力的资格转让给某一个代表，由这个代表来体现他们意志的做法。在卢梭看来，契约社会要保证以公共幸福这个唯一的目的来行事，就必须以公意（general will，又译为"普遍意志"）为国家各种

① 阿冉松侯爵说："每种利益都具有不同的原则。两种个别利益的一致是由于与第三种利益相对立而形成的。"他还可以补充说，全体的利益一致是由于与每个人的利益相对立而形成的。如果完全没有不同的利益，那么，那种永远都碰不到障碍的共同利益，也就很难被人感觉到；一切都将自行运转，政治也就不成其为一种艺术了。

力量的唯一指导，所谓公意就是反映个体的不同利益之间的共同点即共同利益的意志。但是在公意的形成过程中永远存在着每个公民作为个体的私人利益与他们作为主权者一员的公共利益之间的冲突，个别意志永远是倾向于偏私的，而公意只关注整个集体的公共利益。这样，个别意志和公意就不可能永远是一致的，如果现实地说，甚至很难达成一致。因此，绝不能以任何一个人的个别意志来代替公意。公意必须要通过主权者的每一个成员都以共同体一员的身份表达出自己对何种意志更能实现公共利益的判断才能形成，因此，公民不能将自己作为主权者之不可分割的一部分的意志转让给他人，由他人代表自己来表达对公意的理解。只要一经代表，便不可能形成真正的公意了。

在第二章中，卢梭反对的则是孟德斯鸠与洛克等人所提议的权力分立思想，在卢梭看来，立法权、行政权、司法权等不同权力的区分实际上是对主权权威的错误理解。主权者需要保证的是公意的表达，体现出的是人民共同体的意志，这种意志针对的是立法，是制定所有人在所有情况下都应该遵守的那些最基本的法律，而行政权、司法权等都只是以主权者已经订立的法律为基础对法律的执行。主权者负责的是通过形成公意来制定法律，而对法律的执行、对国家其他事务的管理等权力则属于政府，这是主权权威派生出来的东西。因此，主权不可分立，可以分立的都属于政府的执行和管理权。卢梭强调了立法权仅属于主权者，因为法律的制定体现的唯有公共利益和公意，而不应关注任何个体或团体的个别利益。

那么公意究竟是如何形成的呢？在这个问题上，卢梭又旗帜鲜明地反对党派政治。他承认，虽然公意以公共利益为基础，但作为主权者一员的人却因为同时拥有公民和私人两重身份，所以他们虽然总是会以自己和集体的幸福为目标，却有可能在对公意进行判断时受到欺骗。正因如此，公意和众意（the will of all）常常不同。这里卢梭区分了两个不同的概念，只关注公共利益的公意和着眼于私人利益、反映个别意志之总和的众意。然而通过众意中不同个别意志的相互抵消，卢梭认为是可以形成公意的。"相互抵消"这一表述是该书的又一处模糊之处，若参考卢梭本人的注释，一种可能的理解方式就是人们的个别意志虽然有所分歧，然而在毫无勾结并且充分地了解了情况的前提下，通过讨论，他们总是能够从纷繁复杂的个别利益中找到与这些个别利益相对立的共同利益，而且也正是不同个别利益的存在，才会让人们意识到共同利益的存在，一旦找出了公共利益，便能够形成公意。最能妨碍这种讨论的结果的，就是主权者的成员之中形成各个派别，因为一旦形成了派别，就会导致以党派的个别利益取代公共利益的危险。卢梭在此体现出对党派政治的警惕，他认为一旦在主权者的成员中存在派系，那么公意就岌岌可危了。只有每个公民仅仅表达自己的意见，才能保证公意的形成。不过卢梭还是做出了妥协，认为如果无法阻碍党派的形成，那就只有促成更多党派的存在，并在这些党派之中保持较为平等的均势，如果没有任何一个党派一家独大，那么公意的形成就还是有希望的。总而言之，要想保证公意不被腐蚀且能够总是以公共的利益与幸福为唯一的目标，就必须保证每一个公民在行使其作为主权者之一员的义务时，时刻以公共利益为考量，而不受自己私人的个别利益的影响。这样，虽然人人都天生就偏向于自己的利益，却能够克服这种天性，而完成自己作为公民的使命。当然，正因为卢梭对主权权威的范围进行了限制，所以人们只在与共同体相关的、立法的问题上需要履行其作为主权者成员的义务，在社会生活的其他方面，他们的个别利益和个别意志是不会被公意消解的。

# 五　简评

通过对以上节选内容的解读，相信读者们对卢梭的《社会契约论》能够形成一些基本的理解。该书阅读起来颇引人入胜，名言警句时常会引发读者的思考，然而要想真正厘清卢梭的论证思路并非易事。也正因如此，《社会契约论》才在出版后的300多年间不断引发各种争论，人们对卢梭的理解也才会有如此多的分歧。

我们可以看到，卢梭虽然在对人的本性的理解上与其他契约论者有许多相似之处，特别是对天然的平等与自由的肯定。然而，在对社会状态下如何保证人的自由这一问题的回答中，卢梭却与众不同地强调了向集体让渡个人的天然自由和权利的重要性，只有让渡天然的自由和权利，才能保证个体在社会中的自由和权利。但为何在社会状态下，只有处于集体中的个体才能获得自由呢？这一转化中有一个隐藏的维度——平等。卢梭的自由是不受他人奴役的、与他人地位相当的自由，因此，这种自由概念中天然隐含了人与人之间的平等地位，而在社会状态下，要想维系人们不受他人意志影响的自由，就只能以他们作为集体的不可分割的、不比他人更重要也不比他人更不重要的主权者之一员的地位作为保障。也正是以此为基础，才能保证完全以公共福祉为目标的公意的形成体现出每一个成员的意志来，在这样的公意的指导之下，国家的法律才是卢梭所说的个体"只不过是在服从自己意志"的法律，是让每一个个体在社会中能够保持其自由和平等的法律。

一些学者对卢梭的批判集中在他所建议的契约社会的不可操作性上，他们认为卢梭对自然状态向社会状态的转化过程的描述只是一种构想，而他的理想社会也是一个并不符合人类的本性、在现实中无法实现的社会，因此被称为一种乌托邦，甚至因为他的理论太过具有感染性，而容易因为人们的贸然尝试造成更糟糕的后果——法国大革命中的混乱因素就是这种后果的例证。然而我们首先需要意识到，这本书的题旨是要讨论能否找到某种不依赖于上帝的合法性政权的问题，而不是如何在现实中创制这样一个国家，卢梭也意识到了全体公民通过充分获取信息和公共讨论来形成公意在现实中很难实现。但他还是在该书的后两卷中对形成公意的现实形式进行了讨论，就连被学界归为教育著作的《爱弥儿》，其实也可以看作卢梭对于如何培养他的理想契约社会中的公民的回答。正因如此，我们建议，如果想要完整地理解《社会契约论》，不妨尝试将他的重要著作当成一个整体来进行考察，这样也许能够对卢梭在这些著作中想要传达的思想有更好的解读。

# 康德的《纯粹理性批判》

强以华[*]

日本学者安倍能成认为，康德"在近代哲学上恰似一个处于贮水池地位的人。……康德以前的哲学概皆流向康德，而康德以后的哲学又是从康德这里流出的"[①]。在康德哲学这一哲学的贮水池中，《纯粹理性批判》所阐释的哲学思想因其构成整个康德哲学体系的真正基础而占有核心地位。《纯粹理性批判》初版于1781年，再版于1787年。虽然第二版较之于第一版有了十分重大的改动，甚至重写了一些部分，但是，按照康德自己的说法，第二版的改动其实不过是"补救那些有可能产生误解的晦涩难懂和模糊之处"[②]，并非对关键内容的实质修改。因为《纯粹理性批判》的第一版原是康德11年深思熟虑的结果，它"从纯粹理性的最小的要素出发直到它的整体，并且反过来从整体出发……直到每一个部分，结果是相等的，因为试图哪怕只改动最小的部分马上就会导致矛盾，不光是这个体系的矛盾，而且是普遍人类理性的矛盾"[③]。康德的目的是"这个体系……长

---

　* 强以华，男，哲学博士，教授，主要研究方向为西方哲学和伦理学。

　① 〔日〕安倍能成：《康德的实践哲学》，于凤梧、王宏文译，福建人民出版社，1984，第3页。

　② 〔德〕康德：《纯粹理性批判》，邓晓芒译，杨祖陶校，人民出版社，2004，第二版序，第26页。

　③ 〔德〕康德：《纯粹理性批判》，邓晓芒译，杨祖陶校，人民出版社，2004，第二版序，第26页。

久地维持这种不变性"①。尽管如此，第二版还是加上了一些重要的内容，所以后来出版的单行本，包括德文版本和其他文字的版本在内，一般同时包含这两个版本，并以 A 表示第一版，以 B 表示第二版，A、B 之后的数字则分别表示两个版本原来的页码。至于国内的中文版本，自从 1935 年商务印书馆首次出版了胡仁源译本之后，目前已有很多版本可以阅读，其中，邓晓芒翻译、杨祖陶校对并由人民出版社出版的译本（2004）是一个值得推荐的译本。此外，康德的《任何一种能够作为科学出现的未来形而上学导论》是《纯粹理性批判》的缩写本，不仅内容大为缩减，而且文字也比较简明、浅显，可以作为阅读《纯粹理性批判》的入门著作。

# 一　背景：《纯粹理性批判》的理由

康德《纯粹理性批判》的写作背景主要在于形而上学的尴尬命运。正如康德自己所说："曾经有一个时候，形而上学被称为一切科学的女王，并且，如果把愿望当作实际的话，那么她由于其对象的突出的重要性，倒是值得这一称号。今天，时代的时髦风气导致她明显地遭到完全的鄙视，这位受到驱赶和遗弃的老妇像赫卡柏一样抱怨：modo maxima rerum, tot generis natisque potisque potens—nunc trahor exul, inops—Ovdi. Metam（不久前我还是万人之上，以我众多的女婿和孩子而当上女王——到如今我失去了祖国，孤苦伶仃被流放他乡——中文译者）"②。

造成形而上学这一尴尬命运的是人类理性的本性。人类理性不可避免地要把通过经验充分验证了的基本原理运用于经验领域，在知识发展的路途中步步登高而不断达到更为遥远的条件；但是，人类理性的本性使它并不满足永远处于没有完成的状态，从而促使它去超越一切可能经验的运用，试图一劳永逸地掌握关于世界的绝对知识。这样一来，"人类理性也就跌入到黑暗和矛盾冲突之中"，"这些无休止的争吵的战场，就叫作形而

---

① 〔德〕康德：《纯粹理性批判》，邓晓芒译，杨祖陶校，人民出版社，2004，第二版序，第26 页。

② 〔德〕康德：《纯粹理性批判》，邓晓芒译，杨祖陶校，人民出版社，2004，第一版序，第2 页。

上学"。①

在形而上学的战场上，起初是独断论者居于统治地位，他们独断地认为自己能够甚至已经掌握了绝对知识，因而他们的统治是一种专制的统治，他们的立法带有古代野蛮民族的痕迹。独断既然没有根据，那么，不同的独断（对于绝对知识的不同解释）就会导致它们相互之间的内战，从而使独断论因为内战而沦落到无政府状态。独断论的无政府状态为怀疑论的出现提供了基础。怀疑论类似于游牧民族，它们憎恨一切立于地面的牢固建筑，不断拆散市民的联盟。到了近代社会，特别是到了康德登上哲学舞台之际，独断论和怀疑论在形而上学的战场上的争斗出现了以下特征，即：虽然作为独断论者的唯理论者依然坚持自己的"独断"，并且这种情况在"沃尔夫—莱布尼茨"的哲学中达到顶峰，但是另一方面，经验论不仅充分证明了人类知识不能离开经验（洛克），而且充分证明了源自经验的认识不可能提供关于世界的绝对知识（休谟的怀疑论）。因此，坚持独断论的形而上学处于风雨飘摇之中，人们对其由于鄙视、厌倦而采取冷淡态度。

然而康德认为，人们"在任何地方想到某物，他们就不可避免地退回到他们曾装作极为鄙视的那些形而上学主张上去"②。所以，问题不是需不需要形而上学，而是需要什么样的形而上学。换句话说，我们不需要那种独断的在科学形而上学名义下的实为"伪科学"的形而上学，而是需要一门真正科学的形而上学。所以他说"世界上无论什么时候都要有形而上学"③，而且这种"形而上学不仅整个必须是科学，而且在它的每一部分上也都必须是科学"④。为了解决这个问题，康德认为要对我们自己的理性能力展开考察，对于纯粹理性展开批判，而他所谓的"纯粹理性批判"，就是"对一般理性能力的批判，是就一切可以独立于任何经验而追求的知识

---

① 〔德〕康德：《纯粹理性批判》，邓晓芒译，杨祖陶校，人民出版社，2004，第一版序，第1页。

② 〔德〕康德：《纯粹理性批判》，邓晓芒译，杨祖陶校，人民出版社，2004，第一版序，第3页。

③ 〔德〕康德：《任何一种能够作为科学出现的未来形而上学导论》，庞景仁译，商务印书馆，1978，第16页。

④ 〔德〕康德：《任何一种能够作为科学出现的未来形而上学导论》，庞景仁译，商务印书馆，1978，第168页。

来说，因而是对一般形而上学的可能性和不可能性进行裁决，对它的根源、范围和界限加以规定，但这一切都出于原则"。① 康德这一解决问题之思路的结果就是他的哲学著作——《纯粹理性批判》。

除了哲学自身的背景之外，其他科学（主要是自然科学）的背景也是促成康德写作《纯粹理性批判》的重要原因。从旧形而上学以"科学"自诩并且成为"科学女王"之时起，哲学与科学便开始有了亲密的联姻关系。但是，近代以来，当形而上学还在黑暗中来回摸索的时候，科学却早已走向了快速发展的康庄大道，从而导致了哲学与科学之间越来越深的裂痕：自然科学将试图填平哲学与科学裂痕的旧唯理论和经验论抛在一边，科学的真理性却受到休谟哲学的怀疑。康德要捍卫自然科学，也要捍卫哲学（形而上学）的科学性，他要填补哲学与科学之间本不应该具有的裂痕。在他看来，除了那种专门关注思维形式因而早已走上可靠道路的逻辑学（形式逻辑）外，"数学和物理学是理性应当先天地规定其对象的两门理论的理性知识，前者完全是纯粹地规定，后者至少部分是纯粹地、但此外还要按照不同于理性来源的另一种知识来源的尺度来规定"②。也就是说，它们与形而上学一样属于思辨的理性知识。因此，哲学要想走上可靠的科学道路，应该以几何学家和自然科学家为榜样，在形而上学领域中进行一场革命。数学与自然科学之所以踏上可靠的科学道路，在于它们都经历了一场思维革命，亦即发动革命的数学家和科学家的心中出现了一个"闪念"，理性只去思考它按照自己的概念放进事物中去的东西。就数学家而言，"那第一个演证出等边三角形的人（不管他是泰勒斯还是任何其他人），在他心中升起了一道光明；……他不必死盯住他在这图形中所看见的东西，也不必死扣这个图形的单纯概念……，相反，他必须凭借他自己根据概念先天地设想进去并（通过构造）加以体现的东西来产生出这些属性，并且为了先天可靠地知道什么，他必须不把任何东西、只把从他自己

---

① 〔德〕康德：《任何一种能够作为科学出现的未来形而上学导论》，庞景仁译，商务印书馆，1978，第168页。
② 〔德〕康德：《纯粹理性批判》，邓晓芒译，杨祖陶校，人民出版社，2004，第二版序，第11～12页。

按照自己的概念放进事物里去的东西中所必然得出的结果加给事物"①。就自然科学家而言，无论是伽利略还是其他的科学家，当他们在进行科学发现之时，在他们那里，"理性必须一手执着自己的原则……，另一手执着它按照这些原则设想出来的实验，而走向自然，虽然是为了受教于她，但不是以小学生的身份复述老师想要提供的一切教诲，而是以一个受任命的法官的身份迫使证人们回答他向他们提出的问题"②。哲学以科学为范例，也应发动一场思维革命，面对旧形而上学"一切知识都必须依照对象"的信念，不妨反过来试试，假定"对象必须依照我们的知识"，而这正是《纯粹理性批判》采用的路径。

## 二 问题："先天综合判断"的可能

《纯粹理性批判》围绕着对于"纯粹理性"自身的批判而展开，试图通过对于"纯粹理性"自身的批判，寻找一条对象符合知识的认识道路，从而把哲学变成科学。康德认为，循着这条道路获得的知识不仅应该是科学的知识，而且能把哲学变成严格意义上的科学。在他那里，科学知识就是那种不仅具有普遍性和必然性，而且能够扩展我们的知识范围的知识。根据康德的理解，这种知识就是"先天综合判断"。因此，《纯粹理性批判》若要说明科学知识如何可能，说明哲学如何才能成为严格意义上的科学，归根结底就是要说明先天综合判断如何可能，先天综合判断成了整个"纯粹理性批判"所要解决的总的问题。

在《纯粹理性批判》的导言中，康德详细分析了先天综合判断的问题。在他看来，单个的或无联系的观念不是知识，只有当判断把它们联系起来并且与经验中的对象相一致时，才能形成知识。因此，他从判断出发来研究知识。康德根据判断中主语和谓语的关系，把判断区分为分析判断和综合判断两种。他认为分析判断是指谓语包含在主语的概念之中，只是通过判断将其明白阐述出来的判断；综合判断则是其谓语不包含在主语的

① 〔德〕康德：《纯粹理性批判》，邓晓芒译，杨祖陶校，人民出版社，2004，第二版序，第12页。

② 〔德〕康德：《纯粹理性批判》，邓晓芒译，杨祖陶校，人民出版社，2004，第二版序，第13页。

概念之中，而是通过判断新加上去的概念。换句话说，"……分析（肯定性的）判断是这样的判断，在其中谓词和主词的连结是通过同一性来思考的，而在其中这一连结不借同一性而被思维的那些判断，则应叫作综合的判断"①。康德强调，分析判断并没有为主词概念增加什么新的内容，没有扩大原有的知识范围，只是一种"解释性的判断"，所以这还算不上真正的知识；只有综合判断才为主词概念增加了新的内容，扩展了我们原有的知识，是一种"扩展性的判断"，所以，真正的知识是由能扩展我们的知识范围的综合判断构成的。康德进一步认为，虽然综合判断可以构成真正的知识，但并非一切综合判断都是真正的知识。为了说明这一点，他又把判断分为"先天判断"和"后天（经验）判断"两类。先天判断是指理性在经验以前、独立于经验做出的、其正确性无须经验证明的判断；这种判断具有经验归纳所不能提供的严格的普遍性和绝对的必然性，即他所谓的"客观有效性"。后天判断则是指由经验归纳得出的判断，而"经验永远也不给自己的判断以真正的或严格的普遍性"②。总之，康德指出，一切分析判断都是先天判断，一切后天（经验）判断都是综合判断。其中，先天分析判断虽然有普遍性和必然性，但不能增加我们的知识，后天综合判断虽然能增加我们的知识，却没有普遍性和必然性，所以两者都不是真正的知识。真正的知识是既能扩展我们的知识范围，又具有普遍性和必然性的判断，这就应该是"先天综合判断"。康德认为，形而上学作为"科学"，既要能扩展我们的知识，又必须具有普遍性和必然性，没有普遍性和必然性，当然无所谓真知识，但"在形而上学上，扩大知识才是我们的真正目的"③。因此，要说明形而上学可以是一门科学，就不仅要说明在科学和形而上学中确有先天综合判断存在，而且要说明这种判断是如何可能的。

按照康德的理解，既然数学和自然科学（物理学）中已经存在先天综合判断，或者换句话说，既然数学和自然科学（物理学）已经表明自己就是科学，并且它们成为科学的原因在于"只去思考理性按照自己的概念放

---

① 〔德〕康德：《纯粹理性批判》，邓晓芒译，杨祖陶校，人民出版社，2004，第 8 页。

② 〔德〕康德：《纯粹理性批判》，邓晓芒译，杨祖陶校，人民出版社，2004，第 3 页。

③ 〔德〕康德：《任何一种能够作为科学出现的未来形而上学导论》，庞景仁译，商务印书馆，1978，第 28~29 页。

进事物中去的东西"，那么形而上学也必须模仿它们，努力去寻找理性自身能够先天发现并能作用于事物的东西，并把它们有效地运用于事物。按照康德的解释，理性自身能够发现并能作用于事物的东西，就是理性自身先天具有的认识形式，而这些先天认识形式所运用的对象（事物）就是认识的质料，前者使知识具有普遍性和必然性，后者由于来源于经验而能扩展我们的知识。因此，他把唯理论和经验论的关系转换为（先天）认识形式与（后天）认识质料的关系，认为它们的结合能够产生先天综合判断，并且能把形而上学变成科学。

康德认为"先天综合判断"其实包含了"是否存在先天综合判断"和（假如存在）"先天综合判断如何可能"两个层面的问题。根据他的理解，数学和自然科学（物理学）中已经存在先天综合判断，因而先天综合判断的问题仅仅剩下"先天综合判断如何可能"的问题。他将这一问题进一步细分为如下四个问题，即：数学知识如何可能？自然科学知识如何可能？形而上学作为自然倾向如何可能？形而上学作为科学如何可能？康德的《纯粹理性批判》所要努力回答的正是这样四个问题。

## 三　内容：《纯粹理性批判》的展开

康德的《纯粹理性批判》是一部蔚为大观的哲学经典著作，全书规模庞大、内容丰富、结构严谨、文字深奥。全书除了两版序言和一个提纲挈领的导言之外，包含"先验要素论"和"先验方法论"两个部分。"先验要素论"是全书的主要部分，占了全书 4/5 的篇幅，主要讨论人类认识能力中的先天要素；"先验方法论"探讨的则是在先天要素的基础上建立形而上学体系的形式条件。

先验要素论分为先验感性论和先验逻辑两个部分。

先验感性论探讨感性认识，主要任务是说明人的感性认识能力（接受能力）所具有的直观形式如何去整理来自自在之物刺激感官而引起的感觉材料，从而获得确定的感性知识。康德认为，感性认识包含两个因素，一个是自在之物对于感官的刺激，它们构成对象的一端；另一个则是接受刺激的认识能力，它们构成认识的一端。在这二者中，认识能力属于先天的东西，作为纯粹的直观能力，它们既是逻辑在先的条件（使人们直观对象成为可能），又是需要刺激唤起的东西（没有刺激它们什么也不是）。纯粹的直观能力就是空间（外感官的纯粹直观形式）和时间（内感官的纯粹直观形式）。康德在先验要素论中，对于空间和时间做了两个阐明：形而上学的阐明意在说明空间和时间之作为直观（而非概念）的先天性质，而先验阐明的目的则在于说明数学作为先天综合判断是如何可能的。

先验逻辑分为先验分析论和先验辩证论。这种划分仿效了形式逻辑的划分。具体地说，康德认为，像形式逻辑划分为分析论和辩证论一样，先验逻辑应划分为作为"真理的逻辑"的先验分析论和作为"幻相的逻辑"的先验辩证论；同时还应像形式逻辑划分为概念、判断和推理一样，划分为作为知性认识的概念（范畴）和判断，以及作为（狭义的）理性认识的推理。其中，知性认识（概念、判断）就是所谓的"真理的逻辑"，（狭义的）理性认识（推理）就是所谓的"幻相的逻辑"。他把自己的先验逻辑的任务规定为：探讨先天的认识形式（范畴）的来源、范畴运用于经验对象从而构成科学的知识，以及这些知识的客观有效性和有效范围的问题。

先验分析论（真理的逻辑）探讨了知性认识，它在分析了感性知识与知性知识（直观与思维）相互结合的必要性的基础上，阐述了知性的先天概念和先天原理如何整理感性材料，以便获得科学知识的过程。先验分析论分为概念分析论和原理分析论，它们分别属于知性认识的概念阶段和知性认识的判断阶段。

概念分析论的目标在于发现范畴表，并且进一步说明范畴表如何能够成为一切有关对象的经验知识之可能性的条件。康德从形式逻辑的判断入手发现范畴，得出范畴表，其中包括两组所谓数学的范畴（量的范畴和质的范畴），以及两组所谓力学的范畴（关系的范畴和模态的范畴）。数学的范畴仅仅处理单个的直观或者经验对象，力学的范畴则处理对象之间以及对象与主体之间的关系。并且，每组范畴包含三个子范畴，其中第三个子范畴是前面一对范畴的能动综合。在发现了范畴表之后，康德通过先验演绎来证明范畴对于经验对象的客观有效性，即范畴所具有的能够先天（普遍、必然）地运用于经验对象并使之成为科学知识的权利。先验演绎循着两条相反的路径进行，其中主观演绎是从知识的发生过程探索这一过程所需要的主观先天条件的演绎，它是一种从下到上（从客观到主观、从结果到原因）的演绎。在主观演绎中，康德对经验对象（经验知识）加以逐步分解，经过"直观中领会的综合"、"想象中再生的综合"和"概念中认定的综合"三个阶段，最后走向"先验统觉"，即"我思""自我意识"，从而证明"先验统觉"作为一种先验自发、能动的活动能力，是概念及其综合统一能力的来源。客观演绎是一种从上到下（从主观到客观、从原因到结果）的演绎。在客观演绎中，康德直接从纯粹统觉开始，通过对于"一般联结的可能性"、"先验统觉的逻辑结构"和"自我意识与先验对象"的分析，最终证明自我意识的统一能力通过范畴能够将经验杂多整理成具有客观实在内容的知识。

原理分析论的目标是探讨知性指导判断力把范畴运用于现象的法规。判断力是用普遍（规则）统摄特殊（事例）的能力，为了能够将抽象的范畴运用于感性杂多，康德提出了一套与范畴表对应的时间图型（先验的时间规定）。这些图型既与抽象范畴同质，又与感性直观同质，因而能够成为范畴运用于感性杂多的中介环节（桥梁）。正是凭借这些时间图型，判断力依照范畴表形成了知性的先天原理的知识体系，它们由"直观的公理"、"知觉的预测"和"经验的类比"构成。其中，"经验的类比"中的"实体的持存性原理"、"按照因果律的时间相继的原理"和"按照交互作用律（在空间中）并存的原理"是作为自然科学的最根本的基础的三条最为普遍的原理，也是作为现象的自然的三条最为普遍的规律。这样一来，知性认识也就说明了自然科学作为先天综合判断如何可能的问题。

先验辩证论（幻相的逻辑）作为（狭义的）理性认识阶段，它的主要任务是通过理性寻求知性知识的最高统一，并且防止陷入先验幻相。

康德认为，我们并不拥有高于范畴的先天认识形式，我们只能运用范畴去整理认识对象，然而，范畴只对经验有效，只能运用于经验对象。这就是说，虽然我们的认识开始于自在之物对于我们感官的刺激，但是，由于先天的认识形式的能动作用，我们的认识并非对自在之物的认识，认识越是深入，它便越是远离自在之物。作为先天的认识形式整理经验材料而产生的认识结果，它们不过是作为现象知识的科学知识，科学知识的产生过程也就是现象世界的产生过程。因此，我们的认识不可能超越作为经验对象的现象达到自在之物。可是，人类理性的本性总是要去追寻最高统一和最为完备的知识。根据康德的理解，先验逻辑的理性推理之所以能够超越形式逻辑的间接推理，就在于它不仅是形式推理，而且能够通过自身产生的概念（先验理念）对于知性知识进行最高的综合统一活动，将多数知性规则隶属于少数乃至唯一的原则，以便促使知性知识得到彻底的自身统一。因此，先验逻辑通过直言、假言、选言三种推理形式分别发现了灵魂、世界整体和上帝三个先验理念，并将它们作为引导我们知性知识达到思维主体的绝对统一、现象条件的绝对统一和所有一般对象的绝对统一的先验对象。假如我们承认先验理念仅仅起着这样一种调节性的作用——为知识的经验认识提供可望而不可即的目标以便引导认识不断前进，从而达到越来越大的统一性和完备性——那么，形而上学就能成为科学，因而我们也就能够说明形而上学作为先天综合判断如何可能的问题。但是，人类理性的本性总是不满足于"先验理念"的调节性作用，而要一劳永逸地把握最高统一和最为完备的知识，这样一来，它就可能不把理性概念当作先验理念，而是当作具有客观实在与其对应的概念，因而不顾批判的警告，把只能运用于经验对象的知性范畴无限制地带到超越经验的范围，导致我们蒙受欺骗，从而陷入先验幻相。这种情况正好解释了形而上学作为自然倾向如何可能的问题，它表明了作为自然倾向的形而上学不过是一些先验幻相。由此出发，康德批判了作为旧形而上学之对象的"灵魂"、"上帝"和"世界整体"的错误推理。

先验方法论具体说明了两个问题：其一，纯粹理性的经验使用具有正确使用的法规即知性的先天原理，但其理论（思辨的、先验的）的使用却还没有法规可言，因此，必须对它的先验使用的方法加以"训练"，确立一些消极的规则，以便防止陷入先验幻相，为建立一种有关经验的"内在的"自然形而上学准备方法论原则；其二，虽然纯粹理性的理论使用缺乏法规，但是它的实践使用却有正确使用的法规，它们就是道德法则，那些理论理性不能认识的超验的对象（自由意志、灵魂不朽、上帝）可以成为实践理性所追求的对象，对于实践知识具有信念意义，因此，作为超验形而上学的道德形而上学完全可能。

## 四　影响："哥白尼式革命"的超越

我们看到，相对于旧形而上学而言，康德在《纯粹理性批判》中改变了哲学的方向，确立了新的哲学对象。也就是说，旧形而上学以外在的本体（将其当作实在）为哲学对象，它的哲学研究思路是向外延伸，试图通过"独断"或"经验"的方式把握本体，从而获得关于本体的绝对知识。在它那里，哲学的轴心是外在的本体，知识必须符合本体（对象）。康德在自己的《纯粹理性批判》中则展示了一种新的哲学，它以内在的纯粹理性（先天形式）为研究对象，它的哲学研究思路是向内拓展，表明"先天知识中能够赋予对象的无非是思维主体从自身中取出来的东西"①，这种源自思维主体的东西只能运用于经验，只对现象世界有效，自在之物并不可知，旧形而上学误认为有实在对象与之对应的本体概念不过是具有调节作用的先验理念。在它那里，哲学的轴心是内在的知识，对象（现象）必须符合知识。康德把自己的这种哲学对象和研究思路的转向，以及把知识与对象关系的转向，称为"哥白尼式革命"。

康德的"哥白尼式革命"确实超越了旧形而上学对于哲学的理解，从而深刻地影响了现代西方哲学。旧形而上学以外在世界为哲学对象，并且将自身看成是关于外在对象的绝对知识体系。在它看来，形而上学高于自然科学，因为它是关于世界整体的科学知识，自然科学只是关于自然世界的科学知识。然而，康德正确地指出："如果人们说：形而上学是一门关于人类知识的那些第一原则的科学，那么他们并不能由此来说明一门完全特殊种类的知识，而只是说明了某种普遍性方面的等级……"② 因为"……单纯的隶属等级（把特殊隶属于普遍之下）决不能确定一门科学的界限"③。康德根据自己的新的哲学观，指出哲学（形而上学）与自然科学的区别应该体现在起源以及起源造成的种类方面。"在我们的情况下，起源的完全不同质性和差异性才能确定一门科学的界限。"④ 形而上学与其他学科的区别在于，它并不起源于经验，而是完全先天地起源于人类纯粹理性自身。自然科学也有先天起源，但它也有经验成分。在人类的知识体系中，哲学知识与数学知识完全先天地来自人类纯粹理性，即完全来自人类理性概念的先天构造，因而它们具有共同的起源。"但与数学那种单纯通

---

① 〔德〕康德：《纯粹理性批判》，邓晓芒译，杨祖陶校，人民出版社，2004，第二版序，第18页。
② 〔德〕康德：《纯粹理性批判》，邓晓芒译，杨祖陶校，人民出版社，2004，第636页。
③ 〔德〕康德：《纯粹理性批判》，邓晓芒译，杨祖陶校，人民出版社，2004，第637页。
④ 〔德〕康德：《纯粹理性批判》，邓晓芒译，杨祖陶校，人民出版社，2004，第637页。

过对概念的先天构造来作判断的一类知识相比较，形而上学则是出自概念的一类知识，就此而言，因而就哲学知识与数学知识的区别来说，就显出了某种如此断然的不同质性……"① 换句话说，按照康德的意思，尽管哲学与数学作为先天知识，都完全来自人类理性概念的先天构造，但是，哲学来自概念，数学则来自概念的建构（通过先天直观）；哲学在普遍中考察特殊，数学则在特殊中考察普遍。总之，哲学与科学的区别不再是由于研究对象之"普遍性"程度不同因而具有隶属关系的"量"的区别，而是由于哲学具有"前科学性质"因而能够为科学（认识）的可能性提供证明而形成的"质"的区别。

当然，康德十分谦虚。他曾强调他的"批判哲学"只"是在一切纯粹先天知识方面检查理性的能力的一种入门（预习）"。② 不过，他又认为，"批判哲学"直接包含在新形而上学之内也未尝不可。根据他在《逻辑学讲义》中对哲学的规定，哲学应该解决四个问题：（1）我知道什么？（2）我应当做什么？（3）我可以期望什么？（4）人是什么？而他在《纯粹理性批判》中明确指出，我们理性的一切兴趣（思辨的以及实践的）集中于前面三个问题，换句话说，纯粹哲学即他的形而上学所关注的是前面三个问题，并且这三个问题已经为回答第四个问题奠定了基础。《纯粹理性批判》首先解决了第一个问题，即它解决了"我知道什么"的问题。《纯粹理性批判》是通过"人为自然立法"来解决这一问题的。"人为自然立法"的过程是认识经验对象的过程，同时也是经验对象产生的过程。它表明我们能够认识经验对象，并且能够获得关于经验对象的科学知识。但是另一方面，"人为自然立法"又强调了我们"仅能"认识经验对象。（狭义的）理性认识过程（"幻相的逻辑"）表明，先天的范畴作为自然的立法者，只能适应于经验对象，却不能适应于本体对象。康德的"世界概念"具有两层含义：其一，经验性的综合，即现象中的一切现实事物；其二，世界整体概念，即"所有那些只要是涉及到诸现象的综合中的绝对总体性的先验理念"③。理性认识不能超越知性认识的范围，它只对作为"经

---

① 〔德〕康德：《纯粹理性批判》，邓晓芒译，杨祖陶校，人民出版社，2004，第637页。
② 〔德〕康德：《纯粹理性批判》，邓晓芒译，杨祖陶校，人民出版社，2004，第635页。
③ 〔德〕康德：《纯粹理性批判》，邓晓芒译，杨祖陶校，人民出版社，2004，第348页。

验性综合"的世界客观有效。假如理性认识将世界理解为先验理念，那么，这样的世界概念确实能够引导我们的知性知识趋向于彻底的统一性；但是，假如理性认识认为先验理念确实具有实在对象，那么，我们就会陷入先验幻相。因为真理之乡的"周围是一片广阔而汹涌的海洋、亦即幻相的大本营，其中好些海市蜃楼、好些即将融化的冰山都谎称是新大陆，在不停地以空幻的希望诱骗着东奔西闯的航海家去作出种种发现，将他卷入那永远无法放弃、但也永远不能抵达目的之冒险"①。因此，理性认识具有积极意义，也具有限制意义：积极意义在于我们的知性知识可以借助理性认识趋向彻底的统一，限制意义则在于我们的知性知识只能局限于经验领域。正是为了明确这一世界的经验性质，康德将其称为"现象"或者"现象世界"。这样一来，"人为自然立法"之"仅能"认识经验对象的特性，通过把认识限制在现象领域而为本体世界的存在留下余地。也就是说，"人为自然立法"通过对"我知道什么"的限制又为"人为自己立法"的世界的存在留下余地。"人为自己立法"所要解决的则是康德（新的）哲学需要解决的第二个问题，即"我应当做什么"的问题。因此，《纯粹理性批判》不仅解决了新的哲学的第一个问题，而且也为解决新的哲学的第二个问题做了铺垫。所以康德强调：新的"形而上学分成纯粹理性的思辨的运用的形而上学和实践的运用的形而上学，所以它要么是自然的形而上学，要么是道德的形而上学"②。"于是，人类理性的立法（即哲学）有两个对象，即自然和自由，所以它一开始就不仅把自然法则、也把道德法则包含在两个特殊的哲学系统中，但最终是包含在一个惟一的哲学系统中。自然哲学针对的是一切存有之物；道德哲学则只针对那应当存有之物。"③自然形而上学解决了"我知道什么"的问题，这一问题的解决能够发展科学，为我们带来感性幸福；道德形而上学解决了"我应当做什么"的问题，这一问题的解决能够帮助我们成为拥有德行的人。不仅如此，康德进一步认为，综合"人为自然立法"和"人为自己立法"，综合自然形而上学和道德形而上学（联系《判断力批判》以及道德神学），其实还解决了

---

① 〔德〕康德：《纯粹理性批判》，邓晓芒译，杨祖陶校，人民出版社，2004，第 216 页。
② 〔德〕康德：《纯粹理性批判》，邓晓芒译，杨祖陶校，人民出版社，2004，第 635 页。
③ 〔德〕康德：《纯粹理性批判》，邓晓芒译，杨祖陶校，人民出版社，2004，第 634～635 页。

新的哲学的第三个问题，即"我可以期望什么"的问题。因为这一问题的实质就是我们如何配享幸福，以及配享幸福的人如何能够获得幸福的问题，即德性与幸福的统一问题。上述三个问题的解决最终为解决新的哲学的第四个问题，即"人是什么"的问题奠定了基础。

康德以《纯粹理性批判》为基础，凭借人类纯粹理性的两种立法，分别创立了自然形而上学和道德形而上学，并且分别建构了关于自然的现象世界（人类为其赋予自然规律）和关于道德的本体世界（人类为其赋予自由规律）。这样，他就完全重新诠释了哲学（纯粹哲学、形而上学）这一学科，不仅最终实现了近代哲学向"主体性"的转换，而且直指现代西方哲学，对于现代西方哲学中的分析哲学的运动和现象学的运动都产生了不可磨灭的影响。

# 康德的《判断力批判》

戴茂堂*

一

研究西方哲学甚至研究哲学不得不研究康德哲学，因为"在哲学这条道路上，一个思想家不管他是来自何方和走向何方，他都必须通过一座桥，这座桥的名字就叫康德"①。而研究康德哲学又不得不研究康德美学，因为康德美学正是康德哲学中的"一座桥"。正因如此，古留加断言："系统地研究康德哲学应当从美的理论开始，这样一来善和真就会被揭示得更加充分。"② 康德本人把他的美学看作他"全部哲学的入门"。显然，这不仅意味着《判断力批判》与《纯粹理性批判》、《实践理性批判》一道构成了康德批判哲学体系，从外在形式上看没有康德美学就没有完整意义上的康德哲学；更意味着《判断力批判》是《纯粹理性批判》与《实践理性批判》的内在逻辑"逼迫"出来的，而并非出于建构美学体系的需要，这就从更深层面揭示出没有康德美学就没有完整意义上的康德哲学。

康德美学的这种特殊地位引起了学术界对康德美学的普遍重视。然而遗憾的是，国内学术界历来对康德美学的理解多停留于、满足于从社会

---

*　戴茂堂，男，哲学博士，教授，主要研究方向为西方哲学、伦理学和美学问题。

①　苏联美学家戈洛索夫克尔语，转引自〔苏联〕阿尔森·古留加《康德传》，贾泽林等译，商务印书馆，1981，第 121~122 页。

②　〔苏联〕阿尔森·古留加：《康德传》，贾泽林等译，商务印书馆，1981，第 189 页。

性、直观性两方面挖掘其合理性，并从先验主义和心理主义两方面来批判其唯心主义片面性，基本上没有超出胡塞尔现象学所批判的那种"自然主义"① 的眼光。无须辩驳，在近代西方哲学自然主义传统大背景下探究美学奥秘的康德难免带有自然主义的"遗风"。康德美学在很大程度上无疑是属于传统的，但它又不完全属于传统，而是强烈地显示出超越传统的巨大努力。站在传统美学的自然主义立场上的人，当然对此是视而不见的。他们从康德那里看到的全是自然主义的东西，而一旦他们发现康德无法从自然主义角度去解释审美现象、艺术问题时，便把康德美学视为一个不成功的尝试，武断地加以摒弃。以负面的心态简单地把康德美学宣布为唯心主义和形式主义，并在方法论上给予其自然主义的定位，当然既容易又简便，但这同时也就遮蔽了康德美学的闪光点，还丧失了我们与康德及其美学继续对话的可能性。对康德美学的理解，我们如果满足于指出它是形式主义的和心理主义的，就不能把康德美学与前康德美学区分开来，更不能领悟康德美学体系潜藏着且不断暗示出的超越自然主义的巨大的方法论意义，从而无法发现康德美学的真精神。

所以，我们必须重新认识和评价康德美学，尽可能地跳出那不无偏颇的"前理解结构"，去细心地体会康德对美学做曲尽其致的诠释时那份心灵的真切，而不是让权威的"定论"成了探索真际的运思者理智上的重累。唯其如此，我们才可望扭转康德美学研究的徘徊不前的局面，把康德美学研究引向深入，把康德美学的奥义进一步发掘出来，使康德美学具有面向现当代哲学、美学的最大开放性，从而把康德美学的现代意义凸显出来。

我们认为，把握康德美学最好是从方法论着手。康德不能算是严格意义上的鉴赏家，他既不热心也不擅长具体的审美鉴赏，康德美学的优势主要在方法论层面上体现出来，康德美学的意义在于确立了一种美学的独特方法并以此去努力超越传统。我们相信，研究康德美学方法论就是研究甚至是更深入地研究康德美学本身，因为"方法并不是外在的形式，而是内

---

① 自然主义，按照现象学的理解，指的是在主客二分的前提下，设定一个对象的客观存在，主体站在对象之外对这对象进行客观认识和把握的思维方式。这典型地体现在近现代自然科学中。

容的灵魂"①。而对康德美学方法论的理解只能建立在我们对一般美学方法论的"暗中理解"上。换言之，从方法论角度把握康德美学本身要求我们基于一定的方法论前提下。现代方法论的日新月异和极大丰富，为我们重新把握康德美学提供了多种多样的可能，而胡塞尔的现象学方法对重新把握康德美学却具有特别的意义。这是因为从一般意义上看，"美学本来的学科性质与现象学的方法之间有着一种本质上的亲切关系"②。现象学的真实意图在于拯救人性的危机，而真正关注人性的就是"感性学"即美学。美学作为感性学几乎天然地具有"回到事情本身"，进行现象学还原和"本质直观"的性质。从现象学角度解读《判断力批判》，把握康德美学，更是因为从特殊意义上看，康德美学和现象学具有一种深刻的关联性，关联点主要在于超越自然主义方面。反对自然主义是胡塞尔现象学的基本主题，而突破自然主义是康德美学体系潜藏着且不断暗示出来和透露出来的"特别信息"。在康德的著作中，正是《判断力批判》最接近胡塞尔的现象学精神。《判断力批判》无意进行科学证明，并非自上而下地把握经验，而是让直观和经验自下而上地呈现出来，这是我们从现象学角度把握康德美学的重要契机。站在现象学立场上观照康德美学，可以认为是康德美学本身的内在要求，而不是我们强行地随意地要把康德美学置于现象学的视野之下。

## 二

如果说，康德在认识论中进行了一场"哥白尼式革命"，在道德哲学中进行了一场"卢梭式革命"，那么他在美学中进行的革命则更具有开创性。康德美学的"革命性"来自他对传统美学及艺术理论的"否定"，而"否定"就是超越。从现象学方法论的角度看，康德美学的价值和意义正是在于从方法论上有力地反拨并超越了前康德美学中一直没有从根本上被动摇过的自然主义（包括客观主义和心理主义）立场。而康德美学正是通过确立一种美学的独特方法——反思方法进而实现对传统美学的自然主义

---

① 〔德〕黑格尔：《小逻辑》，贺麟译，商务印书馆，1980，第427页。
② 〔日〕今道友信主编《美学的方法》，李心峰等译，文化艺术出版社，1990，第5页。

方法的超越的。由此，"反思判断"便成为理解康德美学的关键。

康德强调，反思判断不同于规定判断，它不是以"普通归摄特殊"，而是"从特殊出发寻求普遍"。尽管"反思判断"不一定就是"审美判断"，但康德认为，审美判断却一定是反思判断，并且审美判断作为反思判断的特殊形式，是对反思判断原则——"从特殊出发寻求普遍"——的彻底贯彻。当我们从现象学角度研究康德美学时，这条原则无论如何强调似乎都不过分。我们可以把这条原则分解为（实质上是不可分的）两步加以理解：一是"从特殊出发"——这是审美判断的反思之起点和开端，二是"寻求普遍"——这是审美判断的反思之深入和结果。通过第一步即"从特殊出发"，康德区分了审美判断与从概念出发的认识判断，论证了审美判断是不要概念的综合判断，超越了前康德美学中自然主义的客观主义（认识论）；通过第二步即"寻求普遍"，康德区分了审美判断与从欲求出发的善的判断（包括快适和道德判断），论证了审美判断是有普遍必然性的先天判断，超越了前康德美学中自然主义的心理主义（心理学）。

先从第一步说起。先有客观的"美"，然后才有主体主观的"审美"，这是传统的客观主义（认识论）美学共同的思维逻辑。认识论美学从来就不去反思美的客观存在何以可能，主体如何能够超越自身去切中超越的客体。认识论的问题通常可概述如下：有这样一个对象，一个独立于意识的"物自体"。[1] 在康德看来，这种独断正是认识论（客观主义）美学面临的深不可测的困境。站在现象学视点上，我们发现康德美学对传统的认识论美学的立场和视角进行着一种根本性的转换，他勇敢地改变了美学的传统提问方式，不再追问客观的"美"是什么，而只是追问主观的"审美"何以可能。或者说，他把美从根本上转换成了美感问题，[2] 把美的客观对象问题转换成了美感的主观普遍的（先天）条件问题。而这正是借助"审美""反思判断"来完成的。当然，有学者不理解康德的美学革命的意义，以至于认为康德由美感考察美，完全是"将美和美感混同了"[3]。

美学中，自然科学方法的滥用引起了客观主义或认识论的泛滥。美学

---

① 参见〔荷〕德布尔《胡塞尔思想的发展》，李河译，生活·读书·新知三联书店，1995，第 159 页。

② 鲍桑葵认为，美感在康德美学中并不占有一个中心地位。

③ 蔡仪：《美学论著初编》（上），上海文艺出版社，1982，第 218 页。

中的客观主义（认识论）把美设定为不依赖于人的意识而先天存在的客观事物之属性，企图脱离前科学的人类经验来建立绝对确定性的关于美的客观知识体系。康德通过把审美判断确定为反思判断，主张不进行"存在"设定，不从普遍的知性概念出发，而从特殊的心理体验出发，直接地反拨了长期占据美学中心的客观主义或认识论倾向。在他看来，把美确定为客观事物的属性是缺乏反思精神的表现。

　　如同《纯粹理性批判》把"物自体"作为"超验物"加以"悬搁"一样，康德美学为了确立自己的起点，一开始便把所谓美的客观存在打上了可疑的问号，并把作为起点的"特殊"确立为情感。当康德把"特殊"确立为审美判断的起点，而"特殊"又意味着具体的情感体验（愉快的感觉）时，康德实际上已接近于胡塞尔的现象学还原了。现象学还原作为一种独特的方法，一种对学术研究方法上的原则要求，不过是指必须放弃一切偏见、成见，回到事物本身，直观亲身体验到的东西，摒弃对超验存在的任何前设。现象学还原就是中止判断。而排除对存在的判断及其知识的预先设定，向内深入，回到体验，寻找绝对的无可置疑的"阿基米德点"，这几乎可以说是康德的审美反思判断与胡塞尔现象学还原表达出来的共同信念。

　　严格来说，科学认识是不需要也缺乏反思性的，是"朴素的"，它不假思索地把研究的视角指向外在对象，通过排除主体性来达到知识的明晰性（非明证性），从不反思对象为何存在。然而康德美学不做任何先在的存在假定，而是直接地把握心理感受本身，确立起美学的起点——明证性的主体感受，从而也就实现了对传统美学方法论的突破和研究对象的根本转换。对于审美来说，"反思"是必不可少的，就像现象学如果缺少了"还原"便不再成其为现象学一样。而当反思指向精神感觉时，一切自在存在和客观对象之设定立即被悬搁。康德的反思判断首先或者说第一步，就是要排除超越之物，让内在的情感直观地呈现出来，走出遮蔽状态。通过这种反思，康德树立起了自己的美学旗帜——情感。情感既然被确立为美学的自明性的起点，那情感也就成了美学的当然对象乃至唯一对象，就像意识既是现象学的起点又是现象学的对象域一样。所以康德认为，任何一个客体本身都不可能成为审美对象。一个审美对象不是在审美活动之前预先存在的，而是被审美活动构造出来的。美只是美感，美与外在事物的客观属性无关，没有客观的美，只有主观的审美，没有美的客观对象，只有审美的主观对象，没有对象的和谐比例对称，只有主体自身各种机能的协调，等等。传统美学把美归结为客观外在对象的比例协调，康德使之转换为主体内在心灵的和谐协调，认为鉴赏判断的原理只能是主观原理而不可能是客观原理，这是一种决定性的颠倒。这样，康德便有可能直接对精神现象（审美感受）进行现象学意义上的审美心理学考察。其实，在《判断力批判》中，"崇高的判断"和"美的判断"作为审美判断的两个类型都是情感判断，都是从特殊而不是从普遍出发的反思判断，都是审美心理学分析，差别仅仅在于崇高感是移情化的（"我在它中"），美感是拟人化的（"它在我中"）。

因此，审美何以可能的问题在康德那里实际上是诸心理功能之协调何以可能的问题。康德认为，建立于人类高级情感之上的诸心理功能的自由协调是审美判断心理结构的基本模式。审美判断涉及四种心理功能（想象力、知性力、理性力、鉴赏力）。想象力是一种直观能力，它是最活跃的因素，而想象力同时需要知性力、理性力的"暗中"帮助和约束。只有鉴赏力是最根本的，因为它直接基于情感能力，它就是审美判断力本身，鉴赏力推动着想象力、知性力、理性力合目的地自由活动并维持和加强着这些心理功能之间的和谐。[1] 其中想象力和知性通过鉴赏达于和谐，便产生美的感受；想象力和理性通过鉴赏达于和谐，便产生崇高的感受。于是鉴赏力便成了康德美学的中心范畴。在康德美学中，所谓审美判断力就是指鉴赏（趣味）。《判断力批判》第一节标题就是"鉴赏判断是审美的"。

既然康德在美学中消解作为认识对象的所谓客观存在物，把美指向了主体的感受本身，他必然相应地否弃审美判断的认识性（独断论），即在审美判断中将认识判断悬搁起来。在认识论中为了避免独断论，他把现象与物自体绝对划分开来；在美学中为了避免独断论，他把审美判断与认识判断绝对划分开来。这是康德超越认识论美学开展的一项重要工作。《判断力批判》第一节一开始就指出："为了判别某一对象是美或不美，我们不是把［它的］表象凭借悟性连系于客体以求得知识，而是凭借想象力（或者想象力和悟性的结合）连系于主体和它的快感和不快感。鉴赏判断

---

① 〔德〕康德：《判断力批判》（上），宗白华译，商务印书馆，1964，第166页。

因此不是知识判断，从而不是逻辑的，而是审美的。"① 这里的知识判断或逻辑判断指的是这样一些判断，如"这朵花是红的"或"这朵花是植物"，是用一个已知的一般概念（"红""植物"）去规定那个出现在眼前的个别事物（"这朵花"）；反之，审美判断"这朵花是美的"，则撇开了一切既定的概念，单从眼前个别事物（"这朵花"）出发，去寻求和发现其中所包含的普遍性。认识判断"这朵花是红的"与审美判断"这朵花是美的"之间的区别不仅仅在宾词上，而且还在主词上，两句中的"花"并不是同样确定的经验概念，而是有着不同的含义，尽管理性在这里并没有为审美判断确立与认识判断不同的概念形式（都是"花"）。因此，审美判断不是认识"花"的自然属性，而是品味一种意韵。审美判断尽管是一种知识的形成，却对概念保持沉默，并不依赖概念来做出，只是直接通过对"这朵花"的鉴赏来完成的。审美判断的规定根据不是概念，而是体验到诸心理机能协调活动的情感。情感是自明的，不能也无须采取证明的方法去确定。逻辑判断在情感面前无能为力，情感的逻辑全然不同于理性的逻辑，所以"从概念是不能过渡到快感及不快感的"②。在理性的"解剖刀"下，情感势必成为概念和实验的傀儡和祭品。愉快的情感是"完全不能成为认识要素的"，"完全不能成为知识的组成部分"。③ 自然科学的辉煌丝毫不能保证人们在鉴赏判断中赢得胜利。所以，康德干脆说：没有关于美的科学，只有关于美的评判。④

康德认为，如果把美当作科学问题或认识论问题来对待，那就是通过寻求"理由"和"证据"来"证明"某物是否可判定是美的。这样一来，势必把"美"变成了一个"怪物"，⑤ 审美也就无从进行了。审美活动必须排除这个"怪物"。为此，康德积极地将审美与（科学）认识区分开来。科学可以通过先进仪器去度量"声响"（高低，大小），而"音律"却只是审美的事，它无法被度量。所以康德说，"对于音乐所产生的魅力和情

---

① 〔德〕康德：《判断力批判》（上），宗白华译，商务印书馆，1964，第39页。
② 〔德〕康德：《判断力批判》（上），宗白华译，商务印书馆，1964，第48页。
③ 〔德〕康德：《判断力批判》（上），宗白华译，商务印书馆，1964，第27~28页。
④ 〔德〕康德：《判断力批判》（上），宗白华译，商务印书馆，1964，第150页。
⑤ 〔德〕康德：《判断力批判》（上），宗白华译，商务印书馆，1964，第150页。

感活动", "数学确实是没有丝毫的分"。① 科学（认识）面对的是对象化的世界，而审美面对的是拟人化的世界。通过确定的概念，科学使外在世界变得可以理解，于认识论美学便寄希望于它使内心世界变得有条理，根本就没有想到概念作为认识判断的主要工具是审美判断必须悬搁和保持沉默的。康德认为，审美判断的规定根据在于直接与快感和不快感相联系的感觉。"美"不是概念的对象，审美是无概念的反思判断，不以任何概念为根据，只以与对象的内容和质料无关的主观的情感为准绳。而认识判断的规定根据是概念或范畴。把表象归于概念之下，认识判断即告完成。审美判断不是去"认识某物"，故而对认识不能做出贡献。审美判断尽管以人的认识能力的活跃为基础（在"美的判断"中是知性与想象力的活跃，在"崇高的判断"中是理性与想象力的活跃），但审美判断本身却不具有认识意义（美不是知识，审美不是求知）。

康德借助"反思"方法，通过对"客观的存在及其属性"的"存而不论"和认识判断的"悬搁"，使审美判断显现出来，实现了美学大变革：超越了传统的认识论（客观主义）美学，又完成了作为"从特殊出发寻求普遍"的审美判断的奠基工作，即确立起以"情感"作为审美判断的"起点"。"情感"是康德美学绝对被给予性、绝对明证性的开端，是康德美学的"阿基米德点"。认识论美学自信，美学要以客观对象为开端，至少要以认识性的知觉、经验为开端。而康德美学却断言，美学只能以情感为开端。康德要求把外在实在世界及其知识放入"括号"，正是为了对我们亲身经历的直接内容做出无偏见的描述，使我们返回到直接体验的事物中去，即返回到主观的情感中去。"回返"情感表明康德实际上是不自觉地达到了现象学的"回到事物本身"。总之，通过第一步，康德为我们建构了一种全新的美学观念："审美""反思判断"必须"从特殊出发"，并且"从特殊出发"就是从"情感"出发，最为"特殊"的就是"情感"。然而，作为个人特殊的情感是否具有普遍有效性？这才是康德面临的难题，其实这也正是美学的根本难题。如果美学不能反思到情感这一步，美学就只能近似于自然科学的物理学，这是认识论美学的结局；如果美学只能反思到情感这一步，就会最终变为自然科学的心理学。康德超越了认识论美

---

① 〔德〕康德：《判断力批判》（上），宗白华译，商务印书馆，1964，第176页。

学，因为它反思到了情感，完成了审美反思判断或现象学还原的第一步。但是，如果康德只停留于情感，而不去进一步反思情感的普遍本质，即不对审美情感再进行某种近于胡塞尔现象学的本质还原或先验还原，那么他只能被认为是创建了一门与物理学相并列的心理学，而与前康德美学中极有势力的心理学美学划不清界限。而心理学美学的结局是康德完全不能接受的。他除了进行深入反思外，别无选择。于是，康德便把"审美""反思判断"推进到第二步——"寻求普遍"。

三

康德反对认识论美学，得出了这样的结论：审美判断并非认识判断，只是情感判断。既然情感判断不涉及概念（它既非对自然概念的知识，也非对自由概念的知识），是不离开具体感性直观的"快感与不快感"，那么如何保证这种审美判断为他人所赞同？如果它完全是个人的、相对的，那又如何区别于口腹之乐？美感岂不等同于动物的快感？他看出，心理学美学的必然归宿是把人等同于自然物、动物。于是他把《纯粹理性批判》和《实践理性批判》中对理性派和经验派的批判推进到美学中，在对认识论美学进行"悬搁"的同时，又展开了对心理学美学的超越与批判。为此，康德必须回答：情感判断是感性的，为什么具有普遍必然性？这也就是：为什么审美判断不是私人的而是公众的？这个问题不回答，美学便不能成立。康德回答这个问题的方法依旧是反思，但不是一般的反思，而是"先验的反思"。伽达默尔说："康德对审美判断力的某个先天原则的先验反思维护了审美判断的要求。"① 正是通过"先验的反思"，康德把审美反思判断引向深入，回溯到第二步——"寻求普遍"。

众所周知，现象学是从经验主义出发而以先验主义为旨归的。以建立"本质的科学"为己任的现象学，一旦确立起自己的先验主义思路，便致力于对经验主义的超越。就像胡塞尔超越了经验主义一样，康德也超越了经验派（心理学）美学，而"先验的反思"则是导引他超越经验派美学的阶梯。经验派美学通过取消认识论美学设定的"超越物"，奠定了美学和

———————

① 〔德〕伽达默尔：《真理与方法》（上），洪汉鼎译，上海译文出版社，1999，第71页。

审美现象的"内在论"基础。但当它把经验的审美活动当成一种心理（生理）事实时，审美经验也就变成了另外一种"超越物"。关于心理（生理）事实的研究属于自然科学的心理学（和生理学）的任务。只有通过对审美经验的进一步还原，才能获得一种绝对的、不提供任何超越的"被给予性"，才能真正给美学提供自己独立的（而不是附属于自然科学的）根基。这个根基在康德看来只能是先验的。这就是康德"先验的反思"所做的工作。"先验的反思"表明，康德要把"反思"从个人感觉愉快的特殊性引向情感的、先验的、普遍的本质结构。经验论美学创立了"美学"，却不能说明审美的普遍必然性。这是经验论美学最大的矛盾，也是康德"先验的反思"的生长点。康德认为，审美是感性的，但不能因为它是感性的就断定它没有普遍的本质。其实，本质就在感性中，只是由于朴素的、自然主义的态度遮蔽了我们的双眼，我们才不能直观到它。"先验的反思"正是要还它以绝对的自明性。在这个意义上，可以说"先验的反思"就是"先验的还原"。

通过"先验的反思"，康德把情感稳妥地安放在了"先天原则"之上。立足于先验主义，康德在《判断力批判》中从特殊出发寻求其普遍的先验原理，即探讨了审美情感本身的先验结构。康德的先验主义既是对英国经验主义的"清算"，又是对自己早年的经验论色彩极浓的《对于美和崇高的情感的考察》（1764）的自我批判。加达默尔认为："他对于美学所奠定的先验哲学基础在两个方面是富有成效的，并且表现出了一个转折。这种先验哲学基础一方面表示过去传统的终结，另一方面又同时表示新的发展的开始。"①

从心理学出发，经验派美学强调快乐感受，要么把审美判断与感官判断、审美愉快与生理愉快相混淆，要么把审美判断与道德判断、审美愉快与道德愉快相混淆。康德认为，"快乐和不快的感受"作为主体的一种内在感受，是纯然主观的，它完全不表现（反映）引起这感受的对象，也与任何对象"存在"的表象毫不相干，快乐感受只表示主体的心情和情感。而把这种本身不表象任何对象的"存在"的快乐感受联系于某个对象的"存在"的表象，就产生出感官快适的愉悦和善的愉悦，它们分别构成感

---

① 〔德〕伽达默尔：《真理与方法》（上），洪汉鼎译，上海译文出版社，1999，第52页。

官判断和道德判断的对象，并与人的欲望及道德的善这两种利益有关。康德美学的先验反思就是要从本质上把这两种愉悦和两种判断从审美的（鉴赏的）愉悦或判断中区分出来。也可以说，审美愉悦是"纯粹快感"，即不带利害的快感。正因如此，它才具有自己不依赖于外物（对象）存在的先验性、纯粹性和自由性。康德说："一个关于美的判断，只要夹杂着极少的利害感在里面，就会有偏爱而不是纯粹的鉴赏判断了。"① 经验派美学不仅导致了审美判断的非纯粹性，而且排除了审美的先验原则，从而排除了审美的可能性。经验派美学把美感变成了一大堆被动的印象、知觉、感受、习惯。经验派美学的结局表明，用经验心理学解释关于人的自由的审美这样深刻的主题是没有希望的。心理学涉及的是事实，陈述的是经验，而经验的陈述是或然的，经验的论据是归纳的，经验的"真理"是相对的。心理学的必然归宿只能是怀疑论，既怀疑客观必然性，也怀疑主观自由的能动性。胡塞尔曾指出，"心理学现象并不真正是一种绝对的被给予性，只有被还原了纯粹的现象才是绝对的被给予性"，因此应该"彻底的离开心理学的、甚至描述心理学的基地"。② 胡塞尔正是在反经验心理学的基础上，创建了先验现象学（die transzendentale phanomenologie）——一门关于纯粹意识活动的观念可能性的本质学科。肩负重建人类学哲学体系重任的康德敏锐地发现，经验派美学的怀疑论结局与他美学的人类学哲学理想势不两立：如果怀疑论成立，人类学理想便面临危机；如果人类学理想成立，怀疑论必定无效。于是，作为人类学哲学体系之核心的《判断力批判》便严肃认真地把反对经验主义（心理学）美学当成自己最关键的工作。

胡塞尔要求把"经验的自我"与"纯粹的自我"严格区分开来；为了达于审美判断的纯粹性，康德要求将"经验的利害"连同"外在的对象"一起放入括号。胡塞尔的"先验还原"要求自己从全部经验事实中超升出来，以达到普遍的本质领域，从而和贝克莱主义划清界限；康德的"先验反思"也对自己提出了相似的要求——必须首先把不纯粹的审美判断（感官判断和道德判断）从审美判断中清理出去，因为一切依赖于刺激和感动

---

① 〔德〕康德：《判断力批判》（上），宗白华译，商务印书馆，1964，第41页。

② 〔德〕胡塞尔：《现象学的观念》，倪梁康译，上海译文出版社，1986，第11页。

的、有利害感的、不纯粹的判断都破坏着审美判断的自由，减损了它的普遍有效性，模糊了它所包含的先天原理。一个鉴赏判断没有刺激和感动的影响，没有经验的愉悦混杂其中，如此才称得上是"一个纯粹的鉴赏判断"。凡经验主义盛行之地，"纯粹"便没有保障。在伦理学中，康德就曾反拨了经验主义幸福论，认为囿于经验感觉必将把道德性连根拔起。

康德认为审美判断不应代表个人的和偶然的经验，而应成为一种"普遍的声音"；审美愉快不应代表个人的经验愉快，而应具有先天的普遍有效性。为此康德竭力把审美纯粹化，即非经验化。不仅审美趣味应该纯粹化，即应该摆脱一切主观目的和客观目的以及由此伴随的单纯经验性的愉悦；审美判断也应该纯粹化，即单纯以主观形式的合目的性为根据，它是先行于"美的愉悦"即快感的。① 加达默尔说："对于康德来说，重要的只是纯粹的趣味判断。"② 康德对纯粹性的强调正是为了以先验主义反对经验主义的心理主义，以说明审美情感的自由性和普遍性。康德的"先验的反思"，通过对经验的剥离、清洗，终于找到了审美判断的先验原则——无目的的合目的性或形式的合目的性。无目的的合目的性必然会导致不涉及概念而可普遍传达的愉悦。康德把"无目的的合目的性"视为一种主观设定的先验情感，而审美判断不过就是按"无目的的合目的性"这一先验假定，从审美愉悦之情感中寻求一种不是单个人独有的而是人类共有的普遍本质和先验结构。《判断力批判》不过就是批判地、反思地去考察审美判断力的这一内在本质结构。正是这种努力使得他把趣味批判提高到了形而上学批判的高度——人类学的高度。康德的"先验的反思"就是要立足于情感并从感性中反思出人类先天的自由能力，寻找到绝对的普遍结构。康德认为，规定判断力是从普遍到特殊，先有普遍，然后把普遍运用于特殊的场合，这种判断力的结果是形成知识。反思判断力是从特殊的现象中发现普遍的原则。从一个具体的对象反过来去想它的普遍原则，到主体里为它寻找普遍原则，这种方式就不是用来规定一个客观的认识对象，从而获得关于一个认识对象的客观知识，那是什么呢？是从这个具体对象身上反思到主体本身对它的一种普遍性的原则、普遍性的态度。比如从玫瑰花上

---

① 〔德〕康德：《判断力批判》（上），宗白华译，商务印书馆，1964，第54～59页。
② 〔德〕伽达默尔：《真理与方法》（上），洪汉鼎译，上海译文出版社，1999，第57页。

感受到的"美"是能够找到它的一般原则的。就是说你感受到美，别人也会感受到美，只要是有一般欣赏能力的人看到这朵玫瑰花都会觉得它美，人同此心，心同此理。这种普遍原则就不是那种口味的特殊性，而是表达了人性的一种普遍性。凡是保留了一点人性的人都会觉得玫瑰花是美的。反思判断力是从对象反思到自身的原则，为它寻求普遍性，这种普遍性不是客观对象的普遍认识、普遍知识。

康德进一步指出，尽管审美判断与没有普遍性的感官判断不同，它在具有普遍性上类似于逻辑判断（认识判断），但审美判断却是一种不同于逻辑判断的"特殊样式的普遍性"[①]。逻辑判断是借助知性概念，对真（对象与认识的符合）做出的判断，具有客观的普遍性。而审美判断只是主体自身的一种感受，没有任何关于对象的概念和表象，并不涉及客体，因而"只是和主观普遍性的要求连结着"[②]，具有主观普遍必然性。正如加达默尔指出的："康德自己通过他的审美判断力的批判所证明和想证明的东西，是不再具有任何客观知识的审美趣味的主观普遍性。"[③] 从逻辑学、自然科学角度看，"主观普遍必然性"是自相矛盾的概念，是"主观的"就一定不会有"普遍必然性"，而反过来说，有"普遍必然性"的就一定不会是"主观的"。[④] 但在康德看来，"主观""普遍必然性"放在一起构成了审美判断的内在的本质规定。审美判断的基本原则——"从特殊出发寻求普遍"，借助"主观普遍必然性"概念恰恰可以得到完全理解。因为"主观普遍必然性"恰恰最好不过地表达了这样的信念：在"主观"（特殊）中可以寻求到"普遍必然性"（普遍）结构。而康德的《判断力批判》的全部工作几乎可以"浓缩"成上面这种信念。《判断力批判》的宗旨在于指出：对象之美不是客观对象有一种美的属性、美的性质，客观对象绝对没有什么美的性质。美不是客观的，但又具有客观性。我们习惯于把美看作对象身上的一种客观性质，因为大家都公认一朵花是美的，就像大家公认一朵花是红的一样。其实真正的原因在于大家内心都有共同的审美原则，审美是人性不可分割的部分。我们从一个审美对象身上完整地观照这个对

---

① 〔德〕康德：《判断力批判》（上），宗白华译，商务印书馆，1964，第52页。
② 〔德〕康德：《判断力批判》（上），宗白华译，商务印书馆，1964，第48页。
③ 〔德〕伽达默尔：《真理与方法》（上），洪汉鼎译，上海译文出版社，1999，第53页。
④ 鲍桑葵就认为，"主观"和"普遍必然性"是自相矛盾的。

象，而不是从这个对象本身取出某种东西进行规定的判断，我们完整地把感性的特质尽收眼底，全身心向它敞开，沉浸于其中，力图感受到某种主观中的普遍性的、人性化的东西。这就是反思判断力。反思判断力是从特殊的东西反思主体的先天的普遍性。审美具有普遍性，这种普遍性不是通过概念达到的，而是通过欣赏、通过感觉达到的。主体有一种先天的普遍性，人性中有一种先天的普遍性。审美是主观的但又是具有普遍性的一种感受，是人性的普遍性的一种感受。这种反思判断力回到人的内心，感受到了一种普遍性的愉快。①

"从特殊出发寻求普遍"是康德探讨美学问题时的基本思维取向。在"美的分析"的四个契机中，如果说第一、三契机主要着眼于把美确定为一种主观感受（特殊），那么第二、四契机则着眼于为作为特殊的主观感受寻求普遍必然性。从第一契机到第二契机是"从特殊出发寻求普遍"的第一程，近于胡塞尔意义上的"本质还原"；从第三契机到第四契机是"从特殊出发寻求普遍"的第二程，近于胡塞尔所谓的"先验还原"。这两番"从特殊出发寻求普遍"的历程不是并列的，而是递进的。康德认为，弄清审美判断的主观普遍必然性"是一件难解之事"，所以他不得不来一次反复（但不是重复）。如果说第一、二契机立足于美的概念论，是从判断形式的量上着眼确立起审美判断的"主观普遍性"，那么第三、四契机立足于美的原理论，是从判断形式的模态着眼确立起审美判断的"主观必然性"。第一、二契机都缺乏关于审美判断之先验根据的讨论，只是就事论事地把审美判断与其他判断区分开来以显露其本质特征；第三、四契机正是要说明审美判断作为一种活动是根据什么先天原理来对美做判断的，即说明审美判断的"先验原理"，这就把主观普遍性从个人心理上的事实提升到它的先验人类学根基上来了。所以，我们认为，前两个契机体现了现象学的"本质还原"的思路，后两个契机近于现象学"先验还原"的层次，后两个契机以前两个契机为基础，又复加于其上并与之相对应。四个契机彼此之间互为补充，逐层推进，构成一个从心理学向先验哲学、从主观特殊性向普遍必然性（主体间性）不断超越、不断迈进的动态结构。

审美判断既然是普遍必然的，那么我们就可以假定必然有个什么可作

---

① 参见邓晓芒《康德哲学讲演录》，广西人民出版社，2006，第99～101页。

为其最终基础，这个基础只能是共通感。共通感构成了趣味判断的必然关系的先天基础，成为趣味判断的普遍性之所以可能的主体间性原理。审美共通感不同于逻辑共通感，它是人们的内在感情的先天的共通性，不是外在的经验感觉，而是内在的先验的心意状态，从中能够针对情感的可普遍传达性、社会性引出先天综合判断。审美普遍必然性不是基于概念，而是基于"共通（情）感"。这是明显地通向胡塞尔的"主体间性"理论的。

总体来说，康德美学的超越自然主义倾向是明显的，这体现在对认识论美学和心理学美学的双重扬弃中。康德美学方法论的根本特征在于其"审美""反思判断"强烈暗示出来的"先验反思"的现象学性质。康德美学正是依靠这样一套"准现象学方法"实现了对传统自然主义（认识论和心理学）美学的超越，构成了西方美学史上具有决定性的转折点，带来了对前康德美学具有重大意义的方法论革命，为近代美学向现代美学转化提供了重要的契机。这才是对康德《判断力批判》应有的估计。

# 11

# 黑格尔的《逻辑学》

*强以华*[*]

　　逻辑学是黑格尔全部哲学中最为主要的部分之一，通常人们将其称为《大逻辑》和《小逻辑》。所谓《大逻辑》，就是黑格尔单独出版的《逻辑学》，它分为上下两卷。上卷包括"存在论"和"本质论"，黑格尔将其称为"客观逻辑"，出版于1812年，格罗克纳版本共有721页；下卷包括"概念论"，黑格尔将其称为"主观逻辑"，出版于1816年，格罗克纳版本共有353页。国内的中文版本由杨一之翻译，并由商务印书馆分为上下两卷出版。所谓《小逻辑》，并非黑格尔原书的书名，而是后人为了能够与"大逻辑"区别而冠之以"小逻辑"的名称。其实，《小逻辑》是黑格尔《哲学全书》的第一部分，也被称为"逻辑学"，讲授黑格尔哲学的人有时将其称为《全书本逻辑学》。《小逻辑》的第一版出版于1817年，国内的中文版本依然由商务印书馆出版，并由贺麟翻译。《大逻辑》是黑格尔在鲁恩堡当中学校长时写的，内容庞大，思想深邃，问题专一，论证严谨，充满了学院气息。《小逻辑》原本是印发给学生的讲义，因此，相对于《大逻辑》而言，它的篇幅大为缩减，能够相对简明扼要地展示黑格尔逻辑思想的轮廓和重点，并且材料分配均匀，文字简奥紧凑，从而更加流畅、易懂。

---

　　[*]　强以华，男，哲学博士，教授，主要研究方向为西方哲学和伦理学。

# 一　《逻辑学》在黑格尔哲学体系中的地位

在黑格尔的哲学（形而上学）体系中，"一切问题的关键在于：不仅把真实的东西或真理理解和表述为实体，而且同样理解和表述为主体"①。"实体就是主体"是黑格尔形而上学体系中的核心命题，它既体现了黑格尔形而上学体系的唯心主义原则，又体现了黑格尔形而上学体系的辩证法原则。黑格尔认为，实体就是"绝对精神"，它是唯一客观独立的存在，是宇宙万物的本质和基础；同时，绝对精神又是主体，即它是能动的、自我辩证发展的，正因为它的辩证发展，它才真正起到实体的作用，宇宙万物正是"绝对精神"实现自己、认识自己和辩证发展过程的产物。

黑格尔形而上学体系所表述的就是"绝对精神"能动地自我实现、自我发展和自我认识的过程。"绝对精神"循着正、反、合的路径，经过逻辑发展阶段，异化出客体即自然，然后又克服这种异化，征服并统摄自然，回复到精神，达到主体与客体、思维与存在的对立面的"绝对统一"；经过这个运动过程，"绝对精神"就由"自在的"存在变成"自为的"和"自在自为"的存在。在黑格尔那里，"绝对精神"的发展过程同时也是绝对精神自我认识、自我辩证展开的过程，因而，它系统地体现了黑格尔之本体论与认识论、辩证法、逻辑学相一致的思想，而且客观上表达了黑格尔对整个世界辩证发展的逻辑描述。所以恩格斯说："黑格尔的体系包括了以前的任何体系所不可比拟的巨大领域，……精神现象学……逻辑学、自然哲学、精神哲学，而精神哲学又分成各个历史部门来研究，如历史哲学、法哲学、宗教哲学、哲学史、美学史等等——在所有这些不同的历史领域中，黑格尔都力求找出并指出贯穿这些领域的发展线索。"②

从绝对精神的最基本的发展阶段来说，绝对精神的自我发展、自我实现、自我认识经历了三个阶段。（1）逻辑阶段，即逻辑概念的发展阶段。在这一阶段中，绝对精神表现为纯粹概念（纯粹理念），纯粹概念（纯粹

---

① 〔德〕黑格尔：《精神现象学》（上卷），贺麟、王玖兴译，商务印书馆，1979，第10页。
② 《马克思恩格斯选集》（第4卷），人民出版社，2012，第225页。

理念）是尚处在"自在"阶段的、在自然界之前的绝对精神。（2）自然阶段，即精神异化为自然界的阶段。在这一阶段中，绝对精神为了能够由自在阶段发展到自为阶段，为了能够实现自己，它必须异化为自然界，树立自己的对立面；对于精神来说，自然界是异己的对立面，但这个异己的对立面却是绝对精神发展自己、实现自己、认识自己的不可缺少的环节。（3）精神阶段，即精神扬弃异己的对立面回复到自身的阶段。在这一阶段中，绝对精神体现为人的精神，这种精神以自然界为它的前提，同时又是对自然界的扬弃，绝对精神在这个领域达到自我认识，变成自为的、实现了的"绝对精神"。

黑格尔的《逻辑学》在黑格尔哲学体系中的地位，决定于它所研究的对象在黑格尔整个哲学所研究的对象中的地位。黑格尔整个哲学的研究对象是绝对精神，《逻辑学》所研究的对象则是绝对精神在一个发展阶段的表现，那么，这个发展阶段的表现在整个绝对精神的发展阶段中占有什么样的地位呢？就黑格尔的整个哲学体系而言，《精神现象学》应是他的《逻辑学》的先导，因为《精神现象学》所描述的是人的具体意识由低级的感性认识到达概念即绝对知识的发展过程，而《逻辑学》所描述的则是概念本身的发展推演过程；但是，正如绝对精神的最基本的发展就是逻辑、自然和精神三个阶段一样，黑格尔之基本的哲学体系就是对于绝对精神在逻辑、自然和精神三个发展阶段的描述。因此，研究绝对精神之逻辑阶段的《逻辑学》、研究绝对精神之自然阶段的《自然哲学》和研究绝对精神之精神阶段的《精神哲学》，构成了黑格尔哲学体系的三个主要部分，它们所研究的"纯粹概念""自然""精神"就构成了黑格尔所谓的最高实体——绝对精神自我发展的三个最基本的阶段，表达了黑格尔哲学体系的最基本的正题、反题和合题，表达了黑格尔哲学体系的最基本的对立面的统一，也表达了黑格尔哲学体系的最基本的主体与客体、思维与存在的统一。因此，《逻辑学》是黑格尔哲学体系的基本组成部分之一。不仅如此，由于《逻辑学》所阐述的内容是纯粹概念的发展和推演，而纯粹概念其实是"自然"和"精神"的基础和实质，因此，《逻辑学》不仅是黑格尔哲学体系的基本组成部分之一，更是黑格尔全部哲学体系的最为基础和最为实质的部分。

## 二 黑格尔《逻辑学》的对象

黑格尔《逻辑学》的对象不是客观世界的逻辑关系，也不是主观世界的逻辑关系，而是纯粹概念（纯粹理念）。他说："逻辑学是研究纯粹理念的科学。"①

由于黑格尔的逻辑学不像亚里士多德的逻辑学那样属于形式逻辑，而是包含了内容的辩证逻辑，因而，对于纯粹概念（纯粹理念），就会存在一种本体论和认识论的理解问题。假如从本体论和认识论的角度出发，那么，纯粹概念（纯粹理念）乃是一切具体事物（包括客观事物和主观精神）的基础和本质，具体事物则是它的展示和表现。对于这一问题，可以从以下两个角度来看。其一，在逻辑上，纯粹概念属于第一性的东西。黑格尔的这一思想包含了两层意思，一层意思在于：从认识对象来说，普遍本质在逻辑上先于具体事物。黑格尔认为，宇宙之间确实包含了纷纭杂沓的无数具体的个别事物，但是，这些具体的个别事物没有任何固定性、恒久性、持续性和自我确定性，因而不能成为真理的对象；相反，与具体的个别事物相比，普遍本质才是具有固定性、恒久性、持续性和自我确定性的东西，它们才能成为真理的对象。另外一层意思在于：既然普遍本质逻辑上先于具体事物，那么，以普遍本质为对象的思想、概念就应该相应地在逻辑上先于以具体事物为对象的感觉、感性认识，因为哲学以真理为对象，而真理体现在对于普遍本质的把握之中。为了说明这一观点，黑格尔做了一个时间和逻辑的区分。从时间上说，他认为感性事物存在于认识之前，例如这个动物、这个星宿等等，属于存在本身，并且独立不依，所以，按照时间的秩序，人的意识对于对象应该先是形成表象，然后形成概念，而且唯有经过表象，凭借表象，人的能思的心灵才能进而达到对于事物之思维的认识与把握。不过，这种看法只是一种"通常意识"，而非关于哲学的看法。哲学涉及的不是常识，而是真理，它不应当是关于发生的东西之叙述，而应当是对于其中真理的东西之认识，是对于事物之思想的考察。一旦按照哲学的理解，或者说按照对于真理的理解，那么，真正说

① 〔德〕黑格尔：《小逻辑》，贺麟译，商务印书馆，1980，第63页。

来，那感官可以觉察之物才是真正附属的、无独立存在的，而思想正是原始的、真正独立自存的。由于普遍本质必须借助"反思"才能获得，只有思想、概念才能寻求那固定的、长住的、自身确定的、统摄特殊的普遍原则，因此，纯粹的思想、概念才能成为世界的本质和基础，才能提供真理。其二，在精神上，纯粹概念属于纯粹的客观概念。这就是说，纯粹概念虽然不是物质性的东西，亦即属于精神性的东西，但是，在精神上，它却不是我们现实世界中那有血有肉的人的主观概念，而是独立于人的思想之外而又体现在自然和人的思想之中的概念。因此，纯粹概念是一种客观的思想和概念，它与笛卡儿的"我思"和康德的"范畴"迥然有别。从黑格尔的"实体就是主体"这一命题出发，黑格尔对于纯粹概念（纯粹理念）的理解，体现了他之上述命题中的"实体"思想，表明世界的实体不仅是唯心主义的实体，而且是客观唯心主义的实体。

然而，在黑格尔那里，作为《逻辑学》研究对象的纯粹概念既是纯粹的概念，又是具体的概念。换句话说，黑格尔的纯粹概念同时又是"具体概念"。何谓具体概念？具体不是感性的具体，而是理性的具体，即是包含了"不同诸规定之统一"的有机整体。它与抽象不同，并不属于孤立、静止、片面的"非此即彼"的东西，而是一种包含了丰富的多样性在自身之内的东西；但是，它又与感性的具体不同，它之丰富的多样性并非纷然杂陈、互不相干、没有内在联系的多样性，而是秩序井然、互相依赖、具有内在有机联系的多样性。黑格尔进一步认为，具体概念作为"不同诸规定之统一"的有机整体，具体包含了"普遍性、特殊性和个体性"三个环节。普遍性即概念在它自身所表现的多样性和特殊性中仍然保持的"自我同一性"，它是自己寓于其中的多样性、具体性的灵魂。这就是说，普遍性是贯穿于特殊性的差异之中的非差异，也是贯穿于特殊性的不同之中的相同。特殊性即概念所表现出来的多样性，它所表达的是一种差异和不同，但是，这些差异和不同并非存在于普遍性之外，而是普遍性自身的构成环节或组成部分。因此，特殊性与普遍性相互联系与统一，它把普遍性作为自己的灵魂，而把自己作为普遍性的外部显现。个体性所体现的正是普遍性与特殊性的统一，换句话说，个体性作为普遍性与特殊性的统一，正是具体概念自身。从黑格尔的"实体就是主体"这一命题出发，黑格尔对于具体概念的理解，亦即对于作为纯粹概念的具体概念的理解，体现了他之上述命题中的"主体"思想，表明世界的实体虽然是客观精神，但这一客观精神是具体精神，因而是包含了辩证法在内的精神。

因此，黑格尔逻辑学的研究对象集中体现了"实体就是主体"这一命题，体现了他之哲学的唯心主义辩证法的特征。作为纯粹概念，"逻辑学"要研究"存在""非存在""一""多""质""量"等纯粹的亦即没有任何感性杂质的概念；而作为具体概念，逻辑学不是孤立、静止、片面地去研究这些概念，而是把它们作为一个整体，研究它们的内在联系和有机统一。

## 三 黑格尔《逻辑学》的方法

黑格尔说："为了使逻辑的枯骨，通过精神，活起来成为内容和含蕴，逻辑的方法就必须是那唯一能够使它成为纯科学的方法。"① 那么，这样一种能够使逻辑学成为纯科学的方法是什么呢？简要地说，这样一种方法就是辩证的方法。

在黑格尔那里，本体论、认识论和逻辑学相互一致，并且本体论决定认识论，认识论决定方法论，因而方法论最终决定于本体论，必须与本体论保持一致。换句话说，在黑格尔那里，逻辑的方法与研究的对象相互一致，研究的对象作为内容决定着作为形式的研究方法。由于作为研究对象的纯粹概念就是具体概念，因而作为逻辑方法的研究方式就是辩证方法。所以他说："从这个方法与其对象和内容并无不同看来，……内容本身，正是内容在自身所具有的、推动内容前进的辩证法。"② 这样一来，在黑格尔的《逻辑学》中，从本体论的角度来看，《逻辑学》所表述的就是纯粹概念（纯粹理念）自我运动、自我发展的过程；从认识论的角度来看，《逻辑学》所表述的就是纯粹概念（纯粹理念）自我认识、自我深化的过程；而从方法论的角度来看，《逻辑学》所表述的则是纯粹概念（纯粹理念）逻辑发展、自我推演的过程。而这整个过程都是一个由简单到复杂、由抽象到具体、由浅入深的辩证发展过程。这里，我们仅从方法论的角度

---

① 〔德〕黑格尔：《逻辑学》（上卷），杨一之译，商务印书馆，1966，第35页。
② 〔德〕黑格尔：《逻辑学》（上卷），杨一之译，商务印书馆，1966，第37页。

说明这一过程，即仅从逻辑推演的角度说明这一过程。从方法论的角度出发，我们发现黑格尔的辩证法主要有三种表现形式，即它首先表现为圆圈式的推演方法，其次表现为否定之否定的推演方法，最后表现为对立面统一的推演方法，并且最后一种表现形式属于其中最为重要的表现形式。

所谓圆圈式的方法，就是概念的发展不是直线式的运动过程，而是圆圈式的运动过程。我们知道，黑格尔认为《逻辑学》的研究对象就是具体概念。所谓具体概念，如前所述，它是"不同诸规定之统一"，也就是说，它是"多样性的统一体"。作为多样性的统一体，它内部的所有环节都存在着不可分割的有机联系，每一环节都以其他的环节作为自身存在的条件，反之，每一环节也都不能离开其他环节独立自存。因此，我们无论从哪一环节出发，都能推演出其他任何环节，乃至推演出所有环节。换句话说，作为开端的前面的环节，已经内在地包含了后面将要推演出的其他所有环节，只是在这些环节尚未被推演出来之时，它们仅仅作为潜在的形式存在于最初的环节之中；而在后面的被推演出来的环节，不过是充分展开了的最初的环节，它把潜在地存在于最初环节中的内容充分实现了出来。这样一来，我们完全可以认为，《逻辑学》最初的环节，潜在地就是最后的环节，而其最后的环节，不过是充分展开了的最初的环节，并且这一说法可以合乎逻辑地适用于《逻辑学》中任意两个或者多个具有前后关系的环节，亦即在它们之中，前面的环节潜在地就是后面的环节，后面的环节不过是充分展开了的前面的环节。根据这种思路，概念的发展或者概念的逻辑推演便具有了双重方向：一方面，随着从最初的概念向随后其他概念的发展（推演），后来的概念离最初的概念越来越远，因为它在不断前进；另一方面，随着从最初的概念向随后的其他概念的发展（推演），后来的概念又离最初的概念越来越近，因为它的不断前进其实正是不断深入到自己内部，不断更多地展示自身已经潜在存在着的内容。这就是说，概念的前进过程其实就是回到自身的过程，概念从最初到最后的发展，以及概念从任一在前的环节到任一在后的环节的发展，其实都是回到自身的"圆圈运动"。当然，在最初的概念中，由于其他的环节都还处于潜藏状态，所以它总是比较简单、比较抽象的概念，而在随后的发展之中，由于最初概念中潜在存在着的环节不断地被展示出来，因而它也就变得越来越复杂，越来越具体，最后的概念则会成为最为复杂、最为具体的概念。所以，在黑格尔的《逻辑学》中，概念的发展或逻辑的推演，虽然属于圆圈运动，但是，这个圆圈运动也是一个由简单到复杂、由抽象到具体的运动，只是它从简单到复杂、从抽象到具体的前进过程，同时也是对于自身的回复过程罢了。

所谓否定之否定的方法，就是圆圈式发展的具体路径属于否定之否定的路径。我们知道，圆圈式的发展以具体概念作为"不同之规定的统一"、作为"多样性的统一体"为前提，它在具体概念内部所有环节相互联系的基础上，认为概念的发展（推演）是一个前进的过程，同时又是回复的过程，因此，整个《逻辑学》的推演是一个大圆圈，并且从《逻辑学》内部的其他环节来说，大圆圈之中也还包含着很多小圆圈。不仅如此，黑格尔认为，这些大圆圈和小圆圈具有"正、反、合"的特征，从而表现为"否定之否定"的过程。这就是说，在黑格尔那里，每三个环节构成一个小圆圈，每三个小圆圈构成一个较大的圆圈，每三个较大的圆圈构成一个更大的圆圈……直到最后，整个《逻辑学》成为一个最大的圆圈。之所以出现这样的情况，是因为每一个圆圈都是一个"正、反、合"的过程，即：它的第一个环节（概念）是对自身的肯定（正）；它的第二个环节是对第一个环节的否定（反）；它的第三个环节则是通过对第二个环节的否定而似乎回到第一个环节，即似乎是对第一个环节的重新肯定，并且由于第三个环节同时是对第二个环节的否定和（似乎是）对第一个环节的肯定，因而它作为对于第二个环节（否定）的否定，同时包含了肯定与否定，成为一个"合"的环节。对于后面一个较大的圆圈来说，这个"合"的环节（概念）又重新成为下面一个圆圈的起始环节，表现为新的较大的圆圈的肯定（正）的阶段，从而开始新的圆圈的循环。整个《逻辑学》中的圆圈套圆圈的过程，就是一系列大的正、反、合套小的正、反、合的过程，也是一系列不同的否定之否定的过程。这里需要强调的是，在黑格尔的辩证法中，否定具有辩证的含义，即对肯定阶段来说，随后的环节对于它的否定不是外在于它的某个东西对于它的否定，而是它自身对于自身的否定，即它的自身内部已经包含了否定自身的因素，因而才会从它自身衍生出对它的否定。换句话说，它作为"肯定"是包含了"否定"的"肯定"，因而它的否定是自我否定；对否定的阶段来说，否定对于前一环节的否定并非全盘否定，它是包含了"肯定"的"否定"，即它在否定前一环节的同时，把前一环节的积极因素包含在自身之内，作为自身的一个环节和内容。因此，作为第三个环节的"否定之否定"，不仅是对于第一个环节的回复，似乎回到了第一个环节，它还包含了前此作为否定的第二个环节的积极因素，它比第一个环节具有更为丰富的内容，它只是"好像"回到了第一个环节，其实是在更高的阶段上重现了第一个环节。整个《逻辑学》就是在这样的否定之否定的具体路径中，实现概念之由简单到复杂、由抽象到具体的发展（推演）过程，并且通过这一前进的发展（推演）过程，充分地展开自身，回到自身。

所谓对立面的统一，就是否定之否定的过程，同时也是对立面统一的过程。具体概念作为"不同诸规定之统一"、作为"多样性的统一体"，首先就是"对立面的统一"，首先就是"对立面的统一体"。我们知道，肯定和否定（正和反）属于对立的两个方面，否定的否定作为包含了肯定和否定两个方面的环节，则是肯定和否定（正和反）的对立面的统一；不仅如此，由于黑格尔的肯定与否定不是外在的而是内在的肯定和否定，所以，在他那里，肯定和否定（正和反）作为对立的两个方面，属于内在对立的两个方面；同样，否定之否定作为对立面的统一，也是内在的对立面的统一。因此，在黑格尔那里，每一个否定之否定的过程，都是一个对立面统一的过程，也就是说，首先是肯定（正），它是对立的一个方面，然后是否定（反），它是对立的另外一个方面，即前一个对立面之对立面，最后是否定之否定（合），它是前面两个对立面的统一。接着，否定之否定（合）的环节作为新的否定之否定过程的起点，重新构成了一个肯定（正），同时也重新构成了新的对立统一的一个方面。因此，假如说黑格尔的整个《逻辑学》是一系列大圆圈套小圆圈的过程，假如说黑格尔的整个《逻辑学》是一系列否定之否定的过程，那么，它们同时也是一系列对立面统一的过程，其中每一大的对立面的统一都包含着更小的对立面的统一，而最大的对立面的统一则是"存在论"、"本质论"和"概念论"的对立面的统一。需要强调的是，在黑格尔那里，对立面的统一具有特殊的重要性，因为概念的发展（推演）归根结底都是矛盾推动的结果，也即都是由于对立统一造成的矛盾运动的结果。正是由于对立统一，正是由于矛盾运动，才会有圆圈式的运动，才会有否定之否定的发展，才会有黑格尔《逻辑学》中的概念从简单到复杂、从抽象到具体的发展过程，才会有从

"存在论"到"本质论"再到"概念论"的逻辑推演过程。

## 四　黑格尔《逻辑学》的内容

循着正、反、合的圆圈，依据对立面统一的原则，黑格尔的《逻辑学》展开了自己的内容表述。在逻辑学中，"逻辑思想就形式而论有三个方面：（a）抽象的或知性［理智］的方面，（b）辩证的或否定的理性的方面，（c）思辨的或肯定的理性的方面"。"这三方面……是每一逻辑真实体的各环节，一般说来，亦即是每一概念或每一真理的各环节。"[①] 黑格尔指出，知性的思维是感性的具体的直接对立面，它对感性表象进行分析得出肯定的自身同一的抽象规定，坚持各规定的非此即彼的绝对界限。如果停留于这个阶段，那就是形而上学的思维方式。辩证的理性（否定的理性）是知性规定的自我否定的结果，它不承认有绝对的非此即彼的界限。但如果停留于这个阶段，那就可能陷入怀疑主义、相对主义和诡辩论。思辨的理性（肯定的理性）是上述两个阶段的对立面的统一，它扬弃了上述两个环节的片面性。这个阶段仿佛是第一阶段的回复，因为二者都是肯定的统一，实际上它处于更高的阶段，因为第一阶段是抽象的同一，它则是不同规定的统一，具体地包含了对立面的统一。与上述三个方面相应，逻辑学则分为"存在论""本质论""概念论"。

第一，存在论。存在论所讨论的存在是绝对精神在逻辑范围内的第一发展阶段，它所研究的是存在自身的规定，在本体论上是宇宙万物的最直接的规定，在认识论上处在由感性的意识直接上升到知性的确定性的阶段，在逻辑学上则是对逻辑学对象的直接肯定的表述。就具体概念来说，它主要包含质、量、度三个圆圈式的概念：质所包含的小圆圈是存有、定在和自为的存在，量所包含的小圆圈是纯量、限量和程度，度所包含的小圆圈是特殊的量、无度和度的无限。当然，小圆圈内部还有自己的小圆圈，值得一提的是纯有所包含的小圆圈是纯有、无和变易，它们构成了黑格尔整个《逻辑学》的开端。

在"存在论"阶段，概念运动的基本特征是直接的"过渡"。在这里，

---

① 〔德〕黑格尔：《小逻辑》，贺麟译，商务印书馆，1980，第172页。

黑格尔着重讨论的存在的规定是质、量以及作为质与量的统一的尺度。就是在这里的讨论中，黑格尔在西方形而上学（哲学）史上，第一次依据对立面的统一和正、反、合的节奏，深入研究了质与量的辩证法，指出质与量作为事物的质量和数量，共同统一于尺度之中，"度是有质的限量"①，它是由量变到质变的临界点。

第二，本质论。本质论所讨论的本质是绝对精神在逻辑范围内的第二发展阶段，它所研究的是存在的内在本质关系和规律的规定，在本体论上这些规定是存在的本质关系，在认识论上处在知性规定在坚持自身时产生自我否定、陷入自身矛盾的阶段，在逻辑学上则是对逻辑学对象的否定的间接的表述。就具体概念而言，它主要包含作为实存根据的本质、现象和现实三个圆圈式的概念：作为实存根据的本质所包含的小圆圈是反思的范畴与原则、实存和事物，现象所包含的小圆圈是现象界、内容与形式和关系，现实所包含的小圆圈是实体与偶性、原因与结果和相互关系。

在"本质论"阶段，概念运动的基本特征是间接的"反思"。在这里，黑格尔着重讨论的存在的本质关系是本质、现象及作为二者对立面统一的现实，正是在这里的讨论中，黑格尔在西方形而上学（哲学）史上，第一次唯心而又辩证地分析了本质与现象的关系。也正是在"本质论"中，黑格尔在绝对唯心主义的基础上，详细研究了对立面统一（矛盾统一）的规律以及原因和结果、必然和偶然、自由和必然、可能和现实、形式和内容等一系列范畴。

第三，概念论。概念论所讨论的概念是绝对精神在逻辑范围内的第三发展阶段，它所研究的概念是存在和本质的对立面的统一，在本体论上，"概念是自由的原则，是独立存在着的实体性的力量。概念又是一个全体，这全体中的每一环节都是构成概念的一个整体，而且被设定和概念有不可分离的统一性"②。所以，"概念的观点一般讲来就是绝对唯心论的观点"③。在认识论上，它是在肯定的知性和否定的理性的对立面中把握它们的统一，扬弃它们各自的片面性而将其作为环节包含于自身之中。黑格尔说：

---

① 〔德〕黑格尔：《小逻辑》，贺麟译，商务印书馆，1980，第 234 页。
② 〔德〕黑格尔：《小逻辑》，贺麟译，商务印书馆，1980，第 327 页。
③ 〔德〕黑格尔：《小逻辑》，贺麟译，商务印书馆，1980，第 327 页。

"思想或逻辑理念的三个主要阶段，其彼此的关系可以这样去看：只有概念才是真理，或更确切点说，概念是存在和本质的真理，这两者若坚持在其孤立的状态中，决不能认为是真理。"① 概念作为具体的统一，是具体的或绝对的真理。在逻辑学上，此时"概念的进展既不复仅是过渡到他物，也不复仅是映现于他物内，而是一种发展"。"过渡到他物是'存在'范围内的辩证过程，映现在他物内是'本质'范围内的辩证过程。反之，概念的运动就是发展，通过发展，只有潜伏在它本身中的东西才得到发挥和实现。"② 就具体概念而言，它主要包含主观概念、客观概念和理念三个圆圈式的概念：主观概念所包含的小圆圈是概念、判断和推理，客观概念所包含的小圆圈是机械性、化学性和目的性，理念所包含的小圆圈是生命、认识和绝对理念。

在"概念论"阶段，黑格尔在批判形式逻辑的同时，研究了辩证逻辑的概念、判断和推论的各种具体形式及其相互关系，将其表述为一个有机的整体和合乎规律的发展过程。而且他还认为，辩证逻辑的逻辑形式虽然是主观的，但从来源和内容看，它们则是客观的。黑格尔在这里也讨论了认识的理念，讨论了认识理念中的理论理念和实践理念及其相互关系。此外，黑格尔还研究了理念、真理和辩证的方法。他指出，"理念是充足的概念、即客观的真或真本身"③，而真理是客观性和概念的同一。作为客观性和概念的同一的真理，作为逻辑学中前此一切发展过程的结果的真理，是全面的、具体的真理，是对立面的具体同一，是不同诸规定的具体同一，它表现为一个发展过程。当然，在黑格尔那里，真理的发展过程是主观性统摄客观性的矛盾发展过程，它虽然是辩证的，但却是唯心的。黑格尔在绝对理念中讨论了辩证的方法。他说："我们前此所考察过的每一个阶段，都是对于绝对的一种写照，不过最初仅是在有限方式下的写照。因此每一阶段尚须努力向前进展以求达到全体，这种全体的开展，我们就称之为方法。"④ "在这里作为理念的形式，除了仍是这种内容的方法外没

---

① 〔德〕黑格尔：《小逻辑》，贺麟译，商务印书馆，1980，第 185 页。
② 〔德〕黑格尔：《小逻辑》，贺麟译，商务印书馆，1980，第 329 页。
③ 〔德〕黑格尔：《逻辑学》（下卷），杨一之译，商务印书馆，1976，第 447 页。
④ 〔德〕黑格尔：《小逻辑》，贺麟译，商务印书馆，1980，第 423～424 页。

有别的了，——这个方法就是对于理念各环节〔矛盾〕发展的特定的知识。"① "理念是自在自为的真理，是概念和客观性的绝对统一。"② "理念本质上是一个过程，因为只是就理念的同一性是概念的绝对的和自由的同一性来说，只是就理念是绝对的否定性来说，因此也只是就理念是辩证的来说，〔它才是个过程〕。"③ 绝对理念就是思辨的方法或辩证的方法，这个方法既是本体论的绝对方法（它是概念自己运动的形式），又是认识论的认识的规律（它是对自在自为的事物自身的考察，是分析和综合的辩证统一），还是逻辑学的普遍法则。

① 〔德〕黑格尔：《小逻辑》，贺麟译，商务印书馆，1980，第 422 页。
② 〔德〕黑格尔：《小逻辑》，贺麟译，商务印书馆，1980，第 397 页。
③ 〔德〕黑格尔：《小逻辑》，贺麟译，商务印书馆，1980，第 403 页。

12

# 黑格尔的《精神哲学》

强以华[*]

黑格尔的《精神哲学》是他的《哲学全书》(《哲学百科全书纲要》
三个部分——"逻辑学"、"自然哲学"和"精神哲学"的第三部分亦即
最后的部分。在这三个部分中,在"逻辑学"之外的部分是"应用逻辑
学",所以,"精神哲学"也是一种应用逻辑学。《哲学全书》虽然初版于
1817年,但从孕育过程来说,若从1800年黑格尔留下的"体系残篇"算
起,到1817年正式初版,应该有长达17年的历史。因此,"精神哲学"
也是黑格尔长期思考的产物。《哲学全书》在出版以后,分别在1827年和
1830年出版了第二版、第三版。黑格尔的友人于黑格尔逝世后在把黑格尔
学生的笔记整理成"附释"列在《哲学全书》有关正文后的同时,将该书
的三个部分分别刊出。目前国内《精神哲学》的中文译本由杨祖陶教授根
据格罗克纳版本的《黑格尔全集》第10卷(同时参考了其他版本)翻译,
并由人民出版社出版(2006)。

## 一 《精神哲学》在黑格尔哲学体系中的地位

《精神哲学》在黑格尔哲学体系中的地位可以围绕黑格尔的哲学体系
从两个角度来分析:其中一个角度是从"精神哲学"在黑格尔全部哲学体

---

[*] 强以华,男,哲学博士,教授,主要研究方向为西方哲学和伦理学。

系中的具体位置来分析，另外一个角度则是从"精神哲学"阐述的内容在黑格尔哲学全部内容中的重要性来分析。

我们先从第一个角度进行分析。《精神哲学》在黑格尔哲学体系中的具体位置指的是"精神哲学"在黑格尔哲学阐述所谓的"实体"亦即"绝对精神"的全部发展过程中所处的位置。黑格尔是通过绝对精神的圆圈式发展来阐述绝对精神的发展过程的。关于黑格尔绝对精神发展的圆圈存在着两种看法，并且这两种看法都同黑格尔自己的解释相关。第一种看法认为，绝对精神发展的圆圈由"精神现象学"、"逻辑学"和"应用逻辑学"三个部分构成。其中论述"精神现象学"的主要著作是《精神现象学》；论述"逻辑学"的主要著作除了《逻辑学》和《小逻辑》之外，还包含《耶拿逻辑》；而论述"应用逻辑学"的主要著作则是《自然哲学》和《精神哲学》，以及《法哲学原理》《历史哲学》《美学讲演录》《宗教哲学讲演录》《哲学史讲演录》等。对于这一圆圈，黑格尔在《逻辑学》一书中曾说，他"原定在《科学体系》第一部分（即包含'现象学'的那一部分）之后，将继之以第二部分，它将包括逻辑学和哲学的两种实在科学，即自然哲学与精神哲学"①，认为这样一来"科学体系也就可以完备了"②。这就是说，在他那里，"精神现象学"的体系是第一部分，然后是"逻辑学"以及"自然哲学"和"精神哲学"，它们共同构成第二部分，但它们内部又存在着"逻辑学"和"应用逻辑学"的区别。恩格斯曾据此指出："黑格尔的体系包括了以前的任何体系所不可比拟的巨大领域，……精神现象学……逻辑学、自然哲学、精神哲学……"③ 第二种看法则认为，绝对精神发展的圆圈由《哲学全书》所包含的三个部分亦即"逻辑学"、"自然哲学"和"精神哲学"三个部分构成，其中，第一部分与后面两个部分的关系仍是"逻辑学"和"应用逻辑学"的关系。虽然黑格尔曾把上述第一种看法看成自己的哲学体系，但是，他后来改变了看法，因为在我们前面所引用的他的话中他用了"原定"一词，并在1831年针对"科学体系"的说法加了一个"注"，这个"注"说："科学体系"一词后来已

① 〔德〕黑格尔：《逻辑学》（上卷），杨一之译，商务印书馆，1966，第一版序言，第5~6页。
② 〔德〕黑格尔：《逻辑学》（上卷），杨一之译，商务印书馆，1966，第一版序言，第6页。
③ 《马克思恩格斯选集》（第4卷），人民出版社，2012，第225页。

不再用，而是改用《哲学全书》来代替原定计划中的除了"精神现象学"
的其他部分或者说计划中的第二部分。① 由于在黑格尔那里，第二种看法
是调整第一种看法的结果，所以，它应该是黑格尔更为成熟的看法，因而
也是我们应该更尊重的看法。问题在于：当黑格尔把第一种看法调整为第
二种看法时，作为第一种看法的哲学体系之第一部分的"精神现象学"究
竟去哪儿了呢？黑格尔把"精神现象学"以及其他有关精神哲学的内容都
纳入《精神哲学》之中，他把作为《哲学全书》一部分的《精神哲学》
看成全部精神哲学的纲要，然后通过包括《精神现象学》在内的其他诸多
讨论"精神哲学"的著作具体展开这一"纲要"的内容。这一情况正如恩
格斯所说，黑格尔的"……精神哲学又分成各个历史部门来研究，如历史
哲学、法哲学、宗教哲学、哲学史、美学等等——在所有这些不同的历史
领域中，黑格尔都力求找出并指明贯穿这些领域的发展线索"②。具体到
《精神现象学》一书，它与《哲学全书》中的《精神哲学》存在着明显的
对应关系：《精神现象学》阐释的是自然的意识如何从感性的确定性经由
诸多的"意识形态"的发展最终走向了作为精神之最高形态的哲学这一意
识形态的过程，《精神哲学》所阐释的则是人的精神如何从自然的灵魂经
由诸多的环节而最终发展到哲学这一最高形态的绝对精神的过程。前者作
为意识的经验科学包含了"意识""自我意识""理性""精神""宗教"
"哲学"六个环节；而在后者包含的"主观精神"、"客观精神"和"绝对
精神"三个环节中，"主观精神"（主要是"主观精神"中的"精神现象
学"）与前者的"意识、自我意识和理性"三个环节对应，"客观精神"
与前者的"精神"环节对应，"绝对精神"则与前者的"宗教、哲学"两
个环节对应。总体来看，无论是根据上面的第一种看法还是第二种看法，
黑格尔的《精神哲学》在他阐述绝对精神发展的圆圈中或者说在他的全部
哲学体系中都占有重要地位，特别是根据他的更为成熟的第二种看法，他
的《精神哲学》不仅在他阐述绝对精神发展的圆圈中或者说在他的全部哲
学体系中都占有重要地位，而且还以纲要的形式囊括了他阐述有关"精神
哲学"的其他全部著作的内容。

---

① 〔德〕黑格尔：《逻辑学》（上卷），杨一之译，商务印书馆，1966，第一版序言，第5页。
② 《马克思恩格斯选集》（第4卷），人民出版社，2012，第225页。

我们再从第二个角度进行分析。黑格尔"精神哲学"所阐述的内容在黑格尔全部哲学所阐述的内容中的重要性，其实就是"精神哲学"所研究的"精神"在黑格尔全部哲学所研究的"绝对精神"在发展的圆圈中的重要性。在黑格尔的哲学中，绝对精神在自己的发展过程中通过"纯粹理念"、"自然"和"精神"（人的精神）三个阶段表现出来。其中，《逻辑学》研究"纯粹理念"，《自然哲学》研究"自然"，《精神哲学》则研究"精神"。在绝对精神发展的三个阶段中，"纯粹理念"仅是抽象的，并且仅仅是处于自在和内在阶段的精神，它的实在性和普遍必然性还有待证实；"自然"虽然实现了外在化，但它作为"精神"的外在化乃是"精神"的异化，它是绝对精神在发展中出现的"堕落"的现象（尽管这种"堕落"是绝对精神发展的必要阶段）；只有精神哲学所研究的"精神"才是经历了外在化之后从外在化的形式或异化形式中返回自身的理念即体现在人的精神中的绝对理念，绝对理念这时已经处于"自为"的发展阶段亦即"自为存在着、并正向自在自为发展着的理念"①。所以，精神哲学是研究理念由它的异在而返回到它自身的科学。它同时扬弃了"纯粹理念"的单纯抽象性、内在性和"自然"的单纯物质性和外在性，并且在扬弃的基础上把"纯粹理念"和"自然"都包含在自身之内，从而实现了内在性和外在性、精神与自然、自在与自为的统一。所以，精神哲学所研究的"精神"虽然以"纯粹理念"和"自然"为基础，但它却是统一前面二者并且比前面二者更高的真理，它是绝对精神发展的最高阶段，它探讨的是精神（人的精神）的自由的实现。与此相应，《精神哲学》作为研究"精神"的学科，从它所探讨的内容来说，它也高于探讨"纯粹理念"的《逻辑学》和探讨"自然"的《自然哲学》，属于黑格尔哲学体系中的最高科学，它在黑格尔的哲学体系中具有最为崇高的地位。杨祖陶先生在《黑格尔〈精神哲学〉指要》一书中指出，黑格尔的"逻辑学"和"自然哲学"分别是继承和发展康德哲学、费希特哲学和谢林哲学中有关成果的产物，"唯有精神哲学是黑格尔自己的独创"，它"也是我们深入把握黑格尔有关历史、美学、宗教、哲学等讲演录的纲，尤其是我们了解黑格尔主观精神

---

① 〔德〕黑格尔：《小逻辑》，贺麟译，商务印书馆，1980，第60页。

学说的唯一专著"①。据此，"精神哲学"应该更受青睐。

## 二　黑格尔《精神哲学》的对象

《精神哲学》的对象就是"精神"。黑格尔从绝对唯心主义出发，认为这种"精神"是绝对精神（绝对理念）自我发展和自我认识过程中的环节之一，或者说，它是绝对精神发展中的最高环节和最高表现。但是，在这种绝对唯心主义的外衣下，黑格尔所说的"精神"其实就是作为思考者的人的精神，它是关于人的精神的哲学，由于这个精神也是人的本质，因此，它也是关于人的本质的哲学。在精神哲学中，精神乃是作为思考者的人的自我精神，所以，考察者和考察的对象是同一个东西，它意味着精神哲学也是关于人的自我认识的哲学。因为精神哲学探讨的是人的精神本质，并且是人对自己本质的自我认识，所以，黑格尔在《精神哲学》一开始就提醒读者说："关于精神的知识是最具体的，因而是最高和最难的。"②在精神哲学中，黑格尔系统考察了人的精神和它的全部活动及其结果，这些活动体现在意识的历史、人类的历史和意识形态之中。

黑格尔在《精神哲学》中特别论证了他研究的"精神"之独特的"精神"规定。在他看来，他所说的作为精神哲学研究对象的精神（人的精神）不是传统的理性心理学和经验心理学所研究的有限的精神，也不是诸如个人的特殊的能力、性格、倾向和弱点，甚至不是诸如别人的特性、激情等所谓的人性的知识，而是作为人的本质的精神，它就是精神实体。为了强调这种精神的特殊性质，黑格尔分析了精神的诸种规定性。在他看来，精神的规定性只有在与自然的规定性的对比中才能得到突出。根据这种对比我们就能发现，精神不同于自然的规定就是精神之所以是精神的规定，它首先就是"观念性"。所谓观念性就是精神通过扬弃外在事物的外在性并使外在性的东西回复到内在性即精神本身以表明的自己的精神性，也就是说，它通过建立外在性（他物）并克服与外在性的对立而回复到内在的精神自身所表明的自己的精神性（观念性）。所以，黑格尔说："必须

---

① 杨祖陶：《黑格尔〈精神哲学〉指要》，舒远招整理，人民出版社，2018，第4页。

② 〔德〕黑格尔：《精神哲学》，杨祖陶译，人民出版社，2006，第1页。

把观念性，就是说，理念的异在的扬弃、理念从它的他物向自身的回复和回复到了自身，称为精神概念的与众不同的规定性。"① 黑格尔从他的绝对唯心主义观点出发，指出精神的观念性特征正好体现了它的理念本性，并进一步强调：必须把精神理解成为永恒理念的一种摹写。这里有两个重要因素：其一，精神本质上是自相同一的，它建立异化的、外在的东西乃是为了说明异化的、外在的东西本质上是精神的东西；其二，精神必须实现自己，它只有通过异化以及克服异化这一设置对立和克服对立从而走向统一的过程或者说否定之否定的过程才能实现自己，也就是说，它只有通过辩证性（主体性、能动性或发展性）才能证明自己的绝对的精神性。从精神的观念性出发，黑格尔进一步考察了精神的其他规定，包括"自我""自由""显示"。从精神的观念性出发，我们就可以"发现精神的最初的和最简单的规定就是：精神是自我"②；从精神的观念性出发，我们也可以进一步推论出精神的规定就是"显示"，它表明精神是一个显示自我的过程，也就是说，它是一个把自己的内容显示出来从而实现自己、认识自己的过程。"所以，精神自我实现的过程既是其自由本质实现的过程，也是其显示自身的过程。"③ 尤其重要的是，从精神的观念性出发，我们还能够看到精神的自由本性。其实，精神自我显示的过程就是精神的自由本性实现的过程。

　　黑格尔关于精神之自由本性的规定典型地体现了黑格尔哲学的辩证法精神，并且表明他所说的精神虽然局限于绝对精神的范围之内，但却具有强烈的现实性。那么，什么是黑格尔所谓的精神的自由呢？黑格尔说："精神的实体是自由，就是说，对于他物的不依赖性、自己与自己本身相联系。"④ 这就是说，精神在本性上是独立的自为的存在，它只与自身相联系而不依赖于任何他物，这种独立性正好表明它的自由本性。但是与此同时，精神实体作为自由的实体也与他物相关，甚至必须与他物相关。正如黑格尔所说："精神是自为存在着的、以自己本身为对象的实现了的概念。

---

① 〔德〕黑格尔：《精神哲学》，杨祖陶译，人民出版社，2006，第 11 页。
② 〔德〕黑格尔：《精神哲学》，杨祖陶译，人民出版社，2006，第 14 页。
③ 〔德〕黑格尔：《精神哲学》，杨祖陶译，人民出版社，2006，译者导言，第 12 页。
④ 〔德〕黑格尔：《精神哲学》，杨祖陶译，人民出版社，2006，第 20 页。

精神的真理和自由就在于这个在它里面存在着的概念和客观性的统一。"①
不过，精神以自身为对象表明这种客观性（他物）归根结底还是精神，精
神的发展恰好就是为了发现作为客观性的他物的观念或精神本性从而回归
自己的同一性，证明实体的观念性。既然精神的他物归根结底还是精神自
身，那么，为什么精神还必须与他物相关呢？也就是说，为什么精神要多
此一举地为自己设置一个他物，然后再在通过统一这个他物的基础上回归
自我从而证明自我的自由本性呢？这里正好体现了黑格尔的精神实体的辩
证本性，也就是说，体现了黑格尔哲学的辩证精神。在他看来，精神的自
由必须在与它对立的"他物"那里争得。"精神的自由不单是一种在他物
之外，而且是一种在他物之内争得的对于他物的不依赖性，精神的自由之
成为现实不是由于逃避他物，而是由于克服他物。"② 黑格尔在精神哲学中
具体描述了这一过程。他说：对于个人有限精神的自我来说，他通过设置
他物并且克服他物、表明他物仅仅是我的他物（我的某某表象）才能表明
自己的自由。但是，黑格尔把这种精神能够重新扬弃它自身内的任何一个
他物的自由仅仅看成形式的自由（任意），认为它并非真正的自由。但他
指出，这种自由为真正的自由提供了基础和可能。因此，"为了使精神的
自由成为现实的或实在的，个人精神就必须超出其自身而进入自身以外的
他物，进入人与人的关系，通过实践的活动去实现自己的自由"③。黑格尔
指出，精神在实际上扬弃外物、把外物据为己有从而让自己具有实在性的
同时，为了实现自己的自由，它必须在活动中限制包括自己在内的不同个
体的源自各有目的的自由，为此应该进入精神不断创造着的法、道德、伦
理等适合于精神本质和概念自由的外在世界。在此世界中，主观精神的自
由作为必然性出现，它就是客观精神。黑格尔进一步指出，客观精神作为
受外在的客观性限制的自由，还不是精神自由的完全实现，它还必须继续
前进，只有当精神进展到作为主体和客体绝对同一的绝对精神时，它才最
终认识到世界的万事万物都是自身的表现，精神的自由才能得到完全的实
现。可见，精神的自由本性不是某种现成的东西，而是通过精神自己的活

---

① 〔德〕黑格尔：《精神哲学》，杨祖陶译，人民出版社，2006，第20页。
② 〔德〕黑格尔：《精神哲学》，杨祖陶译，人民出版社，2006，第20页。
③ 〔德〕黑格尔：《精神哲学》，杨祖陶译，人民出版社，2006，译者导言，第8页。

动争取来的东西，在此争取的过程中，它由潜在（可能）走向现实，由自在走向自为，由必然走向自由。黑格尔在绝对唯心主义的框架内对于"精神"（人的精神）在辩证的发展中实现自己的自由的过程的描述在很大的程度上揭示了人的精神走向自由的现实过程。所以，尽管他在《小逻辑》中曾说"哲学可以定义为对于事物的思维着的考察"①，但是，他依然强调"哲学的内容就是现实"②，认为哲学（逻辑学）所研究的对象即"……理念并不会软弱无力到永远只是应当如此，而不是真实如此的程度。所以哲学研究的对象就是现实性……"③。

## 三 黑格尔《精神哲学》的方法

《精神哲学》在探讨它的精神对象时所采用的方法与黑格尔在全部哲学中探讨绝对精神时所采用的方法是同样的方法，这就是辩证的方法。这种辩证法体现在"精神"的丰富内容的辩证发展或展开的形式之中。因此，黑格尔在讨论《精神哲学》采用的方法时，特别强调方法（形式）与内容的统一。其实，早在《精神现象学》中黑格尔就已提出了这一方法，在《小逻辑》中，黑格尔则更为详细地讨论了这一方法。他明确指出："方法并不是外在的形式，而是内容的灵魂和概念。"④ 现在，在《精神哲学》中，他进一步指出，"按必然性自己发展着的内容的严密形式"⑤ 是他的"精神哲学"能够采用的唯一的科学方法。

我们知道，黑格尔在《精神哲学》中采用的辩证法像他在自己的全部哲学中采用的辩证法一样，是一种对立面统一的方法，这种方法也是他的否定之否定方法或者说从正题到反题再到合题的方法。概括地说，它就是黑格尔哲学所采用的圆圈方法。正是借用这种方法，黑格尔把绝对精神这一实体表述为主体，从而把绝对精神的发展过程表述为绝对精神自我运动、自我发展和自我认识的过程，表述为绝对精神在自我运动、自我发展

---

① 〔德〕黑格尔：《小逻辑》，杨祖陶译，人民出版社，2006，第38页。
② 〔德〕黑格尔：《小逻辑》，杨祖陶译，人民出版社，2006，第43页。
③ 〔德〕黑格尔：《小逻辑》，贺麟译，商务印书馆，1980，第45页。
④ 〔德〕黑格尔：《小逻辑》，贺麟译，商务印书馆，1980，第427页。
⑤ 〔德〕黑格尔：《精神哲学》，杨祖陶译，人民出版社，2006，第6页。

和自我认识中所包含的全部丰富内容展开和显示的过程。这个过程作为绝对精神全部丰富内容展开和显示的过程，它的每一较低的环节都为更高的环节提供了基础，每一较高的环节在扬弃较低环节的同时把较低环节的积极内容包含在自身之内，从而使得它的内容比较低环节的内容更为高级、更为丰富、更为具体，它因此而构成了前者的真理。而在《精神哲学》之中，绝对精神的发展以"精神"或"人的精神"的自我运动、自我发展和自我认识的形式表现了出来，它据此而被描述为人的精神的全部内容在意识的历史、人类的历史和意识形态中展开和显示的过程，并且这个过程也是人的精神在辩证的运动中由低级到高级、由简单到丰富以及由抽象到具体的过程。因此，黑格尔指出："精神哲学作为一门真正的科学，……是要在精神活生生的发展中去认识精神的本质或概念和精神自身从一个环节到另一个环节、从一个阶段到另一个阶段、从一种形态到另一种形态的必然性，也就是它成为一个自我实现、自我认识了的有机整体的必然进展。"①

黑格尔那里的辩证方法作为对立统一（矛盾）或否定之否定的方法也就是圆圈的方法，他的哲学就是圆圈方法的具体体现，这种体现使得他的"哲学的每一部分都是一个哲学全体，一个自身完整的圆圈。但哲学的理念在每一部分里只表达出一个特殊的规定性或因素。每个单一的圆圈，因它自身也是整体，就要打破它的特殊因素所给它的限制，从而建立一个较大的圆圈。因此全体便有如许多圆圈所构成的大圆圈。这里面每一圆圈都是一个必然的环节，这些特殊因素的体系构成了整个理念，理念也同样表现在每一个别环节之中"②。因此，在《精神哲学》中，黑格尔也用这种圆圈的方法展开和显示了"精神"（人的精神）的自我运动、自我发展和自我认识的过程，它首先由"主观精神"、"客观精神"和"绝对精神"这一大圆圈构成，并在这一圆圈中包含了诸多的小圆圈乃至更小的圆圈。这些圆圈典型地表达了他的"精神哲学"的特殊分类和结构。

---

① 〔德〕黑格尔：《精神哲学》，杨祖陶译，人民出版社，2006，译者导言，第12页。
② 〔德〕黑格尔：《小逻辑》，贺麟译，商务印书馆，1980，第56页。

基于圆圈的方法，黑格尔把绝对精神在精神阶段的发展分为"主观精神"、"客观精神"和"绝对精神"三个阶段，并且相应地把"精神哲学"分为研究"主观精神"的哲学、研究"客观精神"的哲学和研究"绝对精神"的哲学三个部分。其中，主观精神哲学包含了由"人类学"、"精神现象学"和"心理学"三个部分构成的圆圈，客观精神哲学包含了由"法"、"道德"和"伦理"三个部分构成的圆圈，绝对精神哲学则包含了由"艺术"、"宗教"和"哲学"三个部分构成的圆圈。这些圆圈不仅包含在"精神哲学"中由"主观精神"、"客观精神"和"绝对精神"三个部分所构成的大圆圈之内，并且它们自身（作为比上述大圆圈次一级的圆圈）又包含了更次一级的圆圈，甚至还要次一级的圆圈。例如，在主观精神哲学中，"人类学"包含了由"自然灵魂"、"感觉灵魂"和"现实灵魂"三个部分构成的更次一级的圆圈，"精神现象学"包含了由"意识"、"自我意识"和"理性"三个部分构成的更次一级的圆圈，"心理学"包含了由"理论精神"、"实践精神"和"自由精神"三个部分构成的更次一级的圆圈，如此等等。整个"精神哲学"就是这样一个大圆圈包含着小圆圈，小圆圈包含着更小的圆圈乃至还要小的圆圈所构成的圆圈系统，它们都是大大小小的对立面统一的系统，也是大大小小的否定之否定的系统，在这些大大小小的对立面统一或否定之否定的圆圈系统中，"精神"按照必然性的路径不断从较低的环节、阶段走向较高的环节、阶段，并于最终走向了绝对精神，展开了自己，实现了自己，认识了自己，在达到绝对真理的同时又实现了真正的自由。

## 四 黑格尔《精神哲学》的内容

在"黑格尔《精神哲学》的方法"中，我们指出了黑格尔基于他的圆圈方法勾画出的他的"精神哲学"的分类和结构，这些分类和结构也从整体上勾画出了他的"精神哲学"的大致内容。在此基础上，我们将更为具体地介绍黑格尔《精神哲学》的内容，这些内容包含三个部分。

1. 主观精神哲学

主观精神哲学研究的是"主观精神"，它是尚未与外物发生关系即仅仅存在于自身之内的个人精神，黑格尔称它为"在与自己本身相联系的形式中"① 的精神。因此，它是一种主观的自由（自在自由）的精神。主观精神哲学所研究的个人精神就是个人的意识，它的目的是要说明个人如何从最初的与动物意识无本质区别的自然灵魂状态逐步发展为有理性能力并试图使外部世界服从自己以实现自由意志的人的发展过程。黑格尔把这个过程分为灵魂、意识和精神三个阶段，并且相应地把主观精神的哲学分为"人类学"（研究灵魂）、"精神现象学"（研究意识）和"心理学"（研究狭义的个人精神）三个部分。

人类学要探讨灵魂如何从最原始的自然状态发展到摆脱了自然性走向自我的过程。这里，黑格尔沿着由低到高的顺序分别考察了"自然灵魂"、"感觉灵魂"和"现实灵魂"三个发展阶段。到了现实灵魂阶段，灵魂使肉体成为自己的工具，从而使自己成为作为内在东西的自为的、个别的主体，身体是属于它的外在东西，"现实的"灵魂则属于内在东西和外在东西的统一。黑格尔把肉体（身体）看成灵魂的符号，认为它是灵魂塑造的艺术品，但由于灵魂对肉体的塑造并不是绝对的，身体在有机生命方面并不受制于灵魂，所以，灵魂在感到自身力量的局限时就把身体作为异己的东西从自身赶出去，从而实现了自己在存在形式上的解放并且成为"自我"。这样一来，它就认识到了自己的观念性，也认识到了自己是主体。就自我（主体）将其各种规定的自然总体作为客体与自己分割开来作为外部世界同时又与外部世界发生联系而言，这就是精神现象学所要研究的意识。

精神现象学以意识为研究对象，它要探讨精神作为意识如何去把握外在于它的独立的客体，目的是把关于对象的知识的确定性提高为真理。为此，黑格尔分析了"意识本身"、"自我意识"和"理性"三个发展环节。理性是意识和自我意识的统一，在理性中，自我与对象（或主体与客体）统一了起来，也就是说，它作为具有自我意识的东西确信事物的本质的种种规定就是它的种种思想。这样的理性就是进行着知的真理，它也就是心理学所要研究的精神。

心理学以（狭义的）精神为研究对象，它的目的是把自身分为主客对立的整体并且"知"它们的统一和真理，发现精神的客体最终产生于精神

---

① 〔德〕黑格尔：《精神哲学》，杨祖陶译，人民出版社，2006，第27页。

自身，也就是说，认识到精神乃是正在自知的真理。精神作为灵魂与意识的统一，它像灵魂一样是一个整体，但却消除了灵魂整体的直接单纯性；它像意识一样是一种"知"，但却不是意识那样的对外在的独立对象的"知"。起初，精神还不是真正的精神，它因其直接性的限制还以为对象是源自于外部的对象，此时它必须扬弃这种限制它的直接性从而扬弃以为对象源自于外部的表面现象，自己解放自己并且证明自己是从自己的"知"中发展出全部的内容和客体，进而证明自己是自由的、绝对的自我决定。因此，心理学中考察的精神的各种能力和普遍活动的各种方式，其实都是精神扬弃自己的直接性或主观性的形式并进而向着自己解放自己的发展阶段，它们也是精神对本身"知"的发展阶段。黑格尔把这些发展阶段分为"理论精神"、"实践精神"和"自由精神"三个环节。理论精神就是理智，它主要是认识活动，或"知"的冲动，它的任务就是把貌似外来的客体由给予的、个别的、偶然的形式变成主观的、普遍的、必然的理性的东西，从而使之成为自己的东西。在经由直观、表象（回想、想象力、记忆）、思维（知性、判断、推理）三个小的发展环节之后，理智便过渡到实践精神。实践精神就是意志，它就是知道自己是内容的决定者的理智，因此，它也就是知道自己给自己做决定的能力。黑格尔在讨论了实践的感觉、冲动和任意、幸福后指出，当意志不是以自我决定的某种特殊内容而是以自我决定本身（或自由）为对象时，意志就成了现实的自由意志。于是，意志便过渡到自由精神。自由精神是现实的自由意志，它也是理论精神和实践精神的统一。现实的自由意志作为以自由的普遍规定为目的的意志，只有在它是自由理智（思维到这个普遍规定）时才有可能。一旦个人知道自己的本质、目的、使命就是自由，并且决心以自己的行动来实现自己的本质、目的、使命时，他的精神就超越了主观精神的范围而进入了客观精神。

### 2. 客观精神哲学

客观精神哲学所研究的是"客观精神"，它是体现在客观世界即精神自己产生和它产生出来了的外部世界（法的、道德的、伦理的世界）中的精神。主观精神属于个人内部的精神，客观精神则是个人内部精神的外部表现。"所谓外部表现，是指与身体有机联系在一起的人的精神所创造和继续创造着的法律、社会、国家、风尚、习惯、道德、伦理的世界。"① 个人的精神在"主观精神"的范围内达到了现实的自由意志，客观精神的目的则是要在外部世界中实现自由，让外部世界成为客观精神所创造的具有自由的关系的世界。黑格尔认为，在主观精神范围内达到的现实的自由意志尚未真正地实现出来，若要真正地实现，必须在主观之外的领域亦即作为外部世界的社会历史领域方能完成。由于人在社会中有着个人的任性，所以，在人与人的相互关系中，不同的个人的"任性"也会相互冲突；而在社会历史中，自由应是克服了个人的任性的自由，个别性的意志应受到自由意志本身所建立的法的限制。这种限制正是为了实现人在外部世界中的自由，人只有在社会中通过限制个人任性才能实现意志的自由。根据限制的类型，客观精神的发展包含了抽象法、道德、伦理三个阶段。

　　自由意志在抽象法的阶段是直接或者说个别的自由意志（人），它的定在是财产或所有物，也就是说，个人的自由意志借助外在的财产或所有物来实现自身。黑格尔认为，任何普通的人都有自由意志，而伴随自由意志而来的就是权利，亦即"法"。人在仅仅作为单纯的人而非国家的公民时，他享有的权利就是抽象的权利，即抽象的"法"。在黑格尔看来，正是这种抽象的"法"才使人成为法权意义上的"人"（person），而正是这种法权意义才使人成其为"人"。所以他说，抽象"……法的命令是：成为一个人，并敬重他人为人"②。重要的是：黑格尔像其他近代资产阶级启蒙思想家一样十分重视私有财产权利，因而将对抽象法的讨论与私有财产联系起来，认为人作为具有自由意志的人首先具有占有"物"并让其成为自己财产的权利。因此，在此阶段中，黑格尔分析了私有制问题，财产或所有物的占有、使用、转让等问题，并且围绕财产或所有物分析了契约与不法的问题。

　　自由意志在道德的阶段映现在自己之内，它的定在就是主观的意志法或者说个人的内在良心，也就是说，自由意志在内心中的实现就是道德。在讨论抽象法时，黑格尔在谈到不法时指出：对于不法的犯罪不能用"复仇"的方式来惩罚，而应该用第三个判断的执行者亦即审判者来审判，第三个判断才是公正无私的正义合法的对于不法行为的强制。就此而言，抽

---

① 杨祖陶：《黑格尔〈精神哲学〉指要》，舒远招整理，人民出版社，2018，第105页。
② 〔德〕黑格尔：《法哲学原理》，邓安庆译，人民出版社，2016，第85页。

象法是一种大家遵守的作为外在强制的"强制法"。但在这里，黑格尔提出了一种超越抽象法的外在强制的内在的自我强制，它就是具有自由意志的人的内在的自我道德强制。黑格尔认为这种道德强制更能体现人的意志的自由。正如他在《法哲学原理》中所说："……作为生物，人是可以被强制的……；但他的自由意志是绝对不可能被强制的，除非它本身不从其所受约束的外在性或不从其对这种外在性的表象中撤退出来。"① 由于在道德领域的强制是一种自愿的自我强制，所以，"主观意志在道德上是自由的"②，人在此处的行为出自于他的自由意志。鉴于人在道德上的权利涉及人的内在的意向、良心，以及关于善恶的知识等等，因此，在此阶段中，黑格尔分析了诸如故意、意图与福利、善与恶等问题，指出道德目标就是善，但善却不是不可及的"应当"，而是被实现出来的自由。

自由意志在伦理的阶段是实体性的意志，它是自由的充分的实现，它作为法与道德或者说外与内、客与主之统一（整体）的现实就是家庭、市民社会和国家中的伦理。这也就是说自由意志在家庭、市民社会和国家中得到了充分实现。因此，在此阶段中，黑格尔讨论了个体与家庭、市民社会和国家的关系，表达了他关于家庭（婚姻、家庭财富、子女教育与家庭解体）、市民社会（需要系统、司法、警察与同业公会）和国家（内部国家法、外部国家法以及世界历史）的观点。黑格尔认为，由于"绝对精神"是不受限制的普遍性，而国家作为民族的伦理理念受到了限制，所以，绝对精神必须超越国家、民族的界限作为"世界精神"在世界的历史中发展。虽然黑格尔把历史说成世界精神的历史，亦即世界精神利用人类来实现它的自由本质的历史，但是，他也把世界历史描述成一个在矛盾的推动下按照内在必然规律前进的历史，一个由必然走向自由的历史，并认为在此过程中，世界精神是通过玩弄"理性的狡计"来实现自己的目的的，它让人们自觉地去追求各自的特殊目的，但最终实现的却是它的目的。当然，尽管客观精神在世界历史中作为世界精神经历了由低级到高级的发展，但是，它依然受到外在性的限制，依然是有限的精神，自由因此也不完全，所以，理念还要进一步发展到绝对精神。

① 〔德〕黑格尔：《法哲学原理》，范扬、张企泰译，商务印书馆，1961，第96页。
② 〔德〕黑格尔：《精神哲学》，杨祖陶译，人民出版社，2006，第323页。

### 3. 绝对精神哲学

绝对精神哲学所研究的是"绝对精神"，它克服了主观精神和客观精神各自的片面性并且实现了它们的对立面的统一。此前，主观精神作为在个人的内心中发展的精神具有内在性的片面性，客观精神作为在人类社会和历史中发展的精神具有外在性的片面性（不自觉性），绝对精神认识到自己作为主体其实就是客体本身，从而使主体与客体处于绝对的统一之中。所以，绝对精神是精神对自己的最高认识，它的唯一目的和活动就是以自身为对象并且自觉地显示自身，因而它是绝对的、无限的、自由的精神，黑格尔将其称为"在其绝对的真理中"① 的精神。绝对精神的发展经历了艺术、宗教和哲学三个阶段。

在艺术阶段，绝对精神以具体外在的感性直观的形式显示自己、认识自己。艺术被黑格尔看成对绝对精神的第一种"知"的形态，因而它被当作对于绝对精神的一种把握形式。但是，黑格尔又认为，艺术作品乃至创造和欣赏艺术作品的主体都具有直接性，艺术作品这个形态是对于作为理想的自在的绝对精神的具体直观和表象，它以直接的直观的艺术形象而非抽象的思想来把握理想的自在的绝对精神。黑格尔把艺术具体划分为"象征的艺术"、"古典的艺术"和"浪漫的艺术"三种形式，并对其进行了简单的讨论。他还把美看成理念的直观的形象的表现，针对理念，他说："正是这概念与个别现象的统一才是美的本质和通过艺术所进行的美的创造的本质。"② 尽管在《精神哲学》中黑格尔已经表达了他关于"艺术和美"的问题的主要观点，但是，若是想要更为系统地了解他关于"艺术和美"的思想，还应该进一步阅读他的另外一部著作——《美学讲演录》。

在宗教阶段，绝对精神以象征性的内在表象显示自己、认识自己。黑格尔说："在真正的宗教，即其内容是绝对精神的宗教的概念里，本质上包含着这样一点：它是被启示的，确切地说是被上帝启示的。"③ 基于这一观点，黑格尔主要讨论的是启示的宗教亦即基督教。在讨论中，他具体分析了上帝的可知性、宗教作为表象的认识和上帝的三度显身问题，指出上

---

① 〔德〕黑格尔：《精神哲学》，杨祖陶译，人民出版社，2006，第 27 页。

② 〔德〕黑格尔：《美学》（第一卷），朱光潜译，商务印书馆，1979，第 130 页。

③ 〔德〕黑格尔：《精神哲学》，杨祖陶译，人民出版社，2006，第 377 页。

帝分别以"普遍性"、"特殊性"和"个别性"三个环节显示自身,认为这些表明上帝不仅显示自己为"始终在自身中存在的、永恒的内容"①,而且还"作为永恒本质与其显示的区分……而成为内容进入其中的现象世界"②。他还进一步认为,宗教像艺术、哲学一样,是一种认识的形式,它是对上帝、绝对精神、真理的认识。黑格尔的《宗教哲学讲演录》包含了他的更为系统和具体的宗教哲学思想。

在哲学阶段,绝对精神以概念、纯粹思维的形式来显示自己、认识自己。黑格尔指出,哲学"这门科学是艺术和宗教的统一"③。尽管艺术、宗教、哲学都是绝对精神的自我显示和自我认识,但是,艺术因借助外在的感性直观的东西来认识绝对精神,因而还未彻底摆脱对象性的局限;宗教虽然转向主体的内心(表象、内心的虔诚态度),可还未达到最高形式的内在性;只有哲学用纯粹思想的形式来显示自己、认识自己,它既有艺术的对象性(但已将感性因素转换成了最高形式的客观事物亦即思想形式),也有宗教的主体性(也纯化为思想形式)。在哲学中,思想既是最内在、最真实的主体性,也是最实在、最普遍的客体性。哲学思维因其仅仅与自身相关而属于最自由的思维,它是思维的绝对的自我意识。黑格尔在此也分析了"哲学作为概念的认识"、"哲学与宗教的关系"和"哲学概念运动的三个推论"。若是进一步联系到他的《哲学史讲演录》,我们就会发现,他的一个重要思想是:他把哲学与哲学的历史统一了起来,认为哲学和哲学史具有内在的一致性并且都是关于真理的科学,是对真理的概念式的把握,都表现为一个合乎逻辑的过程。他说:"概念的发展在哲学里面是必然的,同样概念发展的历史也是必然的。"④ 区别在于:哲学的必然性是纯粹的,哲学史的必然性是通过大量的偶然性表现出来的。因此,他认为哲学是哲学史发展的必然结果。由此出发,他强调自己的关于绝对精神的哲学就是西方哲学史长期发展的必然结果和最后顶峰,它是绝对精神自我发展、自我认识的最终实现,它既是绝对的真理,也实现了真正的自由。因此,黑格尔认为他在自己的哲学中终结了哲学,也终结了哲学史。

---

① 〔德〕黑格尔:《精神哲学》,杨祖陶译,人民出版社,2006,第379页。
② 〔德〕黑格尔:《精神哲学》,杨祖陶译,人民出版社,2006,第379~380页。
③ 〔德〕黑格尔:《精神哲学》,杨祖陶译,人民出版社,2006,第383页。
④ 〔德〕黑格尔:《哲学史讲演录》,贺麟、王太庆等译,商务印书馆,2006,第43页。

13

# 叔本华的《作为意志和表象的世界》

杨宗伟*

　　《作为意志和表象的世界》是 19 世纪德国意志主义哲学的创始人、德国哲学家叔本华的代表作。此书出版于 1818 年，但在当时并没有引起人们的兴趣与关注，甚至在出版商那里就几乎给宣判了死刑，出版商在接受这本书的出版时就曾预言它将变成一堆废纸。这本书出版后，学术界毫无反响，一年半的时间只卖出了 140 册。叔本华本人在大学宣讲这本书时，也是听者寥寥，最少时，竟只有 3 人。在随后 30 年时间里，这本书也几乎无人问津。但是叔本华并没有因此而灰心，他自我解嘲似地宣称，这本书不是为当代人写的，而是为后人写的，他在默默无闻中等待了 30 个寒暑，这部鼓噪着生命冲动的哲学名著也伴随它的作者度过了 30 年的冬眠期。1848年革命失败以后，德国乃至整个欧洲的社会历史条件发生了急剧的变化，叔本华所预言并热切期盼的那个时代终于来临了。对理性的不信任，对社会现实的不满，对人生意义的失落，成为一种流行的时代精神风尚。这给叔本华的哲学命运带来了转机。1851 年，叔本华发表了另一部著作《附录与补充》（分两卷），其中收录的小册子《人生智慧箴言录》却出人意料地引起了巨大的社会反响，当人们回头重读《作为意志和表象的世界》时才发现，原来早在 30 年前，叔本华就说出了他们想说的话。于是，这部沉寂了 30 年的书，一下子走红了。1859 年，《作为意志和表象的世界》第三

---

　　* 杨宗伟，男，哲学博士，讲师，主要研究方向为德国哲学。

版出版，受到了空前欢迎，犹如火山爆发，一时间，整个欧洲都知道了这本书。了解叔本华、谈论叔本华并充当一位悲观主义者，成了当时有教养者的一个标签。

# 一 《作为意志和表象的世界》概述

该书德文版分为两卷。从结构上看，第一卷由四个部分和一个附录构成：第一部分为"世界作为表象初论"，第二部分为"世界作为意志初论"，第三部分为"世界作为表象再论"，第四部分为"世界作为意志再论"，附录为"康德哲学批判"。从内容上看，可以归结为四个方面：唯我主义的唯心论，意志形而上学，非理性主义哲学立场，悲观主义的人生观与哲学解脱论。这四个方面的内容，将西方传统的形而上学问题与人生意义问题联系起来，以认识论为开端，伦理学为总结，共同构成了一个宏大的唯意志主义形而上学体系。第二卷则是针对第一卷额外的补充与说明，但是第二卷的个别篇章，如《论人类的形而上学需求》《论本能与艺术冲动》《后哲学》，增添了第一卷中不曾讨论的新问题、新内容。

叔本华整个哲学理论体系的建构依靠的是一个"有机方法论"，贯穿其中的是一个"总体思考"（der eine Gedanke），即哲学的各个部分总体上都围绕着一个思考来展开。但是他的知识论基础却是从对于康德哲学的批判开始的。因此，尽管他把这本书的附录——"康德哲学批判"放在书的最后，但他在第一版序中却明确建议读者先读这一部分："未读本书正文之前，先读附录倒是适当的了；尤其是附录的内容恰同本书第一篇有着紧密的关系，所以更先读为好。"① 在他看来，康德的最大功绩是指出现象和自在之物两者之间的区别，正是这一区别把康德的批判哲学与一切的非批判的独断的"超绝哲学"区分开来。然而康德虽然指出了人们不仅要从客体出发，而且同样可以从主体出发认识世界，但是他的思想远没有走到"现象即作为表象的世界，而自在之物即意志这样的认识"。这就是说康德把世界一分为二——现象世界和自在之物，我们的认识只能停留在现象世界，而对于本体世界——自在之物则无能为力，永不可及。叔本华的哲学

①　〔德〕叔本华：《作为意志和表象的世界》，石冲白译，商务印书馆，1982，第5页。

也是以这种区分为基础的，但与康德不同的是，他眼中的那个本体世界"自在之物"，我们只有通过自己的身体来认识，身体是我们认识物自体的唯一途径，因为，他将那个本体的世界也称为"意志"。现象世界中的纷繁复杂的事物，无非是意志本体的不同表现罢了。因此他要用意志本体论，完成对康德二元论的批判与超越。

世界的本质因而是意志，是通过身体向我们彰显自己的物自体，叔本华认为，我们可以从同一本质的两个面来言说。

## 二　世界之为表象

叔本华认为，以往的哲学都忽视了一个最为基本的事实，要么从主体出发引出客体，要么从客体出发引出主体，而事实却是，世界既不是单纯的主体，也不是单纯的客体，而是我的表象，"世界是我的表象：这是一个真理，是对于任何一个生活着和认识着的生物都有效的真理"①。因此，根本没有脱离主体的客观世界，就是说没有什么太阳，只有眼睛中的太阳，没有什么地球，只有人手触摸到的地球。因此，我们必须立足这一事实，首先把一切都作为表象来加以考察，即作为主体的客体来考察。作为表象的世界，它有着本质的、必然的、不可分的两个半面，一个半面是客体，另一个半面是主体，这两个半面是相互依存的，任何一个半面都只能是因另一个半面而有意义和存在：存则共存，亡则俱亡。

在叔本华看来，"世界是我的表象"，但却并不意味着这个作为表象的世界是主观随意决定的，或者是一团乱麻式的主观意象，相反，所有的表象都以一种有序的方式和其他表象联系在一起。客体都处在由充足理由律所决定的关系中，即处在空间、时间、因果性等的关系中，因为主体就是按这些先验形式去认识客体的。根据律有四种形态，他的博士学位论文《充足理由律的四重根》就是要说明这个问题：时间、空间属于存在的理由律，物质属于变化的理由律，动机属于行为的理由律，概念和逻辑属于认识的理由律。

另外，"世界是我的表象"，也并不意味着世界是由我创造的。叔本华

---

① 〔德〕叔本华：《作为意志和表象的世界》，石冲白译，商务印书馆，1982，第25页。

并不否认物质世界的客观存在，而只是说它对我们呈现，为我们所表象，是我们关于它的一切话题的前提，世界就是它向我们表象的那个样子。充足理由律表明，现象世界是必然性领域，这也构成了一切科学认识的可能性基础。科学的内容，从根本上看无非是对表象间的关系的说明，将表象的关系归结为充足理由律的某一形态，这些表象间的关系之所以是必然的而不是任意的，就在于它是一个不能不如此这般设想的关系，它属于认识的先天形式。然而仍有两种东西是科学无法说明的，一是充足理由律本身，二是一切表象的东西所依据的自在之物。这就意味着世界绝不仅仅是表象，它必定还有其本质。

## 三　世界之为意志

以往的哲学之所以没有看到这个本质的世界，甚至连康德也误将其认作一个"自在之物"，都是太拘泥于人类的理性了，陷入了理性主义的误区。因为还有一种比理性更为根本的东西，它是理性的主人，理性的一切作为都是为它而服务，这就是作为宇宙本体的意志。"一切表象，不管是哪一类，一切客体，都是现象。唯有意志是自在之物。作为意志，它就决不是表象，而是在种类上不同于表象的。它是一切表象，一切客体和现象，可见性、客体性之所以出。"①

然而问题是，既然我们把认识的谜底归结为意志，而意志作为一种更高的必然，"是在本质上和表象根本不同，完全不同的东西，表象的那些形式和法则对于它必然是毫不相干的，因而，人们也不能从表象或以这些法则为线索求得这东西"②。这就是说一切的充足理由律在它面前都失去了效力。因此，叔本华形象地打比方说，如果我们仍执着于科学方法，遵循理由律，"这就好比一个人枉自绕着一座王宫走而寻不到进去的入口，只落得边走边把各面宫墙素描一番。然而这就是我以前的一切哲学家所走的路"③。

---

① 〔德〕叔本华：《作为意志和表象的世界》，石冲白译，商务印书馆，1982，第164~165页。
② 〔德〕叔本华：《作为意志和表象的世界》，石冲白译，商务印书馆，1982，第150页。
③ 〔德〕叔本华：《作为意志和表象的世界》，石冲白译，商务印书馆，1982，第150页。

　　要想不重蹈以往哲学家的覆辙，就须另辟蹊径，这条新路是由我们的身体活动透露给我们的。"身体的活动不是别的，只是客体化了的，亦即进入了直观的意志活动。"①"如果把我的身体是我的表象〔这一面〕置之不论，那么，我的身体就只还是我的意志。"② 人们只要通过自己的身体活动，就可以清楚地发现意志的存在，明白是意志在支配我们的行动。

　　但问题在于，我们何以得出支配我们身体的意志与支配别人乃至整个世界的意志是同一个意志呢？叔本华给出的答案是："每个人自己就是全世界，就是小宇宙，并看到这世界的两方面都完整无遗地皆备于我。而每个人这样认作自己固有的本质的东西，这东西也就囊括了整个世界的、大宇宙的本质。所以世界和人自己一样，彻头彻尾是意志，又彻头彻尾是表象，此外再没有剩下什么东西了。"③ 叔本华指出，身体给予人的事物是一切事物中最直接的，比如刺激、冲动，而不需要借助任何认识工具就可以被人接收到。进而，叔本华认为，我们应当在这样的直接性上对世界进行诠释（auslegen），也就是用身体意志彰显给我们的内容作为解释其他事物的钥匙。

　　只有意志是自在之物，世界中的一切都不过是意志的客体化，但意志在客体化为这个世界时，是有许多不同的层次和级别的。个别事物只是意志的间接客体，只有理念才是意志的直接的、恰如其分的、完美的客体，"意志乃是理念的自在本身，理念把意志客体化了，这种客体化是完美的。意志也是个别事物以及认识这个别事物的个体的自在本身，这些物与人也把意志客体化了，但这种客体化是不完美的"④。

　　正是因为这一点，意志在自然的客体演绎之中，需要一个沟通意志与纷繁自然现象的中介。叔本华用柏拉图的理念来充当。理念不同于一切个别事物，因为它不在时空中显现，不具备低层次表象的形式，但理念还不是意志，它终究还是意志的客体化，即作为主体的客体。由于意志有一种冲动，它总要在更高的级别上实现自己，"较高现象是从一些较低现象的相互冲突中产生的，它吞噬了这一切现象然而又在更高的程度上实现了这

①　〔德〕叔本华：《作为意志和表象的世界》，石冲白译，商务印书馆，1982，第151页。
②　〔德〕叔本华：《作为意志和表象的世界》，石冲白译，商务印书馆，1982，第155页。
③　〔德〕叔本华：《作为意志和表象的世界》，石冲白译，商务印书馆，1982，第233页。
④　〔德〕叔本华：《作为意志和表象的世界》，石冲白译，商务印书馆，1982，第252页。

一切现象的向上冲动"①。因此，理念既是意志的完美表现，同时又是个别事物的愿望，它既能统摄一切表象，又是照亮意志的最高的一盏明灯，人们要认识意志，理念就作为金字塔状的表象等级中的最高的环节而无法绕开。

由此，叔本华还赋予了自然现象一个创造性的秩序。最低级别的是自然力，这是意志最低层的客体化方式，最高级别的意志客体化则是人本身，因为人既能认识表象，也能认识意志，能发现意志与表象的最终同一。这一点也决定了人比其他一切事物高级和优越。但就此认为我们人就是理性的动物，理性为我们提供人生的目标和尊严，却是没有根据的。因为，当我们人的本质是意志时，而意志从根本上讲是没有理由和根据的，就其作为意志表出而言，它与其他任何表象一样也并没有任何的特殊。因此，一方面人要看到人在认识中的理性优势，另一方面也不能对人的认识太过于高估，一切认识对于意志本体而言都只具有工具价值。人在本质上首先永远是一个欲求着的东西，其次才是一个认识着的东西；人从来不是按认识而欲求，而总是按欲求而认识。这就使得一切理性派哲学失去了根据。理性派哲学把理性思维看作人的本质，如笛卡儿提出"我思故我在"，这是颠倒了意志和理性的关系，以及身体与理性、灵魂的关系。从表面上看，人的意志欲望受理性的节制和支配；从本质上看，人的理性、思想则是完全服从于意志的。因此，人在行为上也不存在什么自由，动机只是行为的表面上的理由，在人生的道路上既没有自由也没有必然的规律可循，主宰人生的永远都是那不可遏止、永远向前的生命意志。

生命意志是作为物自体的意志在现象世界的客体展现。一方面，它要求生存，要维护个体生命的存在；另一方面，它又要生命的延续，要求繁衍后代。而且从本体论上来说，叔本华确立了不存在优于存在这一颠覆性的命题，于是，存在的基本形态就是痛苦了。这样，意志就构成了世界和人生痛苦的根源。意志本体论也就构成了叔本华悲观主义伦理学的形而上学基础。意志就是欲求，欲求就意味着缺乏，而缺乏就是痛苦。只要欲望不能满足，痛苦就会持续下去。现实生活中的人们有一种错觉，误以为给我们带来痛苦的情况具有偶然性，于是人们以为只要通过努力摆脱了这些

---

① 〔德〕叔本华：《作为意志和表象的世界》，石冲白译，商务印书馆，1982，第 210 页。

偶然因素的袭扰，痛苦就能消除，而叔本华却要向人们的"证实一切生命如何在本质上即是痛苦"①。也就是说，这种痛苦是人在生存中由意志所决定的内在的、本质的命运，痛苦不是人生的插曲和偶然的不幸，而是生存的常态。因此，我们要"认识到随偶然而转移的只是痛苦用以出现的形式，只是痛苦的形态而不是别的什么，也就是认识到我们现在目前的痛苦只填充着一个位置，在这位置上如果没有这一痛苦，立刻便有另一痛苦来占领"②。就是说欲望的满足永远是暂时的，一种欲望一旦满足，便立刻成为新的欲求的起点，因此只要欲望永远无止境，痛苦便不可能消除，人生连同整个世界都在无尽的苦海中挣扎。无机物和植物作为意志客体化的低级阶段，痛苦是无知觉的，在作为意志客体化高级阶段的动物和人身上，则有了痛感神经的出现，痛苦就成了无法逃避的折磨。这就决定了人类的痛苦是一切痛苦的顶点，它伴随人的一生，直到死亡。

我们为了生的欲求，挣扎着与死亡抗争，但到最后也逃不脱死亡的命运和大限，"因为我们的诞生就已把我们注定在死亡的掌心了；死亡不过是在吞噬自己的捕获以前（如猫对鼠）逗它玩耍一会儿罢了"③。既然欲求和挣扎是人的全部本质，那么幸福对于人生而言，永远只是一个短暂的泡沫，即使我们的欲求暂时得到满足，幸福也不会如期而至，而我们又会陷入另外一种更令人绝望的情绪之中，这就是无聊和空虚。"人因为他易于获得的满足随即消除了他的可欲之物而缺少了欲求的对象，那么，可怕的空虚和无聊就会袭击他，即是说人的存在和生存本身就会成为他不可忍受的重负。所以人生是在痛苦和无聊之间像钟摆一样的来回摆动着；事实上痛苦和无聊两者也就是人生的两种最后成分。"④

基于此，叔本华对人生命运做了如下形象的素描："每一张人脸和这张脸一辈子的经历也只是一个短短的梦了，是无尽的自然精神的短梦，常住的生命意志的短梦；只不过是一幅飘忽的画像，被意志以游戏的笔墨画在它那无尽的画幅上，画在空间和时间上，让画像短促地停留片刻，和时

---

① 〔德〕叔本华：《作为意志和表象的世界》，石冲白译，商务印书馆，1982，第425页。

② 〔德〕叔本华：《作为意志和表象的世界》，石冲白译，商务印书馆，1982，第432页。

③ 〔德〕叔本华：《作为意志和表象的世界》，石冲白译，商务印书馆，1982，第426~427页。

④ 〔德〕叔本华：《作为意志和表象的世界》，石冲白译，商务印书馆，1982，第427页。

间相比只是近于零的片刻，然后又转去的便为新的画像空出地位来。"① 这不仅是无可救药的悲观主义，而且也是一种令人绝望的虚无主义。人生既是一场痛苦无聊的悲剧，也是一场短促易逝的梦，一切乐观主义都是肤浅的，幸福、快乐、成功只具有消极的作用，只能成为人生悲剧命运细节中的一些零碎的喜剧笑柄。

既然人生的命运是悲剧，一切的努力都成为无望的挣扎，那么，人们能否解脱？何以解脱？叔本华给出的总体解脱方案就是对于生命意志的否定，这也是合乎逻辑的唯一的解脱途径。因为人生悲剧的命运根源在于生命意志，那么对于生命意志的任何肯定，只会加剧人生的苦痛。接下来的问题是：对于生命意志如何否定？叔本华给出了两种可能的道路，即艺术之路与圣人之路。

## 四  艺术之路和圣人之路

在艺术活动中，主体已不再按理由律来考量各种关系了，而是忘我地沉浸于对象的静观（Kontemplation）中。这时，主体"置身于这一直观中的同时也不再是个体的人了，因为个体的人已自失于这种直观之中了。他已是认识的主体，纯粹的、无意志的、无痛苦的、无时间的主体"②。当他脱开了意志的桎梏，而用艺术家的那种宁静的、沉默的、纯粹的眼光来观审，他就会在直观中浸沉，在客体中自失，而忘记了个体的欲求和处境。"这样，人们或是从狱室中，或是从王宫中观看日落，就没有什么区别了。"③ 因为这个主体已达到了无欲无求、物我两忘的境界，正是这种艺术观照的自失状态使他忘却了尘世的痛苦，达到了极乐的境界。

艺术虽然能把我们的一切痛苦"以一种奇妙的方式平息下去"，但是毕竟好景不长，当艺术的盛宴终结，新的痛苦又会重新袭上心头。"一个我们可以在其中完全摆脱一切痛苦的领域经常近在咫尺，但是谁有这份力量能够长期地留在这领域之上呢？只要这纯粹被观赏的对象对于我们的意

---

① 〔德〕叔本华：《作为意志和表象的世界》，石冲白译，商务印书馆，1982，第441页。
② 〔德〕叔本华：《作为意志和表象的世界》，石冲白译，商务印书馆，1982，第250页。
③ 〔德〕叔本华：《作为意志和表象的世界》，石冲白译，商务印书馆，1982，第275页。

识，对于我们在人的任何一种关系再又进入我们的意识，这魔术就完了。"① 那么怎样才能使人彻底摆脱痛苦的生存状态，而得到永远的解脱呢？叔本华给出的答案就是要从根本上否定生命意志本身，其哲学上的根据就是看穿"个体化原理"，而认识整全的自在之物，以使自己达到自动克制欲求和与世无争的状态。这样，"他的意志掉过头来，不再肯定它自己的、反映于现象中的本质；它否定这本质"②。具体而言，它的第一步是通过禁欲来完成的，禁欲不仅是因为在结果上欲望可能会对人们有害，更重要的是在心理动因上就产生一种强烈的情感拒斥，要发自内心地"厌恶生命意志，厌恶被认作充满烦恼的这世界的核心和本质"③。对于生命体而言，最强烈的欲望莫过于性欲的冲动了。因此性欲是首先要坚决戒绝的，"在任何情况之下，他也不要性的满足了。自愿的、彻底的不近女色是禁欲或否定生命意志的第一步"④。其次就是在日常生活中要自愿地受苦，就是说这种生活中的贫苦不是由于外在条件而偶然产生的，而是自己为自己强行设定的，因此它不仅是必然的，而且是随时随地的。在叔本华看来，这就是"节欲修身"（Askese）一词的基本含义，"在我已多次用过的禁欲这一词里，从狭义说，我所理解的就是这种故意的摧毁意志，以摒弃好受的和寻找不好受的来摧毁意志，是自己选定的，用以经常压制意志的那种忏悔生活和自苦"⑤。

如果说对生命意志的否定过程是一幕悲剧，那么禁欲只是这幕大戏的开启，而死亡才是它的高潮。最典型的死亡方式就是绝食而死。绝食而死在叔本华看来是不能等同于自杀的，因为自杀者所否定的只是个体而不是作为物种的生命意志本身，因此，自杀，作为一个个别现象的自甘毁灭，也就是一个完全徒劳的、愚蠢的行为。绝食而死和一般人的自杀的根本不同在于，它否定的力量直接针对生命意志本身，这样它也必然会拥有与自杀截然不同的结果，"随着死亡而告终的不仅只是现象，而且是那本质自

① 〔德〕叔本华：《作为意志和表象的世界》，石冲白译，商务印书馆，1982，第277页。
② 〔德〕叔本华：《作为意志和表象的世界》，石冲白译，商务印书馆，1982，第520~521页。
③ 〔德〕叔本华：《作为意志和表象的世界》，石冲白译，商务印书馆，1982，第521页。
④ 〔德〕叔本华：《作为意志和表象的世界》，石冲白译，商务印书馆，1982，第521页。
⑤ 〔德〕叔本华：《作为意志和表象的世界》，石冲白译，商务印书馆，1982，第537页。

身也取消了"①。这样一个结局带给我们的非但不是死亡的恐怖，反而是佛教徒达于涅槃般的欣喜，是一切归于虚无后的寂灭中的极乐境界。叔本华说："个体化原理的看穿如果发挥充分的力量就会导致完整的神圣性和解脱；而神圣和解脱的现象就是上述清心寡欲无企无求的境界，是和清心寡欲相伴随而不可动摇的安宁，是寂灭中的极乐。"②

---

① 〔德〕叔本华：《作为意志和表象的世界》，石冲白译，商务印书馆，1982，第 524 页。

② 〔德〕叔本华：《作为意志和表象的世界》，石冲白译，商务印书馆，1982，第 546 页。

# 马克思和恩格斯的《德意志意识形态》

倪　霞[*]

　　1845 年春，马克思和恩格斯在巴黎会面并决定合著一部作品，以共同钻研他们的见解与德国哲学思想体系之间的对立，清算两人的哲学信仰。这一工作以批判黑格尔以后的哲学形式来实现。该作品就是两人于 1845 年秋至 1846 年 5 月共同写作的《德意志意识形态》。

　　《德意志意识形态》的副标题为"对费尔巴哈、布·鲍威尔和施蒂纳为代表的现代德国哲学以及各式各样先知所代表的德国社会主义的批判"。这表明，该作品主要是通过对路德维希·费尔巴哈、布鲁诺·鲍威尔和麦克斯·施蒂纳所代表的"青年黑格尔派"的唯心史观的批判，以及对"真正的社会主义"所宣传的唯心主义和神秘主义的批判，系统阐述历史唯物主义的基本原理，并论述共产主义和无产阶级革命的理论。

　　《德意志意识形态》第一卷标题为"对费尔巴哈、布·鲍威尔和施蒂纳所代表的现代德国哲学的批判"。在这一卷中，马克思和恩格斯主要批判了青年黑格尔派那种"观念、概念、自我意识决定世界"的意识哲学，以及费尔巴哈人本主义哲学由于不了解真正的实践活动并且缺少"历史"的视野而导致的历史观上的唯心主义。在该卷第一章"费尔巴哈"中，马克思和恩格斯全面阐述了历史唯物主义的基本原理。在第二卷"对各式各样先知所代表的德国社会主义的批判"中，马克思和恩格斯批判了"真正

---

　　* 倪霞，女，哲学博士，副教授，主要研究方向为马克思主义哲学、价值与文化。

的社会主义"将德意志意识形态与法国社会主义进行嫁接，以对普遍的爱的宣扬取代对工人阶级革命热情的宣扬，从而导致唯心主义和神秘主义，以此来正面宣扬社会主义理论，激发工人阶级的革命觉悟和革命热情。

《德意志意识形态》本身是一个没有完成的手稿，而且在传播过程中还发生了佚失。从现存的手稿来看，《德意志意识形态》由两卷八章构成。第一卷包括序言、第一章（"费尔巴哈"）、第二章（"圣布鲁诺"）、第三章（"圣麦克斯"），第二卷包括导言（"真正的社会主义"）、第一章、第四章和第五章。第二卷缺失第二章和第三章。所缺失的这两章是作者没有动笔还是后来遗失，至今没有定论。马克思和恩格斯在写作《德意志意识形态》以前，本打算把重心放在政治经济学方面。此前，恩格斯的《政治经济学批判大纲》和《英国工人阶级状况》对马克思影响非常大。马克思和恩格斯在 1845 年 7 ~ 9 月专门游历英国，着手准备研究政治经济学。但在马克思于 1845 年 9 月回到布鲁塞尔后，他中断了政治经济学研究，转而准备全面批判青年黑格尔派。这一批判的结果就是《德意志意识形态》。

马克思之所以放弃政治经济学研究而转向全面批判青年黑格尔派，原因在于以下几点。首先，当时出版商允诺要出版《德意志意识形态》，而马克思认为在正面阐述自己的观点之前，需要先发表一部反对德国哲学和那一时期产生的德国社会主义的论战性著作，以使读者能够了解他同已有德国科学根本对立的政治经济学观点。其次，回应布鲁诺·鲍威尔对费尔巴哈哲学与马克思和恩格斯《神圣家族》的不恰当批评。鲍威尔认为费尔巴哈是对黑格尔哲学的简单模仿，《神圣家族》则与费尔巴哈属于同一种哲学，都是用类本质压制个人。最后，与《唯一者及其所有物》作者施蒂纳的观点划清界限。此前，马克思和恩格斯就施蒂纳的这部作品交换过意见并存在分歧。恩格斯肯定施蒂纳批判费尔巴哈的贡献，主张借助其"利己主义者"逐步转向共产主义，马克思则从根基上批判施蒂纳。

马克思和恩格斯为了回应鲍威尔和施蒂纳，就必须对他们共同的批判对象费尔巴哈进行批判。鲍威尔从黑格尔自我意识立场出发批判费尔巴哈，施蒂纳从"个我"角度来批判费尔巴哈。马克思和恩格斯认为，无论是费尔巴哈还是施蒂纳、鲍威尔，都是当时德国哲学的代表，都需要被清算。他们最初的思路是：先批判鲍威尔，因为鲍威尔直接误解了马克思和恩格斯的思想；然后批判施蒂纳，因为施蒂纳确立了马克思主义理论的边界问题。在实际写作中，马克思和恩格斯意识到，如果不深刻批判费尔巴哈，就不可能彻底批判鲍威尔和施蒂纳。因此，他们将关于费尔巴哈的批判抽取出来，另辟一章，并放在开头部分。加上马克思在《关于费尔巴哈的提纲》中的基本判断，这一章构成马克思和恩格斯唯物史观的基本表达，并较为完整地表述了共产主义思想，由此被他们视为全书纲领性的内容。

《德意志意识形态》第一卷第一章现存遗稿的中文版是以巴加图利亚所编版本为底本，根据1985年德文单行本校译，全文共分为四个部分。在该章中，马克思和恩格斯以"现实的个体"为出发点，以人的实践活动作为人的基本存在和发展方式，以人的自由全面发展为归宿和目标来表述自己的哲学。①

## 1. 一般意识形态，特别是德国哲学

A.②

我们开始要谈的前提不是任意提出的，不是教条，而是一些只有在臆想中才能撇开的现实前提。这是一些现实的个人，是他们的活动和他们的物质生活条件，包括他们已有的和由他们自己的活动创造出来的物质生活条件。因此，这些前提可以用纯粹经验的方法来确认。

全部人类历史的第一个前提无疑是有生命的个人的存在。③因此，第一个需要确认的事实就是这些个人的肉体组织以及由此产生的个人对其他自然的关系。当然，我们在这里既不能深入研究人们自身的生理特性，也不能深入研究人们所处的各种自然条件——地质条件、山岳水文地理条件、气候条件以及其他条件。④任何历史记载都应当从

---

① 《马克思恩格斯文集》（第1卷），人民出版社，2009，第516~526页。

② 手稿中删去以下一段话："我们仅仅知道一门唯一的科学，即历史科学。历史可以从两方面来考察，可以把它划分为自然史和人类史。但这两方面是不可分割的；只要有人存在，自然史和人类史就彼此相互制约。自然史，即所谓自然科学，我们在这里不谈；我们需要深入研究的是人类史，因为几乎整个意识形态不是曲解人类史，就是完全撇开人类史。意识形态本身只不过是这一历史的一个方面。"——编者注

③ 手稿中删去以下这句话："这些个人把自己和动物区别开来的第一个历史行动不在于他们有思想，而在于他们开始生产自己的生活资料。"——编者注

④ 手稿中删去以下这句话："但是，这些条件不仅决定着人们最初的、自然形成的肉体组织，特别是他们之间的种族差别，而且直到如今还决定着肉体组织的整个进一步发展或不发展。"——编者注

这些自然基础以及它们在历史进程中由于人们的活动而发生的变更出发。

可以根据意识、宗教或随便别的什么来区别人和动物。一当人开始生产自己的生活资料，即迈出由他们的肉体组织所决定的这一步的时候，人本身就开始把自己和动物区别开来。人们生产自己的生活资料，同时间接地生产着自己的物质生活本身。

人们用以生产自己的生活资料的方式，首先取决于他们已有的和需要再生产的生活资料本身的特性。这种生产方式不应当只从它是个人肉体存在的再生产这方面加以考察。更确切地说，它是这些个人的一定的活动方式，是他们表现自己生命的一定方式、他们的一定的生活方式。个人怎样表现自己的生命，他们自己就是怎样。因此，他们是什么样的，这同他们的生产是一致的——既和他们生产什么一致，又和他们怎样生产一致。因而，个人是什么样的，这取决于他们进行生产的物质条件。

这种生产第一次是随着人口的增长而开始的。而生产本身又是以个人彼此之间的交往［Verkehr］为前提的。这种交往的形式又是由生产决定的。

各民族之间的相互关系取决于每一个民族的生产力、分工和内部交往的发展程度。这个原理是公认的。然而不仅一个民族与其他民族的关系，而且这个民族本身的整个内部结构也取决于自己的生产以及自己内部和外部的交往的发展程度。一个民族的生产力发展的水平，最明显地表现于该民族分工的发展程度。任何新的生产力，只要它不是迄今已知的生产力单纯的量的扩大（例如，开垦土地），都会引起分工的进一步发展。

一个民族内部的分工，首先引起工商业劳动同农业劳动的分离，从而也引起**城乡**的分离和城乡利益的对立。分工的进一步发展导致商业劳动同工业劳动的分离。同时，由于这些不同部门内部的分工，共同从事某种劳动的个人之间又形成不同的分工。这种种分工的相互关系取决于农业劳动、工业劳动和商业劳动的经营方式（父权制、奴隶制、等级、阶级）。在交往比较发达的条件下，同样的情况也会在各民族间的相互关系中出现。

分工的各个不同发展阶段，同时也就是所有制的各种不同形式。这就是说，分工的每一个阶段还决定个人在劳动材料、劳动工具和劳动产品方面的相互关系。

第一种所有制形式是部落［Stamm］所有制。这种所有制与生产的不发达阶段相适应，当时人们靠狩猎、捕鱼、畜牧，或者最多靠耕作为生。在人们靠耕作为生的情况下，这种所有制是以有大量未开垦的土地为前提的。在这个阶段，分工还很不发达，仅限于家庭中现有的自然形成的分工的进一步扩大。因此，社会结构只限于家庭的扩大：父权制的部落首领，他们管辖的部落成员，最后是奴隶。潜在于家庭中的奴隶制，是随着人口和需求的增长，随着战争和交易这种外部交往的扩大而逐渐发展起来的。

第二种所有制形式是古典古代的公社所有制和国家所有制。这种所有制首先是由于几个部落通过契约或征服联合为一个城市而产生的。在这种所有制下仍然保存着奴隶制。除公社所有制以外，动产私有制以及后来的不动产私有制已经发展起来，但它们是作为一种反常的、从属于公社所有制的形式发展起来的。公民仅仅共同拥有支配自己那些做工的奴隶的权力，因此受公社所有制形式的约束。这是积极公民的一种共同私有制，他们面对着奴隶不得不保存这种自然形成的联合方式。因此，建筑在这个基础上的整个社会结构，以及与此相联系的人民权力，随着私有制，特别是不动产私有制的发展而逐渐趋向衰落。分工已经比较发达。城乡之间的对立已经产生，后来，一些代表城市利益的国家同另一些代表乡村利益的国家之间的对立出现了。在城市内部存在着工业和海外贸易之间的对立。公民和奴隶之间的阶级关系已经充分发展。

随着私有制的发展，这里第一次出现了这样的关系，这些关系我们在考察现代私有制时还会遇见，不过规模更为巨大而已。一方面是私有财产的集中，这种集中在罗马很早就开始了（李奇尼乌斯土地法就是证明），从内战发生以来，尤其是在帝政时期，发展得非常迅速；另一方面是由此而来的平民小农向无产阶级的转化，然而，后者由于处于有产者公民和奴隶之间的中间地位，并未获得独立的发展。

第三种形式是封建的或等级的所有制。古代的起点是城市及其狭小的领域,中世纪的起点则是乡村。地旷人稀,居住分散,而征服者也没有使人口大量增加,——这种情况决定了起点有这样的变化。因此,与希腊和罗马相反,封建制度的发展是在一个宽广得多的、由罗马的征服以及起初就同征服联系在一起的农业的普及所准备好了的地域中开始的。趋于衰落的罗马帝国的最后几个世纪和蛮族对它的征服本身,使得生产力遭到了极大的破坏;农业衰落了,工业由于缺乏销路而一蹶不振,商业停滞或被迫中断,城乡居民减少了。这些情况以及受其制约的进行征服的组织方式,在日耳曼人的军事制度的影响下,发展了封建所有制。这种所有制像部落所有制和公社所有制一样,也是以一种共同体为基础的。但是作为直接进行生产的阶级而与这种共同体对立的,已经不是与古典古代的共同体相对立的奴隶,而是小农奴。随着封建制度的充分发展,也产生了与城市对立的现象。土地占有的等级结构以及与此相联系的武装扈从制度使贵族掌握了支配农奴的权力。这种封建结构同古典古代的公社所有制一样,是一种联合,其目的在于对付被统治的生产者阶级;只是联合的形式和对于直接生产者的关系有所不同,因为出现了不同的生产条件。

在城市中与这种土地占有的封建结构相适应的是同业公会所有制,即手工业的封建组织。在这里财产主要在于个人的劳动。联合起来反对成群搭伙的掠夺成性的贵族的必要性,在实业家同时又是商人的时期对公共商场的需要,流入当时繁华城市的逃亡农奴的竞争的加剧,全国的封建结构,——所有这一切产生了行会;个别手工业者逐渐积蓄起少量资本,而且在人口不断增长的情况下他们的人数没有什么变动,这就使得帮工制度和学徒制度发展起来,而这种制度在城市里产生了一种和农村等级制相似的等级制。

这样,封建时代的所有制的主要形式,一方面是土地所有制和束缚于土地所有制的农奴劳动,另一方面是拥有少量资本并支配着帮工劳动的自身劳动。这两种所有制的结构都是由狭隘的生产关系——小规模的粗陋的土地耕作和手工业式的工业——决定的。在封建制度的繁荣时代,分工是很少的。每一个国家都存在着城乡之间的对立;等级结构固然表现得非常鲜明,但是除了在乡村里有王公、贵族、僧侣和农民的划分，在城市里有师傅、帮工、学徒以及后来的平民短工的划分之外，就再没有什么大的分工了。在农业中，分工因土地的小块耕作而受到阻碍，与这种耕作方式同时产生的还有农民自己的家庭工业；在工业中，各手工业内部根本没有实行分工，而各手工业之间的分工也是非常少的。在比较老的城市中，工业和商业早就分工了；而在比较新的城市中，只是在后来当这些城市彼此发生了关系的时候，这样的分工才发展起来。

比较广大的地区联合为封建王国，无论对于土地贵族或城市来说，都是一种需要。因此，统治阶级的组织即贵族的组织到处都在君主的领导之下。

由此可见，事情是这样的：以一定的方式进行生产活动的一定的个人①，发生一定的社会关系和政治关系。经验的观察在任何情况下都应当根据经验来揭示社会结构和政治结构同生产的联系，而不应当带有任何神秘和思辨的色彩。社会结构和国家总是从一定的个人的生活过程中产生的。但是，这里所说的个人不是他们自己或别人想象中的那种个人，而是现实中的个人，也就是说，这些个人是从事活动的，进行物质生产的，因而是在一定的物质的、不受他们任意支配的界限、前提和条件下活动着的。②

思想、观念、意识的生产最初是直接与人们的物质活动，与人们的物质交往，与现实生活的语言交织在一起的。人们的想象、思维、精神交往在这里还是人们物质行动的直接产物。表现在某一民族的政治、法律、道德、宗教、形而上学等的语言中的精神生产也是这样。

---

① 手稿的最初方案是："在一定的生产关系下的一定的个人"。——编者注

② 手稿中删去以下这段话："这些个人所产生的观念，或者是关于他们对自然界的关系的观念，或者是关于他们之间的关系的观念，或者是关于他们自身的状况的观念。显然，在这几种情况下，这些观念都是他们的现实关系和活动、他们的生产、他们的交往、他们的社会组织和政治组织有意识的表现，而不管这种表现是现实的还是虚幻的。相反的假设，只有在除了现实的、受物质制约的个人的精神以外还假定有某种特殊的精神的情况下才能成立。如果这些个人的现实关系的有意识的表现是虚幻的，如果他们在自己的观念中把自己的现实颠倒过来，那么又是由他们狭隘的物质活动方式以及由此而来的他们狭隘的社会关系造成的。"——编者注

人们是自己的观念、思想等等的生产者，[①] 但这里所说的人们是现实的、从事活动的人们，他们受自己的生产力和与之相适应的交往的一定发展——直到交往的最遥远的形态——所制约。意识［das Bewußtsein］在任何时候都只能是被意识到了的存在［das bewußte Sein］，而人们的存在就是他们的现实生活过程。如果在全部意识形态中，人们和他们的关系就像在照相机中一样是倒立成像的，那么这种现象也是从人们生活的历史过程中产生的，正如物体在视网膜上的倒影是直接从人们生活的生理过程中产生的一样。

德国哲学从天国降到人间，和它完全相反，这里我们是从人间升到天国。这就是说，我们不是从人们所说的、所设想的、所想象的东西出发，也不是从口头说的、思考出来的、设想出来的、想象出来的人出发，去理解有血有肉的人。我们的出发点是从事实际活动的人，而且从他们的现实生活过程中还可以描绘出这一生活过程在意识形态上的反射和反响的发展。甚至人们头脑中的模糊幻象也是他们的可以通过经验来确认的、与物质前提相联系的物质生活过程的必然升华物。因此，道德、宗教、形而上学和其他意识形态，以及与它们相适应的意识形式便不再保留独立性的外观了。它们没有历史，没有发展，而发展着自己的物质生产和物质交往的人们，在改变自己的这个现实的同时也改变着自己的思维和思维的产物。不是意识决定生活，而是生活决定意识。前一种考察方法从意识出发，把意识看做是有生命的个人。后一种符合现实生活的考察方法则从现实的、有生命的个人本身出发，把意识仅仅看做是他们的意识。

这种考察方法不是没有前提的。它从现实的前提出发，它一刻也不离开这种前提。它的前提是人，但不是处在某种虚幻的离群索居和固定不变状态中的人，而是处在现实的、可以通过经验观察到的、在一定条件下进行的发展过程中的人。只要描绘出这个能动的生活过程，历史就不再像那些本身还是抽象的经验主义者所认为的那样，是一些僵死的事实的汇集，也不再像唯心主义者所认为的那样，是想象

---

① 手稿中删去以下这句话："而且人们是受他们的物质生活的生产方式，他们的物质交往和这种交往在社会结构和政治结构中的进一步发展所制约的。"——编者注

的主体的想象活动。

在思辨终止的地方，在现实生活面前，正是描述人们实践活动和实际发展过程的真正的实证科学开始的地方。关于意识的空话将终止，它们一定会被真正的知识所代替。对现实的描述会使独立的哲学失去生存环境，能够取而代之的充其量不过是从对人类历史发展的考察中抽象出来的最一般的结果的概括。这些抽象本身离开了现实的历史就没有任何价值。它们只能对整理历史资料提供某些方便，指出历史资料的各个层次的顺序。但是这些抽象与哲学不同，它们绝不提供可以适用于各个历史时代的药方或公式。相反，只是在人们着手考察和整理资料——不管是有关过去时代的还是有关当代的资料——的时候，在实际阐述资料的时候，困难才开始出现。这些困难的排除受到种种前提的制约，这些前提在这里是根本不可能提供出来的，而只能从对每个时代的个人的现实生活过程和活动的研究中产生。这里我们只举出几个我们用来与意识形态相对照的抽象，并用历史的实例来加以说明。①

马克思和恩格斯在《德意志意识形态》第一卷第一章中批判了青年黑格尔派哲学的核心，并阐明了历史唯物主义的基本概念和基本原理。

**首先，从总体上揭示包括费尔巴哈在内的青年黑格尔派哲学的核心，重点批判了费尔巴哈人本学唯物主义。**马克思和恩格斯认为，青年黑格尔派批判活动的全部问题在于没有脱离黑格尔体系所坚持的观点，即"观念、思想、概念产生、规定和支配人们的现实生活、他们的物质世界、他们的现实关系"②，因而，即便他们吸收了黑格尔思维方式中的历史感，却"没有一个想到要提出关于德国哲学和德国现实之间的联系的问题"③，他们所论及的绝对精神的瓦解过程、自我意识和精神观念的发展过程以及人的解放和人的自由问题，也只能停留在自我意识领域或精神领域，把宗教幻想推崇为历史的动力，而让"一切现实的关系都成了观念"④。既然青年

---

① 《马克思恩格斯文集》（第1卷），人民出版社，2009，第516~526页。
② 《马克思恩格斯文集》（第1卷），人民出版社，2009，第511页。
③ 《马克思恩格斯文集》（第1卷），人民出版社，2009，第516页。
④ 《马克思恩格斯文集》（第1卷），人民出版社，2009，第585页。

黑格尔派认为人们之间的关系、受到的束缚和限制都是意识的产物，并且观念、思想、概念等那些被他们变成某种独立东西的意识的一切产物，是人们的真正枷锁，于是，现实关系的不合理就变成了观念本身的不合理，那么只要与意识的这些幻想进行斗争就行了，从而他们只能"合乎逻辑地向人们提出一种道德要求，要用人的、批判的或利己的意识来代替他们现在的意识"①。这种批判所能达到的唯一结果，就是从宗教史上对基督教做一些片面的说明，而"绝对不是反对现实的现存世界"②。

　　青年黑格尔派对黑格尔派的这种依赖关系表明他们并没有真正对黑格尔体系进行全面批判，而只是从黑格尔体系的某一方面来反对整个体系，也反对别人所抓住的那些方面。这意味着他们并没有想到要提出关于德国哲学和现实之间的关联问题，以及关于他们所做的批判与他们自身的物质环境之间的联系问题。由此，马克思和恩格斯认为，以往所有的历史哲学的通病是离开人们的现实生活去说明历史。

　　费尔巴哈认为，要理解思维和存在、精神和物质、人和自然的统一，应当从有感觉的人和自然界出发，精神应能在物质中找到自己的位置，人及其思维、感觉和需要是人和自然之统一的有机反映。但是，费尔巴哈缺少历史的视野，把人们周围的感性世界、自然界和人类社会的发展都看成开天辟地以来就存在并一成不变的东西，从而仅仅停留在抽象的个人及其感性的直观层面上去理解人的现实活动。他对人和社会做了抽象解读，把人理解为自然意义上的感觉主体和感性对象，而不是感性活动的主体，从而陷入"直观""解释"世界的层面。他无法认识到无论是自然界还是人类社会，都处于历史发展过程之中，都是生产活动和社会制度变迁的产物，是世代相承的活动的结果。每一代人都在前一代人所创造的物质和精神成果的基础上，继续变革并发展生产和交往方式，随着生产方式的变革而改变自然以及他们的社会制度。正是因为缺乏历史生成性思维，费尔巴哈虽然把人当作自己唯物主义的基础，但主要强调的是人的存在的自然条件，把人仅仅当作"感性对象"而不是"感性活动"，不是从社会关系的角度去分析现实活动中的人与人之间的关系。这样，基于抽象人道主义和

① 《马克思恩格斯文集》（第1卷），人民出版社，2009，第516页。
② 《马克思恩格斯文集》（第1卷），人民出版社，2009，第516页。

自然主义对宗教进行批判时，人就成了一个没有历史感、脱离具体社会关系的抽象实体。这样，关于人的解放途径的思考也就只能停留在价值悬设层面，不可能从历史发展中分析出人类社会的发展趋势，历史地揭示宗教产生的世俗基础，也不可能找到消除宗教的合理路径，更不可能揭示现实中存在的人类社会不平等的根源，而只能诉诸用关于"人的本质"的思想去取代宗教幻想，用爱的宗教来解放现实的人类。这表明，费尔巴哈的哲学并没有摆脱西方传统哲学的局限，没有把感性世界理解为构成这个世界的个人的全部感性活动。因此，当他看到大批积劳成疾的穷苦人而不是健康的人的时候，不得不诉诸"'最高的直观'和观念上的'类的平等化'"①，从而在"唯物主义者看到改造工业和社会结构的必要性和条件的地方"，他却重新陷入了唯心主义窠臼。所以，马克思和恩格斯认为："当费尔巴哈是一个唯物主义者的时候，历史在他的视野之外；当他去探讨历史的时候，他不是一个唯物主义者。"②

**其次，系统阐述历史唯物主义的基本观点。** 马克思和恩格斯发现，黑格尔派哲学家们并没有意识到德国哲学与德国现实的关系问题，也没有意识到他们所做的批判和他们自身的物质环境之间的联系，从而都是脱离现实生活去说明历史。他们从观察社会现象的"现实的前提"出发，论证了社会意识的产生、发展和本质，提出并系统阐述了"不是意识决定生活，而是生活决定意识"③ 的理论，第一次明确论述了物质生产、物质关系对人类历史的意义。

**（1）历史唯物主义的现实出发点。** 马克思和恩格斯在考察人类历史的时候，明确规定了历史唯物主义的现实前提是"现实的个人"，是他们的活动和他们的物质生活及条件，包括他们已有的和由他们自己的活动创造出来的物质生活条件，并且特别强调这些前提是可以用纯粹经验的方法来确认的。在他们看来，"现实的个人"首先是有生命的个人存在，这构成全部人类历史的第一个前提，因此，人的生存以及由此形成的个人对自然的关系就成为第一个需要确认的事实。有生命的个人需要维持肉体生存，

---

① 《马克思恩格斯文集》（第 1 卷），人民出版社，2009，第 530 页。
② 《马克思恩格斯文集》（第 1 卷），人民出版社，2009，第 530 页。
③ 《马克思恩格斯文集》（第 1 卷），人民出版社，2009，第 525 页。

这种需要决定着人们必须生产自己的生活资料，从而产生人与自然之间的关系。生活资料的生产，不仅再生产着人们的肉体存在，而且还间接地生产着他们的物质生活本身。因此，人们用以生产自己生活资料的方式，表现为他们的活动方式和生活方式，从而将人与动物区别开来。同时，现实的人还进行着自身的生产，即繁殖和社会关系的生产。由此，现实的人的存在及其物质生产活动，不仅涉及人与自然的关系，还涉及人们之间的社会关系。社会关系是指许多个人的共同活动，因此，现实的人都处在一定的社会关系之中。对于现实的人来说，社会关系相较于自然关系更为本质，人的现实性在社会中体现得更加彻底。

马克思和恩格斯认为这种考察方法是符合现实生活的，是从现实的、有生命的个人本身出发的。这种考察方法的前提是人——"处在现实的、可以通过经验观察到的、在一定条件下进行的发展过程中的人"①。只要描绘出现实的人们的能动生活过程，历史就不再是僵死的事实的汇集或者想象的主体的想象活动。

马克思和恩格斯运用经验的方法，考察了现实的个人的生活过程。在他们看来，一定的生产方式或一定的工业发展阶段始终都是和一定的共同活动或一定的社会阶段联系在一起的，而这种共同的活动方式就是"生产力"。"人们所达到的生产力的总和决定着社会状况"②，因而必须把"人类的历史"与工业和交换的历史联系起来进行研究和探讨。这意味着，人们之间存在着物质联系，这种联系由需要和生产方式决定，这种联系的形式不断更新，就表现为"历史"。因此，考察历史就必须考察人们的物质关系。

马克思和恩格斯在把物质活动和物质关系从社会活动、社会关系中区别出来之后，进一步考察思想关系及其发展规律，发现意识、精神与现实生活中的语言交织在一起，通过语言表现出来，而语言是一种物质活动，是一种关系性存在。

针对以往的历史观把人的精神、意识作为人的存在和社会历史的决定力量、作为自己的哲学出发点的做法，马克思和恩格斯明确把意识、思

---

① 《马克思恩格斯文集》（第 1 卷），人民出版社，2009，第 525 页。
② 《马克思恩格斯文集》（第 1 卷），人民出版社，2009，第 533 页。

维、精神交往看作"人们物质行动的直接产物"①，认为"意识在任何时候都只能是被意识到了的存在，而人们的存在就是他们的现实生活过程"②。由此，道德、宗教、形而上学、意识形态等以及与之相适应的意识形式本身及其发展，都有赖于从事实际活动的人的现实生活过程的内容和发展。人们在发展物质生产和物质交往、改变自己的现实的同时也改变着自己的思维及思维的产物。因此，"不是意识决定生活，而是生活决定意识"③。

在马克思和恩格斯看来，人的意识从一开始就是社会的、历史的产物，而且只要人们存在着，它就仍然是这种产物。意识最初只是一种对直接的可感知的环境的意识，是对处于开始意识到自身的个人之外的其他人和其他物之狭隘联系的一种意识。自然界最开始是作为一种完全异己的、有无限威力的和不可制服的力量与人们对立，人们慑服于自然，他们的意识也仅仅是对自然界的一种纯粹动物式的意识。由于人们生活在社会之中，人与人之间的交往不断加强，物质生产活动的发展推动自发的或"自然形成"的分工转化为物质劳动和精神劳动的分离，从而产生意识形态。意识形态是物质活动和物质关系的产物，具有不同于现存实践之意识的相对独立性，能够摆脱世界去构造纯粹的理论、神学、哲学、道德等等。如果这种被构造出来的理论、神学、哲学、道德等和现存的关系发生矛盾，原因只能是现存的社会关系和现存的生产力发生了矛盾。分工使精神活动和物质活动、享受和劳动、生产和消费由不同的个人来分担的情况不仅成为可能，而且成为现实。因此，生产力、社会状况和意识彼此之间可能甚至一定会发生矛盾。要使三者之间不再发生矛盾，就只有再消灭分工。

**（2）历史生成的过程：社会分工和所有制的演变。**马克思和恩格斯认为，人类生产活动从一开始就存在着分工。随着交往和生产的发展，在自然形成的分工基础上出现脑力劳动和体力劳动，从而出现社会分工，而"分工的各个不同发展阶段，同时也就是所有制的各种不同形式。这就是说，分工的每一个阶段还决定个人在劳动材料、劳动工具和劳动产品方面的相互关系"④。生产力的发展引起社会分工的变化，而社会分工又制约并

---

① 《马克思恩格斯文集》（第 1 卷），人民出版社，2009，第 524 页。
② 《马克思恩格斯文集》（第 1 卷），人民出版社，2009，第 525 页。
③ 《马克思恩格斯文集》（第 1 卷），人民出版社，2009，第 525 页。
④ 《马克思恩格斯文集》（第 1 卷），人民出版社，2009，第 521 页。

决定着社会交往关系。生产力、社会分工和内部交往的发展程度共同推动着社会形态的更迭。同时，社会分工还表征着历史的发展路径。

一个民族内部的分工，首先引起工商业劳动与农业劳动的分离，从而造成城乡的分离和城乡利益的对立；分工的进一步发展导致商业劳动同工业劳动的分离。同时，各个部门内部的分工造成共同从事某种劳动的个人之间的分工日益细致。农业劳动、工业劳动和商业劳动的经营方式决定了人们之间分工的相互关系。在分工的不同阶段上，相应出现了部落所有制、古代的公社所有制和国家所有制、封建的或等级的所有制等不同形式。

由于社会分工和与之同时出现的劳动及其产品在数量上和质量上的不平等分配，产生了所有制，因此，"分工和私有制是相等的表达方式，对同一件事情，一个是就活动而言，另一个是就活动的产品而言"①。分工不仅造成了所有制各种不同形式的区分，而且造成对人的强制性束缚，造成财富和劳动之间的分裂。所以，财产的不平等、剥削现象、阶级间的斗争等等，并不是从来就有的，而是通过分工导致私有财产出现之后，经过漫长的历史发展过程才出现的。只要私有制存在，必然存在特殊利益和共同利益的分裂状态，也就会出现个人特殊利益与所有相互交往的个人之共同利益之间的矛盾。人们在社会分工基础上形成不同的利益集团，即产生了不同的阶级，统治阶级为维护本阶级的利益而通过政权对其他阶级实行统治。

在私有制条件下，社会分工会引起社会活动的异化。在马克思和恩格斯看来，只要人们还处于自然形成的社会之中，只要特殊利益和共同利益之间还存在分裂，只要分工还是自然形成的而不是出于自愿，那么，分工对人来说就是一种强制，人本身的活动对人来说就成为一种异己的、同他对立的力量，这种力量压迫着人，而不是人驾驭这种力量。因为，在分工出现之后，任何人都有自己一定的特殊的活动范围，这个范围是强加于他的，他为了获得生活资料，就不能超出这个活动范围。"社会活动的这种固定化，我们本身的产物聚合为一种统治我们、不受我们控制、使我们的愿望不能实现并使我们的打算落空的物质力量，这是迄今为止历史发展中

---

① 《马克思恩格斯文集》（第 1 卷），人民出版社，2009，第 536 页。

的主要因素之一。"① 简言之，私有制条件下的社会分工，造成了人的活动的异化，即人本身的异化。

不同个人的共同活动产生了一种社会的力量，即扩大了的生产力。但是，这种力量在私有制条件下还不是他们自身的联合力量，而是一种异己的、外在的强制的力量，是他们所不了解也不能驾驭的力量。这种力量正经历着不依赖于人们的意志和行为反而支配着人们的意志和行为的阶段。只有在"生产力的巨大增长和高度发展"的基础上，这种异化成为一种"不堪忍受的"力量，成为革命所需要的反对的力量，最终导致革命，并且普遍交往的建立和发展，使得各个民族相互依赖，同时，地域性的个人为世界历史性的、经验上普遍的个人所代替时，特殊活动范围对人的限制才能最终被消除，异化才能最终被消灭。

**（3）唯物史观与唯心史观的区别。** 马克思和恩格斯明确概括了自己的历史观："从直接生活的物质生产出发阐述现实的生产过程，把同这种生产方式相联系的、它所产生的交往形式即各个不同阶段上的市民社会理解为整个历史的基础，从市民社会作为国家的活动描述市民社会，同时从市民社会出发阐明意识的所有各种不同理论的产物和形式，如宗教、哲学、道德等等，而且追溯它们产生的过程。"② 他们指出，从物质关系出发来说明思想关系是唯物史观的实质，同时表明这种唯物主义历史观与唯心主义历史观的不同在于："它不是在每个时代中寻找某种范畴，而是始终站在现实历史的基础上，不是从观念出发来解释实践，而是从物质实践出发来解释各种观念形态。"③ 因此，要消灭一切唯心主义谬误，只能先消灭它得以产生的现实的社会关系，仅依靠精神的批判不可能消灭意识的一切形式和产物；历史的动力以及宗教、哲学和任何其他理论的动力不是批判，而是革命。

马克思和恩格斯提出，在理解历史时，应充分注意历史遗留下来的生产力状况、物质生产条件的作用。虽然生产力是人的活动的产物，伴随人的活动而发展，但却不以人的意志为转移，生产力与物质条件既是前一代

① 《马克思恩格斯文集》（第1卷），人民出版社，2009，第537页。
② 《马克思恩格斯文集》（第1卷），人民出版社，2009，第544页。
③ 《马克思恩格斯文集》（第1卷），人民出版社，2009，第544页。

人活动的物化和结果，又是后一代人活动的基础和条件。所以，"人创造环境，同样，环境也创造人"①。被哲学家们想象为"实体"和"人的本质"的东西也是以每个个人和每一代人所遇到的现成的生产力、资金和社会交往形式的总和为现实基础的，这种基础对人们的发展起着决定性的作用。同时，一定的生产力和积极参与反抗旧社会活动的革命群众是社会革命不可或缺的物质因素。如果没有这种物质因素，任何变革的思想对于实际发展来说都没有意义。

在《德意志意识形态》中，马克思和恩格斯以论战的方式清晰表明了自己的哲学观点，阐述了自己的唯物主义历史观，将现实的个人作为历史唯物主义的根本观念和研究社会历史的根本方法，明确提出了唯物主义历史观和唯心主义历史观以及与之相对应的两种观察社会历史的方法，并对唯物主义历史观前提进行了全面而完整的概括，强调现实的人、人的物质生产活动和物质生活条件的统一。马克思和恩格斯从物质生产活动和人们之间的物质关系出发来考察人类社会历史的发展的方法，不同于黑格尔的抽象思辨的方法和费尔巴哈的抽象的人本学的方法。他们不再以抽象的人为出发点，转而研究现实的人及其发展，确定了自己的历史观的新的出发点，并以此为基础建立了唯物主义历史观。

马克思和恩格斯认为，只要从现实的个人出发，从人的生存方式出发，人就必然同自然、社会发生一定关系，形成有机整体，这是不以人的意志为转移的。只有在物质生产方式基础上才能合理地解决个人和自然、个人和他人的统一性问题。由此，他们基于物质生产方式来阐明生产力与交往形式的矛盾运动，揭示了人类社会发展的基本规律，提出："一切历史冲突都根源于生产力与交往形式之间的矛盾。"② 而这种矛盾每一次都不可避免地要爆发为社会革命，表现为阶级之间的冲突，表现为思想和政治的斗争。

在《德意志意识形态》中，马克思和恩格斯明确提出了"不是意识决定生活，而是生活决定意识"的命题，认为人们的思想、观念、意识的产生最初是直接与人们的物质活动、物质交往以及现实的语言交织在一起

---

① 《马克思恩格斯文集》（第1卷），人民出版社，2009，第545页。
② 《马克思恩格斯文集》（第1卷），人民出版社，2009，第567~568页。

的。人的任何意识现象都是在人们的现实生活中产生的，而不是凭空臆造的，不是"纯粹"的意识。人的意识随着物质生产的发展、分工和交往关系的发展而发展。随着物质劳动和精神劳动的分离，意识获得相对独立性，并在社会生活中占有特殊地位。正是因为意识具有这种相对独立性，与现实不一致、冲突甚至矛盾的意识才得以可能，人们才会相信并非存在决定意识，精神、观念才能成为独立的东西。

马克思和恩格斯的哲学经历了由唯心主义向唯物主义，再向历史唯物主义转变的过程。《德意志意识形态》标志着这个转变过程的大致完成。在这部作品中，马克思和恩格斯基本上完成了对黑格尔唯心主义哲学和费尔巴哈人本主义哲学的批判，清算了以往的主流哲学思想，揭示了社会发展的一般规律，阐述了唯物主义历史观的基本观念，这标志着马克思主义哲学中历史唯物主义的建立。

# 15

# 弗雷格的《涵义与指称》

王　振<sup>*</sup>

## 一　文本

本文主要的参考文献是英文版 "On Sinn and Bedeutung"（以下简称为 "S&B"），该文选自 Beaney 的 *The Frege Reader*① 一书。中文版《论涵义和意谓》② 也是必要的参考。

## 二　弗雷格哲学的总体框架

值得注意的是，弗雷格并非有意给出我们今天称之为"语言哲学"的任何东西；他首先是作为一个数学家工作和思考的，尽管这种数学的工作和思考具有浓重的哲学意味，而后，这类哲学意味很浓重的工作在非常间接的意义上最终同"语言"关联了起来。

因此，为了更好地理解弗雷格对"语言"的看法，我们需要先考察一下他有关逻辑和数学基础方面的工作。

---

* 王振，男，哲学博士，副教授，主要研究方向为分析哲学、语言哲学。

① Beaney, M., *The Frege Reader*, Oxford：Blackwell, 1977. 本文在不做特别说明的情况下，所引的弗雷格英文原著内容均出自该书。

② 参见《弗雷格哲学论著选辑》，王路译，商务印书馆，1994，第 90～112 页。

## （一） 逻辑主义规划

简单来说，逻辑主义规划意欲完成的工作是：把数学的概念和命题全部转换成逻辑的概念和命题。由于逻辑上的概念和命题是清楚的、可以刻画的，因此，通过上述转换，数学便获得了"可靠的"基础。这种可靠的基础有两方面的意义。第一，形而上学方面的：如果数学能够转换成逻辑，那么可以认为这对数学的本质进行了刻画——例如"数"的本质其实就是"集合"。第二，认识论方面的：如果数学能够转换成逻辑，那么这提供了一种理解数学的可能，即可以不借助经验（密尔传统）、主观观念（贝克莱传统）、先验直观（康德传统）等方式而通过纯粹"分析（数学分析成逻辑）"的方式来理解数学。

## （二） 命题演算和谓词演算

为了实现上述目标，弗雷格首先需要一套"表征工具"，根据这套"表征工具"，一些基本的逻辑概念——如"判断""推理""证明"等得以清楚、无误而严谨地描述。在弗雷格的第一本著作 *Begriffsschrift*（以下简称为 *Bs*）中，他初步实现了对于这样一套"表征工具"的建构，也就是我们今天熟知的"命题和谓词演算系统"。接下来，我们对这两个系统进行一番概览。

第一，基本的"判断类型"。在构建命题和谓词演算系统时，弗雷格的一个重要贡献就是对"判断"的观念进行革新。对于弗雷格来说，判断的语法结构如"主谓结构"对于一个判断的逻辑上相关的内容来说，往往是无关紧要的。另外，判断内容在逻辑上重要的东西只有它所指示的真或者假。关于这一点，笔者在后文将详细论述。与对"判断"的革新一道，弗雷格也革新了我们对于命题内部结构的分析。这个分析将数学上的"函数"概念进行了扩展，以便应用到普通的日常语言所表达的判断——详细内容将在下文展示。这些看法完全颠覆了自亚里士多德以来的"词项"逻辑对于判断的看法，以及对于判断的分析。弗雷格的基本"判断类型"有四种：表示肯定的、表示否定的、表示条件的、表示普遍性的。关于这四个类型的具体内容，参见表1。

### 表1 弗雷格的基本"判断类型"

| 判断类型 | 弗雷格式的符号表达 | 意义 |
| --- | --- | --- |
| 肯定 | ├── （现代工业起源于英国） | 肯定如下陈述：现代工业起源于英国。 |
| 否定 | ├─┤ （现代工业起源于英国） | 否定如下陈述：现代工业起源于英国。 |
| 条件 | ┌── （现代工业起源于英国）<br>└── （莱布尼茨是德国人） | 肯定如下陈述：如果莱布尼茨是德国人，那么现代工业起源于英国。 |
| 普遍断言 | ├─〜𝑎 Φ（𝑎） | 肯定如下陈述：任给一个对象 𝑎，这个对象具有性质 Φ。 |

　　表1的第二列左侧是弗雷格人为设计出来的表示判断自身的"符号"，右侧的内容可以是任何一个"可判断的内容（陈述）"。下文为了行文的方便，括号中的内容将统一用小写的拉丁字母来代替而不再写出完整的陈述内容。弗雷格认为，这些陈述，无论它们具体表达的内容是什么，对于"逻辑"来说，重要的都是它们的真或者假——这呼应了弗雷格把判断看作"整体"①的思想。第二列左侧和右侧内容合在一起就是一个完整的判断。就第二行而言，如果括号内的陈述是真的，那么整个判断就是真的；括号内为假，则整个判断为假。就第三行而言，如果括号内的陈述是真的，那么整个判断就是假的；括号内为假，则整个判断为真。就第四行而言，唯独当符号下方的内容为真而上方的内容为假这种情况发生时，整个判断才是假的——否则整个判断为真。最后一行是量化表达，它说的是：不论 𝑎 是怎样的一个对象，它具有性质 Φ 是普遍成立的，也就是说，𝑎 具有性质 Φ 一定为真。量化表达之所以能如此表述，恰恰是有赖于我们对普通的陈述内容做了"函数"式的分析。有了这些基本的要素，我们就可以初步建构命题演算和谓词演算系统了。接下来我们逐一分析之。

　　第二，命题演算。根据表1的内容我们其实已经了解，弗雷格心目中的否定和条件判断，其实就是我们今天在命题逻辑中学习的基本真值函数联结词中的"否定"和"实质蕴含"。尽管弗雷格只给出了"否定"和

---

① 也就是说，判断内部的语法结构对于整个判断来说无足轻重。例如表1中"现代工业起源于英国"这个内容，如果我们将其表达为"英国是现代工业的起源地"，对于弗雷格来说，这两个内容没有实质区别——如果它们的真值都是"真"的话。

"蕴含"两个基本的真值函数联结词，但是根据其在 $Bs$ 一书中的分析，当代命题逻辑里常见的其他几个真值函数联结词，全部都可以通过"否定"和"蕴含"定义出来。具体内容可参考表 2。

**表 2　真值函数联结词**

| 判断类型 | 弗雷格式的符号表达 | 意义 | 现代表达 |
|---|---|---|---|
| 肯定 | ├─（p） | 肯定：p | p |
| 否定 | ├┬（p） | 否定：p | ¬p |
| 条件 | ├┬（q）／（p） | 肯定：如果 p，那么 q | p→q |
| 合取 | ├┬（q）／（p） | 肯定：p 并且 q | p&q |
| 析取 | ├┬（q）／（p） | 肯定：p 或者 q | p∨q |
| 等值 | ├─（p＝q）（p＝q） | 肯定：p 当且仅当 q | p≡q |

值得一提的是表 2 的最后一行。事实上，弗雷格在这一行引入了一个新的联结词符号即等号"＝（identity）"；遵循弗雷格对于其他联结词的统一的"语义解释"，由于弗雷格把所有联结词都解释成真值函数联结词，因此"等号"在这里也同样如此。因此，"等号"的含义是：两边的内容要么同时是真的，要么同时是假的——这恰好就是"实质等值"的含义。照此理解，这个符号其实同样可以通过"蕴含"符号来定义：它是一个"双向蕴含"符号。

以上述真值函数联结词和陈述为基础，我们就有了建构命题演算的初始符号。通过初始符号，我们可以定义"合语法"的符号串——公式。根据定义的公式，我们可以接着定义公理和推理规则。有关这一部分的具体内容，读者可参考弗雷格 $Bs$ 一书的第二部分。

第三，谓词演算。有了命题演算的所有内容加上量化表达，我们就有了谓词逻辑的基本框架。表 1 中的普遍判断其实就是谓词逻辑里的基本"量化表达"，以之为基础，其他的量化表达可以如表 3 所示进行定义。

表 3  量化陈述

| 判断类型 | 例句 | 弗雷格式的符号表达 | 现代表达 |
|---|---|---|---|
| 全称 | 所有东西都是物理的 | ⊢—⌣α⌣— P(α) | $\forall xPx$ |
| 特称 | 有些东西是物理的 | ⊢—⌢α⌢— P(α) | $\neg\forall x\neg Px$<br>即：$\exists xPx$ |
| 量化否定 | 没有东西是物理的 | ⊢—⌣α⌣— P(α) | $\forall x\neg Px$<br>即：$\neg\exists xPx$ |

观察表 3 可知，弗雷格同样没有引入现代谓词逻辑里的存在量词及其符号"∃"，但是存在量词显然可以通过全称量词和否定定义出来，例如表 3 的第二行。

和命题逻辑的情形一样，有了表 3 的基本表达和符号，我们可以建构一个初步的演绎系统。对于细节笔者不再赘述，感兴趣的可以参考弗雷格 *Bs* 一书的第二部分和第三部分。有一点需要指出的是：弗雷格的谓词演算系统并不止于"一阶"，也就是说，可量化的不仅包括个体词，也包括谓词本身。例如下列公式是允许的：

$$(1)\quad \forall F\ (Fa\equiv Fb)[1]。$$

在完成命题演算和谓词演算系统的建构之后，弗雷格便有了一套强有力的工具来处理许多逻辑上的基本概念。例如证明：证明就是演绎系统的一个公式序列，这个公式序列的每一个公式要么是给定的（公理或者定理），要么是通过给定的公式经由推理规则推导而来的。如此一来，推理的严格性就得到了有力的保障。以这些工作为起点，弗雷格把分析的焦点转向了数学。弗雷格的目标当然是想为数学奠定一个可靠的知识论上的基础[2]，又由于数学（至少是算术）的最基础部分是实数，因此如果我们可

---

① 当然，公式（1）不是弗雷格的原始表达方式，它是根据弗雷格的表达按照现代记法"转换"过来的。如此，我们便可方便地看出，弗雷格的系统是一个高阶系统。

② "知识论上的基础"意指：数学作为一种"科学的"知识系统，它的基础是牢靠的。比如对于弗雷格来说，数学知识不能建立在直观、经验等之基础上。

以对实数进行严格的说明，那么我们的奠基工作就有了可靠的开端。所以弗雷格在"工具"打造好了之后，其后的主要努力就是朝着提供严格的"实数理论"迈进——而这也是最终实现他的逻辑主义规划的最重要一环。

综上，弗雷格的整体哲学框架主要由逻辑和数学基础组成，这个框架里并没有特别的位子留给"语言"以及后世归在"分析哲学"名义下的任何东西。可以毫不夸张地说，弗雷格对语言的关注是其思考逻辑和数学基础问题的"副产品"。那么现在，让我们转向对这个"副产品"的关注。

**（三）语言维度的显现**

我们可以这样来理解"语言"这个副产品的诞生：弗雷格发现为了实现建构命题演算和谓词演算的目标——当然建构这两个演算总体上是服务于分析数学概念的，我们必须换一种方式来理解和分析语言——语言的逻辑结构。关于这一点，弗雷格在 Bs 一书的序言中是这么说的：

> 为了不使这里无意间掺杂上某些直观的东西，最重要的是必需使推理串完美无缺。当我致力于满足这种最严格的要求时，我发现语言的不完善是一种障碍，在现有各种最笨拙的表达中都能出现这种不完善性，关系越是复杂，就越不能达到我的目的所要求的精确性。概念文字的思想就是由这种需要产生出来的。因为它首先应该用来以最可靠的方式检验一个推理串的有效性，指出每一个悄悄潜入的假设前提，以便能够研究这些前提的根源。因此我去掉了所有那些在推理序列中没有意谓的表达。在 §3，我把仅在我看来是唯一重要的东西称作概念内容。如果要想正确理解我的形式语言的本质，从现在起就必须时刻记住这一说明。①

也就是说，语言的某些缺陷对弗雷格的整体目标构成了障碍，为了越过这个障碍，弗雷格对我们理解语言的方式进行了革新。这种革新的核心——如同上述引文显示的——和一个关键概念即"概念内容"有关。接下来我们转向对此的分析。

---

① 《弗雷格哲学论著选辑》，王路译，商务印书馆，1994，第 2 页。

# 三　弗雷格的语言哲学

正是在实施逻辑主义规划的过程中，弗雷格为了建构一套具有良好逻辑"表达"能力的系统，才使语言的维度得以凸显出来。而语言维度的凸显，也就使得弗雷格的语言哲学正式诞生。众所周知，弗雷格的语言哲学最为核心的概念是"涵义"。因此，我们接下来的分析工作主要围绕这个概念展开。而这个概念之所以被提出，根源恰好与我们上一部分提到的"概念内容"有关。

## （一）涵义概念的来源——"概念内容"

让我们首先从弗雷格的"判断"概念讲起。弗雷格在 $Bs$ 中首先区分了判断本身和判断的内容，一个判断将总是由一个特殊的表示判断的符号"⊢"表示（按照弗雷格的解释，竖线表示断定，横线表示可判断的内容），而整个表达式的内容紧跟在这个判断符号后面。例如"⊢对立的磁极相互吸引"就表示一个完整的判断，这个判断断定"对立的磁极相互吸引"是一个事实；而仅有内容"—对立的磁极相互吸引"的表达就不包含上面那样的断定。弗雷格说道，这个内容表达仅仅提示人们，它们是一些"观念的组合（mere complex of ideas）"。虽然说它们是可供判断的内容，但毕竟没有被断定。

这里有两点值得关注：其一，判断行为和判断内容被区分开来了，一个完整的判断同时含有这两者，我们对可判断的内容做出判断，被判断的内容是作为一个整体出现在判断中的；其二，这个被判断的内容作为整体是如何被把握的，对于此时的弗雷格来说是不清楚的。按照上文的解释，弗雷格认为，当我们对一个表达式的内容不做判断时，这个内容仅仅作为"观念组合"起作用，那么这是不是意味着如果要得到一个判断的整体内容，人们需要对表达这个判断的表达式的内容做出心理表象，通过心理表象的作用把握被判断的内容，即拥有这样的"观念组合"？对于第一点来说，将判断和判断内容区分开来有什么好处呢？弗雷格认为这个好处就是，判断可以只关注整个被判断的内容而不管这个内容里有着怎样的主谓结构。这样我们就可以对判断做出形式化的处理，并将其用于逻辑的推演。弗雷格为我们举了一个例子：对于"①the Greeks defeated the Persians at Plataea"和"②the Persians were defeated by the Greeks at Plataea"（*Bs*，§3，1960）这两个句子来说，弗雷格认为它们有着相同的"内容"，既然如此，那么我们就可以形式化地用一个命题变号 P 来表示这个相同的内容。弗雷格称这个相同的内容为"概念内容"（conceptual content）。以下提到的"概念内容"都是在弗雷格的此种意义上使用的，只有这个"概念内容"对于我们的推理是有用的，至于其中的主谓词区别，那不过具有语法的意义。通过这个分析，弗雷格似乎可以对第二点做出回应：我们可以通过"理解"，分析出不同表达式中所包含的相同的"概念内容"。这也就意味着对于逻辑推理所关心的"概念内容"来说，它们应该是某种客观的东西，因为它们可以被分析出来，就像①和②所表示的那样，它们具有相同的"概念内容"，不同的人都能够把握它们。因此，这个概念内容不可能是通过心理机制作用得出的观念集合，那样的话每个人所把握的内容都会是不同的，于是"概念内容"也就被瓦解了——这一点显然是弗雷格所拒绝的。

弗雷格对判断和判断内容的区分应该被看作他突破传统亚里士多德逻辑的重要贡献，以之为基础［同对"函数"和"普遍性（*Bs*，§11－12，1960)"的分析一起］，他才建立了一个新的完整的形式体系，并且实现了完整的命题演算和初步的谓词演算。但在做这些具体的工作时，一些解释上的困难也不断出现并一直伴随着他的思考，上文所讨论的"概念内容"就是这类问题中最重要的一个。按照弗雷格的解释，判断内容就是逻辑推理所需要的那个"概念内容"，尽管可以有不同的表达式来表达这个被判断的内容，但人们可以辨认出它就是那个客观的"概念内容"。也就是说，这个"概念内容"是可以被"个体化的（individuated）"，那如何对其"个体化"？

就在上文所引两个句子所在的那段论述中，弗雷格给出了解答：如果有两个表示判断内容的表达式 A 和 B，它们有相同的概念内容当且仅当，对于 A 和 B 来说另有相同的前提集 S，S 和 A 推出的结果同 S 和 B 推出的结果一样。弗雷格的上述想法可以被概括为"概念内容"的判定：

概念内容的判定：A 和 B 有相同的概念内容，当且仅当对于任一集前提 S，如果 S∧A⇒C，那么当且仅当，S∧B⇒C。

按照克莱默（Michael Kremer）的分析，这个"判定"最终蕴含的结论是：A 和 B 有相同的概念内容，当且仅当 A 和 B 具有相同的真值。[①] 正如克莱默在其文章中论证的，得出上述结论需要利用干岑的自然演绎规则：

(1) 对于任意 A，有 A⇒A；

(2) 如果 S⇒A，且对于 S，有 S⊆T，那么 T⇒A；

(3) 如果有 S⇒A，且 S∧A⇒B，那么 S⇒B。

根据上述推演规则，一方面，假设 A 和 B 有相同的概念内容，根据 (1) A⇒A，并且已知 A 和 B 有相同的概念内容，那么根据"判定"，A 和 B 有相同的后承，于是 B⇒A；同理当 B⇒B 时，有 A⇒B，于是得出结论：当 A 和 B 有相同的概念内容时，A 和 B 相互蕴含。另一方面，我们假设 A 和 B 相互蕴含，并且 S∧A⇒C，那么根据 (2) 有 S∧A∧B⇒C，既然已知 B⇒A，又根据 (3)，那么 S∧B⇒C；同理，根据 S∧B⇒C 我们能得到 S∧A⇒C，于是我们得出结论：如果 A 和 B 相互蕴含，那么它们有相同的概念内容。因此，如果 A 和 B 有相同的概念内容，那么当且仅当 A 和 B 相互蕴含。由于弗雷格在《概念文字》中把条件关系看作真值之间的关系，所以 A 和 B 相互蕴含就意味着 A 和 B 有相同的真值。

从上述对概念内容的判定的分析可以得出两个值得关注的结论：其一，对于句子的"概念内容"到底是什么，我们现在有比较明确的答案——句子的真值；其二，作为和条件、否定并列的初始命题联结词的相等，它所表达的同样是真值之间的关系。弗雷格在 "On Function and Concept"[②] 一文中给了这两个结论强有力的文本依据。当弗雷格把对函数的讨论扩展到像"等值"这样的表达式时，他遇到了一个麻烦：代表不同内容

① Kremer M., "Sense and Reference: The Origins and Development of the Distinction," in Michael Potter and Tom Ricketts eds., *The Cambridge Companion to Frege*, Cambridge: Cambridge University Press, 2010.

② 该文在下面的讨论中简写为"FC"。

的表达式怎么可能是相等的呢？例如在"$2+2=4$"和"$2\times2=4$"之间，甚至在任意两个为真的句子之间。弗雷格在该文中的论证是：此类句子之所以能"相等"，恰恰就在于它们都为真，它们之间表达的是真值之间的关系。对于"FC"一文中的这个论证来说，"真值"同样是一个新引入的概念，它包含"真"和"假"两个对象。弗雷格认为真和假这两个独立的对象是句子所指示的（refers to），因此他将其称为句子的指称。因此，如果相等表示的是句子真值之间的关系，那么这意味着相等表示句子指称之间的关系。此时，概念内容被指称所取代，句子所表达的就是其指称的那个对象，即真值"真"和"假"。

**（二）弗雷格难题**

如果句子表达的内容就是它所指示的真值，并且相等就是表示这种真值之间的关系，那么根据这两个前提我们有如下推论：（1）所有真值相同的句子都相等；（2）所有真值相同的句子不仅相等，而且它们之间的相等是先天的、必然的。例如：就所有的真句子来说，它们都同时指向"真"这个对象，也就是说它们具有相同的指称，并且如果相等就是表示这种句子指称之间的关系，那么所有相等其实都划归为同一个等式——"真 = 真"；而这个等式明显是一个先天必然的自明真理。如果给定任意的两个真值为真的句子"P"和"Q"，那么它们之间的相等就能还原为"自身和自身等同"，因为"$P=Q$"和"$P=P$"以及"$Q=Q$"都表示"真 = 真"。但是根据我们的直觉，"$P=Q$"不是一个自明为真的句子，它也不能简单地还原成像"$P=P$"以及"$Q=Q$"这种的自明的真句子。因为"$P=Q$"是一个经验事实，它在认识上扩展了我们的知识，它包含着比"$P=P$"和"$Q=Q$"更多的认知上的信息。

这就是所谓的"弗雷格难题（Frege puzzle）"，它从本质上反映了如下这样一个事实：从一个方面来看，两个共指的句子似乎先天必然地相等；但从另一方面来看，它们之间并不先天必然地相等。很明显，这个事实包含着相互矛盾的两重因素——所以构成一个难题。如何解释和调和这个矛盾呢？弗雷格自己的看法是这样的，他认为之所以会出现上述这个矛盾，其原因在于我们坚持了错误的前提：句子表达的内容仅仅是其指称，即真值。

弗雷格在"FC"一文中提出了一个非常简单而直接的解决方案，他并没有否定看似矛盾的任何一方，他认为句子的内容不仅指示其真值，而且还表达了思想（thought）。对于共指（真值相同）的句子来说，尽管它们之间表达的真值关系是分析的，但对于每个句子来说，真值是通过不同的思想来实现的。例如就"$2+2=4$"和"$2\times2=4$"这两个句子而言，它们都指示真，但不同的句子指示真的方式不一样，也即思想不一样。弗雷格并未完全放弃"句子的指称是真值"这个前提，只不过为了调和上述矛盾，他引入了另一个概念，即思想。句子之间的关系一方面是真值的——分析的，一方面是思想的——经验的。此时，弗雷格在《概念文字》中提出的概念——"概念内容"已经被细化，它成了两个成分的混合体，即既包括指称又包括思想。

通过分析弗雷格难题以及弗雷格本人对这个难题的解决可以发现两个要点：首先，弗雷格在讨论句子的内容时引入的概念是"概念内容"，他并没有在现代语义学的概念上看待句子的"概念内容"——现代语义学讨论句子内容的概念是"语义内容"、"语义值"和"语义贡献"等等——概念内容完全是一个逻辑上构造出来的产物；其次，弗雷格难题本质上源于把句子内容看作一维的，即句子的概念内容是其真值，而弗雷格对这个难题的解决策略是引入句子的另一个维度——句子表达的思想，也就是说句子**不仅**指示其真值，**还**表达思想。这两个结论对我们理解弗雷格对涵义概念的论证至关重要，试着把它们同如下对弗雷格论证的重构进行比较：

（$A_1$）句子的语义内容是其指称，那么 $M=N$ 和 $N=N$ 具有相同的认知价值；但是 $M=N$ 和 $N=N$ 的认知价值并不相同，所以句子的语义内容不是其指称而是其思想。

表面上看，$A_1$ 是一个否定后件式推理（如果 p，那么 q，因为非 q，所以非 p），但正如笔者在前面所强调的，首先，弗雷格并没有在现代语义学的意义上把句子的概念内容看作语义内容；其次，即使我们把弗雷格的问题视域转换成今天的语义学视域，将他的概念内容看作语义内容，$A_1$ 也并没有完全符合弗雷格的论证。事实上，弗雷格的论证并非形式上的否定后件，原因正如我们已经看到的，虽然弗雷格指出了一个矛盾（q 和非 q），但他的解决方式是调和这对矛盾，也就是说他同时肯定了两种现象：句子一方面认知无价值，一方面认知有价值。它们并非彼此对立。句子就其指称来说认知无价值，但就其思想来说则有；句子既有指称又有思想。所以弗雷格的论证准确地说应当是如下一种论证：

（A$_2$）句子的语义内容是其指称，那么 M = N 和 N = N 具有相同的认知价值；但是 M = N 和 N = N 的认知价值并不相同，**因为**句子的语义内容还包括思想。

1. 弗雷格难题的实质

从上文的分析中可以看出，弗雷格难题事实上与他对推理本身的看法有着极其密切的联系：当弗雷格把句子所表达的那部分只和推理有关的"内容""提纯"出来并将它们应用于推理关系中时，弗雷格是通过逻辑（形式）来刻画它们以及它们的推理关系的。也就是说，通过真值来描述那部分用于推理的"内容"，通过真值之间的关系来描述"概念内容"之间的推理关系。从下文中我们可以得知，上述做法导致了"弗雷格难题"的产生。

第一，同一陈述难题的实质。

在"S&B"的开始部分，弗雷格提出了关于同一陈述的问题：同一陈述表示的是什么关系？如果它表示"内容"之间的关系，为什么在 a = b 为真的条件下，a = b 比 a = a 包含更多的认知价值？我们需要明确这里所包含的两个前提：其一，a = b 表示"内容"之间的关系，也就是说 a 和 b 都代表着各自的"内容"；其二，a = b 是真的，也就是说 a 和 b 的所代表的"内容"之间确实是相等的。根据本文第一部分的分析，我们已经知道这里所说的 a 和 b 所表达的"内容"，无非就是说 a 和 b 代表的真值（**真或假**），并且 a = b 所表达的相等，无非就是 a 和 b 有着相同的真值。那么很明显，"a 和 b 有着相同的真值"这一点同"a 和 a 有着相同的真值"似乎是没有区别的。也就是说，a = b 和 a = a 所表达的不过是同一个事实而已：如果用 T 表示 a 和 b 所表达的真值，那么 a = b 和 a = a 所说的无非都是"T = T"这个事实。但是同样明显的是，a = b 和 a = a 之间也是不同的。按照弗雷格的说法，a = b 在认知上比 a = a 包含着更多的认知信息，前者是一个经验确立的事实，而后者是分析为真的。"认知信息"这个概念在"弗雷格难题"中占据着重要的地位，但是在弗雷格提出这些难题，以及解决这些难题的过程中，他始终没有向我们阐明"认知信息"到底是什么意思。他虽然给出了一个认识论的标准，但很不幸的是，这个标准遭到了克里普克的强烈批评。本文在此不想涉及这些争论，而把关注焦点集中在这样一个事实：同样的"事物"可以由不同的"名称"来表达——根据弗雷格在 *Bs* 一书和"S&B"一文中的分析，这个事实才是真正和表达式的"认知价值""有信息"等等有关的根本事实。因此，我们也正是在这个意义上说，尽管 a = b 和 a = a 都表达了同样的事实 T = T，但它们是以不同的方式来表达的，因而 a = b 和 a = a 是不同的。这个两难仍然是对本文第一部分分析的回应：如果我们仅仅从逻辑的角度来界定句子所表达的"内容"，那么我们就无法区分所有逻辑上为真的句子。这是一个令弗雷格无法接受的结论，因为事实上我们仍然可以区分它们，并且必须区分它们。

第二，命题态度难题的实质。

对于弗雷格的第二个难题，上面分析的图景在实质上仍然是适用的。可以合理地认为他的第二个难题是第一个难题的继续，因为从"S&B"一文的思路和行文中可以看出，弗雷格对第二个难题的探讨源于以下意图：在涵义和指称的区分同样能应用到完整的句子的情况下，如果把句子看作另一个完整句子的一个部分——各种从句（正是在这些从句中，各种各样的间接语境产生了）的场合，这个区分还能不能适用？如果第一个难题针对的是仅仅从逻辑推理的角度来看待句子表达的"内容"，那么这些内容从语义上来说将无法区分。也就是说，仅仅从真值的立场来刻画句子表达的那部分"内容"，所有真值相同的句子就会是一样的。这个困难在句子作为句子部分的情况下同样有效，只不过当一个句子作为另一个完整句子的部分时，这个问题转换成：如果这个句子部分是真的，并且存在着无数其他同样为真的句子——这些句子和前述句子部分是无法被区别开的，那么根据替换性原理——保真替换原理，这个句子部分可以被任意真句子替换掉而不改变原来句子的真值。假设 p 和 q 是任意两个为真的句子，那么 p 和 q 是可以相互替换的；假设"that p"和"that q"是任意两个以 p 和 q 为部分的从句，那么"that p"和"that q"在 p 和 q 为真的情况下就将表

达完全一样的内容。但是很明显，从直觉上我们就能判断"that p"和
"that q"是包含不同信息的两个句子。这一点弗雷格在讨论信念语境这种
特殊的间接语境时做了有力的证明，其核心观点就是：一个人可能相信 p
而不相信 q，虽然它们都是真的。既然"that p"和"that q"包含的信息
不同，那么作为子句的 p 和 q 明显就不能简单地相互替代，尽管它们同时
为真。这里，我们再次面临一个逻辑上的两难困境：一方面，同时为真的
句子在作为子句时是可以互换的；但另一方面，它们又并非可以简单地相
互替换，如在某些特定语境中。再一次地，这个逻辑两难很好地回应了我
们在讨论弗雷格的第一个难题时的论点，即弗雷格难题的本质在于，如果
我们单纯从逻辑推理的角度来理解句子所表达的内容，那么句子所表达的
内容将会是信息阙如的——同一陈述的分析真和间接语境的替换失败。

　　通过上文的分析，我们已经知道了"弗雷格难题"和句子在推理中的
性质是密不可分的。该难题特别地表现为这样一种紧张关系：如果句子表
达的内容仅仅被刻画为它们在推理序列中所表达的真值，那么这些内容就
会缺少信息。其实我们可以从另外一个角度来分析"弗雷格难题"，该视
角同样很好地反映了"弗雷格难题"的实质是什么。我们前面已经分析
过，在句子的情景下，"概念内容"和"判断内容"是同一回事，所以我
们也可以从弗雷格对"判断内容"的看法来分析弗雷格的难题。我们都知
道，Bs 的核心观点之一就是区分判断和"判断内容"：对于任意一个判断
句来说，它所表达的内容和它被断定为真这两层关系是不同的，必须区分
开来。这样对于许多被断定为真的判断句来说，尽管它们各自表达不同的
内容，但就它们被断定行为判断为真这一点来说，它们是没有区别的。由
此可以说，判断和"判断内容"的区分是真和内容区分的根源之所在。而
真和内容的区分恰好就是上述紧张关系的实质表现。因此，弗雷格对判断
的理解、对推理的理解是系统相关的，并且他的这些理解恰恰就是
"S&B"一文所提出的"弗雷格难题"的真正根源，该难题的实质是由一
种判断理论和推理理论所引发的困难。

　　2. 弗雷格难题的解决——涵义概念的提出

　　有了对"弗雷格难题"背景和实质的理解，我想我们就很容易理解他
对这个难题的解决了。弗雷格的解决方案十分直接：既然困难来自于句子
表达的内容不能承担双重功能——既作为真值又作为内容自身，那么只要

把这两重功能区分开来就好了。这个观点最为显著的论证是在"FC"一文中，在那里，弗雷格引入了"思想"和"真值"两个概念；他用思想来标识句子所表达的内容，而用真值来标识句子本身的真或假。弗雷格引入这两个概念的核心论点是他的如下观察：不同的思想可以表达相同的真值。

有了思想和真值之间的区分，我们就能很好地对"弗雷格难题"予以解释。对于第一个难题来说，在 a＝b 为真的情况下，a＝b 之所以不同于 a＝a，就在于前者表达的思想和后者是不同的，尽管它们表达的真值关系是一样的；a＝b 的表达方式不同于 a＝a，前者的方式并不自明，而后者自明地表达了一个真。对于第二个难题来说，同样给定 a＝b 为真，某个人之所以相信 p 而不相信 q，就在于 p 和 q 表达的思想不同，尽管它们表达的真值关系是一样的；p 和 q 以不同的方式表达同样的真，一个人有可能只相信其中的一种方式。弗雷格对其难题的解答蕴含着以下两个要点：

（3）句子包含思想和真两个层次。

（4）思想是一种表现真的方式。

也许读者至此会提出这么一个诘难：弗雷格在"S&B"一文中最先讨论的是专名的问题，而非句子的问题，弗雷格提出的理论是区分专名的"涵义"和"指称"，而非区分句子的思想和真值。我们之前的分析看上去都和弗雷格对专名的讨论无关，而且十分明显的是，我们把弗雷格关于同一陈述以及命题态度陈述都分析成关于句子的，这一点和弗雷格在"S&B"一文中的论述不一致。不一致仅仅是表面的，现在我们转而分析专名的情况。事实上，前述关于句子的讨论可以平行地应用到专名上。有两点理由支持我们的这种"套用"：

（5）句子的真值由句子部分的真值决定。

（6）句子的思想由句子部分的思想组成。

学者经常把（5）和（6）所反映的原则称作弗雷格的"合成性原理"（Principle of Compositionality）。既然句子有思想和真值两个层次的区分，并且句子的思想由其部分的思想组成，句子的真值由其部分的真值决定，那么句子的部分也就理所当然地有和句子整体一样的"思想—真值"的两层区分。这样，虽然我们可以合理地把句子的情景应用到专名的情景，但问题即刻变成"专名的'思想'和'真值'是什么"。要回答这个问题，我们仍然需要回到弗雷格对思想和真值的两层区分。我们已经知道弗雷格的这个区分内在于他的难题，即句子表达的内容不能同时承担两种任务，尽管这一点毫无疑问，但是一旦我们把这两重任务交给区分开来的两个层次来承担时，"我们将把句子的哪个属性赋予哪一层"这个问题显然就不那么直接了。弗雷格的回答是从我们上文提到的一个观察事实出发的：不同的思想以不同的方式表达同样的真值。思想被赋予句子表达的内容，不同的句子能表达不同的思想；真值被赋予这个句子的内容指示真假的属性，所有为真的句子都指示同样的真值。思想承担"表达"的任务，真值承担"指示"的任务。这样，我们才能把对句子的"思想—真值"区分具体地落实到句子的属性上面：句子表达的内容就是它的思想，句子的内容所指示的就是它的真值。同样的情况也发生在专名的场合。我们知道专名已经具有"思想"和"真值"的两重区分，我们同样拥有这样一种观察事实：不同的专名以不同的方式表达同样的对象。类似的，专名的对象就承担指示的任务，专名的表达方式就自然承担表达的任务。所以专名的指称对象就是它的"真值"——弗雷格称为"指称"，专名的表达方式就是它的"思想"——弗雷格引入的特殊概念是"涵义"。弗雷格的看法可以总结为以下要点：首先，句子或者专名有"思想—真值"的区分；其次，句子和专名都有"指示"和"表达"这样的双重功能；最后，因为指示和真值（指称）对应，表达和思想（涵义）对应，所以专名的"思想"和"真值"就分别对应于它的涵义和指称。这个回答同样回应了我们在（3）和（4）中所论述的，类似地，我们可以得到：

（7）专名包含涵义和指称两个层次。

（8）涵义是一种再现指称的方式。

这样我们就可以把弗雷格关于句子思想的分析和对专名涵义的分析综合起来，从而得到一幅完整的图画（见表4）。

**表 4 句子及其部分的涵义**

| 句子 | 思想 | 真值 |
|---|---|---|
| 句子部分 | 句子思想的部分 | 句子真值的部分 |
| 专名 | 涵义 | 指称 |

这样一幅统一的图画在弗雷格的两篇文章当中得到了明显的支持，其中一篇是我们熟悉的"S&B"，另外一篇是"Comment on Sinn and Bedeutung"。[①] 在这两篇论文当中，弗雷格着力论证了他对涵义和指称进行区分的合理性，以及他把这一区分同一地应用到不同类型的语言表达式的合理性，这些表达式包括句子、专名、其他单称词、概念词等。

### （三）涵义概念的本质

正因为有了弗雷格的统一图景，所以这里笔者可以用"涵义"这个统一的概念来泛指句子的思想或者句子部分的思想（在需要的时候，仍然用"思想"）。本文这一部分要讨论的问题就转为分析涵义的本质特征是什么。通过前文的分析，笔者力图从历史的角度详细展示涵义这个概念的根本来源及其基本作用，以期为解释这个概念的根本属性奠定一个良好的讨论基础。我们已经知道涵义这个概念是用来解释句子或者句子部分的表达功能的，也就是说，用来解释为什么指示相同"事物"（真值或者对象）的表达式是有信息、有内容的。这一点反映了涵义的什么根本特征呢？

第一，作为客观对象和主观观念之间的第三种存在。

可以从两条路径来看待这个问题。第一条和弗雷格的基本哲学立场有关，第二条当然就和涵义本身的功能密切相关。弗雷格的哲学立场在 *The Foundation of Arithmetic*[②]（以下简称为"FA"）中体现为两点：反对对数学的心理主义解释，反对对数学的形式主义解释。这两个哲学立场其实又和一个基本原则是分不开的，它就是弗雷格在 *FA* 的前言中提出的语境原则。语境原则告诉我们，"只能在句子中寻求语词的意义而不能孤立地看待它

---

① Frege G.，"Comments on Sinn and Bedeutung," in Michael Beaney ed. *The Frege Reader*，Oxford：Blackwell，1997，pp. 172 - 180.

② Frege，*The Foundations of Arithmetic：A Logico-Mathematical Enquiry into the Concept of Number*，trans. by J. L. Austin，Oxford：Blackwell，1974.

们的意义"。① 这个原则首先排除了我们把语词孤立出来进行解释的可能性。弗雷格认为孤立解释语词的首要后果就是解释的任意性，也即是他所批判的心理主义解释。现在假定我们只能把语词安放在句子中进行理解，并且这样能够避免心理主义的侵蚀，那么我们必须不能心理主义地解释**句子**所表达的意思，如其不然，我们还是在主观地理解句子（**部分**）。② 进一步地，排除了心理主义地解释句子的可能性，我们该如何看待句子表达的意思？弗雷格的回答是，句子表达的意思是一种客观性的思想。由于这个意思是非心理的，那么它就只能是客观的。这里，我们得到了思想的非心理主义性质。孤立看待语词的另一个重要结果就是形式主义的解释。在对数学进行解释时，这一点尤为明显。形式主义的解释告诉我们数字不过是一些毫无意义的操作符号，它们指示各种不同的形式。弗雷格坚决反对这一点，他坚称数字指示具体的内容，并且它们是有意义的。但弗雷格的这一反对意见面临着两个明显的困境：其一，本体论上假设数指示对象何以可能；其二，认识论上假设数是有意义的何以可能。弗雷格认为，根据语境原则我们知道，数在表达数的句子中获得意义，说明数是有意义的，因为我们在认识论上能理解句子表达了思想；另外，这同样能够说明数指示了某些东西，因为思想的表达肯定是关于对象的。这样，上述两个难题就都迎刃而解了。于是，我们发现思想具有一种认识论上的中介性质，通过它我们才能理解思想表达的对象，甚至确认对象的实在性。从弗雷格的基本哲学立场我们可以得出关于思想（涵义）的两个非常重要的性质：

（9）思想（涵义）是客观的，它不同于主观的心理的东西。

（10）思想（涵义）是我们理解对象（真值或者指称物）的认识论中介。

---

① Frege, *The Foundations of Arithmetic：A Logico-Mathematical Enquiry into the Concept of Number*, trans. by J. L. Austin, Oxford：Blackwell, 1974, the part of introduction and P xxii.

② 这里，我从弗雷格的语境原则直接过渡到了他对句子的反心理主义解释，这一步缺少论证。需要补充的内容仍然是"合成性原理"：既然不能心理主义地解释语词，那么我们当然不能心理主义地解释语词构成的句子。

第二，涵义的解释功能。

另一条看待涵义的路径和涵义承担的语义解释功能有关，而这也是语言哲学家对涵义理论最为感兴趣的部分。我们知道涵义要承担的功能是去解释像 a＝b 这样的句子为什么比 a＝a 这样的句子包含更多的认知信息，以及在 a＝b 的情况下为什么 f（a）和 f（b）不能表达相同的信念。既然我们的答案是 a＝b 包含的思想不同于 a＝a，同样，f（a）表达的思想不同于 f（b），那么在这里，思想就被赋予了两种属性：其一，思想包含认知信息；其二，思想展示了我们的信念内容。关于这两个属性，我们尚需对其进行进一步的解释和阐明。首先，认知信息指我们主体在认识过程中所获得的有效知识，如果思想包含这种认识上的知识，那么思想就和获得这种知识的过程不可分割了，也就是说，获得信息的认知活动就是把握思想的一种过程。这里，思想或者说涵义同我们在（10）中的分析一样，被赋予了一种认识论的色彩。只不过命题（10）从更抽象一点的角度说明，思想是我们认识对象的中介、一种独立的存在，我们必须借由这种中间物来把握对象；而在谈到认知信息的情况下，思想就没有那么抽象了，思想和获得知识的认知过程纠缠在一起——在把握思想过程中获得了有用的认知信息。其次，信念内容指主体在信念关系（信念的主体和信念的对象之间的关系）中所拥有的一种内容：我在相信着的什么东西。如果说思想是对这样一种内容的展示，那么思想似乎就成了某种通过心理活动得到的东西：我所相信的内容就是被相信的思想。这里，思想或者涵义被赋予了某种心理学的性质——尽管我们仍然可以认为它不是心理实体本身。对于弗雷格来说，正是因为它的这种心理学属性，思想才能被用来解释人们对同一个对象所持有的不同信念内容（以及解释由信念内容不同导致的行为差异）。由于弗雷格把涵义与认知内容和信念内容联系起来，涵义由此被赋予了认知和心理的属性。和（9）（10）相比较而言，这两个属性分别有一些不一样的特征：首先，作为包含认知信息的涵义尽管也是一种认识论的媒介，但它和主体的认知过程密切相关；其次，作为展示信念内容的涵义尽管不是心理实体本身，但它和主体的心理活动同样密不可分。这样我们就得到了另一个关于涵义的极其重要的性质：

（11）涵义（思想）和主体的主观过程紧密相联。

其实在这里，读者可能已经发现，在弗雷格关于涵义的论证中产生了某种内在张力，他一方面极力赋予涵义不同于心理实体和外在对象的第三种**存在性**，但另一方面，弗雷格赋予涵义在语义学中的地位却表明，它作为语词的意义又不可能完全和主体的心理过程分离开来。如果语词的意义是在主观的"把握"过程中获得的，我们如何确保它的客观性？关于这一点，本文最后一部分将会给予必要说明。

接下来我们简单地回顾一下涵义和指称的区分本身体现出了哪些有关涵义的属性。按照（3）和（7）的分析，涵义是独立于指称的；按照（4）和（8）的说明，涵义是显示指称的方式。这里需要对涵义的独立性做一点补充说明，根据我们在（9）中的分析得知，弗雷格的哲学倾向要求涵义或者说思想必须是客观的，但弗雷格并未与此同时说明这种客观性的特征是什么，在许多不同场合，如在"S&B"一文以及著名的"Thought"① 一文中，他告诉我们，"人类世代之间有一些共同的公共的思想"这一点保证了思想的客观性，但为了规避像"不同主体之间的思想到底是客观的还是主观的"这样的难题（作为一个反心理主义者肯定无法接受主观主义的立场），弗雷格其实是**要求**思想必须独立存在，作为一种介于心理实体和外部对象的中间存在对象。现在我们对涵义的性质做出如下归纳：

S1. 涵义（思想）介于主观事物和外部对象之间，它是一种独立客观的存在。

S2. 涵义（思想）和外部对象的关系：涵义是把握外部对象的认识论媒介。

S3. 涵义（思想）和主观事物的关系：涵义是主体进行认知、获得信念的结果。

和这三个属性对应，学者通常归纳出几种不同形式的涵义，它们分别是：

---

① Frege G. , "Thought," in Michael Beaney ed. *The Frege Reader*, Oxford：Blackwell，1997. pp. 325 – 345.

S4. 涵义（思想）刻画了句子或者句子部分的语义性质，它既不同于语言表达式指示的对象，也不同于主体关于语言表达式的主观观念。

S5. 涵义（思想）刻画了获得语言表达式所指示的对象的特征，它是显示指称的方式，我们通过涵义确定指称。

S6. 涵义（思想）刻画了语言表达式包含的认知信息和信念信息，它是语言表达式不至于表达空洞真，同时又能表达不同信念状态的根本原因。

### （四）涵义理论的困境

根据我们前面对涵义的来源、功能及其特性的分析，我们最终发现涵义本身是一个混杂了诸多因素的综合统一体。这种混杂在专名的情况下尤其明显。当我们按照弗雷格的要求谈论一个专名的涵义时，我们通常把涵义直接看作专名指称的再现方式。但当更加具体地分析它的来源时，我们知道这个再现方式必须是客观独立的，必须和指称相分别；并且它从功能上要解释名称作为语言表达式为什么能够包含认知信息，或者表达信念状态；最后，它还是我们把握对象的认识媒介，也就是说它确定指称。这样的涵义面临着诸多的难题。

首先，如果专名的涵义是区别于指称的独立存在，并且它是再现指称的模式，那么在我们的语言中有大量的空专名，也就是说对于没有指称任何东西的专名，它如何可能"有意义"地具有涵义？如果一个专名没有指称，那么一种独立地显示这种指称的模式何以能够存在？弗雷格在"S&B"一文中敏锐地意识到了这个问题，但他对此问题的回答实在无法让人满意：他把这个问题归结为自然语言的缺陷，他相信在一种完满的语言中，每个专名都会有一个确定的指称，因此在这个完满的语言中，上述问题自然就无法提出。我们显然不能把问题归结为人们对理想语言的一厢情愿。

其次，即使我们假设存在这样的理想语言，也就是说不存在没有指称的涵义这种情况，那么我们仍然会面临一个难题。如果涵义是一种独立的现象指称的模式，并且同一个指称可以对应不同的现象模式，那么我们究竟该选择哪一个涵义就成了一个因人而异的事情。如果一个指称的涵义是因人而异的，那么这又如何保证它的客观性呢？不同的人用不同涵义去表示相同的指称，我们如何保证思想的可交流性？对于这个问题，在"S&B"一文中弗雷格同样敏锐地意识到了，但同样糟糕的是他仍然没有正面回答这个问题。他依旧把这样的问题归结为我们语言的不完善，他规定说在一种理想的语言中，不仅没有无指称的涵义，而且可以保证涵义和指称的对应关系是严格的。

再次，即使我们仍然可以得到进一步要求的理想语言，涵义概念也仍然是有问题的。我们知道涵义概念最重要的作用是解释像认知信息、信念状态这样的一些现象，而根据本文上一部分的分析，我们知道这些现象是和主体的认识、心理过程密切相关的。现在即使我们可以保证涵义是独立地位于主观事物和外部对象之间的存在，并且我们保证涵义和指称之间的对应关系是完全的（没有无指称的涵义）、严格的（涵义和指称之间一一对应），但是当我们让涵义承担解释任务（认知价值等）时，涵义也不可避免地具有了某种主观的属性。因为在这里，涵义作为显示模式意味着主体从认知或者心理的角度获得对象的方式，也就是说，显示模式是对于主体的显现。这样一种困难对涵义的客观性是最为根本的挑战。

最后，笔者将对专名的涵义理论做个简单的总结。如果我们把专名的涵义看作一种再现或显示指称的模式，那么这是一种非常直接而且相对有效的语言直觉。这种直觉告诉我们：当我尝试去理解一个语词表达式时，我们一定是通过某种间接的方式做到的，也就是说我们必定是通过这个词所显示的某种东西去认识它本身指示的东西。也许可以把这个直觉和罗素对专名的某些看法对应起来，罗素的带有认识论色彩的专名理论告诉我们，像"亚里士多德"这样的死去的历史中的人物，我们无法通过直接的方式去认识他，因为无论如何，现在不会有一个历史中出现过的那位"亚里士多德"呈现给你，以供你去认识，因而我们只能通过由"亚里士多德"这个表达引出的某些显现方式去认识"他"。对于弗雷格来说，这样的显现方式就是"亚里士多德"一词的涵义。但当弗雷格把这样一种直觉用在某些解释框架中以赋予它解释任务时，这种直觉将会面临严峻的挑战，其中最有名的来自于克里普克。本文在此并不打算详细展开克里普克的论证，但上文所论述的关于涵义的难题和克里普克的反驳其实是一致的。这种一致就其核心来说体现在：弗雷格的涵义概念在解释框架中无法保证它的客观性，即涵义是否唯一确定，涵义是否独立于主体的认知和心理过程。

### （五）涵义理论的发展——新弗雷格主义

除了把涵义解释成"决定指称的方式"，涵义这个概念在诸多方面都是模糊的，弗雷格本人并没有十分清晰地为我们描述它，这为后来的解释家提供了发展弗雷格理论的空间。对弗雷格涵义概念的解释，至少存在 4 种不同的方式：戴维特（Devitt，1981）的自然主义解释，麦克道威尔（McDowell，1977）、戴维森（Davidson，1984）的真值条件解释，卡尔纳普（Carnap，1947）、丘奇（Church，1951）的内涵主义分析，以及最为常见的罗素式的摹状词解释。本部分内容将主要集中在前三类，也即我们所熟知的"新弗雷格主义"。

戴维特的基本想法是把弗雷格的涵义解释成一种专名和专名指示对象之间的因果链条。按照弗雷格的看法，专名对专名的对象有一种指示关系，这个指示关系是专名显示对象的方式，即它的涵义，但弗雷格没有清楚地说明这个显示方式到底是什么，尤其是没有说明它在命名关系中有何作用——弗雷格也不关注涵义在指称机制中的作用。通常的做法是把这种显示方式和一个或多个摹状词挂钩而认为涵义等同于和专名相联系的摹状词。但正如弗雷格自己在"S&B"一文中观察到的，这些由语言使用主体联系的摹状词往往随主体的不同而不同，因而用它或它们作为专名的涵义会使得涵义成为某种主观不确定的东西，这是弗雷格的客观主义所无法容忍的结论。在该文中，弗雷格悬置了这个难题。戴维特的策略是，把这样的指示关系看作词到物之间一系列复杂的因果链条，以此来规避上述困扰弗雷格的难题。

麦克道威尔的基本看法是，专名的语义值可以同一个恰当地被陈述的从句相联，并且必须通过塔斯基的语义学来解释这个被联系起来的从句。对于任意一个专名 N 和其指示对象 O 而言，这个从句典型的表现就是一个陈述真值条件的"公式"：N 的语义值是 O，当且仅当 N 的指称对象是 O。专名的涵义被转换成一个真值条件公式。也就是说，该从句的意义是成为句子真值条件的一部分，因而作为专名语义值的涵义也就成为句子真值条件的一部分。这里的涵义已经不是抽象的语义值。麦克道威尔并不告诉我们涵义到底是由什么东西组成的，而是告诉我们，当我们把握一个专名的涵义时，我们所知道的东西什么：一个陈述专名真值条件的公式。这个立场其实就是戴维森真值条件语义学的立场：知道句子的意义就意味着理解它是作为使得句子为真或者为假的条件而发挥作用的；句子的部分，特别是像专名，它的意义就是成为句子真值条件的部分。专名的语义值就是它作为句子的真值条件的部分对整个句子为真或者为假做出的贡献。

卡尔纳普和丘奇的内涵主义语义学最为系统地重构了弗雷格的涵义概念。他们的看法来自于对"内涵"概念的解释：内涵是一个把可能世界映射到外延的函数，比如表达式"中华人民共和国的首都"的内涵是一个从可能世界 W 到它的外延 O 的函数"$f: W \rightarrow O$"，任意给定一个世界"$W_1$：我们这个现实的世界"，得到一个相应的对象"$O_1$：北京"。接下来，内涵语义学把专名和一个恰当的限定摹状词 F 相联，F 在给定的世界中恰当地挑选出了该专名的对象。于是专名的内涵就变成这样一个函数：给定一个可能世界 W，我们得到一个恰当的限定摹状词 F，F 恰当地在世界 W 中指示了专名所代表的对象。把专名的涵义看作内涵有力地解释了关于专名的认知价值问题：尽管两个专名指示相同的对象，但它们的内涵不同；内涵的不同意味着专名所体现出的函数不同。以"晨星"和"暮星"为例，晨星的内涵体现出的函数是从可能世界 $W_1$ 到限定摹状词 $F_1$，$f: W_1 \rightarrow F_1$。而暮星则是从 $W_2$ 到 $F_2$，$f: W_2 \rightarrow F_2$。即使给定的可能世界是一样的，如我们的现实世界 W，但 $F_1$ 和 $F_2$ 仍然是不一样的，即是说，晨星和暮星代表的 f 仍然是不一样的。于是上述两个专名认知价值的不同就变成区分不同的函数。

根据上面三种不同的解释路线，我们相应地获得了三种对"涵义"概念的阐释，它们分别是：

涵义 1：从专名到对象之间的因果链条。

涵义 2：一个陈述专名真值条件的公式。

涵义 3：专名所对应的个体概念（individual concept）——从可能世界到对象的函数。

尽管我们根据涵义的语用学论证弱化了克里普克所提出的对于涵义和指称关系之间的强形而上学标准，而给发展不同的涵义理论提供了充足的空间，但是如果我们坚持涵义的语用学论证，那么这些不同的对于涵义的发展是否一定忠实于该论证呢？这是一个值得进一步思考的问题。比如上述涵义 1、2 和 3 是否符合语用学的论证框架？

很明显，如果说涵义是通过主体经由表达式理解到的内容决定的，那么上述三种涵义都可以成为这种理解到的内容的一部分，因而能够成为合格的涵义理论。但是目前的问题恰恰在于：上述三种涵义是否就是主体理解到的内容呢？

我们先来看看第一种涵义。根据戴维特的自然主义路线，涵义刻画了从专名到对象之间的因果链条，但是这个因果链条至少面临着三种解释上的挑战：其一，如此这般的因果链条是外延的还是内涵的；其二，不同的人对于相同的专名是否会联系相同的因果链条；其三，有些专名的因果链条可能过于复杂而超出一般的语言理解范围。如果把类似的因果链条解释为因果—历史指称理论中的那种因果链条，那么它很明显就是外延的；但是这并非戴维特的全部意味，戴维特本人对这种因果链条的解释采用了一种刺激—反应式的行为主义解释：对象是刺激的一端，而关于对象的专名是反应的一端。从刺激到反应之间是一系列的因果链条，如果我们接受这个解释，那么该因果链条就具有某种内涵式的因素：刺激—反应的过程是在大脑中完成的。于是我们的问题就产生了：这里的机制是什么？能否还原成物理主义的语言？戴维特的理论无法回答这些问题。关于第二个问题，很明显不同的人会联系不同的因果链条，但这个对于涵义的客观性[①]来说是一个无法容忍的后果。对于第三个问题，它也存在一个令人不满的后果：有些因果链条看起来是足够长的，以至于我们无法真正获知确定的链条起始和传递过程。如果我们无法理解它们，那么它们如何成为涵义的恰当解释呢？综上来看，戴维特的解释策略本身面临着诸多无法克服的难题。

第二种涵义和第三种涵义共同面临着一个十分严重的问题，即它们尽

---

① 有关这个问题的讨论，弗雷格在 "S&B" 一文中已经有所涉及，本文最后一部分会对之展开讨论。

管在原则上都可以被解释为主体通过表达式理解到的内容，但是这样的内容看起来太不符合我们通过表达式获得的语义直觉了；人们很难（并非不可能）在理解一个专名的时候把从专名到对象之间的关系理解成一个类似麦克道威尔描述的真值公式。对于卡尔纳普的个体概念而言，情况同样如此。人们如何在理解一个专名时，理解到它包含一个从可能世界到个体的函数来作为其涵义？尽管这在原则上即理论上完全成立，但是它显得太不自然了。也许我们会问：什么是这里所谓的"不自然"？它当然是相对"自然"而言的——我主要把它理解为一种在语言交流中对话双方进行信息交换时应当遵循的一些基本原则和规范。引入"交流"这个概念也恰好捕捉到了涵义的语用学论证所传达的根本特征：理解和交流明显是语用层面的。我认为上述原则和规范主要由三个特征构成：简单、清晰和直接。所以就此而论，涵义 2 和涵义 3 并不完全符合这种要求，它们或多或少偏离了语用学论证所给出的涵义概念的基本特征。除了和语用学论证不太一致，上述两种对于涵义概念的发展同样面临着某些自身无法克服的难题，比如空专名所引发的语义难题。①

　　对本部分内容做个小结：学术界围绕弗雷格的涵义概念主要存在着上述三种新的发展，本文尝试呈现了它们各自理论的基本面貌，并且以此为基础，简单地论述了各自理论存在的一些问题和其面临的难题。本文所明确的一个论点是：新弗雷格主义者对涵义概念的发展仍然没有完全捕捉到涵义的语用学论证之核心思想，即涵义是通过语言表达式的语用学特征来确定的。

---

① 王振：《专名与意向——有关专名的语义学研究》，湖北人民出版社，2021。

# 16

## 胡塞尔的《现象学的方法》

舒红跃[*]

　　埃德蒙德·胡塞尔（1859～1938）是当代最重要的哲学流派——现象学的创始人。现象学不仅对于 20 世纪初期的德国哲学和 20 世纪中期的法国哲学具有决定性的意义，而且可以说，要想深刻地理解和认识 20 世纪哲学的任何一个流派，不以现象学的认识为前提几乎是不可能的。20 世纪的基本哲学著作，如马克斯·舍勒的《伦理学中的形式主义和质料的价值伦理学》、马丁·海德格尔的《存在与时间》、保罗·萨特的《存在与虚无》、梅洛－庞蒂的《知觉现象学》，它们都在纲领上将自己定义为现象学的研究。

　　胡塞尔的著作不仅数量多，而且大多深奥难懂。我们这里以德国著名现象学家、前现象学学会主席克劳斯·黑尔德选编的两卷本胡塞尔文献《现象学的方法》与《生活世界现象学》为蓝本。黑尔德选编的这两卷本文献不仅囊括了胡塞尔所有主要著作，而且黑尔德还为它们写了两个很长，也非常重要的导言。胡塞尔的两本文选和黑尔德的两个导言，可以说是现象学非常好的入门著作。我们这里对《现象学的方法》这一著作做一简要的导读，因为这一著作对胡塞尔现象学的基本问题与方法做了比较简略而又非常集中的解读。

---

　　[*]　舒红跃，男，哲学博士，教授，主要研究方向为西方哲学、技术哲学。

# 一　现象学的基本问题

胡塞尔起初的目的在于"建立一门哲学的方法",这种方法是指通向认识真理的一条道路、一个过程,它追求的是彻底的没有成见的认识。正如最先由柏拉图所表述的,真正的认识应当取代意见。意见在两方面落后于真正的认识。一方面,意见受情况制约而产生某些动摇,真正的认识应当摆脱在变化着的生活情况中的主观束缚并因此在这个意义上是"客观的"和恒久的。另一方面,只要我们仍然停留在纯意见上,我们就会提出一个无法实现的认识要求。比如有人说,"我的意见是,八月的武汉炎热无比",他的意思是:我的观点可能是可证实的,只要我夏天到武汉去。纯意见就其意义来说要依据情况,在这些情况中,意见的内容被证明、被实现。这些情况可以说是使我们接近事实,而我们在提出意见时,这个事实只是遥远地被给予我们。

就这点来看,我们将意见导向真实的认识,我们在这里置身于经验状况,这些状况使我们接近实事。然而,对真实的认识的要求却恰恰就是真实认识的恒久性和客观性,即是说相对于各种体验状况的独立性。于是,如果人们通过给意义的划界来规定真实认识,便会产生某种在对客观性的要求与接近实事的要求之间的紧张关系。胡塞尔的哲学思想基本上就是由这种紧张关系引起的。

相对于客观性的要求,对于接近实事的要求有一个便利条件,那就是我只能谈论一个实事——无论这谈论是客观的还是纯意见的。因为我设定,以一种接近实事的方式,可以说是"直观地""真实地"体验这个实事,这个可能性在根本上是可以实现的。如果没有这种可能性,那么我根本不知道这个实事,这个实事对于我来说也就不存在。"所以我可以依据情况来对待我在经验、体验或思想中所遇到的一切,在这些情况中,被经验、被体验、被思考的对象原初地……在我的经验、体验、思维的范围内显露出来,或者可能以原本的方式显露出来。无论实事怎样显现给我,任何一个某物的显现都回涉或前涉到对我来说原本的被给与性上,并且因此最终还涉及这个某物的意义内涵。"①

---

① 〔德〕胡塞尔:《现象学的方法》,倪梁康译,上海译文出版社,1994,第9页。

在原本显现的情况中，我与实事发生关系，实事作为在世界舞台上的可经验、可体验、可认识之物显现给我。在这个意义上，所有原本的显现者都具有一种主观—相对的特征，它的显现在于将自身展现给一个处于一种特定情况中的主体。另外，客观认识则要求不被束缚在变动着的主观认识情况下；客观的认识之物恰恰应当不仅仅是主观—相对"为我的"，而应该是"自在的"，即独立于主体和主体认识的情况性关系，因此，即使对对象的认识是"自在的"，它也必须以原本的被给予性的主观情况的方式为前提。

由此我们可以看到胡塞尔哲学的内在开端：在对象的被给予方式中，我们将对象理解为某种自在的、客观的存在之物。然而，对象的被给予方式如何会回到原本的、主观‐相对的被给予方式上呢？在对象的自在存在与对象的主观的束缚在情况上的被给予方式之间存在着一个交互关系，一种相关性；它的具体情况依赖于对象性的种类。有相关性的两个方面是不可相互替代的：被给予的对象——胡塞尔在《观念》第一卷中所说的"意识活动"（Noesis）与"意识对象"（Noema）相吻合。对象的种类与被给予的方式之间的相符性是一个规律，它可以预先被表述为所有经验的绝对普遍性，也就是"先天的"。在加入的被给予方式自身显现过程中的对象便是"现象"，探讨这些现象的科学便叫作"现象学"。现象在胡塞尔的意义上仅仅是指在世界中"自在"的存在之物，而这个存在之物纯粹是在主观的"为我"的各种情况中所显现的那样。

关于客观对象与原本的、主观的被给予方式之间的相关性问题构成胡塞尔思维的内在开端。"正如我们所看到的，关于每一个人都像事物和一般世界对他所呈现的那样看见事物和一般世界的这种朴素的不言而喻性，掩盖了一个由值得注意的真理构成的广大的地平线，这些真理从来没有按照自己的特征和自己的系统关联进入到哲学的视野。世界（即我们总在谈论的世界）和世界的主观给予方式的相互关联，从来（就是说，在'超越论'的现象学在《逻辑研究》中第一次出现以前）也没有引起哲学上的惊异，虽然在前苏格拉底以前的哲学中，以及在诡辩学派那里（只是作为怀疑论的论证的理由）这种相互关联已被清楚地感觉到了。这种相互关联也从来没有引起特殊的哲学兴趣，使它成为一种特殊科学态度的主题。人们仍旧囿于这样一种不言而喻性，即每一种事物对于每一个人每一次都显得是不同的。"①

至此为止，被称为接近实事或原本性的东西早已被哲学的传统公认为哲学认识的基础或规范——传统哲学将它称为"明见性（Evidenz）"②。现象学在做陈述时，在其意义内涵中也依赖于被陈述之物的原初的"真实的"显现。如果没有那种通过对实事的接近和把握而得以明了（"明见"）的认识（"直觉""直观"），那么哲学的思维便始终只是空洞的论证和推断。胡塞尔将这种概念游戏看作现象学描述，在明见性基础上的描述的对立面。胡塞尔将所有哲学的"原则之原则"描述为："任何原本地给予的直观都是认识的合理源泉，所有在'直觉'中原本地（可以说是在其真实的现实中）展现给我们的东西都可作为自身被给予之物接受下来，但仅仅是在它们自身给予的范围内。"依据这种原则，"我们就不会为任何可想象的理论所迷惑。我们必须看到，任何理论最终只能从原本的被给予中获得其本身的真理"③。

哲学所能断言的只应当是在原本地给予的直观的基础上对它来说可能的那些东西，不比这更多，也不比这更少。"明见性"成为哲学认识的样板，但这是因为哲学认识本身服从于"任何体验都必须依据原本性"这一规律。在这个意义上，世界在被给予方式中的显现是建立在明见性上的。"只要这个显现重又成为现象学哲学的基本课题，人们形式上便可以说：现象学作为方法是一种获得关于明证性的明证性之尝试。明证性在这里成为哲学认识的种类和哲学认识的对象的基础。"④

对于胡塞尔的现象学来说，方法上明见性的基本要求和相关性研究任务的提出是同一个基本命题的两个方面。因此现象学还不能满足于对对象与被给予方式之间的包罗万象的相关性先天地做出总的陈述，而是必须依靠对各个对象种类的特殊显现方式的具体研究。这正如胡塞尔所言，哲学必须有能力将它的普遍命题的大面额钞票兑换成接近实事的细致分析的小

① 〔德〕胡塞尔：《欧洲科学的危机与超越论的现象学》，王炳文译，商务印书馆，2001，第200页。
② 对于什么是"明见性"，黑尔德在《生活世界现象学》（生活·读书·新知三联书店，2003，第101页）中提出了他的解释："在对象意识中存在着把这种意义上的对象之显现方式优化的趋向。胡塞尔把这种趋向称为意向性，把所追求的显现最佳值称为明证性。"
③ 〔德〕胡塞尔：《现象学的方法》，倪梁康译，上海译文出版社，1994，第12页。
④ 〔德〕胡塞尔：《现象学的方法》，倪梁康译，上海译文出版社，1994，第12页。

零钱。于是以现象学为方法的哲学变为"操作哲学"——这也是胡塞尔的独特之处。

胡塞尔认为，所有可谈论的有意义的东西都必定可以在某种特殊的方式中成为我可以得到的原本的被给予性。不仅在理论认识中，而且在所有"行为"中，在所有知觉、感觉、欲望、追求、爱、信仰、实践等等之中，我们随着自身相应的意识进行而涉及的那些东西或者可以"真实直观地"，以"自身给予"的方式为我地显现出来，或者它们可以这样显现，即意识仅仅知道自身依据于某种"充实"或"证实"，却并没有现实地实现它们。在这个意义上，意识在其所有的游戏种类中所涉及的是一个"对象"，它在最广泛的词义上是指确定的意识进行所涉及的一个极点。每个知觉都有被知觉之物，每个思维都有被思维之物，每个爱都有被爱之物，每个行为都有一个对立面——一句话概括就是，"意识在其所有的行为中都是关于某物的意识"①。

胡塞尔认为，意识必须首先知道它自己的使有关的"禁物"对自己显现出来的可能性——胡塞尔使用的是"权能性"这个概念——尔后才能够是关于某物的意识。因此，意识与一个意识的意向不是一种与某物的静态联系，而是一种活的、朝向原本性的趋向。胡塞尔对"意向"与"意指"这两个词的运用与日常语言中这两个词的含义相仿，它们表明一种有意图的追求。意向意识在其所有形式中都以此为目的，即在对被体验之物的直观的占有中寻求满足。意识想达到明见性，它制定它的目的、它的目标。在这个意义上，所有意识生活都服从于"目的论"的规律。

胡塞尔意向概念的第二个特征是相关性先天的思想："人们不能把意识想象为一片空泛的海滩，大海可以把随意的内容推送给它；意识不是一个容器，对它被何物充实抱无所谓的态度；意识是由多种多样的行为组成的，这些行为的特征都各自受到对象的相应种类的规定，而这对象仅仅在与它相适应的被给予中显现给意识。"② 这一点不依赖于有关的对象是否事实地存在而始终有效。这样，意向性概念在原则上便解决了近代认识论的古典问题：一个起初无世界的意识如何能够与一个位于它的彼岸的"外部

---

① 〔德〕胡塞尔：《现象学的方法》，倪梁康译，上海译文出版社，1994，第17页。
② 〔德〕胡塞尔：《现象学的方法》，倪梁康译，上海译文出版社，1994，第17～18页。

世界"发生联系。

## 二  现象学的方法：本质还原与中止判断

胡塞尔认为，意识进行的特征不依赖于偶然出现的经验被给予性，而依赖于"本质"，即对象种类的一般规定性。存在着对象范围，"存在区域"，它们通过它们的本质，它们的"爱多斯"，即通过对象性在相应的原本的直观中所展示的精神外观特征而得以相互区别。[①]"行为和其对象可以不依赖于经验上可确定的事实而受到本质的特征描述，因此，它们的相关性……是一种先天；对象种类和其被给予方式的多样性将自身作为一个前经验认识的领域提供给哲学研究。"[②]"现象学不是以事实，以在个别人那里可经验地确定的意向体验及其对象的个别情况为课题。它们从偶然的、事实的意识过程和对象中抽象出来并把它的目光指向规定了行为以及在行为中显现的存在区域的结构的本质规律。这些规律首先是必然有效的，即：任何意向体验的个别情况都无法摆脱这些规律；其次，它们是普遍有效的，即：它们包含了所有个别情况。将意向体验和其对象的事实特征还原到作为它们基础的本质规定性——事实特征对于这些本质规定性来说仅仅是一些可相互替代的事例——上去，这被胡塞尔称为本质还原。"[③]

现象学的意识、本质的普遍之物也必须和进行经验操作的科学家的思维一样，从个别情况出发。感性经验最终建立在知觉之上。经验操作的研究者只能有步骤地、归纳地进行普遍化，因为他束缚在他的事例的事实知觉之上；他必须等待他对事实的知觉中所表现出来的东西。"本质现象学家则可以达到绝对的普遍性，这只是因为他不依赖于这样一种对被知觉的事实结果的等待。虽然他是以个别的事例为出发点，但却并不束缚在对它们的知觉上。这个不束缚在事实知觉上的关于个别事例的意识便是想象，它可以随意地设想各种事例。"[④] 在想象中，我们有可能一再地对一个意向体验或一个在其中被给予的对象进行不同的想象，我们可以在自由的

---

[①] 〔德〕胡塞尔：《现象学的方法》，倪梁康译，上海译文出版社，1994，第18页。
[②] 〔德〕胡塞尔：《现象学的方法》，倪梁康译，上海译文出版社，1994，第18页。
[③] 〔德〕胡塞尔：《现象学的方法》，倪梁康译，上海译文出版社，1994，第18~19页。
[④] 〔德〕胡塞尔：《现象学的方法》，倪梁康译，上海译文出版社，1994，第21页。

变更中随意地"假造"它的规定，但在这种随意性中，本质的普遍性可以成为原本的被给予性，即我们有可能在假造的同时注意我们可以走到哪条界限为止，而被想象的对象不丧失它的同一性。以这种方式，某些在所有可以想象的事例中同一的、在事例的变更中不变的规定便显露出来，而就是这些规定性构成了成为问题的行为或对象的本质。这样，我们在"本质变更"中，即在想象中进行的对实事的思考界限的反思便原本地把握了一个实事的本质。

胡塞尔认为，哲学必须是对世界的认识；因为只要我们的认识仍然限制在可认识的部分，那么尚未被认识的世界的存在领域便会产生出这样一个危险，即尚未被看清的成见仍然受到维护。然而，世界的总体如何成为现象学的课题呢？人们对世界的自然观点如何过渡到一个新的哲学的观点上去呢？

在人们所生活的世界中的对象是以受情况制约的被给予方式与人们相遇的。一个知觉事物，如这张桌子对我的显现只能每次显现它的一个面。为了看到"整个"桌子，我必须围绕它转一圈，与此同时，它不中断地"透视地"被给予我。但是每当我对它进行某种作为被给予方式的透视或"映射"时，我同时意识到，这张桌子的存在不是从它恰恰现实地展现给我的这个角度中得到的。对象所指的是比在任何被给予方式中显现之物"更多"的东西。我在我的意向体验中赋予这桌子以存在，这存在超越了它的所有随情况变化而改变的被给予的存在。透视的映射是主观相对的。"而我根据我的信念，对象的存在则超越出它的主观情况的显现而是'自在''客观'地存在着的。""于是，自然观点中的意识在某种程度上始终默默地对对象作出存在的判断；它说：对象存在着，就是说，对象具有不依赖于主观和情况的存在。"①

意向体验在通常情况下将它的对象想象为存在着的，它在这个意义上包含着一个"存在的设定"。人在自然观点中与对象的关系是一种对对象的存在的自明的信念。意向意识不断地进行着存在设定：一定的对象或其特征对意向意识来说是作为存在着的而有效的。但这种"存在有效性"在根本上是不稳定的东西。意向的意识生活在寻求对它的或多或少的"模糊

---

① 〔德〕胡塞尔：《现象学的方法》，倪梁康译，上海译文出版社，1994，第23页。

的"或"空泛的"意向进行充实和证实的道路上向前迈进。与此同时，始终有新的、不可避免的、被意识到此为止看作存在着或具有这样那样状态的对象证明自己是不存在的，或者至少是具有另一种状态的东西。于是我们必须一再删去某些存在的有效性。通过我们的不确定的前意见向原本的被给予性的过渡，我们不仅达到充实或证实，而且同样达到"失实"。"但一个基本的信念却并不因此而受到触动，即这样一个信仰：世界是作为一个基地而存在着，我们在某种程度上将所有对象都放置在这个基地上。每个失实都导致这样一个结论：'不是这样的，而是那样的'，但从未导致一个完全的无。所以世界的存在始终具有'终极有效性'，即使我们必须在这个或那个对象的存在和如此存在上排除这个世界的存在对我们的有效性。"① 胡塞尔将这个与世界有关的存在信仰称为"自然观点的总命题"。

每个意向体验都具有将注意力从一个正在被给予的对象出发转向其他对象的可能性，如从桌子的正面转向反面、从室内转向室外。我的具体的意向体验向我预示了一个确定的可能性的游戏场，即有步骤地将新的对象作为我的课题。我如何能够进一步地确定我的课题，这是一个受规则支配的行为，我以一种不明确的方式信任这个规则。在这个受规则支配的依据关系之内，我可以继续我的具体经验。胡塞尔将人们对这个依据关系的信任称为"视域意识"，而将可能经验的游戏场称为"视域"。视域在广泛的意义上是指我的视力圈，指一个以我为中心点而指向世界的圆圈；它随主体位置的变化而移动。它作为我的经验可能性的游戏场是某种主观的东西。支配这些可能性的是我，我具有"我能够……"这样的意识。在我自己所期望的方向上追随这个依据关系，这是属于我的权力，是在我的能力范围之内的事情——胡塞尔将视域意识的特征描述为我的"权能性"意识。

但是我的权能性包含着这样的意识：能够一再地将新的对象作为我的课题的无穷无尽的意识。借助于这个意识，我们拥有上述信任，即我们的意向体验永远不会遇到完全的空无，即使个别的失实体验会取消个别对象存在的有效性。"我们在视域意识的无限性中具有对一个无法删去的最终

---

① 〔德〕胡塞尔：《现象学的方法》，倪梁康译，上海译文出版社，1994，第24页。

的视域的信念；一个视域将自己展现在所有的视域面前，这便是：世界。"① 对象、我的行为所指向的对立面，我的注意力之极，是某种同一的东西，相对于被给予方式的多样性、相对于对象在其中展现给我的那些变化着的映射而言，对象始终是同一的东西。与此相符，世界相对于个别的对象体验而言也是某种保持同一的东西；对象存在的有效性可以在原本的被给予性中证实或失效，但这一个世界始终具有终极有效性。

在自然生活中，世界信仰就像对象的被给予方式一样非课题地发挥作用。"现象学把被给予方式和世界视域的作用这些在自然观点中始终未成为课题的东西当作自己的分析课题。但它不再进行直向的生活。直向生活的注意力的方向以及对对象的存在有效性的兴趣被打断了。现象学家的意向的'目光束'不再是对准被理解为存在着的对象，而是对准那些在其非课题的如何显现之中的对象以及这个显现在视域意识中的置入。目光束于是返回到被给予方式的进行以及视域的依据意识这些主观之物上去。简言之，现象学分析具有反思的特征。"② 现象学家"不是在直向生活的大河中顺流而下，而是要将自己升高到河流之上；他不再对被意指的对象的存在发生兴趣，而是因此而成为'不感兴趣的'、'不介入的观察者'。在作为自然体验着的人的他本身与作为存在着的而显现给这个人的对象之间有某种联系，现象学家将自己置身于这联系之外。可以说，他将这个联系置于括号之中，并且从外面来观察处于括号之中的意向生活"。③ "因为他不这样做，那么他就会始终被射入到对象的存在之中，而在自然观点中的非课题之物：被给予方式和视域意识便无法进入他的视野。"④

对任何存在态度的放弃，对所有可能的存在态度的这种中立性，胡塞尔用了一个取之于古希腊怀疑论的概念，即"中止判断"——抑制住对存在的态度。中止判断的态度是一种被寻求的对世界的新态度，通过这种态度，哲学将自身与自然的观点区别开来。对它的发现包含着对这样一个问题的回答的开端：现象学的方法如何能够成为哲学，即成为对总体的课题的探讨。世界的总体——世界在此被理解为所有视域的视域——对于自然

---

① 〔德〕胡塞尔：《现象学的方法》，倪梁康译，上海译文出版社，1994，第25页。
② 〔德〕胡塞尔：《现象学的方法》，倪梁康译，上海译文出版社，1994，第26~27页。
③ 〔德〕胡塞尔：《现象学的方法》，倪梁康译，上海译文出版社，1994，第26~27页。
④ 〔德〕胡塞尔：《现象学的方法》，倪梁康译，上海译文出版社，1994，第27页。

观点来说始终未成为课题。恰恰是这个非课题的东西通过中止判断成为课题。因此，只有中止判断才使本质直观的现象学有可能转变为一门严格的、无成见的哲学方法。

## 三　现象学还原

存在区域的本质规定为本质直观所揭示，这些存在区域用哲学的传统方法是存在之物的种和属。那些与存在之物的总体有关并因此而超越了种和属的规定的规定被经院哲学称为"超越之物"。现象学的相关性研究与康德对先验哲学的定义中的两个条件相符合：根据它的中止判断的反思态度，现象学是在对象对意向意识的显现之中来考察对象，而且询问对象的认识方式；而作为本质直观的方法，现象学从这个意识关系揭示出先天之物。具体来说，胡塞尔的现象学是如何在康德的意义上成为先验哲学的呢？

世界是所有意向地显现的对象的总体。在自然的观点中，人们将这些对象的客观存在、自在存在与它们的主观相对的、在被给予方式中的合意识的显现区别开来；自在存在是对象的、主观非相对的、与意识无关的存在，在自然的观点中我们对这个存在坚信不疑。世界与意识的同一性只能意味着：世界的自在存在无非只是它对意识的意向显现而已。

一种仅仅在于个别意向体验中对存在态度持中立化立场的中止判断是可能的，然而通过这种对存在信仰的部分放弃作为总体的世界还没有进入人们考察的视野。为了使现象学方法成为哲学，中止判断必须成为普遍的中止判断，它不能放过任何一个对存在的态度。然而，现象学家们所做的关于对象的意向显现的陈述也包含着一种对存在的态度。关于在被给予方式中的显现的判断恰恰是把这些被给予方式理解为存在着的。如果现象学将这个存在设定也放弃的话，那么它就无法做出任何论断。作为科学的现象学需要一个在受到中止判断之后仍然保留下来的论断领域。

现象学的论断与意识的意向行为有关，因而被寻求的只能是意识。可是意识对存在有效性的保留是如何与普遍的中止判断的严格性相一致呢？胡塞尔认为，普遍的中止判断是对自然观点中命题的放弃，它将世界的存在有效性中立化，而意识的存在是一种与世界中的存在根本不同的另外一种存在。"在绝对的普遍性或者说必然性中，一个事物无法在可能的感知、无法在可能的意识一般中作为实在内在之物被给予。这里，在作为体验的存在与作为事物的存在之间显示出一个根本本质的区别。体验的区域本质（特别是思维的区域的类的本质）原则上在于，体验在内在感知中是可感知的，但一个空间事物的本质则在于，它无法在内在感知中被感知。"①"这里面恰恰表现出存在方式之间的原则区别，这是一切区别中最根本的区别，也即意识与实体之间的区别。"②

对于胡塞尔来说，体验不展示自身，这意味着体验知觉是对某物的素朴直观，这个某物在知觉中作为"绝对之物"被给予，而不是通过映射作为显现方式中的同一之物被给予。一个感受体验不会投射自身。如果我把目光朝向这体验，我便可获得一个绝对之物，它不具有任何可以这样或那样展示出来的面。在思维的过程中，我可以思索真的或假的，但这个处于直观目光中的东西，却连同它的质、它的强度等绝对地存在于此。相反，一个提琴声音却连同它的客观同一性通过映射而被给予，它具有变化的显现方式。所以，"借助于显现的被给予性的本质在于，没有一个被给予性把事物作为'绝对之物'来给予，而只能在单方面的展示中给予出事物，而内在被给予性的本质则在于，它给予出一个绝对之物，这个绝对之物根本不可能在各方面展示和透视自身。同样明显的是……知觉事物的存在可以作为假象被抹去，而这些感觉内容本身却无疑具有其绝对的存在"③。

所以内在的知觉是必然的、无可怀疑的，超越的知觉是偶然的、可疑的。事物世界的本质在于，在它的区域里没有一个如此完全的知觉能给予一个绝对之物，并且与此相关，每个伸展得如此之远的经验都保留着这样一种可能性，即被给予之物不存在，尽管人们具有关于这个被给予之物的真实的自身当下的意识。这里有一个本质规律在起作用：事物的存在永远不会是被给予性所要求的那种必然存在，而始终是偶然的存在。这意味着经验的进程有可能迫使人们放弃已经在经验上合理的规律。此后人们会说，这些规律只是幻觉、错觉，或者只是有联系的梦，等等。因此，在这

① 〔德〕胡塞尔：《现象学的方法》，倪梁康译，上海译文出版社，1994，第141页。
② 〔德〕胡塞尔：《现象学的方法》，倪梁康译，上海译文出版社，1994，第142页。
③ 〔德〕胡塞尔：《现象学的方法》，倪梁康译，上海译文出版社，1994，第148页。

个被给予性的范围内存在着这样一种始终开放的可能性，即理解上的变化，一个现象向另一个与此现象不能统一的现象的改变以及后面的经验设定对先前的经验设定的影响，这种影响可以说迫使先前经验的意向对象发生一种变革——所有这些事件按照体验的本质是不可能出现在体验领域内的。在绝对的领域中没有争执、假象和他在的地盘。

所以我们可以肯定地说，所有在事物世界中对我来说是此在的东西，原则上只是臆断的现实；相反，将这个世界看作此在的这个自我本身——除去那些被我归于事物世界的东西，或者说我的体验的现实性才是绝对的现实，它通过无条件的、必不可少的设定而被给予。"所以，世界的命题，即'偶然'命题便与我的纯粹自我、自我生活的命题，即'必然'命题、绝对无疑的命题相互对立起来。所有真实地被给予的事物也可能是不存在的，但真实地被给予的体验却不可能不存在。"①

如果我们考虑到包含在每个事物超越的本质之中的虚无的可能性，那么就会很明显，意识的存在、每个体验流的存在尽管必然会受到对世界的毁灭的改变，但它特有的生存却未受到触动，它只是受到改变而已。因为对世界的毁灭无非同时意味着，在任何体验流中某些受到整理的经验联系被排除了。这就是说，实体存在，通过显现而合乎意识地展示并证明自身的那种存在对于意识本身的存在来说并不是必要的。"所以，内在的存在无疑是绝对意义上的存在，它原则上不依赖于其他事物便可以生存……超越的'事物'的世界则完全依赖于意识，这意识不是指从逻辑上想象的意识，而是现实的意识。"② 这种意识就是胡塞尔所说的作为世界毁灭后之剩余的"绝对意识"。

胡塞尔的现象学态度与自然观的真正区别是他的唯心主义观点。自然观点认为世界以及在世界中的对象的存在作为非课题的世界信仰独立于其合意识的显现。这种自然的信念的具体形态表现为显现始终未成为课题。对自然观点来说，问题仅仅在于独立于意识的、主观非相对的自在存在，而不在于它的主观相对的被给予存在。这种观点是"直向生活"的基本态度。与此相反，现象学的相关性研究则将那个被误认为非主观相对的、与

---

① 〔德〕胡塞尔：《现象学的方法》，倪梁康译，上海译文出版社，1994，第 153 页。
② 〔德〕胡塞尔：《现象学的方法》，倪梁康译，上海译文出版社，1994，第 159 页。

意识无关的存在与主观相对的显现联系在一起，他还将那个存在回溯到这个显现之上。这个回溯被胡塞尔称为"现象学的还原"，它是对中止判断的彻底普及化。在普遍的中止判断中被剥夺了其有效性的世界存在暴露出自身是意识的显现。随着这个还原，现象学的方法在康德所形成的传统的意义上成为先验的方法，对象的存在被解释为意识—存在。"将一般对象还原到使这对象得以显现的我的意识上，这完全不同于将事实还原到其本质上的做法。"① 胡塞尔的现象学方法除了本质还原和中止判断之外，还有现象学还原。

---

① 〔德〕胡塞尔：《现象学的方法》，倪梁康译，上海译文出版社，1994，第31页。

# 17

# 柏格森的《创造进化论》

舒红跃[*]

昂利·柏格森（Henri Bergson，1859 – 1941），犹太人，最具原创性的现代法国哲学家，生命哲学创始人之一。柏格森一生的重要著作包括《论意识的直接材料》（1889）、《物质与记忆》（1896）、《形而上学导言》（1903）和《创造进化论》（1907）。《创造进化论》在发表 20 年后因其"丰富而生机勃勃的思想及其卓越的表现技巧"获诺贝尔文学奖。这里主要对《创造进化论》这部柏格森最重要的著作做一较为详细的导读。

## 一 《创造进化论》：背景、目的与结构

与尼采、叔本华、狄尔泰一样，柏格森的思想往往被人们称为"生命哲学"。可以说，生命哲学一直贯穿于柏格森思想始终，《创造进化论》的问世也正是得因于他对生命进化原因的思考。虽然实证主义进化论、斯宾塞进化论在当时广为流行，但是，柏格森认为，这两种理论都不足以解释活生生的生命进化的原因。因为，科学和理性固然重要，但是，科学和理性面对的是一个机械的、僵死的世界，而运动、变化着的世界需要依赖直觉，我们可以通过更直接、更可靠的经验方法来解决生命问题。真正的进化论应当着眼于实在的生成和发展，而不是事先设定好要解释的一切。故

---

\* 舒红跃，男，哲学博士，教授，主要研究方向为西方哲学、技术哲学。

而柏格森在 1907 年出版《创造进化论》一书。在该书中，通过提出"生命冲动""意识流""绵延"等概念，柏格森主要探讨宇宙的运动和生命的进化问题。柏格森认为，生命进化的根本动力在于"生命冲动"，"生命冲动"是宇宙万物运动变化的本源，进而阐发以"生命冲动"为核心的哲学体系。

柏格森生命哲学最核心的概念是"绵延"。绵延可以等同于精神、存在、时间、记忆和自由，这些词语在柏格森那里含义是统一的，只是用法稍微有些不同。柏格森是通过时间连续和不断延伸的状态来考察"绵延"这一概念的。在他看来，"绵延是入侵将来和在前进中扩展的过去的持续推进"①。正因为绵延是不可逆的，故而将意识排除在外来解释绵延是不科学的。意识存在的基础是记忆，将记忆连接起来的是时间，这样，柏格森将时间、记忆、意识、绵延等概念统一起来。至于物质这一传统哲学中与意识相对应的另一个概念，依据柏格森的理解，它从根本上说是最低程度的意识和绵延。

《创造进化论》一书除一节引论外，主要包括四章正文。

第一章是"论生命的进化"。在这一章，柏格森主要批判当时人们用来解释生命进化的两种理论——"机械论"和"目的论"。在重点研究了生命与物质、生命与精神的关系，并解释了某种超越个体、超越物种的普遍生命——宇宙生命之后，柏格森认为，生命进化的根本动力在于生命所固有的"原始冲动"。

第二章是"生命进化的不同方向"。格森从植物、动物和人类三个方向分别讨论生命进化是如何进行的。植物、动物和人类因其性质不同而沿着不同的方向分裂，植物代表着"迟钝"，动物代表着"本能"，而人类则代表着"智慧"。

第三章是"论生命的意义"。在这一章，柏格森主要研究智慧和本能之间的关系。在柏格森看来，本能是利用自然的有机工具的一种能力，它必须发展先天的（潜在的或无意识的）认识，以及对这种工具和工具所适用对象的认识。智慧是人造工具的能力，其基本功能是在任何环境中找出摆脱困境的方法，有智慧的生物能够自我超越。比如，生命体在与某些物

---

① 〔法〕亨利·柏格森：《创造进化论》，姜志辉译，商务印书馆，2004，第 10 页。

质发生冲突时会因遭到抵抗而发生进化，这便产生了人们所说的"生命的冲动"。能将这种冲动捕捉到的不是智慧，而是直觉意识。

第四章即最后一章是"思维的电影放映机制和机械论的错觉"。在这一章，柏格森批判了以"电影放映机制"为代表的思维方式。以"电影放映机制"为核心的思维方式忽视了无数个生动活泼的现实生活，它所表现的是一个机械的、灰暗的理念世界，而真实的世界是一个不断运动、变化和创造着的世界。

下面从"生命与物质和意识""创造进化：生命的内在冲动""物质、精神共同作用下绵延着的生命"三个部分来对《创造进化论》做一详细解读。

## 二 生命与物质和意识

《创造进化论》一书被看作最能体现柏格森生命哲学特别是其宇宙论的著作，该书完整地揭示了从物质到生命再到意识的进化规律。在讨论生命本质时，柏格森首先预设了生命原始冲动的存在。正是因为这样一种生命的冲力，宇宙朝着各个方向绵延。在生命进化的不同阶段，生命冲力所起的作用机制是不同的，因而生命所呈现出来的形态也有所差异。各种生命都是由两种运动——朝向精神（意识）的运动和朝向物质的运动——融会而成。生命一方面接受着物质运动方面的约束，另一方面又不断地突破来自于物质运动的束缚而展现其自身。"生命冲动在于一种创造的需要。生命冲动不能绝对地进行创造，因为它面对的是物质，也就是与自身相反的运动，但是，生命冲动获得了作为必然性的物质，力图把尽可能多的不确定性和自由引入物质。"①

生命如何进化呢？也就是说，如何深入研究生命的本质？在当时各种解释生命进化的理论中，较为流行的是机械论的进化论和目的论的进化论。我们看柏格森是如何批判这两种传统进化论的。

柏格森首先批判的是机械论的进化论。在柏格森看来，彻底的机械论意味着一种形而上学，这种形而上学将整个世界置于一种永恒不变之中，

---

① 〔法〕亨利·柏格森：《创造进化论》，姜志辉译，商务印书馆，2004，第209页。

这就和生命（意识）进化的真实情况不符。机械进化论极力强调实证科学和理性的重要性。以"时间"这一术语为例，当我们说到"时间"时，我们虽能感受到时间的流动，但时间不能够构成任何东西。意识却有所不同。当我们谈及"意识"时，意识虽然在我们的经验中是无法把握的，但我们能时刻清楚地感觉到它，它是我们存在的基础。"我们的思维，就其纯粹的逻辑形式而言，并不能阐明生命的真正本质，不能阐明进化运动的深刻意义。"① 实证科学由于是从外部来描述生命现象的，故而不可能把握到生命的真正本质。生命进化是难以用数学、物理学中的公式和理论来准确度量的。科学只能研究死的、机械因果制约的世界，而活的、实在的世界则只能由（生命）哲学来研究。因此，我们在研究生命的进化时，必须摆脱那些严格来说属于理智范围的形式和习惯，必须直面有生命的东西。

出于同样的理由，柏格森认为，彻底的目的论也是不能被接受的。极端形式的目的论认为，任何事物或生物都有一个预定计划，生命进化只是根据现成的计划随着时间的推移而进化或创造。内在目的论也即古典目的论认为，每一生物的创造目的在于其自身，它的每一部分都是为了最大整体的利益而努力，并为了这一目的而和谐地组织在一起。问题在于：内在目的论只能考察一种生命，当谈到一个以上的生物进化时它就会显得比较狭隘。和内在目的论不同，外在目的论认为，虽然所有部分都是为了整体利益最大化而努力，但是每一小部分在某些情况下被视为一个独立的有机体，这一独立组织为自己而存活。这一有机体的各个部分在与整体保持协调的同时也与其他生物协调。这一有机体在某种程度上和其祖先相似，同时，也与在不同方向分离出来的所有后代相似。拉马克在《动物学哲学》一书中提出了生物进化"用进废退"和"获得性遗传"的观点。拉马克认为，动物是沿着由简单到复杂的方向进化的，生物自身天生具有向上的发展本能，在面对环境变化时，有机体会发生一定的变异，而这种变异具有定向性。拉马克的目的论认为，人类的智慧是通过有意识的行为、手段对目的进行调整而产生的。大自然也许是一架受自然规律支配的机器，也许是一个计划的实现，无论如何，它有着贯彻生命必然性的倾向。目的论的失误在于承认生命的冲动具有被动性和必然性。"生命在进化的过程中产

---

① 〔法〕亨利·柏格森：《创造进化论》，姜志辉译，商务印书馆，2004，"引论"，第1页。

生了不可预见的各种形态。但是，这种活动始终在不同程度上带有偶然性；它至少有一种选择的基础。"①

柏格森认为，用以解释生命进化过程的目的论和机械论这两件成衣都不适用于生命的真实进化过程。他不仅否定了以往重视突然变异的自然淘汰的进化论，而且不同意用必然性的机械论来解释生命。由此，我们必须追问：生命存在的原因在于什么呢？关于生命的运动变化过程，在柏格森看来，每一物种的进化运动都是一种无法规定、无法预期、不断创造的过程。"生命在于两类原因：一是生命遇到的无机物质的抗力，二是生命自身包含的爆炸力——取决于倾向的不稳定的平衡。"② 生命有着一种以屈求伸的力量，它通过这种力量使自己变得十分渺小，从而屈从于物理和化学的力量。虽然最初出现的生命形态极其简单，但是它们具有一种神奇的内在冲动，是这种冲动把它们提高到生命的最高形态。在生命进化的过程中有许多岔道，在两三条大路的旁边也有不少死路，在这些道路中只有一条是比较宽阔的，允许生命的主流自由通过，这就是从脊椎动物通向人类的那条大路。"对进化运动的研究在于弄清一定数量的不同方向，在于评价发生在每一个方向上的事物的意义，总之，在于确定各种分散倾向的本质，在于测定其程度。"③

世界是什么样的？在柏格森眼里，世界是一个丰富多彩又生动活泼的世界，丰富多彩的世界被纳入"物象"这个集合体内。尽管万物存在着多变的"象"（image），但各项背后都有其统一性、规律性，它们由此被完全通约为一个整齐划一的"象"，彼此之间的差别看似被磨平了，变成了在不同程度上绵延着的物质实体。在讨论物质与意识关系时，柏格森采用了一个生动的比喻——"蒸汽"来形容。具体来说，物质与意识的分化就像是一个玻璃瓶里的水不断加热进而蒸发的过程，物质是水滴做下降运动形成的，呈下降趋势；而意识是蒸发出来的水蒸气，做向上的运动。这两个运动不是彼此独立的，而是统一运动的两种不同倾向。"上升运动相应于成熟或创造的内部活动，本质上是绵延的，并将其节奏强加给下降运

---

①　〔法〕亨利·柏格森：《创造进化论》，姜志辉译，商务印书馆，2004，第85页。

②　〔法〕亨利·柏格森：《创造进化论》，姜志辉译，商务印书馆，2004，第86页。

③　〔法〕亨利·柏格森：《创造进化论》，姜志辉译，商务印书馆，2004，第88页。

动，下降运动和上升运动是不可分离的。"①

对于大自然，柏格森将其分为有机物质和无机物质，有机物质也就是生命界，而无机物质就是非生命界。生命体与无机体不同，因为生命体有其内在的绵延（时间性）。也就是说，在生命体这里体现出的是绵延着的时间。无机体表现出来的是一些与绵延相反的特征，数学化和空间化的时间支配着无机体。生命体在自身的绵延中不断地进化，在生命现象中，生命体有着从出生、长大、衰老到病死的动态生长过程，这些在植物、动物和人身上都能看到，但在无机体中却很难找到这种绵延特征。

无机体的特性之一在于它们是可分的，是复合物体的集合。无机体发生变化无外乎是因为构成了这个集合体的各个部分发生了位移，或是这一集合体受到了外力的作用。故而无机体的变化可分为两种：一是集合体通过构成部分的移位发生变化，这些部分本身没有发生变化，只是被分割成更小的部分，也就是构成它们的分子、原子、粒子等，以一种"不可测量之物"的方式合成这个复合的无机体；二是无机体通过外力作用发生变化，在此过程中，没有物质被创造出来，只是某一成分的一定状态的不断重复。例如，水—冰—水的转化过程就是水分子在 0℃ 这个临界点上所呈现出的不同状态。

无机体的另一特征在于它是一种人为的孤立产物。为了方便科学研究，通过对物质进行完全的分离，使之与外界环境完全隔离，这样，它就具有一种可分离的倾向。因而科学认为，这一孤立的物质可以免受外部影响，或者因这一影响相当微弱，可以忽略不计。需要注意的是，这种分离也不完全是人为的，它需要有一种客观的基础，因为"物质有一种构成可分离体系的倾向"②。

较无机体而言，生命体的特性之一在于其个体性，生命体的个体化倾向在有机界中是普遍存在的。"它是一个个体，任何其他的物体，即使是晶体，都不能称为个体，因为晶体没有性质不同的组成部分，也没有各种不同的功能。"③ 不同的生命体因有着不同的组成部分，也就具有不同的功

① 〔法〕亨利·柏格森：《创造进化论》，姜志辉译，商务印书馆，2004，第16页。
② 〔法〕亨利·柏格森：《创造进化论》，姜志辉译，商务印书馆，2004，第15页。
③ 〔法〕亨利·柏格森：《创造进化论》，姜志辉译，商务印书馆，2004，第17页。

能。生命（体）在不断地绵延、进化，因而其属性不可能完全得到实现，它永远处于未完成状态，在未完成与完成之间摇摆。所以，生命体与其说是一种状态，不如说是一种倾向。

生命体的另一特性是繁殖。个体化倾向处处受到繁殖倾向的抗衡。"个体性就是让自己的敌人居住在自身之中。"① 通过生殖，一个生命体创造出另一个新的个体，下一代个体有着超越此个体的可能，在此，个体与下一代个体之间建立起联系，而下一代个体又繁殖出新一代个体。通过一代代的繁殖，新一代个体与祖辈建立起联系，祖祖辈辈相传。

在区分了生命体和无机体，也就是生命和物质之后，柏格森紧接着介绍超越个体的一般的、普遍的生命的诞生。"一种可见的流动在某一时刻和在空间中的某些点产生，这种生命之流穿过它所组织起来的身体，从一代到下一代，它在各个物种之间分流，分散到个体中，不但不失去自己的力量，反而在前进中不断得到加强。"② 一个生命体自身形成一个系统，其自身又包含着一个增生体，从生命体本身到增生体的运动变化过程就是生命体从一个旧种质持续发展为一个新种质。如果生命体自身形成一个系统、一个个体，那么，这就意味着生命体身上的任何一个部分离开主体将无法存活。生殖现象却有所不同，分离的部分（如受精卵）与生命体分离之后将形成一个新的生命体。这种种质之间的能量传递是连续的，在产生增生体时，生命体自身的能量在时间中也被消耗，并尽快恢复自身。这意味着生命的代际传递就是从一个生命到另一个生命，从一代过渡到另一代。这就是柏格森的"一般生命"的概念。

在生命个体之间、代与代之间传递，在时间的不断延续中所表现出的这种普遍的生命现象，柏格森称之为一种"生命的原始冲动"。这种"生命的原始冲动"是一种冲力、努力和创造。生命冲动受到物质的束缚，物质构成生命冲力的阻碍，这种冲动表现为需要克服物质和环境的种种障碍从而表现自己的抗争。"生命好像是一种流动，它通过成熟的有机体，从一个种质到另一个种质。"③ 生命冲力是一切生命得以可能的先决条件，它

---

① 〔法〕亨利·柏格森：《创造进化论》，姜志辉译，商务印书馆，2004，第18页。
② 〔法〕亨利·柏格森：《创造进化论》，姜志辉译，商务印书馆，2004，第28~29页。
③ 〔法〕亨利·柏格森：《创造进化论》，姜志辉译，商务印书馆，2004，第29页。

通过进化从一个有机体传递到另一个有机体。

## 三 创造进化：生命的内在冲动

《创造进化论》第二章为"生命进化的不同方向"，第三章为"论生命的意义"，这两章意在考察生命冲力的作用。柏格森认为，生命进化具有不同的趋向。在生命的整个进化过程中，普遍的、一般的生命经过变异之后形成各个物种间具有差异的个体。变异的原因首先在于物种只有突破物质环境的束缚才能适应外界环境，这被视为变异的直接原因；变异背后的原因则在于将生命推到世界的推动力，这一推动力促使植物和动物得以分化，并使动物的运动—神经系统更加灵活。在进化中，通过原始冲动和物质对这种冲动的抵抗这两种倾向的相互作用，生命将获得越来越多的自由，进而完成生命进化的意义——创造。那么，从普遍的生命到有个体性的生命是如何实现的呢？在考察生命分化的过程时，柏格森将其分为两个阶段：植物和动物的分化，动物界内部的分化。

生命进化的第一步在于植物和动物的分化。植物和动物生命发展方向的不同表现在进食方式上：植物从大自然中直接获取养分，它能够创造有机物质，不需移动，无需意识。动物不能像植物那样直接获取维持生命存在的矿物质，只能从已获得上述养分的植物或从植物界摄取这些元素的其他动物身上间接摄取养分。在此过程中，动物不仅需要空间上的运动，还需要灵敏的感觉器官、运动感官和神经系统的协调配合。动物和植物在这一过程中因神经系统而显现出有无意识的差别。神经系统越发达，可供神经系统支配、协调的运动就越多、越精确，意识也就越高明。物种间神经系统的差别越大，物种间在意识觉醒程度方面的差别也就越大。在运动过程中，有无意识成为区别动物界和植物界的又一方式。"用感觉性和觉醒的意识来定义动物，用沉睡的意识和无感觉性来定义植物。"[①]

生命进化的第二步是动物界内部的分化。柏格森将动物的进化分为四个不同方向：棘皮动物、软体动物、节肢动物和脊椎动物。前两种动物为了抵御敌对物种进化出外壳——这些外壳在保护动物的同时使之不能运

---

① 〔法〕亨利·柏格森：《创造进化论》，姜志辉译，商务印书馆，2004，第97页。

动，它们和植物一样放弃了意识，或者说是处于一种半睡眠或半迟钝状态。节肢动物和脊椎动物同样也面临着迟钝的威胁，正是因为摆脱了这一威胁，它们才发展到生命的最高级形式。生命如何进化？它是沿着脊椎动物的系列直到人类的上升路线以形成自身的。在脊椎动物和节肢动物分化的基础上，生命的感觉—运动神经系统不断进化。"动物界的全部进化，除了植物生命倒退，是沿着两条不同的道路进行的，一条通往本能，一条通往智慧。"① 节肢动物中以膜翅目昆虫的进化为最，这条道路代表着本能；脊椎动物在人类的进化中到达最高点，而这一进化道路代表着智慧。智慧和本能都是意识的一部分，它们是在生命冲动中糅合在一起的因素，以一种不确定的形式表现在生命的进化过程中，仅仅因为自身发展完善的程度和复杂程度的区别而相互分离。

柏格森重点论述了智慧和本能这一生命中的两种典型表现形式。大多数人认为，智慧和本能相互对立，但柏格森认为，在生命的原始冲动中，智慧和本能只是进化过程中的两种不同的倾向，它们既相互对立，又相互联系和补充。

首先，智慧和本能是相互补充、相互渗透的，因为它们有着共同的原始起源。就像没有无本能痕迹的智慧一样，世间也没有无智慧痕迹的本能，智慧和本能没有完全决裂。二者总是以不同的比例混杂在一起，它们之间如果有差别的话，只有复杂和完善的程度区别，其中的一种可以用另一种来表示。半沉睡着的植物的意识和运动随时都有可能觉醒，动物也要时刻警惕来自植物性的威胁。虽然智慧和本能在演化过程中逐步分离，但它们不可能做到完全分离。一方面，昆虫的最完美本能已经有了某种理性之光，尽管只是表现在时间、地点和材料的选择上；另一方面，理性对本能的需要比本能对理性的需要更多，因为所有动物只有借助本能的翅膀才能飞行。"实际上，只是因为它们是相互补充的，所以才相互伴随；只是因为它们是不同的，所以才相互补充。"②

其次，智慧和本能的区别表现在制造武器和原始工具上。从本质上看，智慧和本能的区别在于："完善的本能是使用，甚至制造有机工具的

---

① 〔法〕亨利·柏格森：《创造进化论》，姜志辉译，商务印书馆，2004，第114页。
② 〔法〕亨利·柏格森：《创造进化论》，姜志辉译，商务印书馆，2004，第115页。

一种能力；完善的智慧是制造和使用无机工具的一种能力。"① 没有智慧的动物是否和拥有智慧的动物（人类）一样也有工具和机器呢？不同于流行看法，柏格森认为动物也有工具，动物是将自己的身体作为工具。人类能够制造工具，动物虽然不能制造和使用人造工具，但能利用大自然所赋予的本能做出相应变化。令人难以置信的是昆虫的本能，它们只是在运动中发展出的一种特殊结构，以保证在社会生活中进行完美的分工合作，并将这一本能赋予各种个体，如蜜蜂、蚂蚁等多种原翅类的本能。相较于智慧，本能在人的生存中发挥着至关重要的作用，智慧则是代表理性的实证科学。柏格森对当时颇为流行的科学主义持批判态度。

最后，智慧和本能的区别还在于它们是两种完全不同的认识，它们代表着对同一问题的两种不同的解决途径——智慧朝向意识，本能朝向无意识。"意识基本上只是突出本能的最初活动，引发一系列无意识运动的活动。相反，缺陷是智慧的正常状态。遭遇障碍是智慧的本质。"② 蜜蜂天生就会采蜜，虽然蜜蜂不理解为什么需要这样做，但知道该如何去做，这样一种先天认识活动既不需要意识，也不需要认识，因为本能在引导着蜜蜂做出反应。当外在对象的出现没能引发生命体做出相应的反应时，这一对象就成为障碍，这时才有意识和思维活动的需要。

柏格森对于理性和本能区别的观点是："如果我们考察本能和智慧所包含的先天认识成分，我们就会发现，在本能中，这种先天认识以事物为基础，在智慧中，这种先天认识以关系为基础。"③ 柏格森认为，如果我们为智慧和本能的区别做一个比较精确的表述，那就是就其先天方面而言，智慧是对形式的认识，本能是对内容的认识。就本能而言，认识可以是丰富和充实的，但仅限于一个确定的对象；就智慧而言，认识不再限制其对象，它是一个可以包含无限内容的抽象形式。简单地说，智慧是对内容间关系的认识，本能则以事物本身为认识对象。

智慧和本能朝着两个相反的方向——智慧朝着无机物质，本能朝着生命——发展。智慧通过作为其产物的科学越来越完整地告诉我们物理过程

---

① 〔法〕亨利·柏格森：《创造进化论》，姜志辉译，商务印书馆，2004，第118页。
② 〔法〕亨利·柏格森：《创造进化论》，姜志辉译，商务印书馆，2004，第122页。
③ 〔法〕亨利·柏格森：《创造进化论》，姜志辉译，商务印书馆，2004，第125页。

的秘密，但不告诉我们生命的秘密，或仅仅用无生命的东西解释生命。"直觉能把我们引到生命的内部，即本能是无偏向的，能自我意识，能思考其对象和无限地扩展其对象。"① 生命，即穿过物质的意识，或者把注意力集中在自身的运动，或者把注意力集中在它所穿过的物质。因此，生命或者朝着直觉的方向，或者朝着智慧的方向。

　　在物质和精神关系的问题上，一般认为有三种可供认识论选择的方案：或者精神以物体为依据，或者物体以精神为依据，或者假设在物体和精神之间有一种神秘的和谐。柏格森则认为还有第四种方案，"这种解决方案首先在于把智慧当作精神的一种特殊功能，基本上针对无机物质，其次认为，不是物质决定精神的形式，也不是精神把自己的形式强加给物质，也不是物质和精神通过我们不知道的先定和谐相互规定，而是精神和物质逐渐相互适应，以便最终选定一种共同的形式"② 。这种适应是自然地实现的，因为是同一种运动的倒退创造了精神的智慧性和物体的物质性。知觉的作用在于指导我们的行为对物质进行划分，这种划分始终过于分明，始终服从实际要求，因而始终能被修正。科学倾向于采取数学形式，过于强调物质的空间性，它的图式过于精确。为了使一种科学理论成为最终的理论，精神必须整个地把握所有事物，并准确地把它们放在相互关系中。

　　智慧沿着其本原的方向前进，它也会不断地被拉向相反的方向，也就是具备回顾的功能。"我们的意识必须摆脱一切既成的东西，致力于正在形成的东西。我们的意识必须转向和回到自身，看的能力就是愿望的行为。"③ 要理解物质的创造，我们就需要从内部体验到一种形式的创造，因为正是在纯粹形式、创造流暂时中断的情况下，才有物质的创造。生命不能制止物质变化的过程，但能使这个过程推迟。实际上，生命的进化延续着一种最初的冲动，这种冲动决定了植物的光合作用的发展，决定了动物的感知—运动系统的发展，使生命通过制造和使用越来越有力的炸药，做出越来越有效的行动。生命实际上是一种运动，物质性是相反的运动，这

---

① 〔法〕亨利·柏格森：《创造进化论》，姜志辉译，商务印书馆，2004，第148页。
② 〔法〕亨利·柏格森：《创造进化论》，姜志辉译，商务印书馆，2004，第172页。
③ 〔法〕亨利·柏格森：《创造进化论》，姜志辉译，商务印书馆，2004，第198页。

两种运动都是简单的。构成一个世界的物质是一种不可分的流动，穿过这种流动，在流动中显现出生物的生命也是不可分的。我们力求用精神的观点来看，因为精神是一种看的能力，一种内在于行动的能力。一切都将重新回到运动，一切都将化为运动。总之，"生命冲动在于一种创造的需要。生命冲动不能绝对地进行创造，因为它面对的是物质，也就是与自身相反的运动"①。

生命的本质在于创造，同样，向着思维发展也是生命的本质。意识在一个生物中彻底苏醒是因为可供选择的范围大，提供给它的行动数量多。意识的发展取决于神经中枢的发展。另外，具体的意识活动取决于大脑活动，任何意识状态在某个方面都是向运动提出的一个问题，也就是反应的开始。意识在人身上不仅是一种智慧，还可能是一种直觉。直觉和智慧代表着意识工作的两个相反方向：直觉沿着生命的方向前进，而智慧沿着相反的方向前进，因而受到物质运动的制约。人类使这两种意识活动的形式得到充分发展。

## 四　物质、精神共同作用下绵延着的生命

《创造进化论》第四章是"思维的电影放映机制和机械论的错觉"，这一章的目的是考察我们在分析进化时常常遇到的两种错觉。通过这一考察，我们将有机会消除某些反对意见，澄清某些误解，特别是通过比较来更精确地定义一种在绵延中看到实在事物的实质性哲学。

首先看第一种错觉。"这种错觉在于认为人们可以通过稳定的东西来思考不稳定的东西，通过静止的东西来思考运动的东西。"② 实在，不管是物质还是精神，都是一种永恒的变化。实在会形成或消失，但它永远不是某种完成的东西，这就是当我们揭开意识和我们之间的面纱时我们得自精神的直觉。受制于智慧的意识观察在内部生命中已经形成的东西的时候只能模糊地感到内部生命的形成。因而，和我们有关的，我们在其过程中得

---

① 〔法〕亨利·柏格森：《创造进化论》，姜志辉译，商务印书馆，2004，第209页。
② 〔法〕亨利·柏格森：《创造进化论》，姜志辉译，商务印书馆，2004，第226页。

到的瞬间摆脱了绵延。① 我们只能留住瞬间。当我们思考实在的本质、按照实际利益要求我们的那样去看实在时，我们就看不到真正的进化和完全的变化。我们只能在变化中看到状态，只能在绵延中看到瞬间，即使我们谈论绵延和变化，我们所想的也是另外的东西。

第二种错觉和第一种错觉有着同样的根源，它也是因我们把用于实践的方法用于思辨。一切行动旨在得到我们以为缺少的东西，旨在创造尚不存在的东西。在这种特殊意义上，行动充满空虚，从空虚走向充实，从不存在走向存在，从非实在走向实在。这里所说的非实在与我们的注意力指向的方向有关，因为我们陷入各种实在不能自拔；只有当眼前的实在不是我们寻找的实在时，我们才能谈论我们寻找的实在的不存在。因此，我们表达了面对希望得到的东西时我们实际拥有的东西。在行动领域这是最合理不过的。但无论如何，当我们思考与我们的利益有关的事情的本质时，我们仍保留了这种谈论方式和思维方式。第二种错觉和第一种错觉一样，在于当我们的智慧准备对事物做出行动时所形成的静止习惯。

在分析实在时出现这种错觉，问题在于知道为什么在事物中存在着秩序而不是无序。只有当我们假定被理解为秩序的不存在的无序是可能的、可想象的或可构想时，这个问题才有意义。然而，实在中只有秩序；但是，由于秩序可以采取两种形式，一种形式的存在是因为另一种形式的不存在，所以每当我们面对不是我们寻找的一种秩序时，我们总是谈论无序。因此，无序概念是实的。如果人们试图完全和绝对地否定秩序，就会发现，这是不断地从一种秩序跳到另一种秩序，所谓两种秩序的取消意味着两种秩序的存在。归根结底，如果人们走得更远，如果人们决定闭眼不看精神的运动和精神的运动所想象的一切，人们就不再与概念打交道，无序便只剩下一个词语。"我们必须面对这种错误，因为它在否定、空虚和虚无中包含了完全虚假的概念。"②

哲学家应当重视虚无的概念，这个概念通常是哲学思想暗藏的发条和看不见的发动机。关于虚无和充实，柏格森持这种观念：虚无不是什么也没有，虚无意味着有某种东西；虚无是原有的，存在是加上去的。如果某

---

① 〔法〕亨利·柏格森：《创造进化论》，姜志辉译，商务印书馆，2004，第226页。
② 〔法〕亨利·柏格森：《创造进化论》，姜志辉译，商务印书馆，2004，第227页。

物始终存在，那么虚无应始终作为它的基础或支撑，因而，虚无始终先于某物。虚无在存在之前预先存在，即使不是在事实上，至少也在原则上。充实是空虚的底布上的刺绣，存在被置于虚无之上，在"无"的表象中的东西少于在"某物"的表象中的东西。

那么，当人们在谈论虚无时在想些什么？思考虚无在于想象它，或在于构想它。先考察这种表象或者这种观念可能是什么。

柏格森从表象开始分析。当我闭上眼睛、塞住耳朵，消除来自外部世界的一个个感觉时，我所有的知觉消失了，物质世界对我来说进入了无声的黑暗之中。但我依然存在，我不能阻止自己存在，我还在那里，还有来自我身体外周和内部的机体感觉，还有过去知觉留下的回忆，还有刚刚形成的在我周围的关于空虚的印象，这个印象是肯定的、充实的。严格来说，我可以撇开我的回忆，忘记我最近的过去，但我至少保存着我对我的现在的意识，尽管我的现在趋于消失，也就是说，我保存着对自己身体现状的意识。但是，能够取消这种意识吗？来自身体的感觉能被逐渐弱化吗？不能！在意识消失的时候，另一种意识被点亮，在前一刻突然出现，以便观看第一个意识的消失。因为第一个意识只是为了另一个意识，并且只有在面对另一个意识时才能消失。只有通过一种无意识的肯定行动使自己重新振奋起来，才能看到自己消失。"我的想象力始终能想象一个对象，或是外部对象，或是内部对象。我的想象力确实可以从一个对象走向另一个对象，依次想象内部知觉的虚无或外部知觉的虚无，但不能同时想象这两种虚无，因为在实质上，一种虚无的不存在在于另一种虚无的绝对存在。"①

事实上，人们所取消的对象或是外在的，或是内在的：它或是一个物体，或是一种意识状态。首先看第一种情况，即用思想取消一个外在物体，在其原来所处的位置不再有任何东西。这个物体虽然不在，却由另一个物体占据了其位置，因为自然中没有绝对空虚。但是，我们却认为绝对空虚是可能的。柏格森所说的空虚实际上只是某个确定物体的不存在，它原先在这里，现在处于其他地方，因为它现在不在原先的地方，所以它留下了自己的空虚。存在的东西和感知到的物体，是一个物体或另一个物体的存在，而不是任何东西的不存在。能感知到的东西实际上是能想到的东

---

① 〔法〕亨利·柏格森：《创造进化论》，姜志辉译，商务印书馆，2004，第231页。

西，是旧东西在新地方出现，或新东西在旧地方出现。取消部分存在或局部的虚无概念是在一个事物取代另一个事物的过程中形成的，只要这种取代被一种偏爱把旧事物保持在新事物的位置上，或至少认为这种偏爱是可能的。这就是我们的精神得以取消一个事物和在外部世界中想象一种局部虚无的操作机制。人们不能取消不存在的具体事物。取消一个事物其实是用另一个事物来取代它。

总而言之，在完全遵循经验之线的精神看来，没有空虚，没有虚无，即使有相对和部分的空虚和虚无，也没有可能的否定。这样一种精神可能看到了事实接替事实，状态接替状态，事物接替事物。它时刻注意的东西是存在的事物、出现的状态和产生的事实。我们赋予这种精神以记忆，它不再仅仅注意流逝的实在的现在状态，它把过程想象成一种变化，想象为过去的东西和现在的东西的对比。

"一种自足的实在事物不一定是一种外在于绵延的实在事物。"① 如果我们有意识或无意识地通过虚无概念到达存在概念，那么我们到达的存在就是一种逻辑或数学的，因而也是非时间的本质。因此，必然产生一种实在事物的静止概念：一切都是一次性给定的、永恒的。绝对存在的本质是心理的，而不是数学或逻辑的，它和我们生活在一起，它绵延着。当我们思考真正的绵延时，必须将自己置身于绵延中。而智慧习惯于通过静止物体来思考运动物体。为了使智慧把实现的活动的结果当作静止的，智慧必须也把这种结果所处的条件当作静止的。为了使我们的活动从一个行动跳到另一个行动，物质必须从一个状态转到另一个状态，因为只有在物质世界的一种状态中，我们的行动才能把一个结果放入其中。

柏格森认为，正是精神力图对不稳定性采取稳定的看法，导致了三种表象：性质、形式或本质、行动。

首先，自我们看向世界的第一眼起，甚至在我们规定世界中物体的范围之前，我们已经区分出物体的性质，如声音、颜色、味道。这些性质中每一种性质如果被分别看待，都保持不变的一种状态，直到被另一种状态取代，则每一种性质都可分解为大量的基本运动。"运动物体总是在科学的注视之下溜走，因为科学只处理运动性。在一秒钟的最小可感知部分

---

① 〔法〕亨利·柏格森：《创造进化论》，姜志辉译，商务印书馆，2004，第247页。

中，在一种感性性质的准瞬间知觉中，可能有重复的万亿次振动：感性性质的永恒性就是由这种运动的重复构成的，正如生命的持续是由连续的心跳构成的。"① 分配给一种动物物种的行动力量越大，其感知能力在瞬间集中的基本变化就越多。人是"行动的人"，因为人对大量的事件具有感知能力，受到事件的引导，或者整个地把握事件和支配事件。故而，物质的性质是我们对其不稳定性的稳定看法。

其次，物体的形式每时每刻都在发生变化。物体可分解为一组性质，任何性质都是由基本运动的连续性构成的。但是，即使人们把性质看作一种稳定的状态，物体的不断变化也是不稳定的。生命是一种进化，在进化的某个时期中集中、稳定的看法，我们称之为"形式"，当变化大到足以克服我们的知觉特有的惰性时，我们就说物体的形式发生了变化。"形式是不变的，实在是运动的。实在的东西是形式的连续变化：形式只不过是对变化拍摄的快照。"② 我们的知觉致力于把实在事物流动的连续性固化为不连续的现象。

最后，事物一旦被构成，它们就通过自己的位置变化显示出在整体中发生的变化。事物的相互运动可能是以运动的形式出现的。我们在任何时候都是通过它的方向，即通过它的临时终点的位置来想象运动。我们无法想象吃、喝等行动固有的运动，只需一般和笼统地知道这些行动是运动就足够了。一旦在这方面是有规律的，我们就只需想象这些复杂运动中每一个运动的整体计划，即作为这些运动的基础的静止形象。

至于运动类型，柏格森认为有三种：性质的运动、进化的运动和引申的运动。从黄色到绿色的变化不同于从绿色到蓝色的变化，这是不同性质的变化。从花儿到果实的变化不同于从幼虫到蛹、从蛹到成虫的变化，这是不同的进化运动。吃、喝的行动不同于搏斗的行动，这是不同的引申运动。我们的知觉在于从这些无限多的变化中提取一般的变化，不规定变化的唯一表象。"我们就是用一种特殊的和确定的状态与一般的和不确定的变化的组合来代替变化的特殊性。"③

---

① 〔法〕亨利·柏格森：《创造进化论》，姜志辉译，商务印书馆，2004，第249页。
② 〔法〕亨利·柏格森：《创造进化论》，姜志辉译，商务印书馆，2004，第250页。
③ 〔法〕亨利·柏格森：《创造进化论》，姜志辉译，商务印书馆，2004，第252页。

　　不管我们思考、表达还是感知变化，我们只是在启动一种内部的电影放映机，我们的日常认识机制是电影放映性质的。这一机制与我们的语言能力相辅相成。假设我们要在银幕上再现一个动景，比如一个军团的行进。首先，可以剪辑代表士兵的清晰形象，加上行进的运动，再把这一切投射到银幕上。为了实现这一目标，我们必须做大量的工作，但美中不足的是：如何再现生命的灵活性和多样性？另外，还有其他再现方法，这个方法更容易、更有效。对军团的行进拍摄一系列的快照，再把这些快照投射到银幕上，以使这些快照一个一个地快速交替，这就是电影放映机的工作。电影放映机用代表军团的静态照片再现军团行进的运动性。为使图形动起来，需要有某处的运动，实际上运动存在于电影放映机里。电影胶卷在展开时，不同的场景照片快速地相继连接，场景中的每一个人物都获得了运动性。"这种方法在于从所有人物固有的运动中提取了一种非个人的、抽象的和简单的运动，可以说，一般的运动，在于把这种运动放入放映机里，通过这种无特征的运动与个人形态的组合，再现每一个特殊运动的个体性。这就是电影放映机的策略。"① 认识和电影放映机类似。我们置身于事物的外面，人为地重新构造事物的变化。对于实在事物，我们也是对其拍摄类似的快照，将活生生的事物分割为许许多多的瞬间，这里，时间的瞬间和空间的点具有同等性质。然后，再由电影放映机将照片快速放映出来，这样，瞬间的点快速地连成画面，静止的一帧帧画面成为一种动态的连续滚动播放的场景，由此再现人们的生活。当人们把电影放映机制应用于对实在事物的分析时，就会得出理念的哲学。通过理念的哲学，我们得出某种绵延和时间与永恒的关系的概念。身处变化之中的人们则认为，绵延是事物的生命，是基本的实在。

　　在《创造进化论》中，柏格森介绍了以生命冲动为核心的哲学体系。在柏格森看来，生命的演变是两种力量相互作用的结果，一种是物质作为下降的运动趋向，一种是精神作为上升的运动趋向，这两种力量此消彼长。物质作为下降的实在事物通过与上升的东西（精神和意识）共同作用推动着生命自身不断地绵延。只有不断突破来自物质方面的障碍，生命冲力才能自由奔腾。

---

　　① 〔法〕亨利·柏格森：《创造进化论》，姜志辉译，商务印书馆，2004，第253页。

# 18

# 罗素的《论指称》

黄　妍[*]

## 一　人物及原著简介

伯特兰·罗素（Bertrand Russell，1872 年 5 月 18 日～1970 年 2 月 2
日），英国威尔士人，20 世纪西方最著名、影响最大的学者和和平主义社
会活动家。罗素的研究涉及哲学、数学、逻辑学、历史、伦理学等多个领
域，同时他还是 1950 年诺贝尔文学奖得主。《论指称》（"On Denoting"）
是罗素 1905 年发表于哲学类期刊《心灵》（*Mind*）的一篇论文，同时这篇
论文也被收录于罗素 1956 年出版的论文集《逻辑与知识》（*Logic and
Knowledge*），这本论文集收录了罗素 1901～1950 年的 10 篇代表性的论文。
本篇导读所选择的中文版本为商务印书馆 1996 年出版的《逻辑与知识》
中译本，译者苑莉均。译文有所改动。

进入 20 世纪，西方哲学家纷纷把对本体论、认识论的关注转移到对语
言的研究上，对语言问题的重视成为 20 世纪哲学的主要特点。19 世纪末
20 世纪初的哲学家如罗素、弗雷格等人都认为哲学不应该纠缠于不清楚的
问题，哲学真正的任务在于清楚地表达，去除语言含糊造成的伪问题。他
们认为日常语言是模糊的，哲学中伪问题都是由于日常语言的模糊而产生
的。所以，他们提出以逻辑方法来解决哲学问题，而数理逻辑使很多以前

---

\* 黄妍，女，湖北大学高等人文研究院副院长，湖北大学哲学学院讲师。

人们认为不能用逻辑来处理的问题，也能够用逻辑来处理。

　　西方哲学思想史中，谈及"语言的意义"，有洛克所主张的意义的观念论（ideational theory），也有美国实用主义哲学主张的意义的行为主义理论（behaviorist theory），在语言哲学发展的后期还有塔尔斯基所主张的意义的成真条件论（truth conditional theory）。语言哲学的一个中心问题就是语言的意义，罗素、弗雷格以及早期维特根斯坦主张以语言分析为方法、以数理逻辑为基础来研究语言的意义；因此，他们谈论语言的意义是从逻辑学角度着眼，以逻辑学中的内涵与外延（intension and extension），或者涵义与指称（connotation and denotation）来指语言的意义。其中内涵/涵义是指语词的定义，或者思想性的意义，外延/指称则是指其定义所涵盖的外在对象。《论指称》一文的主旨是探索语言的指称意义，解决语言中的指称难题，而罗素为了解决指称难题，提出了著名的摹状词理论（description theory）。他在1910年出版的《数学原理》第一卷中更加详尽地陈述了这个理论。

　　摹状词（description）就是通过描述对象的特征或属性来明确指称对象的词组（denoting phrase）。罗素认为摹状词实际上是由我们已经亲知其意义的词构成的词组，我们在命题中只有对组成摹状词的各成分进行分析，才能够知道它的准确含义。罗素严格区分了专名与摹状词。首先，摹状词是一个复杂符号，含有作为其组成部分的符号，而专名只是一个简单无内涵的符号；相对于弗雷格对专名的相当宽泛的理解——凡指称单一对象的指号形式都是专名，罗素则认为真正能被称为专名的，只有很少一部分逻辑专名，其他大多数专名只是普通专名，其实是"缩略的或伪装的摹状词"。其次，摹状词是不完全符号，它必须在命题之中才有意义，而专名自身具有完整的意义。换句话说，专名必须在其所指的对象存在的情况下才有意义，而摹状词则不受此限制，摹状词没有独立的意义，只有在命题中才呈现出意义。

　　在罗素之后，斯特劳森、唐奈兰、克里普克都对罗素的摹状词理论提出了批判。其中，斯特劳森认为："意义……是语句或语词的一种功能；而提到和指称，真或假则是语句的使用或语词的使用的功能。"① 语词本身

---

① 〔美〕A. P. 马蒂尼奇编《语言哲学》，牟博等译，商务印书馆，1998，第423页。

无所谓指称，是说话者用语词来指称；语句本身也无所谓真假，是说话者用语句做出的判断有真有假。语言信息的传达，并不像逻辑学家过去常常假定的那样，是清晰的论断或隐蔽的论断的问题。斯特劳森就此认为罗素的摹状词理论包含着根本性错误。而唐奈兰同样从说话者意义的角度对罗素发起了批判，他区分了摹状词的描述用法和指称用法，认为罗素只强调了描述用法，而忽略了摹状词的指称用法，当说话者使用摹状词在进行指称的时候，即使描述错误，指称也可能仍然成立。克里普克则是强烈反对罗素对专名和摹状词的区分，他认为专名绝不可能仅仅是缩略的摹状词，而应该是在所有可能世界都指称统一对象的严格指示词（固定指号），而摹状词是依靠描述对象性质进行指称，因而在所有可能世界不一定指称同一对象。严格指示词与对象之间有历史—因果链条联系，即名称与对象之间的关系在命名之时就已经确立了。

罗素曾把《论指称》视为其最重要的一篇论文，他在这篇论文中所提出的摹状词理论"澄清了从柏拉图的《泰阿泰德篇》开始的、两千年来关于'存在'的思想混乱"[①]。尽管摹状词理论受到了后继学者的诸多质疑，但在语言哲学领域内，摹状词理论仍然被视为一项"哲学的典范"，对后世的影响十分广泛。

## 二　原著精读

### 论指称

我用"指称词组/指称短语"来指下列这类词组中的任意一种：一个人、某人、任何人、每个人、所有人，当今的英国国王、当今的法国国王、在二十世纪第一瞬间太阳系的质量中心、地球围绕太阳的旋转、太阳围绕地球的旋转。因此，一个词组只是由于它的形式而成为指称词组。我们可以对一个词组区分以下三种情况：

（1）它可以指称，但又不指任何东西，例如"当今的法国国王"；

---

① 〔英〕罗素：《西方哲学史》（下卷），马元德译，商务印书馆，1976，第392页。

（2）它可以指一个确定的对象，例如"当今的英国国王"指某一个人；

（3）它可以不明确地指称，例如"一个人"不是指许多人，而是指一个不明确的人。

对这类词组的解释是相当困难的事：的确，很难提出任何一种不能受到形式反驳的理论。我熟知的所有这些困难——就我能发现的而言——都会被我下面就要阐述的理论所碰到。

指称这一课题不仅在逻辑和数学上，而且在知识论上都非常重要。例如，我们知道太阳系在一个确定瞬间的质量中心是一个确定的点，而且，我们可以确认一些关于这个点的命题；但是，我们并没有直接亲知（acquaintance）这个点，而只是通过摹状词（description）才间接知道它。亲知什么和间接知道什么（knowledge about）之间的区别就是我们直接见到的事物和只能通过指称词组达到的事物之间的区别。时常有这样的情况，虽然我们没有亲知某个词组指称的对象，但我们知道它们在明确地指称。上述太阳系质量中心的例子就是如此。在知觉中，我们亲知知觉的对象；而在思想中，我们亲知具有更抽象的逻辑特征的对象。但是，我们不一定亲知由我们已经亲知其意义的词构成的词组所指称的对象。举一个很重要的例子，鉴于我们不能直接感知其他人的心灵，似乎就无理由相信我们亲知过其他人的心灵，因而我们对他人的心灵的间接知识是通过指称获得的。尽管所有的思维都不得不始于亲知，但思维能够思考关于我们没有亲知的许多事物。

下面是我的论证过程。首先阐述我打算主张的理论；然后讨论弗雷格和迈农（Meinong）的理论，并证明为什么他们两人的理论都不能使我满意；然后提出支持我的理论的依据；最后简要地指出我的理论的哲学结论。

简单说来，我的理论如下：我把变项当作最基本的概念，我用"$C(x)$"来指以 $x$ 作为其中一个成分的命题，在这个命题中，变项 $x$ 在本质上和整体上都是未定的。这样，我们就可以考虑"$C(x)$ 恒真"和"$C(x)$ 有时真"这两个概念，这样对于每一东西（everything）、没有东西（nothing）和某个东西（something）（它们都是最初始的指称词组）就可做如下解释：

> $C$（每一东西，everything）意谓"$C$（$x$）恒真"；
>
> $C$（没有东西，nothing）意谓"'$C$（$x$）假'恒真"；
>
> $C$（某个东西，something）意谓"'$C$（$x$）假'恒真是假的"。

这里"$C$（$x$）恒真"这个概念可视为最终的和不能定义的，而其他概念可通过这个概念来定义。对于每一东西、没有东西和某个东西，均不假定它们具有任何独立的意义，而是把意义指派给它们出现于其中的每一个命题。这就是我想提倡的指称理论的原则：指称词组本身决不具有任何意义，但在语词表达式中出现指称词组的每个命题都有意义。我认为，有关指称的困难完全是对于其语词表达式包含着指称词组的命题进行错误分析产生的结果。假如我没有搞错的话，那么，就进一步提出以下的正当分析。

假定现在我们想要解释"我遇见一个人"这一命题。如果这命题真，那么，我遇见过某个确定的人；但这并不是我所断定的东西。按照我主张的理论，我所断定的是：

"'我遇见 $x$，并且 $x$ 是人'并非恒假。"一般说来，在将人的类定义为具有谓词人（human）的对象的类时，我们可以说："$C$（一个人）"意谓"'$C$（$x$）且 $x$ 是人'并非恒假"。这就使得"一个人"全然没有它独自的意义，而是把意义赋予了在语词表达式中出现"一个人"的每个命题。

我们看下一个命题："所有的人都有死。"这个命题实际上是一个假言命题，它说的是：如果有什么东西是个人，那么，他终有一死。也就是说，它说的是：不论 $x$ 可能是什么，如果 $x$ 是一个人，则 $x$ 终有一死。因而，用"$x$ 是人"（$x$ is human）来代入"$x$ 是一个人"（$x$ is a man），我们将看到："所有的人都有死"意谓"'如果 $x$ 是人，则 $x$ 终有一死'恒真"。

在符号逻辑中这一点是这样表述的："所有的人都有死"意谓"对 $x$ 的所有值而言'$x$ 是人'蕴含'$x$ 终有一死'"。更一般地讲，我们说："$C$（所有的人）"意谓"'如果 $x$ 是人，则 $C$（$x$）是真的'恒真"。同样地："$C$（没有人）"意谓"'如果 $x$ 是人，则 $C$（$x$）是假的'恒真"。

"$C$（某些人）"和"$C$（一个人）"含义相同，且"$C$（一个人）"意谓"'$C(x)$ 且 $x$ 是人'恒假是假的"。

"$C$（每一个人）"和"$C$（所有的人）"含义相同。

还应当对含有冠词 the 的词组进行解释。这些词组是迄今指称词组中最有趣也是最难处理的。以"查理二世的父亲被处以死刑"（the father of Charles Ⅱ was executed）为例，这个命题断定：有一个 $x$，他是查理二世的该父亲，且他被处以死刑。如果此命题中的该（the）是严格加以使用的，那么它应含有唯一性（uniqueness）；的确，即使某某人有好几个儿子，我们也说"某某人的该儿子"。但在这样的情况下说"某某人的一个儿子"会更正确些。因此，就我们的目的来说，我们将该（the）视为含有唯一性。所以，当我们说"$x$ 是查理二世的该父亲"时，我们不仅断定了 $x$ 对查理二世具有某种关系，而且断定了其他任何东西不具有这种关系。"$x$ 生了查理二世"表述了以上这种关系，但它没有假定唯一性，也不包含指称词组。为了得到"$x$ 是查理二世的该父亲"的等值式，我们就必须添上"如果 $y$ 不是 $x$，那么，$y$ 就没有生查理二世"，或者添上"如果 $y$ 生了查理二世，那么，$y$ 与 $x$ 相等同"这个等值式。因而，"$x$ 是查理二世的该父亲"就变成为"$x$ 生了查理二世；且'如果 $y$ 生了查理二世，那么，$y$ 与 $x$ 相等同'，这对于 $y$ 总是成立的"。

这样，"查理二世的父亲被处以死刑"就变成为："$x$ 生了查理二世，且 $x$ 被处以死刑，并且'如果 $y$ 生了查理二世，那么，$y$ 与 $x$ 相等同'对于 $y$ 总是成立的，这对于 $x$ 并非总是不成立的。"这解释似乎有点难以置信；但我暂时并不提出为什么作这种解释的理由，而仅仅是在陈述这个理论。

为了解释"$C$（查理二世的父亲）"，其中的 $C$ 代表关于他的任何陈述，我们只用 $C(x)$ 代入上述的"$x$ 被处以死刑"。应注意，根据上述的解释，不管 $C$ 可能是怎样的陈述，"$C$（查理二世的父亲）"都蕴含：

"'如果 $y$ 生了查理二世，那么 $y$ 就与 $x$ 相等同'对于 $y$ 总是成立的，这对于 $x$ 并非总是不成立的。"这就是日常语言"查理二世有一个且仅有一个父亲"所表述的东西。因此，假如这个条件不成立，那么，每一个具有"$C$（查理二世的父亲）"形式的命题就是假的。所以，本文开头时所举的每一个具有"$C$（当今的法国该国王）"形式的命题就是假的。这是目前这个理论所具有的最大优点。我在后面将证明，这一点并不像起初可能会设想的那样与矛盾律相悖。

上述分析说明：所有的有指称词组出现的命题都可以还原为不出现这类指称词组的形式。下面的讨论将致力于说明实行这样的还原为什么是绝对必要的。

如果我们将指称词组当作代表了在命题的语词表达式中出现它们的命题的真正成分，那么，困难的产生似乎是不可避免的，而上述理论之所以成立则在于它克服了这些困难。在承认指称词组是命题的真正成分的各种可能的理论之中，迈农的理论是最简单的。这一理论把任何在语法上正确的指称词组都当作代表了一个对象（object）。因此，"当今的法国国王""圆的正方形"等都被当作真正的对象。这种理论认为，尽管这类对象并不实存（subsist），然而应当把它们看作对象。这观点本身就难以自圆其说；而反对这一观点的主要理由在于：众所周知，这类对象很容易违反矛盾律。例如，这种观点主张：现存的当今法国国王是存在的，又是不存在的；圆的正方形是圆的，又不是圆的；诸如此类。然而，这种看法是无法令人容忍的；如果能发现有什么理论能避免这个结果，那么，这理论肯定是更可取的。

弗雷格（Frege）的理论避免了上述违背矛盾律的情况，他在指称词组中区分了我们可以称之为意义（meaning）和所指（denotation）的两个要素。因此，"在二十世纪开始时太阳系的质量中心"这个词组在意义上是非常复杂的，但其所指却是简单的某一点，太阳系、二十世纪等是意义的成分；而所指根本没有成分。作出这种区别的一个好处在于：它说明了断定同一性为什么常常是很有价值的。如果我们说"司各脱是《威弗利》的作者"，我们便断定了带有意义上的差异的所指的同一性，可我不想再重复支持这一理论的依据，因为我已经在其他地方（如前引文）强调了它的主张，而现在我关心的是对这些主张提出质疑。①

……

一个逻辑理论可以通过其处理疑难的能力而得到检验。在思考逻辑时，头脑中尽量多装难题，这是一种有益的方法，因为解这些难题所要达到的目的与自然科学通过实验达到的目的是一样的。我将在下面阐明有关

---

① 〔英〕罗素：《逻辑与知识》，苑莉均译，商务印书馆，1996，第 49～68 页。

指称的理论应当有能力解决的三个难题，然后证明我的理论如何解决了这些难题。

（1）如果 $a$ 等于 $b$，那么，凡对于一个真的，对另一个亦真，且这二者可以在任何命题中互相代入而不改变命题的真假。例如，乔治四世想知道司各脱是否为《威弗利》的作者，而事实上司各脱是《威弗利》的作者。因而，我们可以以司各脱代入《威弗利》的作者，从而证明乔治四世想要知道的是，司各脱是不是司各脱。但是，人们并不认为欧洲的这位头等显贵对同一律感兴趣。

（2）根据排中律，"A 是 B"或者"A 不是 B"二者中必有一真。因而，"当今的法国国王是秃头"或者"当今的法国国王不是秃头"这二者中必有一真。但是，如果我们列举出一切是秃头的事物，再列举出一切不是秃头的事物，那么，我们不会在这两个名单中找到当今的法国国王。喜好综合的黑格尔信徒可能会推断说，法国国王戴了假发。

（3）再看命题"A 不同于 B"。如果该命题真，则 A 和 B 之间就有差异。这一事实可以由"A 和 B 之间的差异实存（subsist）"的形式来表述。但是，如果 A 不同于 B 是假的，那么，A 和 B 之间就没有差异，这一事实可以由"A 和 B 之间的差异并不实存"的形式来表述。可是一个非实体怎么能够成为命题的主词呢？只要"我在"（I am）被看成对实存（subsistence）或有（being）的断言，而不是对存在（existence）的断言，那么，"我思故我在"与"我是命题的主词故我在"一样不明显。因而会出现否定任何事物之有（实存）必定要产生自相矛盾的情况；然而在谈及迈农的时候我们已经注意到，肯定事物之有（实存）有时也会导致矛盾。因此，如果 A 与 B 并非相异，那么，不论是设想有"A 与 B 之间的差异"这样的对象，还是设想没有这样的对象，看来同样都是不可能的。

意义对所指的关系涉及某些颇为奇特的困难。看来，这些困难本身就足以说明引起这些困难的理论一定是错误的。

我们要谈论一个相对于其所指的指称词组的意义时，这样做的自然方式是借助引号。所以我们这样说：

太阳系的质量中心是一个点而不是一个指称复合词组；

"太阳系的质量中心"是一个指称复合词组，而不是一个点。

或者我们这样说：

格雷挽歌的第一行陈述一个命题。

"格雷挽歌的第一行"并非陈述一个命题。因此，任取一个指称词组，如 C，我们想要讨论 C 和 "C" 之间的关系。在这种关系中，二者之间的区别就是上述两例说明的那种区别。

首先，我们要说明，当 C 出现时，它是我们正在谈及的所指；但当 "C" 出现时，它是指意义，这里意义与所指的关系不仅仅是通过指称词组表现的语言学上的关系，其中必定还包含一种逻辑关系，当我们说意义指称所指时就表达了这种关系。但我们面临的困难是：不能有效地既保持意义和所指之间的关系，又防止它们成为同一个东西。同样，除借助于指称词组外，就不可能获得意义。这种情况如下所述。

单独一个词组 C 可以既有意义又有所指。可是当我们说 "C 的意义" 时，得到的却是 C 的所指的意义（倘若它有什么意义的话）。"格雷挽歌第一行的意义"相等于"'晚钟鸣报诀别的凶兆'的意义"，但不等于"'格雷挽歌第一行'的意义"。因此，为了获得我们想要的意义，我们所讲的就一定不是 "C 的意义"，而是 "'C' 的意义"，这个意义相等于 "C" 本身。同样，"C 的所指"并不意谓我们所想要的所指，而意谓这样的东西：假如它指称什么，它就指由我们所想要的所指指称的东西。例如，令 "C" 是 "上述第二个例句中出现的指称复合词组"，那么：

C = "格雷挽歌的第一行"，而 C 的所指 = 晚钟鸣报诀别的凶兆。但是我们本来想要的所指是 "格雷挽歌的第一行"。所以，我们未能得到我们所想要得到的东西。

谈论一个指称复合词组的意义时所遇到的困难可以阐述如下：一旦我们把指称复合词组置于一个命题之中，这个命题即是关于所指的；而假如我们作出一个其主词是 "C 的意义" 的命题，那么，这个主词就是这个所指的意义（倘若它有任何意义的话），但这不是我们本来所想要的东西。这就导致我们说：当我们区别意义和所指时，我们必须处理意义。这个意义具有所指，并且是一个复合词组。除了意义之外，就不存在可以被称为复合词组的，又可以说它既具有意义又具有所指的东西。依照这个观点，正确的说法是：有些意义具有所指。

但是这种说法只能使我们在谈论意义时的困难更明显。因为，假定 C 是复合词组，那么，我们将说，C 是这个复合词组的意义。可是，只要 C

的出现不带引号，所说的东西就不适用于意义，只适用于所指，当我们说下面这句话时就是这种情况：太阳系的质量中心是一个点。因此，为了谈论 C 自身，即作出一个关于意义的命题，我们的主词一定不能是 C，而是某个指称 C 的东西。因而 "C" 这个我们想说及意义时使用的东西一定不是意义，而是某个指称意义的东西，而且 C 一定不是这个复合词组的一个成分（因为它是关于 "C 的意义" 的）；因为假如 C 出现在复合词组中，它将作为其所指而不作为意义出现，并且不存在一条从所指到意义的相反的路，这是因为每个对象都可以由无限多的不同的指称词组来指称。

因此看来是这样："C" 和 C 是不同的实体，使得 "C" 指称 C；但这不可能是一个解释，因为 "C" 对于 C 的关系仍然完全是神秘的；而我们又在哪里找到那个指称 C 的指称复合词组 "C" 呢？进一步说，当 C 出现于命题时，这不仅出现所指（正像我们将在下一段中看到的一样）；但按照以上观点，C 只是所指，而意义则完全归属于 "C"。这是一个无法解决的令人困惑的难题，这似乎证明，关于意义和所指的全部区别都是错误地想象出来的。

命题中出现了指称词组才涉及意义，这在形式上已由关于《威弗利》的作者的难题得到证明。命题 "司各脱是《威弗利》的作者" 具有一个 "司各脱是司各脱" 并不具有的特性，就是说，乔治四世希望知道这个命题是否真实的那种特性。所以，这两者不是相同的命题。因而，如果我们坚持包含这种区分的观点的话，那么，"《威弗利》的作者" 必定既与意义相关，又与所指相关。然而，正像我们已经看到的，只要我们坚持那个观点，就只好承认只有所指才是相关的，因此必须否弃那个观点。

下一步应证明，我们一直在讨论的所有这些难题是怎样通过这篇文章一开始解释的那种理论加以解决的。

根据我的观点，指称词组在本质上是句子的成分。它像绝大多数单个的字一样，并不具有凭借它自身的意义。如果我说 "司各脱是人"，这句话是 "x 是人" 的形式的一个陈述，并以 "司各脱" 作为这句话的主词。但如果我说 "《威弗利》的作者是一个人"，它就不是 "x 是人" 的形式的陈述了，它也不以 "《威弗利》的作者" 作为该句子的主词了。把本文一开始所做的陈述简述一下，我们可以用下述形式来替换 "《威弗利》的作者是一个人"："一个且仅有一个实体写了《威弗利》一书，并且这个实体是一个人。"（这不像我们前面所说的那么严格，但它更容易理解。）而且，一般说来，假定我们想说《威弗利》的作者具有性质 $\varphi$，那么，我们想说的东西就相当于"一个且仅仅一个实体写了《威弗利》，并且这个实体具有性质 $\varphi$"。

下面是关于所指的解释。如果其中出现"《威弗利》的作者"的每个命题都可以作上述那样的解释，那么，命题"司各脱是《威弗利》的作者"（即"司各脱和《威弗利》的作者相等同"）就变成为"一个且仅仅一个实体写了《威弗利》，而司各脱与那个实体相等同"；或者回到前面那种完全精确的形式："下述这种情况对于 $x$ 并非总是不成立的：$x$ 写了《威弗利》，假如 $y$ 写了《威弗利》，则 $y$ 与 $x$ 相等，这对于 $y$ 总是成立的；并且司各脱与 $x$ 相等同。"因此，如果"$C$"是一个指称词组，就可能有一个实体 $x$（不可能多于一个），对它来说，如上解释的命题"$x$ 与 $C$ 相等同"是真的。那么，我们也可以说：实体 $x$ 是词组"$C$"的所指。因此，司各脱是"《威弗利》的作者"的所指。这个引号中的"$C$"仅仅是这个词组；而不是什么可以称作意义的东西。可见，关于乔治四世对《威弗利》作者的好奇心的难题现在有一个很简单的解答。在前面一段里，命题"司各脱是《威弗利》的作者"是以非缩略的形式写出的。它不包含我们能用"司各脱"来代入的任何像"《威弗利》的作者"这样的成分。这不妨碍在语词中用"司各脱"代入"《威弗利》的作者"而产生的推断的真实性，只要"《威弗利》的作者"在相关的命题中具有我所谓的**初现**（**primary occurrence**）。指称词组中的初现与**再现**（**secondary occurrence**）之间的差别如下。

当我们说"乔治四世想要知道是否如此这般"时，或者说"如此这般是奇异的""如此这般是真实的"等等时，这个"如此这般"必定是一个命题。现在假定"如此这般"包含一个指称词组，我们可以从"如此这般"这个从属命题中，或者从"如此这般"仅在其中作为一个成分的整个命题中取消这个指称词组。这就可以产生我们据以行事的不同的命题。我听说过这样一回事：一个客人第一次看见一艘游艇时，对那位过分敏感的船主说："我本以为，你的游艇比这个游艇要大一些。"而这位船主回答："不，我的游艇不比这个大。"这位客人指的是："我想象中的你的游艇的大小要大于你的游艇的实际大小。"但归于他的话的意义则是："我本以为你的游艇的大小要大于你的游艇的大小。"我们返回来再看乔治四世和《威弗利》的例子，当我们说"乔治四世想知道司各脱是不是《威弗利》的作者"时，一般地我们说的是，"乔治四世想要知道是否有一个且仅有一个人写过《威弗利》，而司各脱就是这个人"；但我们也可以指"有一个且仅有一个人写过《威弗利》，而乔治四世想要知道司各脱是不是这个人"。在后者中，"《威弗利》的作者"是初现；而在前者中是再现。也可以这样表述后者："关于那个事实上写了《威弗利》的人，乔治四世想要知道，他是否就是司各脱。"这个陈述可能是真的，例如，当乔治四世在远处看见司各脱并问道："那个人是司各脱吧？"一个指称词组的再现可以定义为这样一种情况；这时，词组在命题P中出现，而命题P仅仅是我们正在考虑的命题的一个成分，对该指称词组的代入不是在相关的整个命题中，而是在P中才生效。初现和再现之间的那种不明确在语言中很难避免；但倘若我们对此有所防备则没什么妨碍。在符号逻辑中这一点当然很容易避免。

初现和再现的区别也使我们有能力处理当今的法国国王是不是秃头的问题，而且一般也能够处理无所指的指称词组的逻辑地位。如果"C"是一个指称词组，比如说"C"是"具有性质F的项"，那么：

"C"具有性质φ意谓"一个且仅有一个具有性质F的项，它具有性质φ"。如果性质F不属于任何项，或属于几个项，就会得出"C具有性质φ"对于φ的所有的值均为假的情况。因此，"当今的法国国王是秃头"一定是假的。而"当今的法国国王不是秃头"如果指下列情况也是假的：

"有一个实体，它现在是法国国王，且它不是秃头"，但如果指下列情况则是真的：

"以下所述是假的：有一个实体，现在它是法国国王，且它是秃头。"也就是说，如果"法国国王"的出现是初现，则"法国国王不是秃头"是假的，如果是再现，"法国国王不是秃头"则是真的。因此，"法国国王"在其中具有初现的所有命题均为假的，而这类命题的否定命题则是真的，但在这些命题里"法国国王"具有再现。因此，我们避免了作出法国国王戴假发这样的结论。

我们再看如何能否定在A和B并不相异的情形中有诸如A和B之间的差别那样的对象。如果A和B确实是相异的，那么就有一个且仅有一个实

体 $x$，使得"$x$ 是 A 和 B 之间的差异"是真命题；如果 A 和 B 并非相异，那么就不存在这样的实体 $x$。所以，根据刚才所解释过的所指的意义，当 A 和 B 相异时，且仅仅是在这种情况下，"A 和 B 之间的差异"具有一个所指，反之则不然。一般地说，这种差异适用于真命题和假命题。如果"$aRb$"代表"$a$ 对 $b$ 具有关系 R"，那么，当 $aRb$ 是真的时，就有这样一个实体作为 $a$ 和 $b$ 之间的关系 R；当 $aRb$ 是假的时，就没有这样的实体。因此，我们可以从任意命题中作出一个指称词组，假如此命题真，这个词组就指称一个实体，假如此命题假，这个词组就不指称实体。例如，地球围绕太阳的旋转是真的（我们至少可假定如此），而太阳围绕地球的旋转则是假的；因而"地球围绕太阳的旋转"指称一个实体，而"太阳围绕地球的旋转"则不指称实体。

非实体的全部领域，诸如"圆的方形""不是 2 的偶素数""阿波罗""哈姆雷特"等等，现在都可以得到令人满意的处理。所有这些词组都是一些不指称任何事物的指称词组。一个关于阿波罗的命题意谓我们借助于古典文学辞典上对阿波罗这一词条的释义作代入所得到的东西〔比如说"太阳神"（"the sun-god"）〕。阿波罗在其中出现的所有命题都可以用上述的用于指称词组的规则加以解释。如果阿波罗是初现，含有这种初现的命题就是假的；如果是再现，那么，这个命题可能是真的。同样，"圆的方形是圆形的"意谓"有一个且仅有一个实体 $x$，它既是圆的又是方形的，并且这个实体是圆形的"，这是一个假命题，而不像迈农坚持的那样是真命题。"最完美的上帝具有一切完美性；存在是一个完美性；因此，最完美的上帝存在"就变成为，"有一个且仅有一个最完美的实体 $x$；它具有所有的完美性；存在是一个完美性；因而它存在"。这番话作为关于前提"有一个且仅有一个最完美的实体 $x$"所需要的证明是不能成立的。麦科尔（MacColl）先生认为（见《心灵》杂志，N.S.，第 54 期，及第 55 期，第 401 页）有两种个体，一类是真实的个体，另一类是非真实的个体。于是他将空类定义为由所有非真实的个体所组成的类。这就承认了像"当今的法国国王"这样的词组虽不指称真实的个体，但又确实指称着个体，不过是一个非真实的个体。这实质上依然是迈农的理论。我们已看到了否弃这种理论的理由，因为它违背了矛盾律。而按照我们的指称理论，我们完全能够提出不存在任何非真实的个体，因此，空类是不包含任何元素的类，而不是包含以一切非真实的个体为元素的类。

考察我们的理论对通过指称词组作出的各种定义的解释所起的影响，这是很重要的。数学上的大多数定义都是这种定义。例如，"$m-n$"是指加上 $n$ 后得出 $m$ 的数。因此，$m-n$ 被定义为具有和某个指称词组相同的意义；然而我们又认为指称词组没有孤立的意义。因此这个定义实际上应当是这样："任何包含 $m-n$ 的命题都可以意指由于以'加上 $n$ 后得出 $m$ 的数'代入'$m-n$'而得到的命题。"所得到的命题要根据为了解释那些其语言表达式包含指称词组的命题而已经给出的规则来解释。$m$ 和 $n$ 是这样的数使得有一个且仅有一个数 $x$，它加上 $n$ 后得出 $m$；在这种情况下，就存在一个数 $x$，它可以在任何包含 $m-n$ 的命题中代入 $m-n$ 而不改变命题的真或假。但在其他情况下，"$m-n$"在其中具有初现的所有命题都是假的。

同一性的用处通过上述理论得到了解释。除了逻辑书上讲的，绝不会有人愿意说 "$x$ 是 $x$"，但在"司各脱是《威弗利》的作者"或者"你是人"这样的语言形式中却常常作出对同一性的断言。这类命题的意义若没有同一性的概念是无法说明的，尽管它们并不完全是陈述"司各脱与另一个词项（《威弗利》的作者）相等同"或"你与另一个词（人）相等同"。关于"司各脱是《威弗利》的作者"的最短的陈述似乎是："司各脱写过《威弗利》；如果 $y$ 写了《威弗利》，$y$ 和司各脱相等同，这对于 $y$ 总是成立的。"这样一来，同一性就进入"司各脱是《威弗利》的作者"；鉴于这类用法，同一性是值得肯定的。

上述指称理论所产生的一个令人感兴趣的结果是：当出现我们没有直接亲知的，然而仅仅由指称同组定义而知的事物时，通过指称词组在其中引入这一事物的命题实际上并不真实地包含此事物作为它的一个成分，但包含由这个指称词组的几个词所表达的诸成分。因此，在我们可以理解的每个命题中（即，不仅在那些我们能判断其真假的命题中，而且在我们能思考的所有命题中），所有的成分都确实是我们具有直接亲知的实体。现在，我们要了解像物质（在物理学上出现的物质的涵义上）和其他人的心灵这类事物只能通过指称词组，也就是说，我们无法亲知它们，却可以把它们作为具有如此这般特性的东西来了解。因此，虽然我们可以构成命题函项 $C(x)$，它对如此这般的一个物质粒子或对某某人的心灵必定成立，然而我们却没有亲知对这些事物作出肯定的命题（而我们知道这些命题必定是真的），因为我们无法了解有关的真实实体。我们所知的是"某某人有一个具备着如此这般特性的心灵"，但我们所不知的是：只要 A 是所提到的心灵，"A 就具备如此这般的特性"。在这样一种情况下，我们知道一事物的这些特性而没有亲知该事物本身，因而不知道以该事物本身作为其成分的任一命题。

对于我所主张的这一观点的其他许多推论，我就不多讲了。只想请求读者，在他已试图就所指这一论题建构一个自己的理论之前，不要下决心反对这个观点——鉴于这一理论似乎过分的复杂，他也许很想这样去做。我相信，建构这样一个理论的尝试将使他信服：不管真的理论可能是怎样的，它都不可能像人们事先所期望的那么简单。

# 三　导读

《论指称》一文结构十分清晰，大体可分为三个部分，第一部分内容是罗素向读者介绍摹状词理论。在这一部分，罗素划分了指称短语的三种类型，并展示了如何使用摹状词来表述不同的指称短语。第二部分内容是罗素提出了指称的三个理论检验标准，也就是一个好的指称理论需要解决的三个难题。第三部分内容是罗素证明摹状词理论如何能解决上述三个难题。

我们来看第一部分，并且回答这个问题：罗素的摹状词理论究竟是如何做到表述指称短语，并且能够指称对象的？首先，罗素在论文的第一段界定和区分了指称短语的范围和类型：（1）可以指称，但又不指任何东西；（2）可以指一个确定的对象；（3）可以不明确地指称。然后再用他的摹状词理论对这三种类型的短语进行表达。

罗素的摹状词理论始于一个最基本的概念——变项，$x$ 是命题中的组成部分，也称为变项。$x$ 是变项，是最基本的概念。$C(x)$ 表示一个命题，$x$ 作为其中一个成分。罗素强调变项 $x$ 在本质上和整体上都是未定的，这也是为什么他认为摹状词没有独立意义，因为摹状词的根基始于变项 $x$，但 $x$ 不具备独立意义。

在做出最基本概念的界定之后，罗素开始对三个最初始的指称短语进行表达，即每一东西、没有东西和某个东西。罗素并没有直接表达三个最初始指称短语，而是对包含最初始指称短语的命题进行了表达，分别是：

C（每一东西）意谓"C（x）恒真"；

C（没有东西）意谓"'C（x）假'恒真"；

C（某个东西）意谓"'C（x）假'恒真是假的"，或者"C（x）并非恒假"。

以第一个表达为例，包含每一东西这一短语的命题应该如何表达呢？比如，每一个东西都是红色的（Everything is red）。我们使用命题函项C（　）表示"……是红色的"，C（x）则表示"x 是红色的"。"每一个东西都是红色的"这一命题成真，则是我们对 x 进行任意赋值，C（x）的真值都为真，也即是 C（x）恒真。再来看第二个表达，包含没有东西这个短语的命题，比如没有东西是红色的（Nothing is red），要使这一命题成真，则是我们对 x 进行任意赋值，C（x）的真值都为假，按照罗素的表述即是"C（x）假"恒真。最后来看第三个表达，包含某个东西的命题，如某个东西是红色的（Something is red）。逻辑上，"某个东西是红色的（Something is red）"是"没有东西是红色的（Nothing is red）"的否定命题，前者为真，则后者为假。因此，第三个表述为"'C（x）假'恒真"是假的。

在对最初始的指称短语进行表达之后，罗素进一步区分了非限定摹状词与限定摹状词。非限定摹状词指称不确定的对象，而限定摹状词指称确定的对象。比如，"一个人"（a man）就是一个非限定摹状词，而包含这个非限定摹状词的命题"我遇见一个人（I met a man）"。按照罗素主张的理论，表达形式如下："C（x）且 x 是人"并非恒假。C（　）表示"我遇见……"。"所有人"（all men）同样也是一个非限定摹状词，包含"所有人"的命题，比如"所有人都终有一死"，按照罗素主张的理论，应该表达为："如果 x 是人，则 C（x）是真的"恒真。C（　）表示"……是有死的"。

在处理了非限定摹状词的表达之后，罗素进一步展示了限定摹状词的表达。限定摹状词指称确定对象的短语，比如"查理二世的父亲（the father of Charles Ⅱ)"。那么包含限定摹状词的命题该如何表达呢？比如，查理二世的父亲被处以死刑（the father of Charles Ⅱ was executed）。

限定摹状词或者带"the"的指称短语具有两个特点：其一，具有某种关系或者性质；其二，这种关系或性质具有唯一性。按照这两个特点进行表述。（1）$x$ 具有某种关系或性质。"$x$ 生养了查理二世"并非恒假（"$x$ begat Charles II" is not always false of $x$）。（2）具有唯一性。"如果 $y$ 生养查理二世，那么 $y$ 与 $x$ 相等"恒真（"If $y$ begat charles II, then $y = x$" is always true of $y$）。

以 $C(x)$ 的形式来表达，$C(\ \ )$ 表示"……被处以死刑"，$B(\ \ )$ 表示"……生养查理二世"，那么"查理二世的父亲被处以死刑（the father of Charles Ⅱ was executed）"这个命题可以作如下表达：至少存在一个 $x$，"$x$ 生养查理二世并且 $x$ 被处以死刑"并非恒假，并且对于所有的 $y$ 而言，"如果 $y$ 生养查理二世，那么 $y$ 与 $x$ 相等"恒真。（It is not always false of $x$ that $x$ begat Charles II, and that $x$ is executed, and that "if $y$ begat Charles II, then $y = x$" is always true of $y$.）包含"查理二世的父亲"这个限定摹状词的命题的符号化形式为：$\exists x [(B(x) \wedge C(x)] \wedge \forall y [B(y) \rightarrow y = x)]$

我们可以看到在三种类型的指称短语都已经被处理成包含变项 $x$、$y$ 的表达式，短语本身的语言形式不再出现在命题中。为什么罗素要这样处理指称词组/摹状词呢？通过这样的表达形式，罗素在此强调摹状词理论中的最基本的概念是变项，变项 $x$ 在本质上和整体上都是未定的，因而指称词组或者摹状词单独没有意义，只有当指称词组或摹状词出现在命题中时才具有意义。这样的处理方式为下一步解决三个难题，尤其是为解决存在的难题提供了前提条件。

在《论指称》的第二部分，罗素指出一个好的指称理论应当能解决三个难题，以此检验理论的可靠性：（1）同一替代问题；（2）排中律失效的问题；（3）存在悖论。

（1）同一替代问题。如果 A = B，那么在命题中能否用 A 代替 B 而不改变命题的真假。比如，命题"乔治四世想知道司各脱是否为《威弗利》的作者"。司各脱是史诗《威弗利》的作者，就是司各脱 = 《威弗利》的作者。如果我们把"《威弗利》的作者"替换为"司各脱"，那么原来的命题就变成为"乔治四世想知道司各脱是不是司各脱"。事实上,原命题中,乔治四世想知道的并不是重言式,而是更多的意思。在这一难题中,进行同一替换后,原命题的真假发生了改变。

(2)排中律失效的问题。按照排中律,"A 是 B"与"A 不是 B"两个命题中必有一真。命题"当今的法国国王是秃头"和"当今的法国国王不是秃头"同样在逻辑上互为正反,但因为当今的法国国王并不存在,所以无法说哪个命题是对的,哪个是错的,如此,排中律就失效了。

(3)存在悖论。第三个难题是存在悖论,也被称为柏拉图的胡须,即把非实体或者空名作为命题的主词,我们将会面临否定存在命题的两难。如果说把"A 和 B 之间的差异"当作命题的主词,那么就是把非实体作为命题的主词。如果说"A 和 B 不同",那么就可以用命题"A 和 B 之间的差异是实存的"来表述。如果"A 和 B 不同"是假的,就似乎意味着"A 和 B 之间的差异是不实存的"。

罗素在《论指称》中指出迈农和弗雷格各自对存在问题的回答是不足的。根据迈农的对象理论,任何一个可以作为主词的东西都是一种存在,语言中的每个指称表达式都可以代表一个非语言的对象,即使这个对象不是实存的。命题主词作为思考的对象,代表着非实存的对象。迈农理论主要面对的是一种奥卡姆剃刀原理的质疑——如无必要,勿增实体。而弗雷格则是引进空类来解决空名的指称问题,他对此的回答是"让我们姑且假定存在指称"[①],将空名的指称视为空类。这样我们就仍然可以有意义地谈论"金山不存在"这样的命题。弗雷格的解决方案可以避免迈农的困难,同时空类的引入则建立在他对涵义与指称区分的基础上。罗素认为弗雷格的解决方法"显然是人为的,它并没有对问题作出精确的分析"。

《论指称》的第三个部分是关于摹状词理论对三个难题的解决。首先,罗素区分了摹状词在命题中的初现与再现,由此解决了同一替换的难题。所谓初现(primary occurrence)是指摹状词/指称词组作为命题的一部分而出现在命题中,而再现(secondary occurrence)是指摹状词/指称词组作为命题成分的一部分出现在命题之中。当摹状词在命题中是初现的时候,可以进行同一替换;当摹状词在命题中是再现的时候,不可以进行同一替

---

① Russell B. , "On Denoting," *Mind*, Vol. 14, No. 56, 1905. pp. 479 – 493.

换。摹状词在命题中不是作为一个独立的成分存在，而是一个指称词组。指称词组本身并没有意义可言。只有在一个命题之中，摹状词才能与专名一样起到指称作用（初现）。摹状词与专名是有区别的，也就不能进行同一替代（再现）。

其次，根据摹状词理论，指称词组"一个如此这般者"表示为"$x$ 具有性质 $\varphi$"，命题为"具有性质 $\varphi$ 的 $x$，它具有性质 F"。指称词组"当今法国国王"表示为"有一个且仅有一个 $x$ 是当今法国国王"；那么，命题"当今法国国王是秃子"表示为："有一个且仅有一个 $x$ 是当今法国国王，且 $x$ 是秃子。"而命题"当今法国国王不是秃子"表示为："并非有一个且仅有一个 $x$ 是当今法国国王，且 $x$ 是秃子。"我们可以进一步对两个命题进行符号化，设 $F(\quad)$ 为"……拥有当今法国的王权"，$B(\quad)$ 为"……是秃头"，那么命题"当今法国国王是秃子"的符号化形式为 $\exists x [(F(x) \wedge B(x)) \wedge \forall y [F(y) \to y=x]]$，而"当今法国国王不是秃子"的符号化形式为 $\neg \exists x [(F(x) \wedge B(x)) \wedge \forall y [F(y) \to y=x]]$。我们可以前一个命题是合取命题，合取支 $\exists x F(x)$ 为假，显然不存在一个拥有当今法国王权的对象，则该命题为假。前者为假，则后者为真，排中律仍然有效。

最后，根据摹状词理论，命题"A 和 B 之间的差异是不实存的"可以表达为"并非一个且仅有一个 $x$ 时，使得 '$x$ 是 A 和 B 之间的差异' 是真"。在后一个命题中，命题的主词不再是"A 和 B 之间的差异"，罗素使用了摹状词"一个如此这般的 $x$"来指称 A 和 B 之间的差异。在此情况下，$x$ 处于命题主词的位置，从根本上避免了以一个非实体为命题主词的情况，由此也解决了存在悖论。

# 19

# 卡西尔的《人论》

高乐田*

　　《人论》的作者恩斯特·卡西尔是新康德主义马堡学派的代表人物之一。在西方学术界被公认为是能够与爱因斯坦、罗素、杜威等名家相提并论的一位重要哲学家。新康德主义作为一种哲学流派虽然早已衰落了，但是它作为德国哲学由传统向现代过渡的逻辑链条上的一个重要环节，仍然在德国思想界发挥着其持久的影响力。因此，研读卡西尔的著作，对于把握德国哲学发展的逻辑线索，甚至对于弄清整个现代西方哲学思想产生与发展的来龙去脉，都是大有益处的。

　　卡西尔是一位百科全书式的哲学家，一生著述甚丰，著作多达120余种，广泛涉及科学、历史、语言、神话等诸多研究领域，其中最重要的就是他的代表作——三大卷《符号形式哲学》。有人曾把康德哲学比作一个巨大的思想库，卡西尔哲学又何尝不是一个思想库？柏拉图、笛卡儿、康德、谢林、黑格尔、狄尔泰、柯亨、胡塞尔这一个个哲学巨人及其思想都活跃在卡西尔的哲学中，并得到有机的协调与整合，成为卡西尔哲学取之不尽的思想来源；同时，他的哲学对于他那个时代及其后世的思想家又产生了很大的影响。海德格尔、石里克、苏珊·朗格，这样一些来自不同学派的哲学家都曾从与其思想的交锋或对其思想的继承中获益。因此，可以说，进入了卡西尔的哲学也就等于走进了整个西方哲学与文化发展的历

──────────

　　* 高乐田，男，哲学博士，教授，主要研究方向为西方哲学、伦理学。

史中。

要读懂卡西尔的著作，就必须了解德国哲学的思想体系。因为作为新康德主义马堡学派的主将，卡西尔思想与方法的基本方面依然是属于德国传统的。这可以从其理论广度、深度和系统性这三个方面充分体现出来。

首先，从理论广度上看，卡西尔哲学像德国古典哲学一样，其理论的广度也就是整个人类文化的广度。他的哲学囊括了人类文化的一切领域，不仅是自然科学，而且语言、宗教、艺术、历史甚至神话都被其纳入哲学审视的目光下，因为在他看来，人类文化所构造的一切世界都和科学的世界一样，都是实实在在的人类经验的一部分，是文化，是知识，是真理。只有这样，认识才能成为摆脱了形而上学玄想的关于文化"现象"的知识，世界才能成为摆脱了"自然"超越性的、真实的、可理解的文化世界，人才能成为摆脱理性片面性的、富于生命力的人。正如一位哲学史家所指出的，20世纪没有一位哲学家像卡西尔那样，涉及过如此众多的研究领域，如果用一个词来描述卡西尔哲学的特点，那就是"怀柔"。这一评价是恰当的。确实，不拒细流，海纳百川，构成了卡西尔哲学的突出特征。

其次，从理论深度上看，卡西尔哲学是站在康德哲学立场上，对康德所提出的哲学问题的进一步追问。康德是从其先验人学立场出发，以有史以来的人类文化成果为基础进行他的哲学追问的。在写给友人的一封信中，他把自己要解决的问题概括为四个："很久以来，在纯粹哲学的领域里，我给自己提出的研究计划，就是解决以下三个问题：（1）我能够知道什么？（2）我应该做什么？（3）我可以希望什么？接着是第四个，也就是最后一个问题，人是什么？"卡西尔同样是根植于人类创造活动的沃土，通过对人类文化先验统一性的探寻，拓展自己的符号哲学体系的。卡西尔哲学一开始就有着强烈的问题意识，这一点在他的就职演讲中表现得非常明显。他说："哲学概念本身一再表现为一个哲学问题，表现为一个永恒躁动着然而又必然在思想的持续辩证运动中推陈出新的问题。"卡西尔进而认为，在哲学史上，康德对哲学问题的追问是最本质、最深刻的。但他同时又认为，由于时代的局限，康德的哲学批判只能建立在他那个时代的科学发展基础上，即建立在数学和经典物理学的基础上。到了20世纪初，世界的科学图景有了根本性的改观，相对论和量子力学的建立以及生命科学和进化论的提出，极大地拓宽了人们的视野，同时，语言学、心理学、社会学、生态学、神话和宗教的综合研究逐步建立和完善，并出现一系列新的问题，所有这些都是康德所无法料到的。卡西尔哲学的任务就是要承接康德，展开更加深入的追问，就是说不仅对自然科学，而且对神话、语言、宗教、艺术乃至整个人类文化的可能性展开追问。《人论》一书可以看作这一追问的直接成果。在《人论》一书中，他用清晰明快的笔调，将读者带入对于斯芬克斯之谜的精妙的破解中。他以人类的符号形式为线索，串起了人类文化宝库中的件件珠宝——语言、神话、宗教、艺术、历史、科学这些我们所熟知的东西，都在人类生命形式的旗号下，积聚起强大的理论穿透力，刺穿雾障，直指谜底。

最后，从理论系统性上看，卡西尔哲学像德国古典哲学一样，也要建立一个完整的理论体系。众所周知，建立理论体系是德国哲学的一个传统。康德通过他的"三大批判"，黑格尔通过他的《哲学全书》，柯亨通过他的《纯粹认识的逻辑》《纯粹意志的伦理学》《纯粹感觉的美学》，分别建立起庞大的理论体系。卡西尔虽然对于各种具体的文化形式都进行过细致的考察，但却又明确指出，仅有这些特殊的理论分析是不够的，只有找到人类一切文化活动的统一性，找到它们的普遍基础、构架和范畴，并把它们纳入一个完整的体系中，哲学探索的目标才能趋于完美。于是他写了《符号形式哲学》一书，将看起来千差万别的人类文化活动统一在了人类的符号创造能力和符号功能之下。他企图以功能的统一性填平主观、客观的鸿沟，缓和唯物主义与唯心主义的冲突，消除人文思潮与科学思潮的对峙，从而建立起一个富有弹性和包容能力的文化符号哲学体系。

《符号形式哲学》一书出版后，引起了学术界的充分关注，但由于篇幅巨大，不便于读者阅读，于是卡西尔重写了一本"全新的书"，来介绍并重新阐明《符号形式哲学》中的深刻思想。这本"全新的书"就是《人论》。《人论》首先是作为《符号形式哲学》一书的提要和简写本而面世的，但既然作者认定它是一本"全新的书"，自然就有其区别于原书的"新的问题"和"不同的角度"（作者序），正是这一点决定了《人论》一书在卡西尔整个哲学中的地位。《人论》一方面作为《符号形式哲学》一书的提要和简写，简明扼要地阐述了他的文化哲学思想；另一方面又加进了更多的内容和新的视角，成为卡西尔晚年哲学思想的代表作，而"呈现出新的面貌"（作者序）。当然，除此之外，还有写作风格上的变化。他一改德国哲学中特有的玄奥与艰涩的文风，用清晰、明快的笔调，将读者带入一个个引人入胜的文化话题中。正因如此，它成为卡西尔著作中译本最多、流传最广、影响最大的一本，它既是一本严肃的哲学专著，又是一本通俗易懂的大众文化哲学。

《人论》，顾名思义，自然是对所谓"人的问题"的回答，这也是贯穿全书的一个总问题，但卡西尔思想的独特之处在于人的问题不是孤立的，这一问题的解决与人类文化问题密切相关，只有把这两个问题放到一个辩证关系和辩证思想结构中才能得到真正的解决。《人论》原著的副标题为"人类文化哲学系列"，正是通过这样正副两个标题，点出了该书的基本思路，即通过两个方面的关系辩证展开的。一方面，对人的研究，必须从对人类文化的研究入手。因此，一种人的哲学，也就应该是一种文化哲学。另一方面，对文化的研究也要以人学为根基。因此，一种文化哲学就应该是一种人学。

全书正是围绕这样两个相互关联的问题展开论述的。从结构上看，全书分为上、下两篇，共十二章。上篇五章侧重于从人的文化符号活动着手阐释人。在他看来，人的自我认识始终是哲学探究的最高目标，"在各种不同哲学流派之间的一切争论中，这个目标始终未被改变和动摇过：它已被证明是阿基米德点，是一切思潮的牢固而不可动摇的中心。即使连最极端的怀疑论思想家也从不否认认识自我的可能性和必要性"[1]。然而，自古希腊以来，这样一个"阿基米德点"就没有真正确定下来。苏格拉底给出了"人是什么"这一问题的一个答案："我们可以概括苏格拉底的思想论，他把人定义为：人是一个对理性问题能给予理性回答的存在物。人的知识和道德都包含在这种循环的问答活动中。"[2] 这样一个答案，"在某种意义上说已经沿袭下来而成了经典的答案"[3]。尤其是经过柏拉图的阐发，"它在人类文明的全部未来发展中留下了它的标记"[4]。然而，到了中世纪，这一经典答案遭到了质疑。根据奥古斯丁的看法，不能把人的本质归结为理

---

① 〔德〕卡西尔：《人论》，甘阳译，上海人民出版社，1985，第3页。
② 〔德〕卡西尔：《人论》，甘阳译，上海人民出版社，1985，第8~9页。
③ 〔德〕卡西尔：《人论》，甘阳译，上海人民出版社，1985，第9页。
④ 〔德〕卡西尔：《人论》，甘阳译，上海人民出版社，1985，第9页。

性，"人是根据上帝的样子而被创造的，而且他出自上帝之手时的原始状态是与他的原型不相上下的"①。因此，不能依靠理性，只能依靠启示。靠神赐的力量，这一问题才能得到真正的解答。到了近代，以狄德罗为代表的启蒙思想开始动摇这些神性理想的绝对权力，开始从自然的经验观察事实出发解释人，把人连同人类的文化与文明的世界都还原为不多的几个普遍的自然规律，这些自然规律像一张大网，"把我们的肉体生命和文化生活两者都包围了起来。人在他的倾向、爱好、观念、思想以及艺术作品的创作中，都绝不可能打破这个魔圈"②。综上，虽然"形而上学，神学，数学，生物学相继承担起了对思考人的问题的领导权并且规定了研究的路线"③，但是，这一问题非但没有解决，反而陷入了更大的困惑与危机之中。近代以来，对于人的问题，"我们所得到的只是思想的完全无政府状态"④。因此，卡西尔断言："除非我们成功地找到了引导我们走出迷宫的指路明灯，我们就不可能对人类文化的一般特性具有真知灼见，我们就仍然会在一大堆似乎缺少一切概念的统一性、互不相干的材料中迷失方向。"⑤

卡西尔所说的这个"指路明灯"就是符号，因此，他把第二章冠以"符号：人的本性之提示"的名称。在他看来，"人是理性的动物"这个定义虽然有它的合理的一面，但是过于偏狭了。仅仅从这一定义出发，人的神话、语言、艺术等文化活动就不能得到真正的解释。因此，要用一个更加宽泛的定义取而代之，这就是"符号的动物"，即人是符号的动物。他说："对于理解人类文化生活形式的丰富性和多样性来说，理性是个很不充分的名称。但是，所有这些文化形式都是符号形式。因此，我们应当把人定义为符号的动物（animal symbolicum）来取代把人定义为理性的动物。只有这样，我们才能指明人的独特之处，也才能理解对人开放的新路——通向文化之路。"⑥并非理性，符号化才是人与动物的最根本的区别，"依

① 〔德〕卡西尔：《人论》，甘阳译，上海人民出版社，1985，第14页。
② 〔德〕卡西尔：《人论》，甘阳译，上海人民出版社，1985，第27页。
③ 〔德〕卡西尔：《人论》，甘阳译，上海人民出版社，1985，第28页。
④ 〔德〕卡西尔：《人论》，甘阳译，上海人民出版社，1985，第28页。
⑤ 〔德〕卡西尔：《人论》，甘阳译，上海人民出版社，1985，第30页。
⑥ 〔德〕卡西尔：《人论》，甘阳译，上海人民出版社，1985，第34页。

靠把人定义为符号的动物，我们也就达到了进一步研究的第一个出发点"①。动物虽然也有"智慧"，并不总在直接刺激下做出反应，它也可以把一种"信号"与一种行为相联系并做出条件反射，但这种"信号"与人的"符号"是有根本区别的。卡西尔认为"信号"和符号属于两个不同的领域，"信号是物理的存在世界之一部分；符号则是人类的意义世界之一部分"②。就是说虽然动物依靠信号具备了一种实践性的想象力和智慧，但只有人才具备一种全新的思维形式——一种符号化的想象力和智慧。于是，"符号系统的原理，由于其普遍性、有效性和全面适用性，成了打开特殊的人类世界——人类文化世界大门的开门秘诀!"③人类一旦离开这种符号系统，就会关闭文化与文明的大门，重回黑暗的洪荒，"没有符号系统，人的生活就一定会象柏拉图著名比喻中那洞穴中的囚徒，人的生活就会被限定在他的生物需要和实际利益的范围内，就会找不到通向'理想世界'的道路——这个理想世界是由宗教、艺术、哲学、科学从各个不同的方面为他开放的"④。

人类的符号化特征通过对于人类的空间和时间世界的描述和分析将会看得更具体、更清楚。过去人们往往有一个错误的认识，即认为世界上的一切有机存在物都生活在一个共同的时空世界中，"这是十分天真而无根据的想法"⑤。其实，"空间和时间的经验有着各种根本不同的类型。空间和时间经验的所有各种形式并不都是在同一水平上的，它们按某种顺序被排列成较低或较高的层次"⑥。最低层次叫"有机体的空间和时间"，它与低等动物的经验世界相联系；中间层次叫"知觉时空"，这是只有少数高级动物才有的；最高层次叫"抽象时空"，这是人类特有的、符号化的时空。就空间而言，"几何学的点和线既不是物理的物体也不是心理的物体，它们只不过是各种抽象关系的符号而已"⑦。正是这种抽象空间的观念，"不仅为人开辟了通向一个新的知识领域的道路，而且开辟了人的文化生

---

①〔德〕卡西尔：《人论》，甘阳译，上海人民出版社，1985，第35页。
②〔德〕卡西尔：《人论》，甘阳译，上海人民出版社，1985，第41页。
③〔德〕卡西尔：《人论》，甘阳译，上海人民出版社，1985，第45页。
④〔德〕卡西尔：《人论》，甘阳译，上海人民出版社，1985，第52～53页。
⑤〔德〕卡西尔：《人论》，甘阳译，上海人民出版社，1985，第54页。
⑥〔德〕卡西尔：《人论》，甘阳译，上海人民出版社，1985，第54页。
⑦〔德〕卡西尔：《人论》，甘阳译，上海人民出版社，1985，第57页。

活的一个全新方向"①。就时间而言，人不仅有过去、现在，而且还有未来，并且"未来不仅是一个映象，它成了一个'理想'"②。正是凭着这种理想的未来观念，"人的符号力量也大胆地超越了他的有限存在的一切界限。但是这种否定蕴含了一个新的伟大的一体化活动，这个一体化的活动标志了人的伦理和宗教生活中的一个决定性的阶段"③。

正是有了这种对理想化的符号的运用，才有了"现实"与"可能"的区别。动物注定只能生活于一个感官知觉的现实世界，而人则凭借其理想性的符号化活动进入一个"可能世界"。如果考察一下数学史就会发现，不仅有自然数、有理数、实数，还有负数、无理数和虚数，只有从符号理论出发，数学才能得到合理解释。甚至包括乌托邦本身都有其重要的文化意义，"乌托邦的伟大使命就在于，它为可能性开拓了地盘以反对对当前现实事态的消极默认。正是符号思维克服了人的自然惰性，并赋予了人以一种新的能力，一种善于不断更新人类世界的能力"④。

卡西尔反复申明，《人论》无意对人的问题做一个形而上学的考察，它的目标"是一个人类文化的现象学"⑤，因此，在一般性地论述了人的符号化原理之后，卡西尔就进入了对于人的文化世界的具体考察中，所以他把"人与文化"作为下篇的总标题。

因为也只有在这一符号原则统一的前提下，这些具体的文化形式才能统一与和谐起来，"在神话想象、宗教信条，语言形式、艺术作品的无限复杂化和多样化现象之中，哲学思维揭示出所有这些创作物据以联结在一起的一种普遍功能的统一性"⑥。长期以来，人们已经习惯于从理性的角度来解释神话与宗教，结果种种解释最后无不归于失败，因为这种解释从方法上根本就是错误的，"在人类文化的所有的现象中，神话和宗教是最难相容于纯粹的逻辑分析"⑦。

但是这绝不意味着神话不具备得以理解的统一原则，"尽管神话作品

---

① 〔德〕卡西尔：《人论》，甘阳译，上海人民出版社，1985，第56页。
② 〔德〕卡西尔：《人论》，甘阳译，上海人民出版社，1985，第69页。
③ 〔德〕卡西尔：《人论》，甘阳译，上海人民出版社，1985，第70页。
④ 〔德〕卡西尔：《人论》，甘阳译，上海人民出版社，1985，第78页。
⑤ 〔德〕卡西尔：《人论》，甘阳译，上海人民出版社，1985，第66页。
⑥ 〔德〕卡西尔：《人论》，甘阳译，上海人民出版社，1985，第91页。
⑦ 〔德〕卡西尔：《人论》，甘阳译，上海人民出版社，1985，第92页。

有着这样的多样性和差异性，神话创作功能却并不缺乏真正的同质性"①。其实这种"同质性""统一性"的哲学基础就在于它的符号本质。神话也好，宗教也罢，都与科学一样，是人类特有的文化符号形式。就神话而言，神话兼有理性概念的与感性直观的双重特征。因此，"如果我们想要说明神话感知和神话想象的世界，我们就不能把用我们关于知识和真理的理论范式观点去批评神话感知和神话想象作为出发点"②。宗教亦是如此，它体现的也是一种积极的符号创造力量，"人类的伟大宗教导师们发现了另一种冲动，靠着这种冲动，从此后人的全部生活被引到了一个新的方向。他们在自己身上发现了一种肯定的力量，一种不是禁止而是激励和追求的力量。他们把被动的服从转化为积极的宗教感情"③。

语言与神话类似，"语言与神话乃是近亲"④，如果离开了符号形式的观点，无论其功能还是价值都不可能得到正确的阐明。作为一种独特的文化符号形式，单纯从神话学的、形而上学的、实践的方向解释都行不通，因为人类最基本的发音既不与物理事物相关，也不是纯粹任意的符号，"它们并非依赖于单纯的约定俗成，而是有其更深的根源。它们是人类情感的无意识表露，是感叹，是突进而出的呼叫"⑤。然而，这种看法并不意味着在语言研究上放弃建立在理性原则之上的普遍语法概念，"但是我们必须重新界说这个概念，必须在新的意义上系统地阐述这个概念"⑥。这就是说，语言不是对于事物既定秩序和现成秩序的简单模仿。一个文化人类学的任务是，既要接受语言具有具体形态及其多样性和歧义性的事实，同时又要阐明其统一性，必须更确切地被定义为一种功能的统一性。这样的统一性并不以任何质料的或形式的同一性为前提。⑦ 正如我们学习一门外语时所体验到的，仅仅掌握一些词语和熟悉一套抽象的语法规则是不够的，"如果我们不能学会用这种新的语言来思考，那么所有的努力都是徒

---

① 〔德〕卡西尔：《人论》，甘阳译，上海人民出版社，1985，第93页。
② 〔德〕卡西尔：《人论》，甘阳译，上海人民出版社，1985，第101页。
③ 〔德〕卡西尔：《人论》，甘阳译，上海人民出版社，1985，第138页。
④ 〔德〕卡西尔：《人论》，甘阳译，上海人民出版社，1985，第140页。
⑤ 〔德〕卡西尔：《人论》，甘阳译，上海人民出版社，1985，第147页。
⑥ 〔德〕卡西尔：《人论》，甘阳译，上海人民出版社，1985，第163页。
⑦ 参见〔德〕卡西尔《人论》，甘阳译，上海人民出版社，1985，第166页。

劳的"①。而一旦我们克服了困难，领悟了外语的神韵，就会发现我们自己"似乎进入了一个新的世界，一个有着它自己的理智结构的世界"②。

以往的艺术理论也犯过与语言理论类似的错误，即没有将其视为一个独立的文化形式做出独立的分析与评价，而是将其置于道德或者科学之下，满足于仅仅做出一种理论解释和道德评价。卡西尔指出："在对艺术的道德解释和理论解释这两种情况下，艺术都绝不具有任何它自己的独立价值，在人类知识和人类生活的等级中，艺术变成只是一个预备性的阶段，一个指向某种更高目的的次要而从属的手段。"③ 就是说，艺术是一种独立的话语符号，而不是其他符号形式的附属，"象所有其它的符号形式一样，艺术并不是对一个现成的即予的实在的单纯复写。它是导向对事物和人类生活得出客观见解的途径之一。它不是对实在的摹仿，而是对实在的发现"④。通过艺术，人们发现了一个不同于科学的道德的秩序世界，"科学在思想中给予我们以秩序；道德在行动中给予我们以秩序；艺术则在对可见、可触、可听的外观之把握中给予我们以秩序"⑤。

对于历史同样不能只从科学理性方面加以解释，在物理事实与历史事实之间有着根本的不同，"物理的事实总是借因果律而与其它可直接观察或可直接测量的现象相联系的……。但是对一个历史学家来说，情况就不同了。他的事实属于过去，而过去是一去不复返的。我们不可能重建它，不可能在一种纯物理的客观的意义上使它再生"⑥。但是，令人遗憾的是，历史知识的这种基本特征，在现代关于历史方法和历史真理的讨论中被忽视了，"大多数作者都在逻辑中，而不是在历史学的对象中寻找着历史与科学的区别。他们以最大的努力来建立一个新的历史的逻辑。但是所有的这些尝试都是注定要失败的"⑦。然而，要规定历史真理和历史方法的独特品性，并不是件容易的事情，因为如果不放弃把历史思想转化为科学思想的方法，那么，"即使我们能够把所有的统计学的、经济学的、社会学的

---

① 〔德〕卡西尔：《人论》，甘阳译，上海人民出版社，1985，第 170 页。
② 〔德〕卡西尔：《人论》，甘阳译，上海人民出版社，1985，第 170 页。
③ 〔德〕卡西尔：《人论》，甘阳译，上海人民出版社，1985，第 175~176 页。
④ 〔德〕卡西尔：《人论》，甘阳译，上海人民出版社，1985，第 182 页。
⑤ 〔德〕卡西尔：《人论》，甘阳译，上海人民出版社，1985，第 213 页。
⑥ 〔德〕卡西尔：《人论》，甘阳译，上海人民出版社，1985，第 221 页。
⑦ 〔德〕卡西尔：《人论》，甘阳译，上海人民出版社，1985，第 223 页。

规律应用到人身上，也仍然不能帮助我们'看到'人的这种特殊面貌和他的独特形式"①。那么，真正有效的方法是什么呢？这就是解释学的方法。卡西尔说："语义学的规则，而非自然的法则，才是历史思想的一般原则。历史学是被包含在阐述学的领域而非自然科学的领域之中的。"② 因此，十分清楚的是，"我们不可能有一门关于历史的科学"，因为"我们在历史学中所寻求的并不是关于外部事物的知识，而是关于我们自身的知识"③。

科学亦是人类文化符号形式之一种，某种意义上"可以被看成是人类文化最高最独特的成就"④。但是无论是从数学还是自然科学的发展史来看，都不支持流行的机械决定论解释。卡西尔说："科学所需要的不是一种形而上学的决定论而是一种方法论的决定论。"⑤ 这一点可以从现代科学的发展中得到证明，"量子力学的进展已经告诉我们，我们的数学语言要比经典物理学体系中的数学语言丰富得多、灵活得多，回旋的余地大得多"⑥。这意味着科学家们的工作也不是被看成一味地描述事实，而是通过他们创造性的工作来构造和扩展我们的事实世界。因此，卡西尔总结道："一切伟大的自然科学家如伽利略、牛顿、麦克斯韦尔、赫尔姆霍兹、普朗克和爱因斯坦，都不是从事单纯的事实搜集工作，而是从事理论性的工作，而这也就意味着创造性的工作。这种自发性和创造性就是一切人类活动的核心所在。它是人的最高力量，同时也标示了我们人类世界与自然界的天然分界线。在语言、宗教、艺术、科学中，人所能做的不过是建造他自己的宇宙——一个使人类经验能够被他所理解和解释、联结和组织、综合化和普遍化的符号的宇宙。"⑦

最后，卡西尔得出结论，人不仅是一种社会动物、理性动物，更是一种"符号动物"。人类文化世界不是一个事实的，而是一个有机的整体，"作为一个整体的人类文化，可以被称之为人不断自我解放的历程。语言、艺术、宗教、科学是这一历程中的不同阶段。在所有这些阶段中，人都发

---

① 〔德〕卡西尔：《人论》，甘阳译，上海人民出版社，1985，第247页。
② 〔德〕卡西尔：《人论》，甘阳译，上海人民出版社，1985，第248页。
③ 〔德〕卡西尔：《人论》，甘阳译，上海人民出版社，1985，第258页。
④ 〔德〕卡西尔：《人论》，甘阳译，上海人民出版社，1985，第263页。
⑤ 〔德〕卡西尔：《人论》，甘阳译，上海人民出版社，1985，第277页。
⑥ 〔德〕卡西尔：《人论》，甘阳译，上海人民出版社，1985，第277页。
⑦ 〔德〕卡西尔：《人论》，甘阳译，上海人民出版社，1985，第279~280页。

现并且证实了一种新的力量——建设一个人自己的世界、一个'理想'世界的力量。哲学不可能放弃它对这个理想世界的基本统一性的探索，但并不把这种统一性与单一性混淆起来，并不忽视在人的这些不同力量之间存在的张力与摩擦、强烈的对立和深刻的冲突。这些力量不可能被归结为一个公分母。它们趋向于不同的方向，遵循着不同的原则。但是这种多样性和差异性并不意味着不一致或不和谐。所有这些功能都是相辅相成的。每一种功能都开启了一个新的地平线并且向我们展示了人性的一个新方面。不和谐者就是与它自身的相和谐；对立面并不是彼此排斥，而是互相依存：'对立造成和谐，正如弓与六弦琴'"①。

---

① 〔德〕卡西尔：《人论》，甘阳译，上海人民出版社，1985，第288页。

# 20

# 维特根斯坦的《逻辑哲学论》

宋 伟[*]

对哲学家来说，如果存在两个选择：（1）彻底解决所有的哲学问题，使之再也没有什么可说的，从而在哲学史上留下几页结论；（2）写一本引起人们思考和争论的哲学书，使其成为未来几个世纪人们一直需要阅读的著作。他们愿意做出哪一种选择呢？绝大多数哲学家可能会选择第二种，因为他们宁愿自己的著作被阅读、观点被反驳，也不愿自己的意见永远正确。况且要选择第一种还需要对自己的能力有足够的自信，这并不是每个哲学家都具备的。不过，有一个奥地利的年轻人却信心十足地选择了第一种，这位年轻人就是 20 世纪引领西方逻辑实证主义思潮和语言分析思潮的路德维希·维特根斯坦（Ludwig Wittgenstein，1889－1951）。或许正因为其独特的个性和才气，在 20 世纪西方思想界的璀璨星空中，维特根斯坦这颗星显得尤为光芒四射。有事实为证：在 1999 年美国《时代》周刊评选出的 20 世纪 100 位各行各业的杰出人物中，唯一的一位哲学家就是维特根斯坦，其中数学家是库尔特·哥德尔（Kurt Gödel，1906－1978），物理学家是阿尔伯特·爱因斯坦（Albert Einstein，1879－1955）。

目前，国内对维特根斯坦思想的研究成果已越来越丰富，不仅作为其"早期"和"后期"思想标志的著名的《逻辑哲学论》和《哲学研究》已

---

\* 宋伟，男，哲学博士，副教授，主要研究方向为逻辑史与逻辑哲学。

出版了多个版本，<sup>①</sup>而且其著作全集业已翻译出版。不过，即使有中文译本，阅读维特根斯坦的著作恐怕也不是一件轻松的事，这突出地表现在，对于文本中维特根斯坦本人的思想和观点甚至用词，学者们至今仍存在着大量的争论。就阅读《逻辑哲学论》和《哲学研究》而言，若能将中文、英文和德文对照起来进行阅读，肯定能够更好地把握作者的原意。当然，即使在这种情况下也并不能说某人的解读就可以成为一种标准的解读。相反，读者对原著的理解可以有相对的多样性，这样，阅读的过程在文本提供的语境中就可以成为一种再创作的过程，读者借此可以从中感受到阅读或者说思考的乐趣。不过，不管是对原著的阅读，还是对原著导读的阅读，以及对任何一个文本的阅读，读者都可能会碰到维特根斯坦在《逻辑哲学论》中所思考的一个深刻问题，即他的思想已经用他的话语表达出来了，但理解他的人最终要认识到他的话语是无意义的。维特根斯坦要求读者把他的话语当作一个梯子，当借助它登上高处时就可以把它扔掉了。在这个意义上，这篇关于《逻辑哲学论》的导读也不过是一个梯子罢了，也许更像是登上梯子的一个梯子。《逻辑哲学论》作为维特根斯坦"早期"哲学思考的结晶，不仅对坚持抛弃形而上学的维也纳小组的成员产生了持久的影响，而且与《哲学研究》相比，似乎更受到他在剑桥的老师伯特兰·罗素（Bertrand Russell，1872－1970）的偏爱。罗素认为"后期"维特根斯坦尽管影响很大，但却背离了"早期"的伟大。罗素说："我佩服他的《逻辑哲学论》，但是，并不佩服他后来的著作。我觉得，他后来的著作否定了自己的最高才能……我认为，其积极的学说是浅薄的，其消极的学说是不能成立的。在维特根斯坦的《哲学研究》中，我看不到任何使我感兴趣的东西。我不明白，为什么整整一个学派会到这本书里寻找重要的智慧。"<sup>②</sup>这里暂不管罗素的评价是否恰当，考虑到即使读者要看出"后期"维特根斯坦的"浅薄"，也还是要先明白"早期"维特根斯坦的伟大，所以我们现在就来看看《逻辑哲学论》这本书到底有什么伟大之处，其中表现了维特根斯坦什么样的"最高才能"。

---

① 这里建议读者关注一下维特根斯坦《逻辑哲学论》的如下两个译本：张申府先生（1893～1986）的译本（《名理论》，北京大学出版社，1988）和牟宗三先生（1909～1995）的译本（《名理论》，学生书局，1988）。

② 〔美〕巴特利：《维特根斯坦传》，杜丽燕译，东方出版中心，2000，第108页。

一

维特根斯坦富足的家庭给他的外出游学提供了支持。1906 年，维特根斯坦在中学毕业后，先后到柏林、曼彻斯特学习工程技术。这期间他拜访了一些著名的学者，其中包括耶拿大学数学教授弗雷格（Gottlob Frege，1848 – 1925），弗雷格对数学中哲学问题的关注唤起了维特根斯坦对数学哲学和逻辑哲学的兴趣。在阅读了罗素和怀特海（Alfred Whitehead，1861 – 1947）的《数学原理》（*Principia Mathematica*）一书后，维特根斯坦于 1911 年来到剑桥，问学于罗素门下。

1914 年第一次世界大战爆发后，维特根斯坦前往奥地利服役。在战争期间，他坚持做一些哲学笔记，并从这些简短的笔记中整理出了一篇论文。在罗素的鼓励下，这篇论文最早刊登在《自然哲学年鉴》（*Annalen der Naturphilosophie*）上，并于 1922 年在英国出版了单行本，这就是《逻辑哲学论》的第一个英译本。当时出版的这本书是德英对照本，英文部分由奥格登（Charles K. Ogden，1889 – 1957）在拉姆塞（Frank P. Ramsey，1903 – 1930）的协助下译出。这个译本尽管经过维特根斯坦的核准，但仍然有点曲解原意，至少在维特根斯坦亲手改过的校样被提交讨论时显示出了它的偏差。这次讨论催生了一个现在通用的、由 D. F. Pears 和 B. F. McGuinness 翻译的、在学界受到较好评价的英译本。[①]《逻辑哲学论》最初在《自然哲学年鉴》上发表时有一个德文标题（*Logisch Philosophische Abhandlung*），翻译成英文后采用了一个拉丁文标题（*Tractatus Logico-Philosophicus*）。不过，这并非出自维特根斯坦本人的设想，而是出于他在剑桥的另一位老师乔治·摩尔（George E. Moore，1873 – 1958）给他提的建议，同时，其中也多少反映了一些奥格登的意思。当然，斯宾诺莎（Baruch de Spinoza，1632 – 1677）的《神学政治论》（*Tractatus Theologico-Politicus*）一书也起了某种暗示作用，而且在维特根斯坦的《逻辑哲学论》和斯宾诺莎用"几何学的方法"写成的《伦理学》之间也有明显的逻辑结构的相似性。不

---

① 参见 L. Wittgenstein, *Tractatus Logical-Philosohicus*, trans. by D. F. Pears and B. F. McGuinness, London: Routledge & Kegan Paul, 1961。

过，维特根斯坦对待伦理学的态度与斯宾诺莎相比可谓大相径庭。维特根斯坦在《逻辑哲学论》中宣称，不可能存在伦理命题，伦理是不可说的。但是有点令人迷惑的是，维特根斯坦却对朋友 Ludwig von Ficker 和 Paul Englmann 说，《逻辑哲学论》这本书的观点是伦理的观点。

> 本书的观点是伦理的观点。我曾经想在前言中写上一句，事实上并没有写，不过，我在这里写给你，因为对你来说，也许这是开启这部著作的一把钥匙。我想写的话是：我的书由两部分组成：这里描述的部分加上所有我还没有写东西。确切地说，正是第二部分相当重要。我的书仿佛是从内部为伦理学领域划界，而且，我相信，这是划分这种界限的唯一严格的方式。简言之，我相信，当今其他许多人正在那里夸夸其谈，我在书中则努力通过沉默，把每一件事牢固地置于恰当的位置。由于这个缘故，除非我犯了大错误，否则，本书将说出许多你本人想说的话。或许，你只是不会看到，它在书里说出。所以，我建议你阅读前言和结论，因为它们最直接地表达了本书的观点。①

一个人声称他没有写的东西才是书中最重要的部分确实是够奇怪的，或许也正因如此，《逻辑哲学论》才成了一本特别的哲学书。在仅有 2 万多字的短小篇幅中，维特根斯坦思考了哲学的根本问题，意图为思想或者思想的表达划一个界限，继而为哲学划一个界限、为科学划一个界限、为伦理划一个界限。而且正如他在序言里所说的，这本书所传达的思想的真理性是无可辩驳的和确定的，因而他所思考的问题已从根本上得到了解决。在维特根斯坦看来，这正是《逻辑哲学论》的第一点价值。而这本书的第二点价值就在于解决这些问题并没有费太多的口舌，只用了区区 2 万多字。《逻辑哲学论》特有的伟大之处就蕴藏在这两点价值之中。现在让我们先来初步领略一下在书中得到充分体现的、维特根斯坦的格言警句式的文风，这里略举几例。

---

① 〔美〕巴特利：《维特根斯坦传》，杜丽燕译，东方出版中心，2000，第 35 页。

1　　　世界是一切发生的事情。

1.1　　世界是事实的总体，而不是事物的总体。

1.11　世界为诸事实所规定，为它们即是全部事实所规定。

1.12　因为事实的总体规定那发生的事情，也规定那所有未发生的事情。

1.13　在逻辑空间中的诸事实就是世界。

1.2　　世界分解为诸事实。

1.21　每项事情可以发生或者不发生，其余的一切则仍保持原样。

2　　　发生的事情，即事实，就是诸事态的存在。

2.01　事态是对象（事物）的结合。

2.011　事物的本质在于能够成为事态的组成部分。

……

2.02　对象是简单的。

2.0201　每一个关于复合物的陈述可以分解为关于其各组成部分的陈述，分解为完全地描述该复合物的一些命题。

2.021　对象构成世界的实体。因此它们不能是复合的。

2.0211　假如世界没有实体，那么一个命题是否有意义就依赖于另一个命题是否为真。①

……


　　这些短句引自《逻辑哲学论》的开头几页，首先引起人注意的是那种十进制的编号。学过数理逻辑的读者对这种编号方式应该不会感到陌生，这种方式指明了论证的层次。命题 1、命题 2 处在一个层次上；而命题 1.1、命题 2.01 作为对命题 1、命题 2 的进一步详细说明，处在另一个不同的层次上。除了从一个层次向另一个层次的转换外，也可以在同一个层次上进行分类论证，比如命题 1.11、命题 1.12 等。《逻辑哲学论》总共包括如下七个主要论题：

---

　　① 〔奥〕维特根斯坦：《逻辑哲学论》，贺绍甲译，商务印书馆，1996，第 25 ~ 27 页。

| | |
|---|---|
| 1 | 世界是一切发生的事情。 |
| 2 | 发生的事情，即事实，就是诸事态的存在。 |
| 3 | 事实的逻辑图像是思想。 |
| 4 | 思想是有意义的命题。 |
| 5 | 命题是基本命题的真值函项。 |
| | （基本命题是自身的真值函项） |
| 6 | 真值函项的一般形式是： |

$$[\bar{p},\ \bar{\xi},\ N\ (\bar{\xi})]$$

这也是命题的一般形式。

7　　对于不可说的东西我们必须保持沉默。[①]

第一个论题，如我们所看到的，被处理得极为简洁。第二个论题占了5页篇幅左右，第三个论题占了10页篇幅左右，第四个、第五个、第六个论题各占了15~20页，而第七个论题却只有一句话。确实如维特根斯坦所言，这本书里没有写的东西才是最重要的部分。那些被论述得最充分的论题，多数与符号逻辑的问题有关，而较为简短的论述，则涉及逻辑、语言与世界的关系。

虽然《逻辑哲学论》目前已有多个中文译本，但建议读者在阅读该书德文版和英文版的同时，参照北京大学出版社出版的张申府先生的《名理论》和台湾学生书局出版的牟宗三先生的《名理论》这两个译本。在阅读该书时，读者应认真阅读书中罗素写的导论和维特根斯坦自己写的前言，并且要特别注意维特根斯坦在前言中写的这句话：**"这本书的全部意义可以用一句话概括：凡是可以说的东西都可以说得清楚；对于不能谈论的东西必须保持沉默。"**如果把《逻辑哲学论》比作一部音乐作品，那么维特根斯坦的这句话就是这部音乐作品的主题，它从头至尾以不同的变调出现在这部作品中。显然，把握住了这个主题也就把握住了整个作品。为了对维特根斯坦的这句话有较为轻松的理解，也为了对整本书有较为轻松的理解，我们不妨从一篇有趣的对话入手。

---

① 〔奥〕维特根斯坦：《逻辑哲学论》，贺绍甲译，商务印书馆，1996。

# 二

阿喀琉斯几步追上了乌龟，舒舒服服地坐在了龟背上。

"尽管有个自作聪明的人论证说你永远追不上我，但我知道这场比赛你注定会赢。不过，你想听听有关另一场比赛的事吗？在这场比赛里大多数人都以为他们在两三步之内就能到达终点，实际上这场比赛也是由无数段路程组成的，只是其中每一段都比它前面那段要长些。"

"太想知道了！"阿喀琉斯一边说，一边从头盔里取出一个笔记本和一支笔。

"那好，我们来看看这个论证，请把它们记在你的本子上。为了谈论起来方便，我们分别用 A、B、Z 标识一下：

（A）同等于一物的彼此也相等。

（B）这个三角形的两条边同等于一物。

（Z）这个三角形的两条边彼此相等。

我想有点理智的人都会认为 Z 是 A 和 B 的合乎逻辑的推论，所以任何人只要认为 A 和 B 为真，则必定也会认为 Z 为真，不是吗？"

"毫无疑问，连我都知道。"

"不过，让我们再较较真，当人们认为 Z 可以合乎逻辑地从 A 和 B 得出时，他们不是已经默认了'如果 A 和 B 为真，则 Z 必为真'这个假言命题吗？但这个假言命题并没有在论证中出现呀，我为什么要接受这个假言命题呢？"

"真是只笨乌龟，逻辑可以迫使你接受。"

"只要你把它——称作 C 吧——记在你的本子上，我马上就接受它。"

"这没什么难的，现在这个论证变成了——

（A）同等于一物的彼此也相等。

（B）这个三角形的两条边同等于一物。

（C）如果 A 和 B 为真，则 Z 必为真。

（Z）这个三角形的两条边彼此相等。

这回你没什么可说的了吧，如果你接受 A、B、C，你就必须接受 Z。"

"为什么我必须接受？"

"因为它是前三个的合乎逻辑的推论：如果 A、B、C 为真，则 Z 必为真。这还有什么好争辩的。"

"如果 A、B、C 为真，则 Z 必为真"，乌龟若有所思地重复着，"这又是一个假言判断，对不对？如果我不觉得这一假言判断是真的，那么我可以接受 A、B、C，而仍然不接受 Z，对吗？"

"嗯，你可以。可即使是一只乌龟，头脑这么迟钝也太罕见了。我可以再使你接受一个假言判断。"

"好极了，我很愿意接受，只要你把它写下来。我们可以把它称作：

（D）如果 A 和 B 和 C 为真，则 Z 必为真。

你把它记在本子上了吗？"

"已经记上了！这回我们终于到达了这场思想竞赛的终点！你现在接受了 A、B、C、D，你当然就要接受 Z。"

"是吗？让我们搞搞清楚。我接受了 A、B、C、D，请设想一下，我依然拒绝接受 Z，那会怎么样？"

"那样逻辑就会掐着你的脖子，迫使你接受。你别无选择，明白了吗？"

"这美妙的逻辑提供给我们的一切都值得记下来，请你再把'（E）如果 A、B、C、D 为真，则 Z 必为真'记在你的本子上吧。在我接受它之前，我当然不一定要接受 Z。这是很必要的一步，不是吗？"

"笨……"阿喀琉斯的声音里带着一丝悲哀。①

理解了这场对话的关键之处的读者不难明白可说的与不可说而只能**显示**的差别，用逻辑来论证逻辑或者用逻辑来说出逻辑是不可能的，到了某个时候，逻辑对自身是不可说的。那我们是否可以站在逻辑之外来说逻辑呢？这也是不可能的。因为"正如我们根本不能在空间之外思想空间对象，或者在时间之外思想时间对象一样"②，我们在逻辑之外也不能思考逻辑对象，更不可能说出什么来，并且按照维特根斯坦的说法，逻辑之外并无世界，我们不能在世界之外来谈论世界。尽管如此，上述对话也表明了

---

① 据刘易斯·卡罗尔（Lewis Carroll, 1832 – 1898）"乌龟说给阿喀琉斯的话"改写。原文参见"What the Tortoise said to Achilles," *Mind*, 1895, 4（14）, pp. 278 – 280。中文翻译参见〔美〕侯世达《哥德尔、艾舍尔、巴赫——集异璧之大成》，商务印书馆，1997，第 58 ~ 61 页。

② 〔奥〕维特根斯坦：《逻辑哲学论》，贺绍甲译，商务印书馆，1996，第 30 页。

逻辑规则虽然不能在论证中直接说出，但却可以在论证中**显示**出来，我们只需对其"保持沉默"即可。一旦弄明白了上述对话的含义，我们就可以对《逻辑哲学论》这部"音乐作品"的"主题"及其"变调"有更深刻的感受，并且能够同时更好地理解维特根斯坦的"显示"学说。当然，对这篇对话的阅读和思考并不能代替对《逻辑哲学论》原书的阅读和思考，它只是避免让年轻的读者陷入刚迈出第一步就面临思想的深渊的困境。这里将《逻辑哲学论》中若干主要的与此有关的论述列举如下，读者自己可以多加揣摩。

2.172　然而图像不能图示它的图示形式；图像显示它的图示形式。

4.115　哲学将通过清楚地表达可说的东西来指谓那不可说的东西。

4.12　命题能够表述全部实在，但是不能表述它们为了能够表述实在而必须和实在共有的东西——逻辑形式。……

4.121　命题不能表述逻辑形式，后者反映于命题之中。

自行反映在语言中的东西，语言不能表述。

语言中表达了自己的东西，我们不能用语言来表达。……

4.1212　能显示出来的东西，不能说出来。

5.132　如果 $p$ 从 $q$ 得出来，则我能作出从 $q$ 到 $p$ 的推论，即从 $q$ 推出 $p$ 来。

单从这两个命题即可了解推论的特性。

只有这两个命题本身才能证明此推论的正确。

如弗雷格和罗素著作中用以证明推论为正确的"推演律"是缺少意义的，因而是多余的。

5.25　运算的出现并不表征命题的意义。

的确，运算是无所陈述的，只有它的结果才有所陈述，而这又依赖于运算的基础。……

5.6　我的语言的界限意味我的世界的界限。

5.633　在世界上哪里可以找到一个形而上主体呢？

你会说这就正好像眼睛和视域的情形一样。但是事实上你看不见眼睛。

而且在视野里没有任何东西使得你能推论出那是被一只眼睛看到的。

6.1264 ……每个逻辑命题都是一个用记号表示的肯定前件式。（而肯定前件式不能用一个命题来表达。）

6.36 要是有因果律，也就可以说"有自然律"。不过，这当然不可说，而是自己显露出来的。

6.41 世界的意义必定在世界之外。世界中一切事情就如它们之所是而是，如它们之所发生而发生；世界中不存在价值——如果存在价值，那它也会是无价值的。

如果存在任何有价值的价值，那么它必定处在一切发生的和既存的东西之外。因为一切发生的和既存的东西都是偶然的。使它们成为非偶然的那种东西，不可能在世界之中，因为如果在世界之中，它本身就是偶然的了。它必定在世界之外。

6.421 很清楚，伦理是不可说的。

伦理是超验的。

（伦理和美学是同一个东西。）

6.522 确实有不可说的东西。它们显示自己，它们是神秘的东西。[①]

以上这些简短的论述涉及了维特根斯坦的图像理论、命题学说以及其对因果律、物理定律的思考，其最终的落脚点就在世界的伦理与价值、善与恶以及神秘之物与上帝（尽管维特根斯坦在书中对这部分的论述并不多）。这些论述正是维特根斯坦对逻辑、语言与世界的本体论思考的核心部分。由此，读者可以明白为什么维特根斯坦说《逻辑哲学论》的观点是一种伦理的观点了。同样，读者也完全可以明白为什么说篇幅不大的《逻辑哲学论》是一本特殊的哲学书了。实际上，善于思考的读者也不难发现，维特根斯坦对这些问题的讨论犹如山间泉水蜿蜒流出一般自然，并没

---

① 〔奥〕维特根斯坦：《逻辑哲学论》，贺绍甲译，商务印书馆，1996。

有刻意地选择讨论什么问题或不讨论什么问题。

读者到这里如果觉得对《逻辑哲学论》似乎明白了点什么，那真是令人高兴。不过，可以直截了当地说，要是我们再把两个逻辑悖论弄清楚，那才真正算是在《逻辑哲学论》中享受了一次思想盛宴。

三

我们先来谈一个大家耳熟能详的悖论：说谎者悖论。这个悖论最早可以追溯到公元前 6 世纪古希腊克里特岛人埃庇米尼德斯（Epimenides，生卒不详），他说了这样一句话："克里特岛人都是说谎者。"现在如果假设这句话为真，即不是谎话，那么我们无疑可以认定克里特岛人确实都是说谎者。但由于埃庇米尼德斯本人也是克里特岛人，他自然也成了一个说谎者，而他所说的这句话也就成了一句谎话，即这句话是假的。这样，我们就从假设"克里特岛人都是说谎者"为真推出了它为假。这真是荒唐的假设。显然，这句话不能为真，只能为假，即埃庇米尼德斯在说谎，克里特岛上至少有一个不说谎话、永远说真话的人。事情至此好像已经结束了，"说谎者悖论"似乎也并不是一个真正的悖论。不过，让我们再设想一下：如果克里特岛上只有埃庇米尼德斯一个人会出现什么情况呢？（尽管这种设想绝对与事实不符，但可以保证我们能从中找到点乐趣。）不难看出，这时情况就成了：埃庇米尼德斯在说谎，但同时他又是那个不说谎话、永远说真话的人。噢，原来悖论在这种情况下才出现。正是考虑到这一点，公元前 4 世纪，另一个古希腊人欧布里德（Eubulides，生卒不详）把埃庇米尼德斯的那句话改述为：一个人说了唯一一句话，"我正在说谎"。这个人说的是真话还是假话？几乎可以立即断定：这个人在说真话当且仅当他在说假话。这是一个标准的"说谎者悖论"。埃庇米尼德斯的"说谎者悖论"由于被圣保罗写入了《圣经·新约》的《提多书》中（1：12 -13），因而在西方社会造成了很大的影响，后世的许多哲学家和逻辑学家都以不同的方式重述了这一悖论。在许多对逻辑学和数学基础研究影响巨大的新的悖论中也不难看到这一悖论的影子，"罗素悖论"就是其中之一。

"罗素悖论"是 1901 年罗素在思考一些关于类（classes）或集合

（sets）的自由构造时发现的，其内容并不难理解。假设有这么一个集合 A：

$$\{x \mid x \notin x\}$$

它是由**所有不属于自身的集合构成的集合**，如集合 $\{1，2，3\}$、所有自然数的集合、所有大熊猫的集合等等都是不属于自身的集合，即它们都不是自身的一个元素。这一点是显然的。集合 $\{1，2，3\}$ 里只有三个元素即 1、2、3，$\{1，2，3\}$ 并不是集合 $\{1，2，3\}$ 里的一个元素；所有自然数的集合本身并不是一个自然数；所有大熊猫的集合本身也不是一只大熊猫。可以说，我们日常构造的集合基本上都是不属于自身的集合，这些集合都属于集合 A。但接下来的问题是：A 是它自身的一个元素吗？如果 A 不属于 A，即 A 不属于它自身，那么 A 就满足属于 A 的条件，A 就应当属于 A；如果 A 属于 A，即 A 属于它自身，那么 A 就不满足属于 A 的条件，A 就不应当属于 A。这显然是一个悖论。

很明显，"说谎者悖论"和"罗素悖论"都是一种自语相违式的恶性循环，这是二者相同的方面。然而，由于前者涉及语词的含义和指谓以及语句的真假，因而属于一种语义悖论，而后者由于仅仅与纯粹的符号记法有关，因而属于一种语法悖论，这是二者不同的方面。

正是罗素发现的这个悖论对当时数学基础的研究造成了极大的冲击，它直接导致弗雷格放弃了自己在数学基础领域辛勤研究多年的成果。面对这一悖论，罗素本人提出了一种类型论（theory of types）① 来试图避免它。简单地说，就是在记号系统中将语言分成不同的类型层级，然后在各自的层级上来谈论各自层级的语言表达，禁止在同一层级上来谈论本应属于不同层级的语言表达，以此消除因层级混乱而导致的恶性循环，从而避免悖论的出现。因此，像"所有不属于自身的集合构成的集合是它自身的一个元素吗？"这样的问题是被禁止的。然而，在《逻辑哲学论》中，维特根斯坦却批评罗素的类型论还不够完善，其中仍然存在错误，他认为"罗素

--------

① 罗素和怀特海在《数学原理》的导言中专门用一章来谈论类型论，参见 *Principia Mathematica*，The Syndics of The Cambridge University Press，1925，pp. 37-65。罗素和怀特海提出这一理论并不只是为了解决"罗素"悖论，还想要解决符号逻辑里的一系列悖论。

的错误显然在于，他在建立记号的规则时必须提到记号的指谓"①，并且认为只要采用正确的纯粹记号语言，"罗素悖论"就完全可以消除。在维特根斯坦对此问题的讨论中，尽管他所关注的是记号语言的语法方面，但可以肯定的是，读者眼前将晃动着"说谎者悖论"的幽灵。我们不妨将书中与此有关的主要论述列举如下：

3.332　没有一个命题能够作出关于自身的陈述，因为一个命题记号不能包含于它自身之中（这就是全部的"类型论"）。

3.333　一个函项所以不能成为它自身的主目，因为函项的记号已经包含着其主目的原型，而且它不能包含自身。

让我们假设函项 F（fx）可以成为它自身的主目，这时就会有一个命题"F（F（fx））"，其中的外函项 F 和内函项 F 必定有不同的指谓，因为内函项具有 $\Phi$（fx）的形式，而外函项则具有 $\Psi$（$\Phi$（fx））的形式。只有字母"F"对于两个函项是共同的，但是字母本身不标示任何东西。

如果我们把"F（F（u））"写作"（$\exists\Phi$）：F（$\Phi u$）·$\Phi u = Fu$"，这一点就立刻清楚了。

这样罗素悖论就消解了。

……

4.1272　因此变名"x"就是**对象**这个伪概念的专有记号。

凡属正确地使用"对象"（"事物"，等等）一词的地方，在概念记号系统中总是用变项名称来表达的。

例如，在命题"有两个对象，它们……"中，就用"（$\exists$ x，y）…"来表达。

一旦以别种方式来使用这个词，如把它作为专有概念词使用，就只能造成无意义的似是而非的命题。

因此，例如，不能像说"有一些书"那样，说"有一些**对象**"。同样也不能说"有 100 个**对象**"，或者，"有 $\chi_0$ 个**对象**"。

————

① 〔奥〕维特根斯坦：《逻辑哲学论》，贺绍甲译，商务印书馆，1996，第 38 页。

因而说**对象**的总数是无意义的。

这一点同样适用于"复合物""事实""函项""数"这些词，等等。

它们全都标示形式概念，因而在概念记号系统中用变项来表述，而不是（如弗雷格和罗素所认为的）用函项或者类来表述。

……

6.031　类的理论在数学中完全是多余的。

与此相关联的一点是：数学中所需要的概括，不是偶然的概括。

6.123　很清楚，逻辑规律不能反过来又遵从逻辑规律。

（并不像罗素所认为的，每个"类型"都有一个特殊的矛盾律；一个规律就够了，因为它不应用于自身。）

6.2322　两个表达式指谓的同一是不能**断言**的。因为，为了能够**断言**它们所指谓的任何东西，我就必须知道它们的指谓，而不知道它们指谓的东西是相同还是不相同我就不可能知道它们的指谓。①

　　尽管以上这些论述中有些概念还需要认真阅读原著才能明确其含义，但从中不难看出这些论述都与我们所谈的悖论有关。一旦对上述两个悖论有了清楚的理解，这些论述也就不难理解了。而且我们也可以发现，这两个悖论也与《逻辑哲学论》这部作品的"主题"有关。当我们用语言去说那不可说的东西时，我们就只能陷入悖论的困境。这里，维特根斯坦仍然是要通过对逻辑悖论尤其是"罗素悖论"的讨论来表达他想要表达的"主题"。当然，其中仍然少不了掺杂着维特根斯坦对逻辑、语言与世界的丰富思考。

　　最后，对希望一口气读完《逻辑哲学论》的读者还有一个小小的要求，就是维特根斯坦在《逻辑哲学论》中对符号逻辑的技术问题有一些讨论，只有学过一点（也可以说一点点）数理逻辑（主要指一阶逻辑）的读

① 〔奥〕维特根斯坦：《逻辑哲学论》，贺绍甲译，商务印书馆，1996。

者才不会一碰到有关技术问题的讨论就变得磕磕绊绊以至于无法顺利阅读并产生理解上的困难。只是要注意维特根斯坦所采用的一些符号记法与现代数理逻辑通常采用的记法有所不同，如：

> 4.27　关于 n 个事态的存在和不存在，有 $K_n = \sum_{\nu=0}^{n} \binom{n}{\nu}$ 种可能性。……
>
> 4.42　关于一个命题与 n 个基本命题的真值可能性符合和不符合，有 $\sum_{K=0}^{K_n} \binom{K_n}{K} = L_n$ 种可能情况。

按照现代数理逻辑的记法，其中 4.27 说的就是 n 个命题变元的真值组合有 $2^n$ 种，4.42 说的就是 n 个命题变元的真值函项有 $2^{2^n}$ 种。

而对于维特根斯坦所说的：

> 6.　　　真值函项的一般形式是：
>
> $$[\bar{p}, \bar{\xi}, N(\bar{\xi})]$$
>
> 这也是命题的一般形式。
>
> 6.01　因此运算 $\Omega^{\cdot}(\bar{\eta})$ 的一般形式是：
>
> $$[\bar{\xi}, N(\bar{\xi})]^{\cdot}(\bar{\eta})\ (= [\bar{\eta}, \bar{\xi}, N(\bar{\xi})])$$
>
> 这是由一个命题过渡到另一个命题的最一般的形式。

读者只要知道由否定和合取这两个联结词构成的集合 $\{\sim, \wedge\}$ 是一个联结词的完备集就很容易明白了。此外，读者若知道 $\{\downarrow\}$ 和 $\{|\}$ 也分别是联结词的完备集则不难理解维特根斯坦在 5.1311 中所做的论述。至于维特根斯坦在 6.1203 中所画的图示则显然可以用符号逻辑中的真值表来替换。

前文已经提到，伯特兰·罗素对《逻辑哲学论》有很高的评价。事实上，不只罗素一个人欣赏《逻辑哲学论》，当时维也纳小组的成员也集体阅读并讨论过这本书，现在看来，这不仅仅是因为《逻辑哲学论》标志着逻辑哲学的开端，更重要的是，书中思考了自古以来的种种哲学问题并给出了智慧的回答。也正是后一方面吸引着众多的维特根斯坦的研究者不辞辛劳地揣摩着书中的每一句话甚至每一个字。当我们对"世界是事实的总体，而不是事物的总体""存在的事态的总体即是世界""全部实在即是世界"产生好奇并开始思考时，我们有什么理由不翻开《逻辑哲学论》来读一读呢？只是这里要提醒读者注意的是，年轻的读者在第一次阅读此书时最好不要自寻深奥，以至于好像书中的每一句话都藏着万千玄机，只需保持平静的心情、清醒的头脑即可。

# 21

## 维特根斯坦的《哲学研究》

徐 弢<sup>*</sup>

## 一 《哲学研究》的思想背景、主要
## 思想与基本结构

路德维希·维特根斯坦（Ludwig Wittgenstein，1889 – 1951）是 20 世纪西方最有影响力的哲学家之一。维特根斯坦在语义、逻辑、数学基础、心理学哲学、行动哲学以及心灵哲学等领域均做出重要贡献。维特根斯坦在哲学史上的盛名是与他前后期两部重要著作分不开的。维特根斯坦前期的代表作《逻辑哲学论》（*Tractatus Logico-Philosophicus*）与后期的代表作《哲学研究》（*Philosophical Investigations*）在现代西方哲学史上都占据着非常重要的地位，分别促进了逻辑经验主义和日常语言学派的兴起和发展，同时也是当代哲学家进行哲学创作的思想源泉之一。学界对这两部著作的注解及研究的二手文献可谓汗牛充栋。《哲学研究》是维特根斯坦在 1951 年死后出版的遗著，由他的学生安斯康姆（G. E. M. Anscombe）与里斯（R. Rhees）共同编辑并由安斯康姆从德文翻译成英文，于 1953 年出版第一版。2009 年，维特根斯坦著名研究专家哈克（P. M. S. Hacker）与舒尔特（J. Schulte）在安斯康姆译本基础上推出了修订

* 徐弢，男，哲学博士，副教授，主要研究方向为现代西方哲学、分析哲学。

过的德英对照第四版。① 最新版的《哲学研究》修正了安斯康姆译本中不少词的译法，只保留了原先版本中的第一部分共 693 节内容，删除了第二部分心理学哲学的内容，以《心理学哲学：一些片段》（Philosophy of Psychology：A Fragment）为名单独附在新版最后。国内对《哲学研究》的翻译始于 20 世纪 90 年代。到目前为止，《哲学研究》中译本至少有 6 部，笔者推荐陈嘉映译本和韩林合译本，这两版译本都是从德文直接翻译过来的，翻译顺畅且忠实于原文，各有特色。由于翻译较早，陈嘉映译本翻译时保留了第二部分，较迟的韩林合译本则参考最新英译本删除了第二部分，只保留了第一部分。②

1. 《哲学研究》的思想背景：《逻辑哲学论》主要思想概览

在我们介绍《哲学研究》的主要思想之前，我们有必要先对前期维特根斯坦特别是对于《逻辑哲学论》中的主要思想做些了解，否则就不知其后期的思想究竟是在谈论什么。因为维特根斯坦本人也在《哲学研究》的序言里建议最好将《逻辑哲学论》与《哲学研究》对照起来阅读。维特根斯坦在《逻辑哲学论》中强调逻辑和语言分析方法，主张 "一切哲学都是'语言批判'"（TLP 4.0031）。维特根斯坦认为，绝大多数的哲学命题或问题不是错误的，而是无意义的，哲学问题的产生是由于哲学家们不理解语言的内在逻辑（TLP 4.003）。为了实现给思想划界的任务，维特根斯坦通过分析世界的逻辑结构与语言的内在结构，发现在先验的层面上，世界和语言是内在同构的，也即认为语言的界限就是世界的界限（TLP 5.62）。一方面，世界分为事实，事实又分为事态的存在或不存在，事态则是由不

---

① Ludwig Wittgenstein, *Philosophical Investigations*（*PI*）, The German Text, with an English Translation by by G. E. M. Anscombe, P. M. S. Hacker and Joachim Schulte, Revised 4th edition by P. M. S. Hacker and Joachim Schulte, Oxford：Wiley-Blackwell, 2009. 为了引用便捷，根据学界约定，《逻辑哲学论》（*Tractatus Logico-Philosophicus*）一般缩写为 "*TLP*"，《哲学研究》（*Philosophical Investigations*）缩写为 "*PI*"，由于这两部著作都有各自的编号，所以在下文引用时就不再一一列出具体页码，只列出相应的编号。

② 关于中译本，较早的有范光棣和汤潮译本（生活·读书·新知三联书店，1992，这一版翻译质量存在较大争议）和李步楼译本（商务印书馆，1996，这一版翻译质量较好，可惜是从英文转译过来的），后来陆续有陈嘉映译本（上海人民出版社，2001，从德文直接翻译过来，值得推荐）、蔡远译本（中国社会科学出版社，2009）、涂纪亮译本（北京大学出版社，2012）、韩林合译本（商务印书馆，2013）和楼巍译本（上海人民出版社，2019）。

可再分的对象之间的配置构成；另一方面，语言分为命题，命题又分析为原初命题，原初命题又分析为名称的组合。名称和对象在语言和世界的层面上都是最简单之物。最简单的名称意谓最简单的对象，由名称构成原初命题表达的是对象配置而成的事态，原初命题组成的复合命题表达的是事态构成的事实，语言反映的是世界。所以，在各自不同的层面上，语言和世界都是一一对应的，因而，语言和世界之间关系是同构的。一个命题有意义的前提必须是它是事实的逻辑图像，也即能够为真或为假，具有真假的二极性，否则就不是有意义的命题。这就是维特根斯坦的意义的图像论。

《逻辑哲学论》中的这种逻辑分析在一定意义上是理想的，但也是存在很多问题的，主要是这种逻辑和语义的分析没有考虑我们实际语言的使用情况，语言分析的现实感不够，语言分析比较单一和刻板，难以应对复杂的变动的语言状况。随着后期维特根斯坦较多地关注语言在我们生活中的具体使用，他逐渐发现《逻辑哲学论》中存在着不少严重的错误，从而在《哲学研究》中发展出了一种新的哲学研究方法。

2. 《哲学研究》中的主要思想

《哲学研究》看似晦涩难懂，但其实它的主要思想是非常简单的。[①] 维特根斯坦在《哲学研究》中主要试图引入一种新的哲学观或哲学方法，这种方法不像具体科学那样从事理论的构建，而只在于借助语言的分析来澄清思想和概念，以此来消除哲学家们由于误用了我们的日常语言而造成的概念混乱。与前期强调逻辑分析概念的方法不同，在后期维特根斯坦看来，我们不需要构建理想的逻辑语言来裁剪或取代我们的日常语言，我们的日常语言是有着和谐的秩序的，哲学问题的解决之道不在于通过理想的逻辑语言的分析揭示日常语言内在的逻辑结构，而在于我们要观察到不同的语词在日常语言中的不同应用，看到相似和不同之处，消除由于错误的类比和无意义的抽象所带来的混淆，破除语言由于误用导致的幻象，因为

---

① 本文的结构安排以及详略选取方面参考了肯策勒的《维特根斯坦的〈哲学研究〉》，对此表示感谢，肯策勒的《维特根斯坦的〈哲学研究〉》是笔者所见的关于维特根斯坦的《哲学研究》一书的准确解读的力作，是化繁为简的典范，值得推荐。Wolfgang Kienzler, *Ludwig Wittgensteins "Philosophische Untersuchungen"*, WBG (Wissenschaftliche Buchgesell-schaft), Darmstadt, 2007。

语言的意义并不在于一种抽象的形而上学的理论，语言的意义在于具体的使用之中（*PI* §43）。①

后期维特根斯坦发现传统的哲学问题产生的根源在于哲学家们没有正确地看到哲学概念与语词的实际应用，由于哲学概念脱离了具体的使用语境，由此造成了很多哲学概念的混乱。哲学问题比如"什么是语言或命题的本质？""什么是意义？""什么是对象？"从根本上是不能回答的，而只能观察这些语句是如何在人们生活中具体使用的，如果抽象地谈论它们就是形而上学的使用，这在根本上是无意义的。在后期维特根斯坦看来，哲学问题的表达往往是充满了概念上的混淆的，对于这些由于误解所产生的无意义的哲学问题，我们不是去回答它们，而是指出这些哲学问题所提问的方式本身显示了存在着概念的混乱和思想的混淆，我们需要阐明这些概念没有通过正常的使用而获得明确的意义，通过概念的澄清消解原来的哲学问题。因此，维特根斯坦强调说，"哲学是一场针对由于我们的语言方式迷惑我们的理智而做的斗争"（*PI* §109）。

3. 《哲学研究》的基本结构与风格

目前，新版《哲学研究》由 693 条长短不一的评论组成，是维特根斯坦 16 年间（1929～1945 年）从事哲学研究的思想积淀（*PI* preface）。这些评论的内容广泛，涉及涵义、理解、命题、逻辑、数学基础、意识状态等概念。有些评论甚短，只有一句话；有些评论较长，由好几段组成。与《逻辑哲学论》主要由七大命题、诸多小命题按编码排成严密的形式结构不同，《哲学研究》的评论之间没有形式化统一的结构，评论和评论之间比较松散。这是由于维特根斯坦在不同的时期写作这些评论，经过不断删减、修改和加工整理，评论和评论之间的过渡似乎不那么统一。维特根斯坦曾尝试将所有评论熔铸成一个统一的整体，但是最终失败了（*PI* preface）。这些思想札记是他在漫长思想旅途中所做的一系列的风景速写（*PI* preface）。

我们应该看到，一方面，《哲学研究》中这些评论之间看似松散的联系增加了我们理解维特根斯坦思想的难度；但另一方面，只要我们认真地

---

① 本文中所引《哲学研究》引文参照陈嘉映译本（上海人民出版社，2001），个别地方译文略有改动。

分析这些评论，就可以发现它们之间还是存在着紧密的内在联系的，这种内在联系将在下文予以揭示，它们在不同的地方处理的问题是不同的，但是都有内在的关联。后期维特根斯坦拒绝了《逻辑哲学论》时期的独断风格，采取了一种对话式讨论风格，即在这些评论中安插了不少反对者的意见，这些反对者可以看作维特根斯坦在写作这些评论时在心中虚构的不同的意见的提出者。所以，我们在《哲学研究》中可以经常看到维特根斯坦和反对者之间持续的对话和他们之间观点的交锋。维特根斯坦并不是一开始就表明自己的观点，而是通过描述语言具体的运作过程，揭示人们对于语言使用的误解所导致的概念的混淆，从而达到澄清思想、消解哲学问题的目的。正如维特根斯坦所说，"你的哲学目标是什么？——给苍蝇指出飞出捕蝇瓶的出路"（*PI* §309）。

## 二　批判错误的语言图像观与"语言游戏"的提出（1～64）

### 1. 批判奥古斯丁式语言图像观（1~6）

《哲学研究》的第 1 节就是从奥古斯丁《忏悔录》中的一段引文开始的。这段引文是关于描述人们如何通过指向一个对象来学习一个语词的涵义的。在维特根斯坦看来，奥古斯丁为我们提供了一个人类如何学习语词涵义的原始图像，但是这种特定的语言图像观是非常原始的。在奥古斯丁式的语言中，每个词都有一个涵义，涵义与语词一一对应，涵义就是语词所表达的对象。这就是典型的意义指称论，即主张语词的涵义是它指称的对象。维特根斯坦认为这种语言图像观是狭隘的，因为奥古斯丁并没有区别不同的词类，他所关注的都是名词，在一定意义上，我们可以说名词的涵义就是它指称的对象，但是其他的词类比如形容词、动词、副词、数词等情况则完全不同。维特根斯坦举了一个"五个红苹果"的例子来说明这点。比如，人们被要求去买五个红苹果，店主可能按图索骥地找到"红"和"苹果"从而确定"红"与"苹果"的涵义，但是"五"的涵义是什么？这则难以回答。维特根斯坦认为，我们在购买过程中实际上不会去追问"五"这样的数词的涵义，而是通过训练来理解不同数字的应用。在维特根斯坦看来，奥古斯丁所描述的语言是非常原始的语言交流系统，应用层面非常狭窄，是不能适用于我们其他的具体的实际生活的。奥古斯丁对于语言的看法过于简单了（*PI* §4）。我们不能指望靠解释和定义来教会小孩学习一个语词的涵义，只能通过具体的训练来实现。维特根斯坦在第6节里谈到的"指物识字法"就是通过具体的训练，帮助孩子们学习如何使用各种语词。

2. 语言游戏的多样性与生活形式（7～32）

维特根斯坦从第7节开始引入"语言游戏"（language games）概念，"语言游戏"概念可以说是他后期哲学研究的核心概念，它指"把语言和活动——那些与语言编织成一片的活动——所组成的整体称作'语言游戏'"（*PI* §7）。维特根斯坦认为语言游戏是多种多样的，是与我们的生活活动密切相关的。在不同的生活场景中，我们会玩不同的语言游戏。维特根斯坦在接下来的小节中描述了各种具体不同的语言游戏，在不同的语言游戏中，虽然描述比较类似，但语词的使用是绝对不同的。比如通过指物识字法教小孩学习各种不同的语词。语言中的各种语词的不同使用，就如同工具箱里的各种不同工具，比如钳子、锤子、螺丝刀、尺子与钉子等工具具有不同的功能一样（*PI* §14）。维特根斯坦认为多种多样的语言游戏并非每一个都是完善的，我们的语言是在历史中不断发展和形成的结果。"我们的语言可以被看作是一座老城，错综的小巷和广场，新旧房舍，以及在不同的时期增建或改建的房舍。这座老城四周是一个个新城区，街道笔直规划，房舍整齐划一。"（*PI* §18）

我们可以设想不同的语言游戏，有的由命令组成，有的由报告组成，比如"五块板石"和"五块板石！"。那么，如果"五块板石"和"五块板石！"发音都相同的话，我们怎么能区别前一个是报告，后一个是命令呢？维特根斯坦认为可以根据这些语词在语言游戏中所扮演的角色不同而确定，比如通过语调和表情等等来判断（*PI* §21）。维特根斯坦认为语句的种类是无数的，常见的有断言、疑问与命令等。语言的语词有多少种不同的用法，就有多少种类。维特根斯坦强调，"语言游戏"这个概念主要是指用语言说话是人类某种行为举止的一部分，是人类的生活形式（forms of life）（*PI* §23）。不同的生活形式决定了不同的语言游戏的种类。

3. 命名的幻象与语言的涵义即使用（33～43）

维特根斯坦从第33节开始分析指物定义如何可能问题，指出人们在学习指称某种具体事物比如颜色、数目或形状时，并不能脱离语词使用语境而理解指物活动本身。设想反对者认为，我们用不着先掌握一种语言游戏，只凭借观察指物对象本身就能理解指物定义是什么。维特根斯坦反问指物定义到底是指什么，是仅仅指注意力集中到某种东西上面吗？非也。维特根斯坦认为，如果脱离了指物定义的具体语言游戏，我们很难判断一个人是指颜色，还是指声音或者形状。另外，即使一个人声称他能单独重复他的所指对象，我们还是不能成功实现所指，因为仅依靠注意力停留在某物上并不能实现指物定义，还要考虑周边情况、我们在指物之前和之后的情形（*PI* §35）。维特根斯坦认为，我们之所以不能单独实现指物定义在于我们没有单一的身体动作可以称之为指向对象，无论对象是颜色还是形状。

维特根斯坦在第37节里继续分析名称和被命名对象之间的关系。我们往往将这种关系神秘化，以为只要通过命名活动，名称和对象之间的关系就会立即建立起来。维特根斯坦认为这是一种典型的形而上学用法。他以索引词"这个"为例来说明。很多哲学家把"这个"理解成具体事物的名称，并将之与"对象"联系在一起，这是错误的观点。维特根斯坦这样评价这种形而上学的做法，他说"这同把命名看作偶像崇拜式的活动有关。命名似乎是一个词和一个对象的奇特的联系。——哲学家为了揭示名称和所称的东西之间的独一无二的那个关系，盯着前面的一个对象，一遍一遍地重复一个名称甚至'这个'一词，于是这种奇特的联系当真发生了。因为只有当语言在休假的时候，哲学问题才会产生"（*PI* §38）。哲学问题的产生就是由于语言和语句脱离了具体的使用语境而产生了严重的概念混淆。另外，维特根斯坦还以名剑"诺统"为例，说明名称的涵义并不是由其所指称的对象决定的。因为"诺统"这把剑即使碎裂消失了，但是这个名称依然有涵义（*PI* §39）。那种以为如果一个名称没有指称的对象，它就没有涵义的观点是错误的。意义的指称论是错误的。所以，维特根斯坦说，"在使用'涵义'一词的绝大多数的情况下——尽管不是在所有情况下——可以这样解释'涵义'，一个词的涵义就是它在语言中的用法"（*PI* §43）。

4. 追求绝对简单物的要求会落空（46～64）

维特根斯坦从第46节开始分析"名称标示简单物"这种观点。这种观点可以追溯到苏格拉底。苏格拉底在《泰阿泰德篇》中提到的"基本元素"就是这种绝对简单物，它们不能被解释，只能被命名。另外，维特根斯坦认为他在前期《逻辑哲学论》中所讲的"对象"（Gegenstände）与罗素的个体（individuals）都是这种绝对简单物。维特根斯坦认为，那种试图追求绝对简单物的努力注定是要落空的，因为我们通常并不能在简单物和复合物之间划一条清晰的界限，不仅如此，在很多情况下，谈论简单和复合是没有意义的。"谈论'一把椅子的简单成分本身'毫无意义。"（*PI* §47）维特根斯坦提醒我们需要关注的是"简单的"和"复合的"这些词到底是如何在我们的语言游戏中使用的。我们有无数种不同的同时又相互联系的方式使用"复合的"和"简单的"这样的词。"简单的"只是在相对于"复合的"语境下才是简单的，并不是绝对简单的，因为很多所谓"简单的"事物在一定的条件下又可以称为"复合的"。比如棋盘上的方格的颜色到底是简单的，还是由纯白色和纯黄色组成的呢？这就要看你是在什么样的意义上使用"简单的"一词了（*PI* §48）。

另外，维特根斯坦指出，前面所提的认为基本元素只能被命名而不能被描述或解释的观点也是含混不清的，因为符号如"红"或"黑"有时可能是一个词，有时又可能是一个句子，这取决于相应的语境。不仅如此，说在一个语言游戏实践中元素和符号一一对应，这句话其实并不表示某种特定的联系，而只是表达一种语言游戏规则而已。不同的语言游戏有着不同的游戏规则，游戏规则规定怎么玩才有意义（*PI* §54）。维特根斯坦认为，说"语言中名称所标示的东西是不可毁灭的"（*PI* §55）也是含混的，他反驳的理由有二。其一，如果这句话是相对于描述而言的话，那么描述本身也可以免于毁灭，那么谈论只有名称所标示的东西不可毁灭没有意义；其二，如果这句话是相对于人们的记忆而言的话，那么"我们用什么作为标准来判定我们的记忆是正确的呢？"（*PI* §56）维特根斯坦进一步分析说，"名称总是标示实在的元素，总是保持不变的东西"这种说法也是无意义的。因为在很多情况下，比如椅子的整体损坏了，其部分椅子头或椅子腿也可能会损坏。我们不能总以为通过分析复合物的构成部分直至简单的元素就完成了对于命题的意义的分析，这其实是一种欺人的幻觉，维特根斯坦以扫帚为例，说明在日常语境中，我们根本就不会这样去谈论整体和部分之间的关系（*PI* §60）。

# 三 家族相似与新哲学观（65 ～ 133）

## 1. 家族相似与反对本质主义（65 ~ 80）

维特根斯坦在《哲学研究》的第 65 节开始讨论语言游戏之间的亲缘关系。亲缘关系讨论的目的是引入第 67 节"家族相似"（family resemblances）的概念。反对者认为维特根斯坦描述了各种语言游戏，但是并没有给出一个关于语言的本质的定义。维特根斯坦承认他不能给出，理由在于我们根本不是由于这些不同语言现象有一个共同点就用一个词来定义所有这些现象，而是由于这些语词通过各种不同的使用方式而具有亲缘关系（*PI* §65）。维特根斯坦通过举出各种球类游戏、棋类游戏、牌类游戏等游戏的例子说明，这些不同的游戏之间并没有完全绝对共同的本质，而只具有或远或近的亲缘关系。我们很容易发现有些游戏之间出现了一些共同点，但是随后与其他游戏比较，共同点又消失了，出现了新的差异。游戏与游戏之间相似和差异交叉进行，相互之间形成错综复杂的网络。

维特根斯坦认为他用"家族相似"这个概念来描述语言游戏之间的这种相似性最好不过了（*PI* §67）。因为就像一个家族里各个成员之间在身材、面貌、步态以及脾性等方面既存在相似又存在差异一样，语言游戏之间也具有这种相似性和差异性。没有完全绝对的共同之处，也没有完全绝对的不同。我们并不能在各种语言游戏之间划出严格精确的界限（*PI* §68）。我们只能描述各种不同的语言游戏，而不能直接下定义。由此可见，维特根斯坦强烈地反对试图通过下定义把握事物本质的思想，那种本质主义的观点是含混不清的。维特根斯坦认为本质主义思想是和追求完全精确的图画观联系在一起的。他在下面几节继续强调说，没有完全严格的精确的图画。在什么地方、在什么意义上说一个东西是精确的还是模糊的，需要根据言说的语境来确定。我们不能在"精确的"与"模糊的"之间一劳永逸地划出明确的界限（*PI* §§70 - 71）。维特根斯坦在下面的第 72 ~ 74 节里指出，我们一定既要看到各个语言游戏之间的共同之处，也要看到它们之间存在的差异。维特根斯坦在第 79 节以对"摩西"这个词的描述为例，说明"摩西"一词在不同的语境下会有不同的解释，不能说只有一种完全精确的定义。到底在哪种情况下采取何种理解，这要根据不同的具体语境而定。所以，维特根斯坦反对那种所谓科学定义的方法，而强调对于不同语言游戏现象进行描述。

2. 批判逻辑与语言的本质探求（81～106）

维特根斯坦从第81节开始批判那种主张运用逻辑进行理想语言分析的方法（他自己前期也坚持过）。那些坚持运用逻辑进行理想语言分析的人实际上就是将逻辑看成一种"规范性的科学"，逻辑可以像自然科学处理自然现象那样处理我们的日常语言，即通过逻辑分析或演算所带来的精确来取代日常语言中的歧义与模糊，因为逻辑语言比日常语言更好，更加完善和确定。但是维特根斯坦指出，这种想法会误导人产生偏见。他的理由在于那种观点并没有澄清思想、理解、规则、意谓等概念，他们并不清楚这些概念在日常语言中的具体运用以及理解一句话或意谓一个概念与遵守一定的演算规则之间的关系。维特根斯坦在第82节开始分析"他按照行为的规则"这句话的具体应用。维特根斯坦提到了语言和游戏之间的类比，他分析指出，"规则"这个词在具体的游戏中的应用和解释是不同的，我们有时可以说是在按照一定的规则行事，但在另外一些情况下，我们也可以说边玩游戏边修改规则（*PI* §83）。维特根斯坦说："一个词的应用并不是处处都是由规则限定的。"（*PI* §84）维特根斯坦认为规则仅是一个路标（*PI* §85），起到引导而不是强迫我们前行的作用。接着，他分析了规则和规则之间的关系以及对规则的解释问题。我们解释规则是为了防止误解规则。

维特根斯坦在第88节里批判了那种逻辑分析所追求的精确性。他认为这只是一种理想，因为在我们的日常生活中，并不能严格地在"精确"和"不精确"之间划出明确界限。维特根斯坦在第89节里继续批判那种将逻辑看成一切科学的基础，具有特殊的深度的形而上学思想。他认为，这其实是出自要理解一切经验事物的基础或本质的欲望，这种逻辑本质主义其实是误解了真正的哲学研究。哲学研究不是像自然科学那样不断去发现新的东西，而是"对已经敞开在我们眼前的东西加以理解"（*PI* §89）。维特根斯坦认为，我们总以为语言必须经过逻辑分析才能揭示隐藏的东西，以为只要揭示出某种东西，就可以表达得更加清楚（*PI* §91），"'本质对我们隐藏着'……我们问：'什么是语言？''什么是句子？'对于这些问题要给予一劳永逸的、独立于任何未来经验的答案"（*PI* §92），"思想一定是某种与众不同的东西"（*PI* §95）。所有这些其实就是对于语言本质和逻辑分析以及思想本身的多重误解。这种无限拔高句子的倾向，实际上阻碍了我们去看清句子符号在日常生活中的具体应用（*PI* §94）。维特根斯坦认为，以为思想与语言是世界的独特对应物、是世界的图画的观点都是关于语言和思想的幻觉（*PI* §96），这些幻觉经常诱惑和误导我们，我们需要做的就是破除这些幻觉。"思想被一个光轮环绕。——思想的本质，即逻辑表现着一种秩序，世界的先验秩序。……这种秩序是——可以说——超级概念之间的超级秩序。其实，只要'语言'、'经验'、'世界'这些词有用处，它们的用处一定像'桌子'、'灯'、'门'这些词一样卑微。"（*PI* §97）因而，维特根斯坦认为，我们根本没有必要构造一种理想的逻辑形式语言来取代日常语言（*PI* §98），对完满秩序和逻辑清晰性的追求不断地引诱着我们，我们难以摆脱这幅关于语言逻辑纯粹性和清晰性的图画。"我们简直从未想过要把这副眼镜摘掉。"（*PI* §103）那种以为通过逻辑分析就能描述至精至微的东西，从而弥补我们日常语言中的歧义、概念模糊等不足的想法，实际上就"仿佛要用我们的手指来修补一片撕破的蜘蛛网"（*PI* §106）。

3. 新哲学观：从形而上学用法到日常语言用法（107~121）

后期维特根斯坦坚定地抛弃了前期所坚持的逻辑分析的方法，主张采用日常语言分析方法，将语言从形而上学的使用中解放出来。维特根斯坦从第107节开始阐述他的新哲学观。维特根斯坦认为，我们要考察的是我们生活中语言的具体应用，而不是努力追求与满足逻辑水晶般纯粹的要求，这种要求必定会面临落空的危险。"我们踏上了光滑的冰面，没有摩擦，因而在某种意义上是理想的，但我们也正因此而无法前行。我们要前行，所以我们需要摩擦。回到粗糙的地面上来吧。"（*PI* §107）维特根斯坦认为，那种理想的逻辑分析方法实际上是行不通的，我们需要从逻辑纯粹性和清晰性的幻觉中解放出来，关注语言日常使用。"只有把我们的整个考察扭转过来才能消除这晶体般的先入之见。"（*PI* §108）

第109节是我们理解后期维特根斯坦新哲学观的关键评论。他认为，哲学研究并不是科学的研究，我们在哲学中不提出任何具体的建构性的理论和假设，而只是描述语言的具体用法，从而解决哲学问题。"这些问题当然不是经验问题，解决它们的办法在于洞察我们的语言是怎样工作的，而这种认识又是针对某种误解的冲动进行的。这些问题的解决不是靠增添新经验而是靠集合整理我们早已知道的东西。哲学是一场针对由于我们的语言方式迷惑我们的理智而做的斗争。"（*PI* §109）我们经常被诱惑着曲解语言的形式，语言的假象使我们不安。语言的图画囚禁了我们，使我们难以逃脱（*PI* §115）。面对这幅难以逃脱的图画，维特根斯坦主张"我们要把语言从形而上学的用法重新带回到日常用法"（*PI* §116）。因为日常语言才是语词真正的家。维特根斯坦的这种新哲学观不建构任何具体理论，而在于方法论的创新，即哲学研究应该是日常语言的概念分析和语法研究。"我们摧毁的只是搭建在语言地基上的纸房子，从而让语言的地基干净敞亮。"（*PI* §118）

4. 综观式表现与哲学治疗（122～133）

既然真正的哲学需要关注语言的用法，那么我们到底要如何进行语法研究呢？后期维特根斯坦提出了非常重要的概念——"综观"。他强调我们要尽可能地综观语法的全貌，因为我们对语词的理解往往比较片面，难以看清语词和语词的使用之间的联系和区别。他说，"我们对某些事情不能理解的主要根源在于我们不能综观语言用法的全貌。——我们的语法缺乏这种综观。综观式的表现方式居间促成理解，而理解恰恰在于：我们'看到联系'。……综观式的表现这个概念对于我们具有根本性的意义。它标示着我们的表现形式，标示着我们看待世界的方式"（*PI* §122）。维特根斯坦认为，哲学作为语法研究，并不干涉我们具体的语言用法，而只是描述它们。如何描述呢？就是通过综观——全景式地观看，通过整理回顾和归纳语词的既定用法，从而看到不同的语词用法之间的相似之处与不同之处。哲学不为语言的用法奠定基础。它让一切如其所是（*PI* §124）。哲学的事业并不是借助于逻辑和数学的新的发现去解决矛盾，而是在发现矛盾之前综观我们面临的状况。哲学把一切都摆在那里，不解释也不推论。哲学对于隐藏的东西不感兴趣（*PI* §126）。维特根斯坦认为，哲学研究不是发现新的事实，而是整理和理解我们已经拥有的东西。"哲学家的工作是为了特定的目的而整理回忆。"（*PI* §127）

后期维特根斯坦提出了一个极具创新色彩的概念——"哲学治疗"。维特根斯坦认为真正的哲学研究类似于一种治疗方法。他认为我们并不是要把我们的语言规则系统按照逻辑或数学的方式打造得更加完善和纯粹，这只是一种幻觉而已，而应该追求通过语言的分析澄清我们对概念的误解，获得清晰的认识。"我们所追求的清晰当然是一种完全的清晰，而这只是说：哲学问题应当完全消失。真正的发现是这一发现——它使我做到只要我愿意就可以打断哲学研究——这种发现给哲学以安宁，从而它不再为那些使哲学自身成为存在成为疑问的那些问题所折磨。……并没有一种单独一种哲学方法，但确有哲学方法，就像有各式各样的治疗法。"（*PI* §133）维特根斯坦认为，那种过分理想化地追求语言逻辑本质和秩序的执念，其实类似于一种病态的行为，需要积极治疗，将这些人从语言的幻象和迷惑中解放出来，从而实现哲学问题的彻底解决，让他们恢复理智的清醒状态。

## 四　语言的理解与应用：遵守规则（134 ~ 242）

### 1. 学习语句与理解语词（134 ~ 142）

维特根斯坦从第 134 节开始讨论学习和理解语句问题。他首先批判了他早期坚持的观点之一，即主张"事情是如此这般"是表达句子的一般形式。他认为这种逻辑分析是荒谬的，因为实际上我们只有在日常语言中才会这样说，同时要注意适当的说话语境。维特根斯坦认为我们并不能笼统地追问"什么是句子？"这样的问题，我们只能通过归纳相关例子来帮助大家理解"句子"这一概念（*PI* §135）。维特根斯坦在第 136 节继续分析了"事情是如此这般"这种所谓的句子的一般形式——定义的内在困境，从与实在符不符合的真假角度定义句子，实际上是非常糟糕的图画观。因为我们应该关注的是"真""假"两个词在句子中是如何使用的，因而它们是属于句子的，而不是合于句子的。因为真正理解一个句子的涵义需要通过具体使用，语言的意义在于使用（*PI* §138），而不是其他。

那么理解一个词，是不是意味着所有关于这个词的用法都立刻浮现在我们的心中呢？维特根斯坦认为，这种通过图画来理解一个语词的观念是误导人的，我们不是因为先有了一幅图画而产生理解，而是因为我们熟悉不同的语词使用，有了选择、比较以及感觉之后才会在心中浮现相应的图画。维特根斯坦在第 140 节里继续阐明图画和理解的关系。他指出，以为一幅图画会强迫我们以一种特定的方式使用语词的观点是错误的。因为"听见一个词，我心里浮现出来的可以是同样的东西，但这样东西的应用仍然可能不同"（*PI* §140）。心中浮现的图画与语词具体的应用可能会发生冲突。如果属于正常应用的话，图画可能就与应用相一致；如果是非正常的话，那么就会产生问题。"只有在正常的情形中，语词的用法才是明确规定好的。"（*PI* §142）

2. 理解序列、学习阅读与学习机（143～184）

维特根斯坦从第143节开始讨论理解序列问题。比如我们教小孩学习依次写下从0到9这10个数字。小孩可能写对，也可能写错。只有当小孩能够自己独立地写下去时，我们才会说他的理解与我们的是一致的。小孩学习十进制系统，要不断地继续写下去才算掌握了吗？小孩必须继续写到多少位之后才能说他独立地掌握了这个序列？维特根斯坦认为老师也不能划出明确的界限来判断是与否。维特根斯坦说，理解一个序列或系统并不在于把这个序列写到多少位数字，那只是理解的应用，理解本身是一种状态，从那里产生正确的应用（*PI* §146）。不会应用就不算理解，应用才是理解的标准。接下来的几节，他具体分析了什么叫作"知道"一个序列的应用。如何理解"知道"呢？"知道"是标示一种心灵状态吗？维特根斯坦分析了"知道"一词的语法。"知道"一词的语法与"能""处于能做某事状态""理解"这些词是比较相近的（*PI* §150）。维特根斯坦认为"知道""理解"都不是指一种特定的心理过程，这种说法充满混乱，正确的发问是：在哪种情况下，你想到这个公式时会说"我知道怎样继续下去了"？这里，维特根斯坦想强调的是，我们对于这些表示心理概念的语词的使用，是要和应用者的具体的外在行为表现联系在一起的，他称之为周边情况，也就是各种外在反应，比如面部表情等。

维特根斯坦从第156节开始讨论阅读问题。阅读是我们大家生活中极其常见的活动，但是对于阅读在我们生活中到底起到什么样的作用，我们难以确切地加以描述。阅读是心灵的一种特殊的自觉活动吗？在什么样的情况下，我们说一个人"假装"在阅读而不是真正在阅读呢？怎么判断一个初学者是否真正开始阅读呢？阅读机读一段文字的时候是在阅读吗？维特根斯坦认为，对于阅读机来说，"读"只是以某某方式对于书写符号的反应，而不是真正的阅读。阅读也不是一种特定的心灵过程，而是这个词的应用与观察一个人的行为举止的变化是联系在一起的（*PI* §157）。在第158～178节里，维特根斯坦从神经生理、阅读感觉、阅读体验等多角度阐明阅读并不是什么特别的活动，没有什么特殊的方式发生。维特根斯坦在此提请我们注意"能够"、"理解"与"阅读"以及"知道"语法之间的亲缘关系。

3. 无穷序列与理解（185~197）

维特根斯坦从第185节开始讨论遵守无穷数列问题。比如老师教一个学生如何掌握基数的数列。学生根据命令"+1"写下基数数列。通过测试和检验，在1000以内的数里这个学生都表现得令人满意。比如，现在我们让学生根据命令"+2"一直写到1000以上，到1000他写下的是1000，然后是1004，1008，1012。我们想告诉学生他写错了，但是学生以为这是对的（*PI* §185）。维特根斯坦认为，在这里再重复原来的例子和解释是徒劳的。在这种情况下，唯一的解释是学生可能是这样理解这一命令的："加2直到1000，加4直到2000，加6直到3000。"维特根斯坦提出了如何理解无穷序列中的一致或不一致的问题。这里的关键是如何理解"+n"命令。维特根斯坦首先反对从直觉的角度来理解每一步加法的执行（*PI* §186），因为直觉是一个充满误导性的词语；另外，从命令发出者的角度来说，在执行命令之前就已经"知道"了所有的步骤，这种说法也是有误导性的，因为即使你当时想到了1000到1002的步骤，但是也不知道其他步骤。我们甚至也不能说这些步骤都是由数学公式决定的。接着，维特根斯坦分析了"这些步骤由某某公式决定"这种表达式的具体使用。按照维特根斯坦的说法，我们是通过训练学习了这些表达式的。说我们"'一下子抓住'全部用法"这种说法也是含混的（*PI* §191，*PI* §197）。这些表达式都是"超级表达式"（*PI* §192）；以上的想法类似于说"一台机器已经现存地包含了所有它的运转了"（*PI* §194），这些说法都是充满哲学误导性的。维特根斯坦要求我们小心地使用诸如此类的表达式，因为我们经常误解它们，对它们做出错误的解释，"再从这些解释得出最离奇古怪的结论"（*PI* §194）。维特根斯坦提醒我们一定要注意这些表达式的具体使用。"我们没有弄懂语词的使用，就把它解释成在表达一种稀奇的活动。"（*PI* §195）

4. 遵守规则悖论及解决（198~242）

维特根斯坦在第198节里开始讨论如何理解"遵守规则"。我们不能说一个人一次只遵守一条规则，那是不可能的。维特根斯坦认为"遵从一条规则，做一个报告，下一个命令，下一盘棋，这些都是习惯（风俗、建制）。理解一个句子就是说，理解一种语言；理解一种语言就是说，掌握一种技术"（*PI* §199）。我们通过对规则的不断解释，是不能正确地理解规则的。因为我们对规则的解释不尽是解释，这种掌握无数的例子应用表现为"遵守规则"与"违反规则"两种情况。这就是遵守规则悖论。如何解决这一悖论呢？维特根斯坦认为我们是在一个共同体中反复实践之后才能遵守规则。我们不能私自遵守规则。遵守规则是实践行为（*PI* §202）。遵守一条规则类似于服从一条命令（*PI* §206）。我们是通过训练来实现遵守规则和服从命令的。按照维特根斯坦的理解，遵守规则有时并不需要额外的解释和理解，而是规则的不断应用。我们在应用规则时别无选择，所以，维特根斯坦强调我们往往盲目地遵守规则（*PI* §219）。"规则"一词与"一致""同样"等词的使用具有亲缘关系。人们一致地决定什么是对，什么是错。这不是意见的一致，而是生活形式的一致。（*PI* §241）。从形而上学角度来看，遵守规则可能出现悖论，即一致或不一致，但是从生活形式角度来看，遵守规则就不存在悖论了，遵守规则意味着重复大家都一致认可的行为。

# 五　反对私人语言论证（243～315）

### 1. 私人语言与记号"E"（243～271）

维特根斯坦从《哲学研究》的第 243 节开始进入私人语言（private language）的讨论。维特根斯坦的观点是明确的，那就是语言是公共的，不是私人的，私人语言是不可能的。首先，维特根斯坦所讲的"私人语言"是指"这种语言的语词指涉只有讲话人能够知道的东西；指涉他直接的私有的感觉，因此，另一个人无法理解这种语言"（*PI* §243）。维特根斯坦在第 244 节接着追问语词是如何指涉感觉的问题，他认为这个问题其实就是问人是如何学会感觉名称的涵义的。回答是通过生活实践和训练而习得。他在第 246 节继续追问在什么意义上我的感觉是私有的。说只有我自己知道我疼，别人只能推测这样的说法是无意义的，因为我感到疼或我有这些感觉就可以了，说别人怀疑我是否疼，这句话有意义，但是说我知道自己的疼就是对于"疼"的语法的误用。"感觉是私有的"类似于"一个人玩纸牌游戏"。关于"疼痛"等语词的言说，需要一个外在的可识别的标准。如果我们用大家都熟悉的语词来描述我当时的感觉的话，那么这种对感觉的描述大家都可以理解，这种描述感觉的语言就不是私人的，而是公共的（*PI* §256）。某人试图给自己的疼痛起个只有自己能理解的名称，也是做不到的，因为"疼痛"这个词的语法是大家已经约定好的。

维特根斯坦在第258节、第270节里提到，人们可能用一种日记上的记号"E"标示一种特定的感觉。记号"E"私人的定义是不可能的，因为我们并不能通过私人的方式在记号"E"和那种特定感觉之间建立起可靠的能重复的外在联系，也就是说，缺乏外在的同一性标准。有人试图通过回忆的正确来保证两个感觉是同一的，但是我们根据经验知道，回忆本身是主观的，也是不可靠的，在私人感觉这里谈不上正确与不正确，所以私人感觉是不可能的。"私人语言的规则就是关于规则的印象？——用来衡量印象的天平却不是关于天平的印象。"（*PI* §259）按照维特根斯坦的观点，我们根本就没有权力将那种标示私人东西的"E"称为感觉，因为"感觉"一词是大家共同使用的词，而不是私人的。私人感觉或对象都是不可能的。因为你说的"有"或"某种东西"这些都属于共同语言。私人语言如果贯彻到底的话，那就只是一串声音，别人是完全不能理解的。私人感觉不可能在于缺乏外在的可识别感觉同一性的标准，"在想象中查图表并不是查图表，就像对想象的实验得到的结果的想象并不是实验结果"（*PI* §265）。维特根斯坦认为，正如左手赠送给右手钱是毫无意义的，说只有我才能识别我自己的某种特定的私人感觉也是无意义的，所以，私人的定义或语言也是不可能的（*PI* §268）。

2. 私有经验语法分析（272~292）

维特根斯坦认为私有经验其实不是说每个人各自私有的样本，而是说每个人不知道他人是不是也有这样的经验，或者是别的什么（*PI* §272）。说只有自己才有的一种感觉这句话是没有意义的，特别是人们在反思"私人语言"的时候。维特根斯坦接下来分析了疼痛概念的不同层级的用法，比如用到人的身上以及用到石头、动物身上（*PI* §283 – §288）。维特根斯坦认为，我们讨论私人感觉或经验的语法，不是为了建立标准来识别我们的感觉的同一性，而是确定我们都是这样使用相关语词的，最终是为了开始一个语言游戏，而不是结束语言游戏（*PI* §290）。我们需要做的不是思考如何描述我的感觉，而是学会关于"感觉""经验"等这些心理学词语是如何在语言游戏里使用的，它们之间存在何种差异和类似之处。

### 3. 甲虫思想实验与疼痛语法（293~315）

维特根斯坦在第 293 节提到一个著名的思想实验——甲虫思想实验。设想每个人都有一个盒子，里面装着我们称之为"甲虫"的东西。谁都不许看别人的盒子。每个人都说，他只是通过看他的盒子里的甲虫知道什么是甲虫的。那么，在这种情况下，很可能每个人盒子里装的东西实际上都是不一样的，甚至想象一个东西在不断变化。那么，现在维特根斯坦就发问了，说大家的盒子里都装了一个"甲虫"这句话还有用途和意义吗？很明显，没有意义。因为这个盒子里的甲虫根本就不是我们的语言游戏的一部分。因为，有些盒子里甚至是空的。所以，维特根斯坦通过甲虫思想实验想表明，私人的感觉对象也是不可能的。我们不能根据"对象和表达式"的模式来构造表达式的语法，因为很可能我们的构造与实际语言使用根本不相关。维特根斯坦接着分析了"疼痛行为""相信疼痛""心灵过程"等语词的用法。这里，概念表述之间混淆，需要做出概念的澄清。"你的哲学目标是什么？——给苍蝇指出飞出捕蝇瓶的出路。"（*PI* §309）

## 六　结论（316~693）

维特根斯坦的《哲学研究》第 315 节是一个分界线，第 315 节以前主要是介绍他的哲学中的新的哲学观和方法论，结构比较紧凑，而从第 316 节以后到第 693 节的评论基本上比较零散，处理的主题有"心理学的"词语比如"思考""想象""愿望""意谓"等的语法应用。由于篇幅所限，本导读就不再一一介绍具体的内容了。我们可以把第 316 节以后的评论看作对前面哲学思想或观念的具体的训练与应用。

总而言之，维特根斯坦在《哲学研究》中为我们提供了一种新的哲学方法，它不像自然科学那样进行理论的建构，而是在于澄清思想和概念，认为语言的涵义在于具体的使用，主张将语词的涵义从形而上学的使用中转到日常语言的使用中来，消除各种因为误用语言所带来的概念和思想的混淆。我们在进行哲学研究时主要就是进行语法分析和概念分析，要尽量综观语法的全貌，看到周边情况，注意到不同的语言游戏之间的相似之处以及不同之处，要将语词的不同用法之间的细微差别弄清楚，回归生活，回归自然理解，因为日常生活才是我们哲学概念和语言的真正存在的家园。

# 22

# 海德格尔的《存在与时间》

舒红跃*

马丁·海德格尔（1889～1976）是 20 世纪最有影响力的哲学家之一。
实际上，在《存在与时间》（1927）一书发表之前，海德格尔在哲学界就
已享有盛名。但真正奠定海德格尔学术地位，使他成为整个哲学史上最杰
出哲学家之一的，则是他在 1927 年发表的《存在与时间》。《存在与时间》
是一部难读的、庞大的著作，也是一部未完成的著作。我们主要从三个方
面对这部哲学名著做一简要的介绍：《存在与时间》的目的与结构、作为
"在世界之中"存在的此在、生存状态与时间性。

## 一　《存在与时间》的目的与结构

在《存在与时间》一书中，海德格尔试图用"解释学的现象学"来分
析人的存在，并详细说明解释的现象学意义。在他看来，哲学主要关注的
东西应该是存在的意义，而传统哲学则着眼于存在者。存在的意义问题应
该通过存在论来处理，而这样的存在论要由一个基本存在论来做准备。这
种基本存在论必须采取对人的存在——因为人是唯一能够对存在进行发问
的存在者——进行生存论上的分析的形式。人的存在在海德格尔这里则被
理解为"在-世界中-存在"。更为重要的是，在基本存在论中，海德格

---

*　舒红跃，男，哲学博士，教授，主要研究方向为西方哲学、技术哲学。

尔所使用的是解释学－现象学的方法。不过，海德格尔的解释学－现象学所要理解的东西不同于胡塞尔的先验现象学。海德格尔之所以不同于胡塞尔，原因就在于胡塞尔的还原是一种先验还原，在胡塞尔那里，一切意义的最终来源都在于先验的主观－自我中，而这个先验的主观－自我原初是没有世界的。这就是为什么海德格尔在《存在与时间》中力图把人的存在设想为"在－世界中"存在。这是海德格尔在《存在与时间》第一篇"准备性的此在基础分析"中所要做的事情。"时间"概念在《存在与时间》中占有另一个最重要的位置。"具体而微地把'存在'问题梳理清楚，这就是本书的意图。其初步目标则是对时间进行阐释，表明任何一种存在之理解都必须以时间为其视野。"① 这是海德格尔在《存在与时间》第二篇"此在与时间性"中所要做的事情。

《存在与时间》第一部的标题是"**依时间性阐释此在，解说时间之为存在问题的超越的视野**"。第一部第一篇的标题是"**准备性的此在基础分析**"。在这一篇中，海德格尔的指导线索是：此在的本质在于他的生存之中；此在向之站出来的这个东西就是时间；所以，人们可以说此在的本质就是"在世界之中存在"。这一部分的主要任务就是揭示"在世界之中存在"的确切意义，但这样做的目的则是为存在的意义问题准备答案。之所以如此，是因为在海德格尔看来，被视为"在世界之中存在"的人是唯一的能够以他自己的存在样式使自己澄明的存在者。对这一问题的根本回答是这种存在者的存在模式之一，而且它因此从它所追问的东西中接受它的本质特征，即存在本质。"彻底解答存在问题就等于说：就某种存在者——即发问的存在者——的存在，使这种存在者透彻可见。作为某种存在者的存在样式，这个问题的发问本身从本质上就是由问之所问规定的——即由存在规定的。这种存在者，就是我们自己向来所是的存在者，就是除了其它可能的存在方式以外还能够对存在发问的存在者。我们用此在〔Dasein〕这个术语来称呼这种存在者。"②

此在存在样式的准备性分析只能用来描述这种存在者的本质，还不能

① 〔德〕海德格尔：《存在与时间》（修订本），陈嘉映、王庆节译，生活·读书·新知三联书店，1999，第1页。
② 〔德〕海德格尔：《存在与时间》（修订本），陈嘉映、王庆节译，生活·读书·新知三联书店，1999，第9页。

从存在论上解释此在之意义。这种准备性分析力图把阐释存在的最原初方式的地平线——时间性——展示出来，正是时间性决定了此在的存在意义。这就是为什么第一篇所展示的此在存在的所有结构在作为时间性的样式的第二篇中重新加以解释。不过，即使在把此在解释为时间性的过程中，存在的意义问题仍然没有得到回答：它只是为后来获得这一问题的答案准备基础。"所以《存在与时间》的本意就是为一种存在论（形而上学）提供基础，并且与康德一起，在努力建立形而上学的努力中强调人的有限性。"①

海德格尔在《存在与时间》中所使用的方法是由胡塞尔所开创的现象学方法。对于海德格尔，现象学——让那自身显现者从其自身被看——是这样一种方法：通过这种方法，让那主动显现自身者如其所是地显现自身、公开自身。《存在与时间》所要揭示的"事实本身"就是被当作"此在"（有的译者译为"亲在"或"缘再"）的人。"哲学是普遍的现象学存在论；它从此在的诠释学出发，而此在的诠释学作为生存的分析工作则把一切哲学发问的主导线索的端点固定在这种发问所从之出且向之归的地方上了。"②

此在的特点则是对此在的领悟。这种领悟的进程是：此在向着存在的方向超越存在者，并且在它的存在中领悟包括它自身在内的一切存在者。海德格尔认为，超越的进程内在地是有限的。因为，首先，此在并不能掌握它自己的起源，它发现自己已经被抛进了多种多样的存在者之中；其次，被抛进多种多样的存在者之中的此在必须与这些世内的存在者打交道，并且因而具有把自己丧失或失陷在这些存在者之中的趋势——海德格尔把此叫作"被抛状态"，从而遗忘了它自己的存在论的"天命"；最后，超越的进程是内在地向着此在的终结即此在的死亡的。在这些样式中显现自身的否定性的根据，海德格尔称之为"罪责"。

有限超越的基本结构包括"领会"（此在在其中所由以筹划世界的构成因素）、存在论的"现身情态"（此在的被抛、沉沦和世界的非存在所由

---

① 〔美〕约瑟夫·科克尔曼斯：《海德格尔的〈存在与时间〉》，陈小文等译，商务印书馆，1996，第 39 页。

② 〔德〕海德格尔：《存在与时间》（修订本），陈嘉映、王庆节译，生活·读书·新知三联书店，1999，第 45 页。

以展开的构成因素）和"逻格斯"（言谈，即此在能够展开和用语言表达出所领会的东西和原初情态的构成因素）。就超越从本质上是"烦"或"操心"（sorge），即存在本身事先就已经在作为寓于世内所有照面的存在者的存在的世界之中而言，这些构成因素构成了一个统一体。如果把这个统一体视为一个总体，就可以把它理解为走向终结，即死亡。最后，赋予此在以领会它的超越及其有限性和罪责并因此而称之为达到它自己本身的东西，就是海德格尔称之为良心的呼唤的东西。为了达到它本身，此在必须让它自己被召唤着趋向它本真的自我。此在在其中且由以达到本真性的行动被称为"决断"。

最后，海德格尔表明了就烦的基本结构因素，即生存、被抛和沉沦内在地指的是就时间的三个出窍（到时）状态（将来、过去和现在）而言，烦本身是如何建立在时间之上的。通过朝向存在超越存在者，此在实现它本真的自我（将在、将来），但是这种自我总是作为已经被抛的东西而存在（过去），并且烦忙于存在者，并因此使自己显现和在场（现在）。

根据海德格尔的理解，我们必须完全从存在论上来领会此在，而不能从人类学的角度来理解此在。此在之分析首先并不是意味着谈论人的实在性，而是谈论存在之领悟和存在本身。因为存在者本身是可以显露的，所以要把此在领会为突入存在者全体之中去的东西。他在《康德和形而上学》中说过，在这种存在之所领悟的基础上，人就是通过他的存在在存在者中揭露着、展现着的"此"，或者说，此在就是存在者之中存在的那个"此"——此在让存在者存在，它揭示存在者，所以它使所有与存在者的遭遇得以可能。因此，与此在对存在者的依赖相关联和相对应的是，存在者对此在也有一种依赖，只有通过此在，存在者才得以显现，得以公开。然而在这种让存在者显现的情况中，此在并不创造它们，此在只是揭示它们，展现它们。如果正是通过此在突入存在者之中，这些存在者才得以显现出来，那么就不难理解，此在是如何让存在者存在的。在让存在者显现的过程中，此在就把它们从遮蔽中解放出来，并且因此使它们得以自由。当然，这里的此在并不完全等同于人，尽管它们之间的关系是非常亲密的。此在在其内在的有限性中采取人的存在论结构。

## 二 作为"在世界之中"存在的此在

作为基础本体论，《存在与时间》研究的是一种特殊的存在者，是能够追问自身存在的存在者，这种存在者是人。然而，在《存在与时间》一书中，关于人的传统表述，如意识、主体、自我等都不见了，代之出现的是这样一个字眼：此在（Dasein）。采用"此在"这一概念，海德格尔不是用一个名词代替另一个名词而其他一切依然如故，而是要通过名称的改变使得观察、把握存在者的方式即思本身发生变化。通过"此在"，海德格尔表明，人是以其与存在的关系为特征的。

那么，存在是什么？我们不得而知。但是我们在存在者中能够看到这样的区分：有些存在者能够发展与自身的关系，而另外一些存在者却不能。石头存在，但它与自身没有关系，它不能与自己发生关系；树木、桌子，以及所有其他非人的存在者无不如此。人不仅存在，他还能发展与自身的关系，同时也能发展与他人及非人存在者的关系。由此可得出一个重要结论：人不仅存在，而且不得不存在，他的存在是被赋予的使命。由此可确定存在的第一种意义：在人的存在意义上的存在。这种特定的存在，不是单纯的存在者，而是有待实现的东西，海德格尔用"去存在"一词描绘之。此在是这样的存在者，它肩负着存在的使命。

此在与它自己的存在的关系决定它的存在为"生存（Existens）"。"这个存在者的本质规定不能靠列举关乎实事的'什么'来进行。它的本质毋宁在于：它所包含的存在向来就是它有待去是的那个存在；所以，我们选择此在这个名称，纯粹就其存在来标识这个存在者。"① 此在以其独有的"此在"方式为特征，这种方式就是：它能够自我选择，而且不得不自我选择；因为不选择也是一种选择。这里就开始出现"本真性"与"非本真性"的区别。"此在总是从它的生存来领会自己本身：总是从它本身的可能性——是它自身或不是它自身——来领会自己本身。此在或者自己挑选了这些可能性，或者陷入了这些可能性，或者本来就已经在这些可能性中

---

① 〔德〕海德格尔：《存在与时间》（修订本），陈嘉映、王庆节译，生活·读书·新知三联书店，1999，第15页。

成长起来了……生存问题总是只有通过生存活动本身才能弄清楚。"① 此在选择的结果或者是通过选择并在选择中此在获得自身并实现其最本己的可能性，这种情况是本真状态；或者是此在依从预先被给予它的而像常人一样存在，这种情况是非本真状态。

此在的特点在于它的存在表现在或实现于生存中。每一个具有这种存在方式的存在者，它所关涉的是它自己的存在，而不是任何普遍的存在方式。"此在本质上总是它的可能性，所以这个存在者可以在它的存在中'选择'自己本身、获得自己本身；它也可能失去自身，或者说绝非获得自身而只是'貌似'获得自身。只有当它就其本质而言可能是本真的存在者时，也就是说，可能是拥有本己的存在者时，它才可能已经失去自身，它才可能还没有获得自身。存在有本真状态与非本真状态［……］两种样式，这是由于此在根本是由向来我属这一点来规定的。"② 在本真状态中，此在选择那些它由之得以发现自身的可能性；在非本真状态中，此在依从他人预先给定的可能性，或者听从匿名的"常人"的决定。海德格尔分析此在的出发点是此在的平均状态和日常状态，即我们最初和最经常遇到的那种存在方式。

此在是"在世界之中存在"，我们又该如何分析此在的"在世界之中存在"呢？对这一问题可以从三个方面加以说明："世界"是什么，"谁"在世界中，以及何为"在之中"。何为"在之中"？我们一般习惯于从物的领域理解"在之中"，它指"包含在某某东西之中"。可是此在不能根据物或单纯的现成存在者的模式来理解。根据海德格尔的分析，"在之中"意指与某物相亲熟——我亲熟于某物，我就逗留其中。"在之中"不能理解为空间上的包容关系。另外，"在之中"也不意味着只有首先通过对存在者的认识才能达到"在之中"，恰恰相反，正因为我们与这些存在者亲熟（这种关系用"烦忙"表示），我们才能进行特定的认识活动，才有所谓认识。通行的观点认为，认识构成我们一切活动的基础。海德格尔则认为，认识的或纯粹的理论上的观照关系并不是本原性的，纯粹认识论的出发点

---

① 〔德〕海德格尔：《存在与时间》（修订本），陈嘉映、王庆节译，生活·读书·新知三联书店，1999，第15页。

② 〔德〕海德格尔：《存在与时间》（修订本），陈嘉映、王庆节译，生活·读书·新知三联书店，1999，第50~51页。

跨越了它赖以建立的基础，或者说，纯粹认识也是"寓于……存在"的一种方式。

这就触及一个古老的认识论问题：主体如何能够从它的内在领域走出来，进入"外面"的客体？海德格尔的解决方法是：此在作为"在世界之中存在"已经是在外面，即他所亲熟的世界中了。"在指向某某东西之际，在把捉之际，此在并非要从它早先被囚闭于其中的内在范围出去，相反倒是：按照它本来的存在方式，此在一向已经'在外'，一向滞留于属于已被揭示的世界的、前来照面的存在者。有所规定地滞留于有待认识的存在者，这并非离开内在范围，而是说，此在的这种依寓于对象的'在外存在'就是真正意义上的'在内'。这就是说，此在本身就是作为认识着的'在世界之中'。反过来说，对被认识的东西的知觉不是先有出征把捉，然后会带着赢获的猎物转回意识的'密室'；而是：即使在知觉的收藏和保存中，进行认识的此在依然是作为此在而在外。"① 根据海德格尔的理解，并非认识使此在与世界的关系成为可能，相反，认识把这种关系作为自己的前提，而且它自身就是这种关系的一个简单变种。"通过认识，此在对在它自身中一向已经被揭示了的世界取得了一种新的存在之地位……但是，认识并不首先创造出主体同一个世界的交往，这种交往也并非从世界对主体的作用中产生出来。认识是此在的植根于在世的一种样式。"② 这是一个使海德格尔的同代人目瞪口呆的，也是欢欣鼓舞的思维方式的变革。

我们可以把海德格尔的这一分析同胡塞尔的理解做一简要的比较。胡塞尔研究的是意识，意识最主要的特点是意向性——意识总是关于某物的意识。在他看来，意向性既是对对象的指向，也是对自我的指向，这是不容置疑的现象学事实。但在海德格尔看来，意识的自我指向不是原初的自我揭示方式，因为自我之于此在先于一切反思，此在原初地并通常是在事情中发现自身。胡塞尔认为，我们所有真正的认识都来源于原本的自身给予的直观；海德格尔认为，我们对世界的理解不是通过"在手"，而是通过"上手"实现的。人与世界的关系在胡塞尔那里主要是一种理论上的

---

① 〔德〕海德格尔：《存在与时间》（修订本），陈嘉映、王庆节译，生活·读书·新知三联书店，1999，第 73 页。
② 〔德〕海德格尔：《存在与时间》（修订本），陈嘉映、王庆节译，生活·读书·新知三联书店，1999，第 73 页。

观照，在海德格尔这里则是此在与世内存在者的操作或利用关系。一张桌子，胡塞尔所做的是围着桌子从不同角度对它进行观察；海德格尔的做法是坐上去或亲自动手摆弄它。"日常在世的存在我们也称之为在世界中与世界内的存在者打交道。这种打交道已经分散在形形色色的诸操劳方式中了……最切近的交往方式并非一味地进行觉知的认识，而是操作着的、使用着的操劳……先于课题的存在者就是那种在操劳于周围世界之际显现出来的东西。而这种存在者不是对'世界'的理论认识的对象；它是被使用的东西、被制造的东西等等。"①

那么，世界又是什么呢？海德格尔认为，试图通过引证在世界中的存在者来说明世界的尝试是徒劳的，他对世界的理解来了一个根本性的转变——他把"世界性"当作此在的构成因素来理解，即从生存的角度来理解。对世界之内的存在者，无论是从存在者层次上加以描写也好，还是从存在论上加以阐释也罢，这样的做法中随便哪一种都不着"世界"现象的边际。世界，从存在论上看，并不是那些不同于此在的存在者的规定，而是此在本身的规定。这样的"世界"是不是变成"主观"的东西了呢？海德格尔认为并非如此，他认为应该从日常此在的平均状态来把握世界。"日常此在的最切近的世界就是周围世界……我们通过对周围世界内最切近地照面的存在者作存在论的阐释一步步寻找周围世界的世界性质（周围世界之为周围世界）。"②

海德格尔对周围世界的存在者——"器具"或"用具"（Zeug）——的分析是《存在与时间》一书中最为人所熟知的部分之一。可是这一分析的意义却很少有人懂得。海德格尔的分析不是告诉人们如何与他周围世界的存在者打交道，而是说明，在任何有关器具的知识为此在掌握之前，必须有某种"先知"或"前理解"，必须有此在对工具的亲熟。这里的先知并不是一种理论态度。如果我们在与器具打交道时采取纯粹理论的态度，我们就不能把握真正的器具性。比如，如何描述一张桌子？可以说桌子是空间中的一物，它具有一定的重量、颜色、高度和形状；从不同角度、不同光线和不同距离来看，这件对象显示为不同的现象。桌子的本质在于它

---

① 〔德〕海德格尔：《存在与时间》（修订本），陈嘉映、王庆节译，生活·读书·新知三联书店，1999，第78~79页。
② 〔德〕海德格尔：《存在与时间》（修订本），陈嘉映、王庆节译，生活·读书·新知三联书店，1999，第78页。

是一个物质性的空间事物。这种描述以纯粹理论的考察为基础。海德格尔认为，在日常生活中，桌子首先并不是作为空间事物与我们照面，而是作为写字台、餐桌、缝纫桌等用具与我们照面。房间里有一张桌子，我们坐在那里是为了书写、用餐、缝纫或游戏，这种"为了……"的特征并不是基于一种与他物的比较关系而加给桌子的，桌子立在房间里，这就意味着它在这样或那样得到刻画的用途中发挥作用。不管是桌子还是锤子，任何器具都是用来做某事的，人们总是为着某一目的使用器具。海德格尔把器具的这种存在方式称作"上手性"。

"此在以自我指引的样式先行领会自身；而此在在其中领会自身的'何所在'，就是先行让存在者向之照面的'何所向'。作为让存在者以因缘存在方式来照面的'何所向'，自我指引着的领会的'何所在'，就是世界现象。而此在向之指引自身的'何所向'的结构，也就是构成世界之为世界的东西。"① 在海德格尔看来，世界的世界性使此在得以经验器具一类的存在者，或者说，世界是一种特定的领会方式，是一个生存论环节，是此在的一个根本规定，它使此在能够在周围世界的存在者的特有器具性中把握和熟悉存在者。因此，"在世界之中存在"并不指出现于其他存在者中的某一特定存在者，而是指有待展开的对世界的领会。通过这种领会，此在进入存在者之中。海德格尔对世界的这种理解完全不同于笛卡儿对世界所做的"广延之物"的理解。对器具来说，具有本质意义的不是在均匀的平面空间上占据一个抽象的物理学意义上的空间位置，而是占有它自己的特定"场所"。器具要随时都可使用，必须置放于一个特定的位置上。

通过对器具的分析，海德格尔得出了要从"共同存在"和"自己存在"的角度来阐明此在的结论。在他看来，对于我们来说，并不是先有一个纯粹的自我，然后我们为它找到一个世界，促使它超越到这个世界中去。同样也没有一个孤立的自我，而这种孤立性有待通过与他人发生联系来克服。甚至在周围世界中，他人也是一同存在的。东西被生产出来是为了别人使用它。工具之所以被制造出来，是因为他人需要它，他人是一同在此的。"此在的世界是共同世界。'在之中'就是与他人共同存在。他人

---

① 〔德〕海德格尔：《存在与时间》（修订本），陈嘉映、王庆节译，生活·读书·新知三联书店，1999，第101页。

的在世界之内的自在存在就是共同此在。"①

在海德格尔那里，"在之中"是把此在作为展开状态展示出来的一个构成环节，它包括："现身情态"、"领悟"与"言谈"。在传统理性哲学关于人的概念中通常被漠视、忽略甚至被掩盖的实事，即情绪状态的直接的展开作用在海德格尔那里得到了承认。"在现身情态中此在总已经被带到它自己面前来了，它总已经发现了它自己，不是那种有所感知地发现自己摆在眼前，而是带有情绪的自己现身。"② 对现身情态认识的关键是对其敞开特征的认识，我们与周围世界、与他人以及我们自己遭遇的原始方式是在情绪中实现的。比如，正是因为我害怕，我才知道在我的世界中有使我害怕的东西。因此，情绪绝不是局限于主体及其感受的现象，而是一种敞开的方式，我们可以借此以不同的方式把握世界，如恐惧、兴奋、喜爱、激动，等等。

此在的第二种结构因素是"领会"或"领悟"。"在作为生存论环节的领会之中，所能者并不是任何'什么'，而是作为生存活动的存在。在生存论上，领会包含有此在之为能的存在方式。此在不是一种附加有能够作这事那事的能力的现成事物。此在原是可能之在。"③ 为什么领悟总是从可能性开始，总是在可能性的范围内进行呢？这是因为领悟在其自身之中包含有我们称之为谋划的生存结构。在领悟中，此在既为自己打开了它的生存活动空间，也为存在者打开了活动空间。海德格尔把从自身出发的领悟称为本真的领悟，把此在从世界出发进行的领悟称为非本真的领悟。在领悟中，此在是作为敞开状态出现的，因而它根据其能在的可能性谋划自己。但任何谋划都不是在真空中进行的，作为被抛状态的能在是已经被给予的，这种情况称为"事实状态"。此在的谋划必须根据自己的天赋和条件进行，否则就会沦为幻想或自欺欺人。

"话语"或"言谈"在海德格尔那里是作为第三个环节被提出的。"话语同现身、领会在生存论上同样源始。可理解性甚至在得到解释之前

① 〔德〕海德格尔：《存在与时间》（修订本），陈嘉映、王庆节译，生活·读书·新知三联书店，1999，第138页。
② 〔德〕海德格尔：《存在与时间》（修订本），陈嘉映、王庆节译，生活·读书·新知三联书店，1999，第158页。
③ 〔德〕海德格尔：《存在与时间》（修订本），陈嘉映、王庆节译，生活·读书·新知三联书店，1999，第167页。

就已经是分成环节的。话语是可理解性的分环勾连。从而，话语已经是解释与命题的根据。可在解释中分环勾连的，更源始地可在话语中分环勾连。"① 此在就是共在，它总是存在于某种共同领悟和共同情态中，因此它总是处于某种交流中。言语是最可领会的，它包含了情态和领悟的普遍性，这种普遍性根本就不是被创造出来的。言语就是对在世存在的情绪上的可领悟性的具有意义的勾连。

# 三  生存状态与时间性

对此在的分析包括两个步骤：揭示"在世界之中存在"的构成因素，阐明这些因素之间的统一性和相互依赖性。海德格尔是通过把此在的基本结构定义为"操心"或"烦"来进行第二步阐明的，这也就意味着他以时间化概念为根据重演此在分析。

此在之生存有三种特征或状态：生存性（此在总是寓于其能在中，他必须实现其能在）、事实性（此在受它"被抛入"的事实决定，这一事实不依赖于它，相反，它必须接受它）和沉沦状态（此在从那些恰恰不是自己的东西中领会自身，它失落在它所熟悉的存在者中）。这三个特征在"烦"中得到了统一。烦不是悲伤忧愁，不是抑郁低沉，它包括三个环节：在自身前的存在（生存性），已经在……中存在（事实性），寓于……存在（沉沦状态）。三者统一的问题在《存在与时间》的第二篇"此在与时间性"中得到了详细的讨论。

"此在之存在的阐释，作为解答存在论基本问题的基础，若应成为源始的，就必须首要地把此在之在所可能具有的本真性与整体性从生存论上带到明处。"② 为了把握能在的整体，必须对此在的终点进行分析，这个终点就是死。死从生存意义上被经验为向死亡存在，这是该篇第一章的主题。接着讨论的是生存的本真状态，即良心（第二章）。良心的呼唤并不提供任何世事的消息，良心为自我呼唤的不是别的，正是它的最本己的能

---

① 〔德〕海德格尔：《存在与时间》（修订本），陈嘉映、王庆节译，生活·读书·新知三联书店，1999，第188页。

② 〔德〕海德格尔：《存在与时间》（修订本），陈嘉映、王庆节译，生活·读书·新知三联书店，1999，第269页。

在。海德格尔认为，在良心中有烦的呼唤，它呼唤此在进入其本己的能在。这种呼唤必须从它的自我遗忘中公开出来。因此，呼唤所呈现的是它的本己的能在的可能性。正因如此，海德格尔才把畏当作这种呼唤的可能性的前提，正是通过畏，此在得以体验包含在它本己的能在中的孤独。良心呼唤的公开就是具有良心的意愿，这在正常人那里还是隐蔽着的，对良心的阐明通过把此在重新规定为决心而完成。而具有良心的意愿包含了在畏中对虚无的体验，根据最本己的可能性进行自我谋划的领悟以及言谈。

此在在其最极端的可能性，为死亡存在预备的同时又回复到了它最本己的"曾在"。它保持着这个曾在，它就是它的曾在。"此在本真地从将来而是曾在。先行达乎最极端的最本己的可能性就是有所领会地回到最本己的曾在来。只有当此在是将来的，它才能本真地是曾在。曾在以某种方式源自将来。"① 海德格尔的这一分析对那种认为时间就是从过去到当前再到未来均匀流逝着的常识来说是一个根本颠倒。对此在来说，过去并不是源始的，源始的是对还未出现但必然属于我的存在，即我的死的预备。正因为此在可以预先行动，它才拥有将来，也才可以回到它的曾在中去，才不失去它的曾在，而是保持它。

通过对终点的预备（预备的决心），此在获得某种处境——此在作为烦忙着或操心着的存在者与存在者发生关系，让存在者照面。先行的决心这样开展着此在的当下处境：生存有所行动地对实际周围世界上手的东西寻视操劳。下决心寓于处境中的上手事物的存在，亦即有所行动地让周围世界在场的东西来照面，这只有在这种存在者的某种当前才是可能的。只有在当前化的意义上作为当前，决心才能是它所是的东西。"从将来回到自身来，决心就有所当前化地把自身带入处境。""我们把如此这般作为曾在着的有所当前化的将来而统一起来的现象称作时间性。"② 在海德格尔看来，只有当此在被规定为时间性时，它才为它本身使先行决定的已经标明的本真存在成为可能。时间性绽露为本真的操心的意义。据此，海德格尔对曾在和过去做了区分。过去是一个只适用于非此在的存在者的概念。生

---

① 〔德〕海德格尔：《存在与时间》（修订本），陈嘉映、王庆节译，生活·读书·新知三联书店，1999，第371页。
② 〔德〕海德格尔：《存在与时间》（修订本），陈嘉映、王庆节译，生活·读书·新知三联书店，1999，第372页。

存者没有过去，只有曾在。曾在意味着还是，即还存在着。事实性之所以能作为构成此在的基本要素，是因为此在在其时间化过程中没有抛弃它的曾在，而是始终在它的曾在中。

此在的第三个环节是沉沦。沉沦是自我失陷于当前，即在"寓于……存在"意义上失陷；而如果没有未来和曾在，这种失陷也是不可能的。"时间性使生存论建构、实际性与沉沦能够统一，并以这种源始的方式组建操心之结构的整体性。"① 具体来说，此在的生存状态——领悟、现身情态、沉沦和言语（谈）是如何通过时间得到清晰把握的？也就是说，本真的和非本真的时间化过程是如何区分的？

首先，领悟的时间性是如何显现的呢？领悟是根据本己存在的可能性进行的谋划，是能在的展开。认识的诸形式都基于这种领悟。这种根据本己的可能性进行的自我谋划就是未来的时间化。"将来在存在论上使这样一种存在者成为可能：这种存在者是以有所领会地在其能在中生存的方式存在的。在其根基处具有将来性质的筹划活动原本并不把被筹划的可能性专题把握为一种见解，而是投身于其中，投身于可能性之为可能性中。"② 可能性并不仅仅是此在所想的、所愿的、所希望的和所害怕的那种可能性；此在本身就是可能性，而且只有当它是可能性时它的未来才会降临。这种把未来时间化的方式海德格尔称之为"期备"或"预备"。此在从其本己的未来中把自己时间化。这种此在就是本真的此在，而它的未来的时间化就是预备（期备）。

非本真的此在又是怎么回事呢？如果操心作为一种统一结构以时间性为基础，如果时间性包括未来、曾在和当前三个绽出点，那么非本真的此在中也有未来在起作用。对于非本真的此在，"此在原本并不在其最本己的而无所旁涉的能在中来到自己；它有所操劳地从它所操劳之事的结果或无果方面期备能在。此在从它所操劳之事来到自己"③。非本真的领会向着日常事务经营的可操劳的、有所作为的、紧迫的、避免不了的东西筹划自

---

① 〔德〕海德格尔：《存在与时间》（修订本），陈嘉映、王庆节译，生活·读书·新知三联书店，1999，第374页。

② 〔德〕海德格尔：《存在与时间》（修订本），陈嘉映、王庆节译，生活·读书·新知三联书店，1999，第383页。

③ 〔德〕海德格尔：《存在与时间》（修订本），陈嘉映、王庆节译，生活·读书·新知三联书店，1999，第384页。

己。非本真的此在就是"等待"，而等待又使期待、希望、愿望成为可能。因此，领悟的非本己的时间化在当前的绽出中与当下呈现相一致，这就是说，能在从当前所烦忙、所操心的对象中领会自己；而本己的时间化则是未来的时间化，因而它不会失陷于其所操心、所烦忙的对象中。

必须记住的是，在结构上，每一个时间化过程都包含了三种绽出样式的共同作用。但在领悟中是未来占优先地位，在情绪中是曾在占优先地位，而在沉沦或言谈中则是当前占优先地位。海德格尔对操心或烦的时间结构的揭示就是通过这种分析来完成的。

时间性和时间是《存在与时间》中最后讨论的问题。《存在与时间》以对作为我们通常时间概念之源泉的时间性的反思而结束。这是一本未完成的著作。在该书最后一节，海德格尔再次说明了他在写作此书过程中为自己制定的主要任务是什么，以及至此完成了什么。《存在与时间》的目标是制定出一般存在的问题，而它所完成的是一种此在解释学。这种解释学作为对此在的生存的分析，把一切哲学发问的主导线索固定在这种发问所从之而且所归之的那一点上了。对此在存在的分析已经表明：必须在生存着的此在存在与世内存在者之存在之间做出一种明确的区分。这样一种认识是重要的，但它仍然只是探讨真正的存在论问题，即关于存在意义和存在与存在者之间区分问题的出发点。

《存在与时间》提供了一种基础存在论。在该书中，海德格尔超越了在柏拉图和康德之间发展起来的种种前批评哲学。《存在与时间》不再关心意识，而是关心人的实在性本身。《存在与时间》的分析不再是一种先验逻辑，而是一种先验存在论。它不再谈论不朽的灵魂或孤立的人的能力，诸如理性、理智、意志和情感。它再也不能由一种知觉理论开始，也不能把自己的出发点放在一种思维实体的先天概念上。它开始于对此在进行一种解释学的先验分析。"对我们来说，存在是成问题的，并且应当是成问题的；期望一种对作为此在的人的存在模式的精确规定和表述，而这就意味着对世界、自由、超越、真理等概念的详细分析。"① 海德格尔在《存在与时间》一书中所涉及的问题还有很多，这需要我们去一一加以解读。

---

① 〔美〕约瑟夫·科克尔曼斯：《海德格尔的〈存在与时间〉》，陈小文等译，商务印书馆，1996，第3页。

# 23

# 海德格尔的《艺术作品的本源》

庄 严*

## 一 人物及原著简介

马丁·海德格尔（Martin Heidegger），德国思想家，1889 年 9 月出生于德国西南部巴登－符腾堡州（Baden-Württemberg）弗莱堡市（Freiburg）附近梅斯基尔希镇（Messkirch）的天主教家庭。1976 年逝世于家乡梅斯基尔希。

作为海德格尔中期思想的代表性著作，《艺术作品的本源》是他在1935～1936 年的讲演，其中主要是对于艺术本源、真理等问题的思考。他借助现象学还原的方法，通过揭示艺术作品的本性来显现历史性的真理。其思路是由对物的分析到对器具的分析，然后到对作品自身的分析，从而指出，艺术是真理的发生方式，美是真理自行设置入作品，而作为世界与大地争执的真理正是存在的无蔽。

本导读所节录的《艺术作品的本源》选自 2004 年由上海译文出版社出版的"二十世纪西方哲学译丛"系列中孙周兴所译《林中路》，该译本为目前国内较为通行的汉语译本，译注清晰、翻译准确，具有一定的学术参考价值。

---

\* 庄严，男，哲学博士，讲师，主要研究方向为法国现象学（梅洛－庞蒂）、美学与艺术学基础理论。

# 二　原著节选①

## 作品与真理

艺术作品的本源是艺术。但什么是艺术呢？在艺术作品中，艺术是现实的。因此，我们首先要寻求作品的现实性。这种现实性何在呢？艺术作品概无例外地显示出物因素，虽然方式各不相同。借助于惯常的物概念来把握作品的这样一种物之特征的尝试，已经失败了。这不光是因为此类物概念不能把捉物因素，而且是因为我们通过对其物性根基的追问，把作品逼入了一种先入之见，从而阻断了我们理解作品之作品存在的通路。只要作品的纯粹自立还没有清楚地得到显示，则作品的物因素是决不能得到判定的。

……

一件作品何所属？作品之为作品，惟属于作品本身开启出来的领域。因为作品的作品存在是在这种开启中成其本质的，而且仅只在这种开启中成其本质（wesen）。② 我们曾说，真理之生发在作品中起作用。我们对凡·高的油画的提示试图道出这种真理的生发。有鉴于此，才出现了什么是真理和真理如何可能发生这样的问题。

现在，我们在对作品的观照中来追问真理问题。但为了使我们对处于问题中的东西更熟悉些，有必要重新澄清作品中的真理的生发。针对这种意图，我们有意选择了一部不属于表现性艺术的作品。

一件建筑作品并不描摹什么，比如一座希腊神庙。它单朴地置身于巨岩满布的岩谷中。这个建筑作品包含着神的形象，并在这种隐蔽状态中，通过敞开的圆柱式门厅让神的形象进入神圣的领域。贯通这座神庙，神在神庙中在场。神的这种现身在场是在自身中对一个神圣领域的扩展和勾勒。但神庙及其领域却并非飘浮于不确定性中。正是神庙作品才嵌合那些

---

① 〔德〕海德格尔：《林中路》，孙周兴译，上海译文出版社，2004，第23~40页。
② 后期海德格尔经常把德文名词"本质"（das Wesen）作动词化处理，以动词wesen来表示存在（以及真理、语言等）的现身、出场、运作。我们译之为"成其本质"，亦可作"现身"或"本质化"。——译者注

道路和关联的统一体，同时使这个统一体聚集于自身周围；在这些道路和
关联中，诞生和死亡，灾祸和福祉，胜利和耻辱，忍耐和堕落——从人类
存在那里获得了人类命运的形态。这些敞开的关联所作用的范围，正是这
个历史性民族的世界。出自这个世界并在这个世界中，这个民族才回归到
它自身，从而实现它的使命。

这个建筑作品阒然无声地屹立于岩地上。作品的这一屹立道出了岩石
那种笨拙而无所促迫的承受的幽秘。建筑作品阒然无声地承受着席卷而来
的猛烈风暴，因此才证明了风暴本身的强力。岩石的璀璨光芒看来只是太
阳的恩赐，然而它却使得白昼的光明、天空的辽阔、夜的幽暗显露出来。
神庙坚固的耸立使得不可见的大气空间昭然可睹了。作品的坚固性遥遥面
对海潮的波涛起伏，由于它的泰然宁静才显出了海潮的凶猛。树木和草
地，兀鹰和公牛，长蛇和蟋蟀才进入它们突出鲜明的形象中，从而显示为
它们所是的东西。希腊人很早就把这种露面、涌现本身和整体叫做
Φυσις。① Φυσις［涌现、自然］同时也照亮了人在其上和其中赖以筑居的
东西。我们称之为大地（Erde）。在这里，大地一词所说的，既与关于堆
积在那里的质料体的观念相去甚远，也与关于一个行星的宇宙观念格格不
入。大地是一切涌现者的返身隐匿之所，并且是作为这样一种把一切涌现
者返身隐匿起来的涌现。在涌现者中，大地现身而为庇护者（das Bergen-
de）。

神庙作品阒然无声地开启着世界，同时把这世界重又置回到大地之
中。如此这般，大地本身才作为家园般的基地而露面。但人和动物、植物
和物，从来就不是作为恒定不变的对象，不是现成的和熟悉的，从而可以
附带地把对神庙来说适宜的周遭表现出来。此神庙有朝一日也成为现身在
场的东西。如果我们把一切倒转过来②思考一切，我们倒是更切近于所是
的真相；当然，这是有前提的，即，我们要事先看到一切如何不同地转向
我们。纯然为倒转而倒转，是不会有什么结果的。

---

① 希腊文 Φυσις 通译为"自然"，而依海德格尔之见，Φυσις 是生成性的，本意应解作"出
现""涌现"（aufgehen）等。——译者注
② 1960年雷克拉姆版：倒转过来——往何处呢？——作者边注

神庙在其阒然无声的矗立中才赋予物以外貌，才赋予人类以关于他们自身的展望。只要这个作品是作品，只要神还没有从这个作品那里逃逸，那么，这种视界就总是敞开的。[①] 神的雕像的情形亦然，这种雕像往往被奉献给竞赛中的胜利者。它并非人们为了更容易认识神的形象而制作的肖像；它是一部作品，这部作品使得神本身现身在场，因而就是（ist）神本身。相同的情形也适合于语言作品。在悲剧中并不表演和展示什么，而是进行着新神反抗旧神的斗争。由于语言作品产生于民众的言语，因而它不是谈论这种斗争，而是改换着民众的言说，从而使得每个本质性的词语都从事着这种斗争并且作出决断：什么是神圣，什么是凡俗；什么是伟大，什么是渺小；什么是勇敢，什么是怯懦；什么是高贵，什么是粗俗；什么是主人，什么是奴隶（参看赫拉克利特，残篇第53）。

那么，作品之作品存在何在呢？在对刚才十分粗略地揭示出来的东西的不断展望中，我们首先对作品的两个本质特征该是较为明晰了。这里，我们是从早就为人们所熟悉了的作品存在的表面特征出发的，亦即是从作品存在的物因素出发的；我们通常对付作品的态度就是以物因素为立足点的。

……

作品存在就是建立一个世界。但这个世界是什么呢？其实，当我们谈论神庙时，我们已经说明了这个问题。只有在我们这里所走的道路上，世界之本质才得以显示出来。甚至这种显示也局限于一种抵制，即抵制那种起初会把我们对世界之本质的洞察引入迷途的东西。

世界并非现成的可数或不可数的、熟悉或不熟悉的物的单纯聚合。但世界也不是一个加上了我们对现成事物之总和的表象的想象框架。世界世界化，[②] 它比我们自认为十分亲近的可把握和可觉知的东西更具存在特性。世界决不是立身于我们面前、能够让我们细细打量的对象。只要诞生与死

---

[①]   注意此处"外貌"（Gesicht）、"展望"（Aussicht）和"视界"（Sicht）之间的字面的和意义的联系。——译者注

[②]   "世界世界化"（Welt weltet）是海德格尔的一个独特表述，也可译为"世界世界着"或者"世界世界起来"。相类的表述还有："存在是、存在存在"（Sein ist）、"无不、无无化"（Nichts nichtet）、"时间时间化"（Zeit zeitigt）和"空间空间化"（Raum räumt）等。——译者注

亡、祝福与诅咒的轨道不断地使我们进入存在,[①] 世界就始终是非对象性的东西，而我们人始终隶属于它。在我们的历史的本质性决断发生之处，在这些本质性决断为我们所采纳和离弃，误解和重新追问的地方，世界世界化。石头是无世界的。植物和动物同样也是没有世界的；它们落入一个环境，属于一个环境中掩蔽了的涌动的杂群。与此相反，农妇却有一个世界，因为她逗留于存在者之敞开领域中。器具以其可靠性给予这个世界一种自身的必然性和切近。由于一个世界敞开出来，所有的物都获得了自己的快慢、远近、大小。在世界化中，那种广袤（Geräumigkeit）聚集起来；由此广袤而来，诸神有所保存的恩宠得到了赠予或者拒绝。甚至那上帝缺席的厄运也是世界世界化的一种方式。

因为一件作品是作品，它就为那种广袤设置空间。"为……设置空间"（einräumen）在此特别意味着：开放敞开领域之自由，并且在其结构中设置这种自由。这种设置出于上面所说的树立。作品之为作品建立一个世界。作品张开了世界之敞开领域。但是，建立一个世界仅仅是这里要说的作品之作品存在的本质特性之一。至于另一个与此相关的本质特性，我们将用同样的方式从作品的显突因素那里探个明白。

一件作品从这种或者那种作品材料那里，诸如从石头、木料、铁块、颜料、语言、声音等那里，被创作出来，我们也说，它由此被制造（herstellen）出来。然而，正如作品要求一种在奉献着—赞美着的树立意义上的建立，因为作品的作品存在就在于建立一个世界，同样地，制造也是必不可少的，因为作品的作品存在本身就具有制造的特性。作品之为作品，本质上是有所制造的。但作品制造什么呢？关于这一点，只有当我们追究了作品的表面的、通常所谓的制造，我们才会有所了解。

作品存在包含着一个世界的建立。在此种规定的视界内来看，在作品中哪些本质是人们通常称之为作品材料的东西呢？器具由有用性和适用性所决定，它选取适用的质料并由这种质料组成。石头被用来制作器具，比如制作一把石斧。石头于是消失在有用性中。质料愈是优良愈是适宜，它也就愈无抵抗地消失在器具的器具存在中。而与此相反，神庙作品由于建立一个世界，它并没有使质料消失，倒是才使质料出现，而且使它出现在

---

① 1960 年雷克拉姆版：此之在（Da-sein）。1957 年第三版：本有（Ereignis）。——作者边注

作品的世界的敞开领域之中：岩石能够承载和持守，并因而才成其为岩石；金属闪烁，颜料发光，声音朗朗可听，词语得以言说。① 所有这一切得以出现，都是由于作品把自身置回到石头的硕大和沉重、木头的坚硬和韧性、金属的刚硬和光泽、颜料的明暗、声音的音调和词语的命名力量之中。

作品回归之处，作品在这种自身回归中让其出现的东西，我们曾称之为大地。大地乃是涌现着—庇护着的东西。大地是无所促迫的无碍无累和不屈不挠的东西。立于大地之上并在大地之中，历史性的人类建立了他们在世界之中的栖居。由于建立一个世界，作品制造大地。② 在这里，我们应该从这个词的严格意义上来思制造。③ 作品把大地本身挪入一个世界的敞开领域中，并使之保持于其中。作品让④大地是⑤大地。⑥

……

建立一个世界和制造大地，乃是作品之作品存在的基本特征。当然，它们是休戚相关的，处于作品存在的统一体中。⑦ 当我们思考作品的自立，力图道出那种自身持守（Aufsichberuhen）的紧密一体的宁静时，我们就是在寻找这个统一体。

可是，凭上述两个基本特征，即使有某种说服力，我们却毋宁说是在作品中指明一种发生（Geschehen），而绝不是一种宁静；因为宁静不是与运动对立的东西又是什么呢？但它决不是排除了自身运动的那种对立，而是包含着自身运动的对立。惟有动荡不安的东西才能宁静下来。宁静的方式随运动的方式而定。在物体的单纯位移运动中，宁静无疑只是运动的极限情形。要是宁静包含着运动，那么就会有一种宁静，它是运动的内在聚合，也就是最高的动荡状态——假设这种运动方式要求这种宁静的话。而自持的作品就具有这种宁静。因此，当我们成功在整体上把握了作品存在

---

① 1960 年雷克拉姆版：吐露、言说。——作者边注
② 显然，海德格尔这里所谓"制造"（Herstelle）不是指对象性的对事物的加工制作。——译者注
③ 1960 年雷克拉姆版：不充分。——作者边注
④ 1960 年雷克拉姆版：叫（heißt）？参看拙文"物"：四重整体（Ge-Viert）。——作者边注
⑤ 1960 年雷克拉姆版：本有（Ereignis）。——作者边注
⑥ 此句原文为：Das Werk läßt die Erde eine Erde sein。
⑦ 1957 年第三版：惟在此？或者这里只以被建造的方式。——作者边注

中的发生的运动状态，我们就切近于这种宁静了。我们要问：建立一个世界和制造大地在作品本身中显示出何种关系？

世界是自行公开的敞开状态，即在一个历史性民族的命运中单朴而本质性的决断的宽阔道路的自行公开的敞开状态（Offenheit）。大地是那永远自行锁闭者和如此这般的庇护者的无所促迫的涌现。世界和大地本质上彼此有别，但却相依为命。世界建基于大地，大地穿过世界而涌现出来。但是，世界与大地的关系绝不会萎缩成互不相干的对立之物的空洞的统一体。世界立身于大地；在这种立身中，世界力图超升于大地。世界不能容忍任何锁闭，因为它是自行公开的东西。而大地是庇护者，它总是倾向于把世界摄入它自身并且扣留在它自身之中。

世界与大地的对立是一种争执（Streit）。但由于我们老是把这种争执的本质与分歧、争辩混为一谈，并因此只把它看作紊乱和破坏，所以我们轻而易举地歪曲了这种争执的本质。然而，在本质性的争执中，争执者双方相互进入其本质的自我确立中。而本质之自我确立从来不是固执于某种偶然情形，而是投入本己存在之渊源的遮蔽了的原始性中。在争执中，一方超出自身包含着另一方。争执于是总是愈演愈烈，愈来愈成为争执本身。争执愈强烈地独自夸张自身，争执者也就愈加不屈不挠地纵身于质朴的恰如其分的亲密性（Innigkeit）之中。大地离不开世界之敞开领域，因为大地本身是在其自行锁闭的被解放的涌动中显现的。而世界不能飘然飞离大地，因为世界是一切根本性命运的具有决定作用的境地和道路，它把自身建基于一个坚固的基础之上。

由于作品建立一个世界并制造大地，故作品就是这种争执的诱因。但是，争执的发生并不是为了使作品把争执消除和平息在一种空泛的一致性中，而是为了使争执保持为一种争执。作品建立一个世界并制造大地，同时就完成了这种争执。作品之作品存在就在于世界与大地的争执的实现过程中。因为争执在亲密性之单朴性中达到其极致，所以在争执的实现过程中就出现了作品的统一体。争执的实现过程是作品运动状态不断自行夸大的聚集。因而在争执的亲密性中，自持的作品的宁静就有了它的本质。

只有在作品的这种宁静中，我们才能看到，什么在作品中发挥作用。迄今为止，认为在艺术作品中真理被设置入作品的看法始终还是一个先入为主式的断言。真理究竟怎样在作品之作品存在中发生呢？也就是说：在世界与大地的争执的实现过程中，真理究竟是怎样发生的呢？什么是真理呢？

……

真理意指真实之本质。我们要通过回忆一个希腊词语来思这一点。Ἀλ ήθεια［无蔽］意味着存在者之无蔽状态。但这就是一种对真理之本质的规定吗？我们难道不是仅只做了一种词语用法的改变，也即用无蔽代替真理，以此标明一件实事吗？当然，只要我们不知道究竟必定发生了什么，才能迫使真理之本质必得在"无蔽"一词中道出，那么，我们确实只是变换了一个名称而已。

为此需要革新希腊哲学吗？绝对不是的。哪怕这种不可能的革新竟成为可能，对我们也毫无助益；因为自其发端之日起，希腊哲学隐蔽的历史就没有保持与 άλήθεια［无蔽］一词中赫然闪现的真理之本质相一致，同时不得不把关于真理之本质的知识和道说越来越置入对真理的一个派生本质的探讨中。作为 άλήθεια［无蔽］的真理之本质在希腊思想中未曾得到思考，在后继时代的哲学中就更是理所当然地不受理会了。对思想而言，无蔽乃希腊式此在中遮蔽最深的东西，但同时也是早就开始规定着一切在场者之在场的东西。

……

如果我们在这里和在别处将真理把握为无蔽，我们并非仅是在对古希腊词语更准确的翻译中寻找避难之所。我们实际上是在思索流行的、因而也被滥用的那个在正确性意义上的真理之本质的基础是什么；这种真理的本质是未曾被经验和未曾被思考过的东西。偶尔我们只得承认，为了证明和理解某个陈述的正确性（即真理），我们自然要追溯到已经显而易见的东西那里。这种前提实在是无法避免的。只要我们这样来谈论和相信，那么，我们就始终只是把真理理解为正确性，它却还需要一个前提，而这个前提就是我们自己刚才所做的——天知道如何又是为何。

但是，并不是我们把存在者之无蔽状态设为前提，而是存在者之无蔽状态（即存在①）把我们置入这样一种本质之中，以至于我们在我们的表象中总是已经被投入无蔽状态之中并且与这种无蔽状态亦步亦趋。不仅知

---

① 1960年雷克拉姆版：亦即本有（Ereignis）。——作者边注

识自身所指向的东西必须已经以某种方式是无蔽的，而且这一"指向某物"（Sichrichten nach etwas）的活动发生于其中的整个领域，以及同样地一种命题与事实的符合对之而公开化的那个东西，也必须已经作为整体发生于无蔽之中了。① 倘若不是存在者之无蔽状态已经把我们置入一种光亮领域，② 而一切存在者就在这种光亮中站立起来，又从这种光亮那里撤回自身，那么，我们凭我们所有正确的观念，就可能一事无成，我们甚至也不能先行假定，我们所指向的东西已经显而易见了。

　　然而这是怎么回事呢？真理作为这种无蔽状态是如何发生的呢？这里我们首先必须更清晰地说明这种无蔽状态究竟是什么。

　　物存在，人存在；礼物和祭品存在；动物和植物存在；器具和作品存在。存在者处于存在之中。一种注定在神性与反神性之间的被掩蔽的厄运贯通着存在。存在者的许多东西并非人所能掌握的，只有少量为人所认识。所认识的也始终是一个大概，所掌握的也始终不可靠。一如存在者太易于显现出来，它从来就不是我们的制作，更不是我们的表象。要是我们思考一个统一的整体，那么，看来好像我们就把握了一切存在者，尽管只是粗糙有余的把握。

　　然而，超出存在者之外，但不是离开存在者，而是在存在者之前，在那里还发生着另一回事情。③ 在存在者整体中间有一个敞开的处所。一种澄明（Lichtung）在焉。从存在者方面来思考，此种澄明比存在者更具存在者特性。因此，这个敞开的中心并非由存在者包围着，而不如说，这个光亮中心本身就像我们所不认识的无（Nichts）一样，围绕一切存在者而运行。

　　惟当存在者进入和出离这种澄明的光亮领域之际，存在者才能作为存在者而存在。惟有这种澄明才允诺、并且保证我们人通达非人的存在者，走向我们本身所是的存在者。由于这种澄明，存在者才在确定的和不确定的程度上是无蔽的。就连存在者的遮蔽也只有在光亮的区间内才有可能。我们遇到的每一存在者都遵从在场的这种异乎寻常的对立，因为存在者同

---

① 此句中的"指向某物"（Sichrichten nach etwas）也可译为"与某物符合一致"，与"正确性"（Richtigkeit）有着字面的和意义的联系。——译者注
② 1960年雷克拉姆版：倘若澄明不发生，亦即没有本有之发生（Ereignen）。——作者边注
③ 1957年第三版：本有（Ereignis）。——作者边注

时总是把自己抑制在一种遮蔽状态中。存在者进入其中的澄明，同时也是一种遮蔽。但遮蔽以双重方式在存在者中间起着决定作用。

　　要是我们关于存在者还只能说"它存在"，那么，存在者就拒绝我们，直至那个"一"和我们最容易切中的看起来最微不足道的东西。作为拒绝的遮蔽不只是知识的一向的界限，而是光亮领域之澄明的开端。但遮蔽也同时存在于光亮领域之中，当然是以另一种方式。存在者蜂拥而动，彼此遮盖，相互掩饰，少量隔阻大量，个别掩盖全体。在这里，遮蔽并非简单的拒绝，而是：存在者虽然显现出来，但它显现的不是自身而是它物。

　　这种遮蔽是一种伪装（Verstellen）。倘若存在者并不伪装存在者，我们又怎么会在存在者那里看错和搞错，我们又怎么会误入歧途，晕头转向，尤其是如此狂妄自大呢？存在者能够以假象迷惑，这就决定了我们会有差错误会，而非相反。

　　遮蔽可能是一种拒绝，或者只不过是一种伪装。遮蔽究竟是拒绝呢，抑或伪装，对此我们简直无从确定。遮蔽遮蔽着自身，伪装着自身。这就是说：存在者中间的敞开的处所，也就是澄明，决非一个永远拉开帷幕的固定舞台，好让存在者在这个舞台上演它的好戏。恰恰相反，澄明惟作为这种双重的遮蔽才发生出来。存在者之无蔽从来不是一种纯然现存的状态，而是一种生发（Geschehnis）。[①] 无蔽状态（即真理）既非存在者意义上的事物的一个特征，也不是命题的一个特征。

　　我们相信我们在存在者的切近的周围中是游刃有余的。存在者是熟悉的、可靠的、亲切的。可是，具有拒绝和伪装双重形式的持久的遮蔽仍然穿过澄明。亲切根本上并不亲切，而倒是阴森森的（un-geheuer）。真理的本质，亦即无蔽，是由一种否定而得到彻底贯彻的。但这种否定并非匮乏和缺憾，仿佛真理是摆脱了所有遮蔽之物的纯粹无蔽似的；倘若果真能如此，那么真理就不再是真理本身了。这种以双重遮蔽方式的否定属于作为无蔽的真理之本质。真理在本质上即是非真理（Un-Wahrheit）。为了以一种也许令人吃惊的尖刻来说明，我们可以说，这种以遮蔽方式的否定属于作为澄明的无蔽。相反，真理的本质就是非真理。但这个命题却不能说成：真理根本上是谬误。同样地，这个命题的意思也不是说：真理从来不

---

　　① 1950 年第一版：本有（Ereignis）。——作者边注

是它自身，辩证地看，真理也总是其对立面。

只要遮蔽着的否定（Verweigern）作为拒绝（Versagen）首先把永久的渊源归于一切澄明，而作为伪装的否定却把难以取消的严重迷误归于一切澄明，那么，真理就作为它本身而成其本质。就真理的本质来说，那种在真理之本质中处于澄明与遮蔽之间的对抗，可以用遮蔽着的否定来称呼它。这是原始的争执的对立。就其本身而言，真理之本质即是原始争执（Urstreit）①，那个敞开的中心就是在这一原始争执中被争得的；而存在者站到这个敞开中心中去，或离开这个中心，把自身置回到自身中去。

这种敞开领域（das Offene）发生于存在者中间。它展示了一个我们已经提到过的本质特征。世界和大地属于敞开领域，但是世界并非直接就是与澄明相应的敞开领域，大地也不是与遮蔽相应的锁闭。而毋宁说，世界是所有决断与之相顺应的基本指引的道路的澄明。但任何决断都是以某个没有掌握的、遮蔽的、迷乱的东西为基础的；否则它就决不是决断。大地并非直接就是锁闭，而是作为自行锁闭者而展开出来的。按其自身各自的本质而言，世界与大地总是有争执的，是好争执的。惟有这样的世界和大地才能进入澄明与遮蔽的争执之中。

只要真理作为澄明与遮蔽的原始争执而发生，大地就一味地通过世界而凸现，世界就一味地建基于大地中。但真理如何发生呢？我们回答说：②真理以几种根本性的方式发生。真理发生的方式之一就是作品的作品存在。作品建立着世界并且制造着大地，作品因之是那种争执的实现过程，在这种争执中，存在者整体之无蔽状态亦即真理被争得了。

在神庙的矗立中发生着真理。这并不是说，在这里某种东西被正确地表现和描绘出来了，而是说，存在者整体被带入无蔽状态并且保持于无蔽状态之中。保持原本就意味着守护。③ 在凡·高的油画中发生着真理。这并不是说，在此画中某种现存之物被正确地临摹出来了，而是说，在鞋具的器具存在的敞开中，存在者整体，亦即在冲突中的世界和大地，进入无蔽状态之中。

---

① 1960年雷克拉姆版：本有。——作者边注
② 1960年雷克拉姆版：没有答案，因为问题依然：这是什么，什么以这些方式发生？——作者边注
③ 海德格尔显然在此强调德文"保持"（halten）与"守护"（hüten）的词源联系。——译者注

在作品中发挥作用的是真理，而不只是一种真实。刻画农鞋的油画，描写罗马喷泉的诗作，不光是显示——如果它们总是有所显示的话——这种个别存在者是什么，而是使得无蔽状态本身在与存在者整体的关涉中发生出来。① 鞋具愈单朴、愈根本地在其本质中出现，喷泉愈不假修饰、愈纯粹地以其本质出现，伴随它们的所有存在者就愈直接、愈有力地变得更具有存在者特性。于是，自行遮蔽着的存在便被澄亮了。如此这般形成的光亮，把它的闪耀嵌入作品之中。这种被嵌入作品之中的闪耀（Scheinen）就是美。美是作为无蔽的真理的一种现身方式。②

## 三　导读

西方哲学的历程可以大致分为五个阶段：古希腊、中世纪、近代、现代与后现代。各个历史阶段的主题表现出较为明显的代际差异性。其中，古希腊哲学穷究与"混乱无序"（chaos）相对的"存在者整体"（cosmos）所蕴含的朴素真理，中世纪神学对上帝的追问，以及近代以来对人类理性（人类自身的神性）的探索，都可以被视作思想家对广义"理性"的沉思。与之不同的是，现代思想主要关注"存在"问题，而试图清算现代思想中形而上学残余的后现代思想则聚焦于"语言"。作为现代思想家的海德格尔同样将"存在"作为自己思想道路的主题，但与尼采的"创造力意志"及马克思的"生产实践"对"存在者之存在"的关注不同，海德格尔着力于探索"存在"自身。

在海德格尔看来，存在（being）不是存在者（beings）。存在固然表现为存在者之存在，但存在自身既非存在者之一，亦非存在者整体，而是本原性表现为虚无。因此，海德格尔思想的根本问题不是一般意义上的存在（例如古希腊哲学家巴门尼德"存在者存在，不存在者不存在"的判断），也不是存在与虚无的关系（例如法国现代哲学家萨特的著作《存在与虚无》），而是作为虚无的存在或作为存在的虚无。这里的虚无既不能理解为否定，也不能理解为褫夺，而是虚无的虚无化。在此意义上，虚无并

---

① 1960 年雷克拉姆版：本有（Ereignis）。——作者边注
② 德语原文为：Schönheit ist eine Weise, wie Wahrheit als Unverborgenheit west。——译者注

不消失，而是存在敞开自身。这一主题在海德格尔那里表现为三个不同的思想阶段，即"意义"（Sinn）、"真理"（Wahrheit）与"地方"（Ort）。具体而言，早期海德格尔着力于探索"存在"的世界性维度，认为世界既非胡塞尔（Edmund Husserl）所揭示的意识世界，亦非狄尔泰（Wilhelm Dilthey）所理解的体验世界，而是"此在"（Dasein）的世界。"此在"区别于"手前之物"（自然物）与"手上之物"（人工物），它是作为"在世存在"（In-der-Welt-Sein）存在的。20世纪30年代，中期海德格尔从"存在"的历史性维度出发，认为存在自身的真理即"去–蔽"（A-letheia），而"遮蔽"（letheia）则更为本源。因此，"存在"本原性地本性化为"遮蔽"，换而言之，它将遮蔽自身展现出来。海德格尔因此将其描述为"自身遮蔽的林中空地"（Lichtung des Sichverbergens），亦即敞开与遮蔽的游戏之所。20世纪40年代以来，海德格尔逐渐转向追问存在的语言性维度，认为语言自身并非形而上学工具性的"语言"（Sprache），而是对存在的本己性"道说"（Sage）。语言以此方式召唤并聚集天地人神四方游戏，并因此显现出真理之地。在中期作品《艺术作品的本源》中，海德格尔集中探讨了艺术作品、存在与真理的本性，并因此揭示出一种存在论的美学观或艺术观。严格来说，海德格尔所探讨的主题早已超出传统美学所研究的感性、形式或鉴赏等领域，将艺术作品所表征的"美"与"真理"相关联，提出了一种假道艺术的存在理论或反美学的美学观。据此可知，尽管这一文本中充斥着看似言说艺术与美学的段落，其实质乃是以艺术现象作为理论抓手，深入探讨海德格尔所持续关注的存在问题。

在本导读所选取的部分中，海德格尔对前一部分中"美是真理自行设置入作品"的判断进行了发生维度的考量。他从追问艺术作品的本性入手，探索作品与世界的存在性关联，并以古希腊神庙为例，说明了艺术作品所内在蕴含的世界与大地的争执，因而也是显现与遮蔽的交会处。神庙敞开着一个世界，并因此将锁闭的大地带入世界之中。他指出："建立一个世界和制造大地，乃是作品之作品存在的基本特征。"所谓"世界"，是一种"自行公开的敞开状态"，而"大地"则是"那永远自行锁闭者和如此这般的庇护者的无所促迫的涌现"，它并不就是锁闭，而是以锁闭的方式敞开自身。世界的敞开状态不能容忍任何锁闭，而大地却总是将世界摄入自身。艺术作品的出现建立了世界与大地之间的争执，在作品之中，世界与大地确立其本性。正是在争执的亲密性过程中，作品获得了自持的宁静。这种宁静并非互相隔绝的两种力量"空泛的一致性"，而是"世界世界化"与"大地大地化"所产生的运动极限情形，是它们确证其本性而达成的"亲密性之单朴性"。正是在作品的宁静状态中，真理作为"无蔽"自行现身。因此，海德格尔指出："美是作为无蔽的真理的一种现身方式。"在此，以往被认为与"真"和"善"相区分的"美"成为真理的现身方式。这里的"真理"也不是形而上学意义上独属于理论理性的真理，而是存在之为存在的本性规定。

# 24

## 萨特的《存在与虚无》

高乐田[*]

　　《存在与虚无》是法国存在主义哲学家萨特的代表作，这本书在哲学史上有着重要的地位。萨特的名字对于中国读者来说并不陌生，他的存在主义思想自从传入中国以来，产生了重要的思想影响，在一段历史时期还曾有过以阅读、谈论、研究萨特著作及其思想为时髦的所谓"萨特热"。然而，当喧嚣过去，我们反思这个热潮时，就会发现我们大多数人思想兴趣中的功利和浮躁。尽管人们都热衷于谈论萨特，但有多少人敢说自己读懂了哪怕是完整地读过《存在与虚无》这本书？对此，有位西方学者曾有过一针见血的点评：在20世纪哲学家中，被人们引述得最多而又了解得最少的人，就是萨特。这虽然是说给西方人听的，但用在中国读者身上也许更为贴切。那么，从现在起，让我们放下一切外在兴趣和目的，平和地走入这本书。

　　要弄懂这本书，首先要了解萨特这个人。

　　让·保罗·萨特1905年6月21日出生于巴黎一个海军军官家庭，幼年丧父，从小寄居外祖父家。他很小就开始读大量的文学作品。中学时代接触柏格森、叔本华、尼采等人的著作。这为他日后深刻的思想和渊博的学识奠定了良好的基础。同时，由于他从小失去父爱，再加上其貌不扬、目光斜视，他变得性格孤僻，行为极不合群，这造就了他特立独行和喜欢在孤独中思考的个性。我们或许可以从萨特的这些不幸而又独特的童年经

---

　　* 高乐田，男，哲学博士，教授，主要研究方向为西方哲学、伦理学。

历中，找到他的存在主义思想的萌芽。萨特虽然曾经是一个早熟的才华横溢的学生，然而直到 33 岁时，他才发表第一部文学作品。在勒哈弗尔小城做中学教员期间，随着岁月的流逝，萨特产生了失意感，于是开始撰写对孤独的思考，陆续写成了以下几篇文章：《对偶发性的论述》、《论心灵的孤独》、《忧郁症》以及《安东纳·洛根丁的奇特冒险》。最后一篇后来改编为小说《恶心》（1938）。

第二次世界大战之前，萨特基本上是一个孤独的思想者和个人主义者，第二次世界大战改变了他的人生命运，也改变了他的思想。1939 年，萨特应征入伍，不久后被俘。在俘虏营的 10 个多月里，他没有停止思考，他向德国人要来海德格尔的书——《存在与时间》。正是这本"关于自由"的书给了他极多的思想灵感，让他有了写作《存在与虚无》的思想冲动。经过一段时间的酝酿，他于 1941 年秋开始动笔，1943 年初就完成了这本长达 722 页的巨著。然而，这本书在发行之初并没有引起战火中的人们的注意，直到 1945 年，二战行将结束之时，评论家们才把注意力转到《存在与虚无》这本巨著上来，并通过这本书的传播，把存在主义推上了社会思潮的浪尖。二战之后的疮痍满目让法国人乃至欧洲人痛苦、彷徨和绝望，而萨特对自为存在的不断否定和超越仿佛一颗黑暗天空的启明星般点亮了法国人内心最深处的炽热激情。以至于在其死后，法国前总统德斯坦说："萨特的逝世使我们感到人类智慧的一盏明灯熄灭了。"

从结构上看，全书共分为导言和正文的四个部分。在导言部分中，萨特明确了他的思考的起点，就是对于存在问题的探索；在正文的四个部分中，第一部分论述虚无问题，第二部分论述自为的存在，第三部分论述为他人，第四部分论述拥有、作为和存在。从他的哲学的主要思想来源上看，主要有两个方面的传统，一个是胡塞尔的现象学，另一个是笛卡儿的理性哲学。让我们以其结构为线索，以其思想内容为主体，展开对于这本书的描述和引导。

## 一　现象学本体论

值得注意的是，这本书还有个副标题，叫"现象学的本体论"。萨特为什么要取这样一个副标题呢？实际上，他要用这样一个副标题来明确自己的理论目标和方法论特征。从理论目标上看，萨特所谓的现象学本体论，就是要用现象的一元论来取代传统哲学中的主客二分的二元论形态。从方法论上看，则是对胡塞尔现象学的扬弃。在萨特看来，胡塞尔现象学的基本精神是"走向事情本身"，这个事情本身就是现象，这种从事实本身出发的思想，得到了萨特的高度评价："现代思想实现了一个重大的进步，就是把存在归于一系列的显现。"（p. 11）① 萨特认为，他所说的现象不是传统意义上的现象，而是纯粹现象学意义上的现象，也就是显现本身："现象的存在表现自己的本质与存在、现象理论的第一个结果就是：显现并不把存在推向康德的本体论的现象。因为现象的后面什么也没有，它只是揭示了它自己。"（p. 14）从这种现象学本体论出发，萨特进行了"存在的现象"和"现象的存在"的区分。他认为只有"存在的现象"才是本体的，它无需什么中介，只有在显现时才存在，因此它并不隐藏在现象的背后。而"现象的存在"则是未被揭示的存在，也就是未被显露为现象的存在，等待被揭示的东西。"现象的存在"不能还原为"存在的现象"。只有"存在的现象"才是现象学本体论分析和描述的对象。

既然"现象的存在"不能还原为"存在的现象"，那么意识就是使存在本身显现为"现象的存在"的条件。但是这个意识不是我们通常所说的反思的意识，而是反思前的意识，萨特将其称为"反思前的我思"。这个名词虽然是萨特的独创，却是在发挥、深化胡塞尔的意识的意向性的思想，对笛卡儿的"我思"进行了改造后提出来的。在他看来，笛卡儿的"我思故我在"把"我思"和"我在"的关系弄颠倒了，只有先肯定我在，然后才能有我思。所以，萨特说："正是非反思的意识使反思成为可能；有一个反思前的我思作为笛卡儿我思的条件。"（p. 20）而根据胡塞尔"任何意识都是对某物的意识"的重要思想，意识的对象不是物，"意识是对某物的意识"意味着意识是对"反思对象的意识"的意识，萨特称之为"反思前的我思"。就是说，它比反思的我思更优先、更根本。

正是从"反思前的我思"这一面对意识的本体论证明中，萨特进一步

---

① 因本文引文均来自萨特的《存在与虚无》，故直接将法文版页码在引文后标出。引文译文可参见由陈宣良等翻译的中文译本（《存在与虚无》，生活·读书·新知三联书店，2007）和由 Hazel Barnes 翻译的英文译本（*Being and Nothingness*, New York: Philosophical Library, 1943）。

引出了"自在的存在"与"自为的存在"这样两个相互区别的概念，并将揭示它们之间的关系确定为这本书的核心内容。因此，掌握了"反思前的我思"这一概念，就等于找到了打开此书的一把钥匙。

## 二　虚无问题

在正文第一部分中，萨特以他的现象学的意识论去进行本体论的探索。意识在这种探索中发现了否定的基础，这个基础标志着否定特点的所有虚无化的基础。这就引出了虚无问题。虚无是存在的反题，萨特对于虚无问题的提出和展开是从分析存在开始的。萨特对于存在的规定说了三句话："存在存在着。存在是自在。存在就是他所是。"得到这种规定的存在就是萨特所谓"自在的存在"。显然，这个自在存在的世界是不可名状的、偶然的、荒诞的，同时也是让人恶心和恐惧而又无法回避的。

然而，人作为意识对于这个陌生的自在存在虽然不可认知，但也不是无动于衷、无所作为。首先，他要对存在进行质疑。问题就变成了架在两个非存在之间的桥梁：对人是知的非存在，对"自在的存在"则是非存在的可能性。正是通过这种质疑或者否定活动，作为意识的人与自在的存在之间就拉开了距离，也就有了现象学意义上的两种存在：作为现象的客观基础的自在的存在和显现这种存在的意识。这意味着，我们被虚无包围着，实际上是非存在在制约着我们。就是说，意识本身是个无，它是通过否定和虚无化而与自在的存在分离的，同时也在这种否定中获得了自己的规定：它不是存在，而是非存在，是虚无。显然，在"自在的存在"中并不包含否定，但只要和意识发生关系，比如意识对它质疑，那就确立了一个否定的也就是非存在的基础。而虚无就是质疑的最初的条件，为了质疑，就必须有否定的可能，能够说"不"的必要条件就是：非存在永远在我们之中和我们之外出现，就是虚无纠缠着存在。

萨特进而认为，虚无这种存在具有一种性质，能使虚无虚无化，能用它的存在承担虚无，并以自己的生存不断支撑虚无，虚无本身的性质决定它并不存在，而是"被存在"（p.52），它不可能自我虚无化，必须有一种存在在其存在中来承当使虚无虚无化的责任。而这种存在也就是它自己的虚无。萨特把这种存在叫作"自为的存在"，他说，"自为不是别的，只不过是自在的纯粹虚无化"。这种要求通过虚无化去追求自身和自在存在的脱离，也就是人的确立过程。人就是使虚无出现在世界上的存在。这也说明，人的实在不是要消灭"自在的存在"，而是要改变他与存在的关系。对人的实在而言，把一个对象置于存在之外，就是让自己置于这个存在物的圈子之外。这时，人的实在就逃离了这个存在物，在能及范围之外，他就不能在自身上面活动，而是通过虚无而逃离。这里，就是萨特的自由的最初起点："人的实在分泌出一种使自己独立出来的虚无，对于这种可能性，笛卡儿继斯多葛派之后，把它称作自由。"（p.55）自由其实就是虚无的虚无化所需的必要条件，或者说自由就是虚无的虚无化的唯一理由。

然而，人并不是绝对的虚无，他还是变成存在的虚无。因此，在这个过程中，人要进行自欺。什么是自欺呢？萨特说："最好是选择并检查一种决定了的立场，它对于人的实在是根本的，同时像意识一样，不是把其否定引向外部，而是把否定转向自身，这种立场在我们看来应该是自欺。"（p.81）就是说自欺不是欺骗，欺骗是把"否定引向外部"，是对外面掩盖真相；自欺则是"把否定转向自身"，是对自己掩盖真相。实际上，在这个过程中，骗者和被骗者是一个人，欺骗和被欺骗是同时发生的，是一个没有二元性的"谎言"。最典型的自欺的例子就是人对自由的逃避。人常常在行为中，一方面承认自由、赞美自由，另一方面又千方百计地逃避自由、拒绝选择。

## 三 自为的存在

"自为的存在"和"自在的存在"相反，它是指人的意识的存在，它是以对"自在的存在"的内在否定来规定自身的。因而，其特性正好与自在的存在相反：是其所不是且不是其所是。就是说它不是作为一个现成已有的东西而存在的，而是只能作为虚无、超越性、否定性而存在，它总是处于不断地超越否定和创造之中，"自为永远是悬而未决的，因为它的存在是一种永恒的延期"（p.788）。

自为的存在就是意识面对自我的在场。意识不能与自身重合，它是存在的减压。意识由于是自己虚无化的能力，是它固有的存在方式的原因，因此除了自由，就没有任何东西是意识的原因。意识在其存在中既不能被异于自己的东西解释，也不能被自身解释。它是自为的存在即人的内在结构。自为不断地存在着，不断地显现，在消失之前无限地成为"自在"，也就是说当我们从外部把握这个自为时，自为就显现出其"人为性"，这种"人为性"是作为自为存在的人的外在结构。

自在的存在是脱离时间性的，而自为的存在是在时间化的过程中实现的，因而，在人的存在的结构性事实中有他的时间依据。萨特对三维时间进行了海德格尔式的现象学分析，目的是要达到对时间性的整体直观。"过去，就是我作为超越物所是的自在"（p. 166），"现在不存在，现在的瞬间源于自为的一种正在实现的、物化的概念"（p. 172）。而将来，则是现在朝着它超越的可能，它永远在人的前方，等待人去实现。所以这将来的"现在"实质是一种作为将来的虚无，在它过渡到显现出来的"现在"状态时，它的实现就变成了虚无。虽然任何自为都是按照这三个维度存在的，但萨特本人更偏重作为现在的当下，因为它最好地体现出自为的否定性、虚无化以及超越性特征。

萨特接下来对"超越性"进行了阐述。萨特对超越性的阐述的目的是要解决人的实在的现象的存在和自在的存在的原始关系的问题。人的自我虚无化的能力就是能够认识一种欲望、未来的可能性，这就是人的自由，这种凭借"可能"不断地超出自身，而且在虚无中永远不可能得到或停止他本质的运动就是超越性。而超越运动是自为趋向自在的过程，这个过程是由认识来实现的。"认识，就是实现这个词的两个意义：使世界上有存在，同时成为这个存在反映的否定——否定就是实现。我们把在规定了在其存在中的自为时揭示了自在的那个内在的而且有实现着的这种否定称为超越性。"（p. 242）而因为我就是对自在的否定，世界性、空间性、量、工具性、时间性来到自在的存在，所以认识自在的只能是有意识的自为。由于自为是异于自在的，它又不懈地追求理想的自在，萨特把这个过程称为否定的辩证法。在这种辩证结构中，人不断地超越、否定和创造，却又永远不能达到完满的自我和世界。

## 四　我和他人

既然萨特把自为的存在归结为自由，那么在我们自由的行动中，除了要与自在的世界打交道，还不可避免地要遭遇到他人。"我们的身体——

其特性即本质上是被他人认识的：我认识的东西就是他人的身体，而我关于我的身体所知道的主要东西来自他人认识它的方式。"（p. 289）这样一来，我的身体就把我推向了他人的存在和我的"为他的存在"。这种"为他的存在"也即社会的存在，显然是既不同于自在存在也不同于自为存在的一种新的存在样式。这就引出了我与他人的关系问题。

其实，我与他人的关系问题，在传统的主体论哲学中一直是个难题。尤其是对于他人的确证问题，存在很大分歧。在这个问题上，萨特首先批评胡塞尔和海德格尔的观点。尽管胡塞尔和海德格尔一个强调从先验自我的分构造着手，一个主张以此在的结构分析为基础，但他们都落入一个共同的思想窠臼，即都试图从自我出发推证他人的存在。相比之下，萨特在这个问题上似乎更倾向于黑格尔的观点。黑格尔在他的有关"主奴关系"的论证中，已经明确"我在我的存在中是依赖于他人的"，就是说要以他人作为自己存在和自我意识的条件。是他人揭示了我的存在，同时，我也需要他人来印证和了解自己的存在。

萨特认为他的他人的思想是从存在出发的。他把他人与自为的存在的关系视作存在与存在的关系，而不是认识的关系。他人的存在造成了以我为中心的世界的分裂，这样"意识的多样性"就造成了冲突和纷乱，它决定了人与人的关系从原始意义上就是冲突和斗争的关系。而他人和我发生关系是通过"注视"，在他人的"注视"下，我会感到自身的异化，我变成了为他的存在，但我却永远不能化归于他人，反之亦然。所以人与人之间的冲突是永存的。如果拘于他人的注视，过于注重别人的评论，那就会成为眼中的他者。所以说"他人就是地狱"。这说明改变自己的行为、打碎他人注视的威胁去争取自身的解放是多么重要。

萨特以人对他人的"性"态度作为基本模式，具体地阐述了我与他人关系的类型。因为萨特认为性的态度是与他人关系的基本原始的行为，其中包含着"他人的存在"的原始偶然性和自为的"人为性"的原始偶然性。而人与人之间的许多复杂性都是这些原始行为的多样化。在基于性态度的所谓爱情中，我们可以看得很清楚。爱情是一种特殊的占有。不仅是肉体的，更是意识的。占有其实就是要把爱人由自为变成自在，使对方失去自我，彻底变成我的对象，否则我就不能把握爱情，获得自由；但是，一旦对方被占有，即其自为被虚无化后，自己的存在也就随之消失，爱情也就烟消云散了。这充分说明，一个自为与另一个自为发生关系时，要么就是甘心成为对方的客体，要么就是反过来注视别人的注视，进行反抗。但无论是哪一种态度，都不能真正把两个自为化为一体，既不能完全被对方占有，也不能完全占有对方，我与他人的关系不是和谐的"共在"，而是"冲突"。

为了在理论上缓解我与他人的无尽的冲突，冲淡他的自由理论的极端个人主义倾向，萨特进一步提出了"我们"的问题。"我们"是我与他人关系中的某种特殊的经验，是在特殊情况下，在"为他人的存在"的基础上产生的，为他人的存在先于并建立了与他人的共在；是对"为他人的存在"的原始体验和单纯的多样化。他试图通过设定一个第三者而把众多的人联系成一个共同体，同为主体或同为客体。比如，在资产阶级注视下，所有工人都成了客体（他们——客体），工人阶级通过把资产阶级变为客体，自己变成了共同主体（我们——主体）。"我们"的经验，尽管无法改变我与他人之间关系是"冲突"的结论，但是也让我们认识到，自由作为人的存在本身虽然不依赖于他人，但个人与他人总是有牵连的。因此我们在要求自己的自由的时候，同时也应该要求他人的自由，即对他人的自由要加以尊重。"我们"问题显然只是我与他人紧张关系的一种缓冲和妥协，并不能改变"他人就是地狱"这一基本事实。

# 五　自由问题

这是《存在与虚无》最后一部分，也是最重要的部分，这一部分直接述及全书的核心问题，那就是"人的自由"的问题。关于人的自由，萨特给出了两种理解：一是自由的本体论理解，二是自由的境况理解。

自由的本体论理解是指人的绝对主体自由的哲学证明。就是说它不是认识论意义上揭示的人的存在的某种性质，也不是人在行动中通过追求和选择得到的。相反，行动对于人类现实来讲，就是与世界保持一种基本的关系，就是通过行动超越世界的简单稳定的决定论，以在世界的物质性中改造世界。人的实在是一个能实现与世界以及自身的虚无化脱离的存在。决定人的存在的就是他自己的虚无化，所以自由和这种虚无化也是一回事。人的存在应该归结于行动，而行动的首要条件就是自由，那么人的存在就是自由。因此，自由是被判决给我的，我可以在行动中自由地选择一切，唯一不能选择的就是我的自由本身，即我不能自由地终止我自由的存在。基于此，萨特提出了"存在先于本质"这一存在主义的核心命题。他说，"人的存在先于人的本质，并使本质成为可能；人的存在的本质悬置于人的自由之中，因此我们称为自由的东西是不可能区别于'人的实在'之存在的。人不是首先存在以便以后成为自由的，人的存在和'他是自由的'这两者之间没有区别"（p. 56）。

具体而言，萨特的自由的本体论内涵具有如下几个方面的规定：（1）人的存在是一种自由的行动；（2）人对行动的规定本身就是行动，行动的存在就包含着它的自律；（3）行动是有意向性的，是被意向规定的；（4）行动是目的性的选择，对目的的意向性选择揭示了世界，世界根据选定了的目的被揭示为这样或那样的；（5）行动是与给定物决裂，是对一切给定物的虚无；（6）自由之所以是自由，仅仅是因为选择永远是无条件的；（7）自由选择是荒谬的、无条件的；（8）对自由的朝向未来的谋划是基本的，因为它就是我的存在。

自由的境况理解是自由的本体论理解的推展，即推展到现实中的自由的事实性。人不能不自由地存在，又不能不在具体的境况中存在，这就是自由的事实性。我们是自由的，但在现实中总会感到自己的自由受到不同程度的限制，有时候选择同样的行动却会得到不同的结果。这是为什么？自由的境况理解就是面向事实性对这个问题的回答。每个人都是从处境出发进行自由选择的，选择的自由是绝对永恒的，但选择的自由和得到的自由是不同的，有些东西人们可能永远得不到，但永远可以自由选择。自由和处境是不能分开的。没有处境，就不会有自由；而如果没有自由，处境就不会被发现。

那么，限制自由的处境主要有哪些？它们和自由的关系如何具体理解呢？

萨特告诉我们，这些处境可以区分出五个方面。（1）我的位置，即指人的住所、人所处的地点等。按照一般的理解，自由要受到位置的限制，但在萨特看来，位置更是自由选择的结果。（2）我的过去，这是指每个人拥有的业已成为既定历史的东西。但是我的过去并不能决定我的选择，相反，过去的意义应由我当下的存在和自由选择所赋予。（3）我的周围，这是指我周围的物连同它们的工具性。它们是我周围的与我相异之物。它们的显现依靠我的自由选择的计划，由于我的自由选择的计划，它们或赞成或反对我。（4）我的邻人，我生活在一个受到邻人（他人）纠缠的世界中，这个世界已经在我选择之前拥有归结到作为参照中心的他人的意义。但他人并不限制我的自由选择。他人的自由对我的自由的限制，说到底只不过是把我的自由与他人的自由区别开来。（5）我的死亡，死亡并不是人生的期待。死亡是一切可能的不可能，是对一切选择的否定。死亡是荒谬、偶然的，实际是生的一种方式，是对自为的存在的否定和虚无化，但它是从外部来到我们中间的。如果没有他人，我永远不会认识"死"，自为永远不会遇到它。它是作为限制的处境，但自由永远不会碰到这个限制，它把生命改造成为别处的一种命运，"我是个自由的必死之人"（p.681）。

总之，处境不能阻止人自由选择，人在处境中是绝对自由的。自由赋予处境以意义，而不是处境决定人的自由选择。所以，人是选择的绝对"作者"，他必须对自己的行动的结果负完全的责任。现实中的人们，往往把处境看作人的自由的障碍，同时也作为逃避自由的借口，但萨特否定了这一切。萨特认为，人无论在何种处境下都是绝对自由的，不是处境决定人的自由选择，而是自由选择赋予处境以意义，因此，人必须自由创造自己的处境，这是人的宿命，更是人的责任和使命。可以说，整部《存在与虚无》都是为了论述人在处境中的自由。

既然自由就是选择，而任何选择都有后果，这个后果总要由选择者来承当，对于自由选择的后果的承当就是责任。人为了自我认识，就必须自我造就，而为了自我造就，就必须自我认识，每一种认识都意味着行动。只有用存在精神分析法追溯到用这种方式进行的选择中才可真正理解人。而人只有在承担了这个选择的全部责任时才能赋予他的行动以意义。在《存在与虚无》的结论部分，萨特进一步明确了他的基本哲学立场。本体论就是对在世存在整体的各种结构的描述，但本体论不能表述出一种道德律条，所以萨特最终是要描述面对处境中的人的实在要负起责任的伦理意义。这同时也反映出他的作为基础的本体论与他的伦理学之间的深刻矛盾。因此，尽管萨特最后想要解决这个矛盾，指明真正要解决有关自由的各种问题，只有在道德的基础上找到答案，并预告他将要专门写一部这样的著作，但他始终没有完成这个在此已承诺的著作。为什么？恐怕有他自己不愿表达的苦衷：这个矛盾是无法克服的！

# 25

# 梅洛－庞蒂的《知觉现象学》

庄 严[*]

## 一 人物及原著简介

莫里斯·梅洛－庞蒂（Maurice Merleau-Ponty），法国现象学哲学家，1908 年 3 月 14 日出生于法国西部夏朗德省（Charente-Martime）的罗什福尔市（Rochefort-sur-Mer），1913 年举家迁居巴黎。1926 年，梅洛－庞蒂进入著名的巴黎高等师范学院（École normale supérieure）学习哲学，并于1931 年获得教师资格证书（agrégation）。1934～1935 年，任教于夏尔特高中（Lycée de Chartres），1949 年获得索邦大学（Sorbonne Université）儿童心理学教席，1952 年获得法兰西学院（Collège de France）哲学教席。1945 年，与挚友萨特（Jean Paul-Sartre）共同创办了左派杂志《现代》（*Les Temps Modernes*）。1952 年，由于政见不合辞去编辑职务并与萨特决裂。1961 年 5 月 3 日，梅洛－庞蒂因病逝世于巴黎。

梅洛－庞蒂的思想受到胡塞尔和海德格尔的深刻影响，他广泛接触病理学、儿童心理学、格式塔心理学和行为主义心理学的最新研究成果，同时关注文学艺术问题和社会历史问题。他的全部工作旨在消除经验主义与理念论之间的二元对立，通过对"身体"维度的理论建构和价值重估阐发

---

[*] 庄严，男，哲学博士，讲师，主要研究方向为法国现象学（梅洛－庞蒂）、美学与艺术学基础理论。

主体与客体、自我与世界的多样性关联。这一努力使得梅洛－庞蒂的思想不但与柏格森、笛卡儿等传统思想家承续一脉，同时也开启了此后法国后现代思想的先河。

一般而言，梅洛－庞蒂的思想历程可以被划分为三个阶段：1945 年之前的早期学位论文时期，1945～1953 年的漫长过渡期和 1954～1961 年的晚期发展。具体而言，早期梅洛－庞蒂主要通过行为主义心理学进入现象学研究，试图通过对"身体自身"（le corps propre）的现象学和生存论解读融贯晚期胡塞尔的"生活世界"（Lebenswelt）理论和早期海德格尔的"在世存在"（In-der-Welt-Sein）思想，从而使得一种"现象学的存在论"或"存在论的现象学"成为可能。此阶段的代表文献主要包括其在 1938 年完成的博士学位论文《行为的结构》（*La structure du comportement*）和 1945 年 4 月出版的第二篇博士论文《知觉现象学》（*Phénoménologie de la Perception*）。中期梅洛－庞蒂转化了瑞士语言学家索绪尔（Ferdinand de Saussure）的结构主义语言学理论，从而在生存（"人的存在"，existence）与语言（表达）之关系中将语言刻画为存在与思想的发生之所。此阶段的代表文献主要有收录了 1945～1948 年大部分思想性论文的《意义与无意义》（*Sens et non-sens*）、1953 年出版的《哲学赞词》（*Éloge de la philosophie*）和 1969 年出版的整理手稿——《世界的散文》（*La prose du monde*），同时还有与萨特就辩证法与社会主义问题辩难的论著——《辩证法的冒险》（*Les aventures de la dialectique*）。晚期梅洛－庞蒂借助古希腊元素论哲学的基本思想，通过"肉身"（la chair）概念将"我"与世界描述为一个在感觉（尤其是视觉）中彼此同质交织的存在论图景。此阶段的代表文献主要包括 1960 年出版的《符号》（*Signes*）、同年应《法兰西艺术》（*Art de France*）创刊之邀所创作的论文《眼与心》（*L'Œil et l'Esprit*）和未竟的手稿《可见者与不可见者》（*Le visible et l'invisible*）。

本导读所节录的《知觉现象学》出自 2001 年由商务印书馆出版的"当代法国思想文化译丛"中的姜志辉译本。该译本虽为目前国内唯一出版的汉语全译本，但漏译、错译及泛译之处颇多，不能真正作为梅洛－庞蒂研究的原始文献。本导读在充分尊重原译本的前提下根据法语原版对部分语句进行了适当修正，并通过中括号（"[ ]"）增附了重要语词的原文以供参考。该修订的节录部分不可作为参考文献加以引用。

# 二　原著节选[①]

## 第三章　身体本身的空间性和运动机能

让我们首先描述身体本身［le corps propre］的空间性。如果我的手臂搁在桌子上，我不会想到说我的手臂在烟灰缸旁边，就像烟灰缸在电话机旁边。我的身体轮廓是一般空间关系所不能逾越的界限。这是因为身体的各个部分以一种独特的方式相互联系在一起：它们不是一些部分展现在另一些部分旁边，而是彼此包蕴。例如，我的手不是点的集合。在左右感觉倒错的情形中，[②] 被试在他的右手上感受到了人们在他左手上施加的刺激，不能假定每一种刺激作用为此而改变了空间值，[③] 左手的各个点移到了右手，因为这些点属于一个整体的器官，属于一下子移动的、无部分的一只手。因此，这些点形成了一个系统，我的手的空间不是空间值的一种拼凑物。同样，在我看来，我的整个身体不是在空间并列的各个器官的组合。我在一种共有中拥有我的整个身体。我通过"身体图式"［«schéma corporel»］得知我的每一个肢体的位置，因为我的全部肢体都包含在身体图式中。但是，身体图式的概念是含糊的，就像所有处在科学转折点上的诸概念一样。那些概念只有通过方法的改进才能被彻底阐明。它们最初是在一种并不充分的意义上被运用的，正是对概念的内在阐明才揭示了以前的方法。人们最初把"身体图式"理解为我们的身体体验的概括［résumé］，能把一种解释和一种意义给予当前的内感受性和本体感受性。身体图式应该能向我提供我的身体的某一个部分在做一个运动时其各个部分的位置变化，每一个局部刺激在整个身体中的位置，一个复杂动作在每一个时刻所完成的运动的总和，乃至当前的运动觉和关节觉印象在视觉语言中的连续表达。在谈到身体图式时，人们认为应首先引入一个方便的名称来表示大

---

① 参见〔法〕莫里斯·梅洛-庞蒂《知觉现象学》，姜志辉译，商务印书馆，2001。
② 比如，参见海德《论与内脏疾病的疼痛特别相关的感觉错乱》。——原页下注
③ 参见海德《论与内脏疾病的疼痛特别相关的感觉错乱》。我们已经在《行为的结构》中讨论过局部符号的概念，参见第 102 页及以下。——原页下注

量的表象联合，人们只是想说明这些联合是牢固地建立起来的，能随时发挥作用。身体图式应在童年进程中逐渐形成，并随着触觉、运动觉和关节觉的内容相互联合或与视觉内容相联合而更容易将其唤起。① 因此，生理学只能把身体图式描述成传统意义上的一个表象中心。不过，在心理学家的用法中，人们清楚地看到，身体图式超出了联想主义的定义。例如，为了身体图式能使我们更好地理解对侧感觉，仅左手的每一个感觉位于或处于相互联合在一起的身体所有部分的同类表象中，还不足以在左手周围形成一个同时被感觉的身体图像［un dessin du corps］；这些联合还应每时每刻受到一个唯一规律的支配，身体的空间性还应从整体退到部分，左手及其位置还应该包含在和起源于身体的整体意图［un dessein global du corps］中，以使左手不仅能一下子叠放在右手上面或转向右手，而且也成了右手。当人们想要②把幻肢现象和主体的身体图式联系起来以解释幻肢现象时，只有当身体图式不是习惯的一般机体觉的残余，而是一般机体觉的构成规律，人们才能对大脑痕迹和再生感觉的传统解释有所补充。人们之所以认为有必要引入这个新词，是为了表明无论时间和空间的统一性——感觉间的统一性还是身体的感知—运动的统一性都可以说是理所当然的，是为了表明这种统一性不局限于在我们的体验过程中实际地和偶然地联合在一起的内容，是为了表明这种统一性以某种方式先于内容和使内容的联合成为可能。因此，人们逐步转向身体图式的第二个定义：身体图式不再是在体验过程中建立的联合的单纯结果，而是在感觉间的世界中对我的身体姿态的整体意识，是格式塔心理学意义上的一种"完形"。③ 但是，这第二个定义也已经被心理学家的分析超越。仅仅说我的身体是一个完形，即我的身体是整体先于部分的一个现象是不够的。这样的一个现象是如何可能的？这是因为与物理—化学的身体拼凑物或与"一般机体觉"的拼凑物相比较，完形是一种新的生存类型（un type d'existence nouveau）。之所以疾

---

① 比如，参见海德《大脑损伤造成的感觉错乱》，第189页；皮克《身体本身的定位障碍》；席尔德《身体图式》，尽管席尔德承认"这样的一个系统不是其部分的总和，而是对其部分而言的一个新的整体"。——原页下注

② 比如，参见莱密特《我们的身体的形象》。——原页下注

③ 康德拉：《身体图式，批判研究和修正尝试》，第365、367页。比尔格 – 普林茨和凯拉把身体图式定义为"作为整体及其各个肢体和各个部分的相互关系项的身体本身的知识"，同上，第365页。——原页下注

病感缺失患者的瘫痪肢体在患者的身体图式中不再具有重要性，是因为身体图式既不是对存在着的身体各部分的单纯描摹，也不是对生存着的身体诸部分的整体意识，是因为身体图式根据它们对机体计划（projets）的价值主动地把存在着的身体各部分联合在一起。心理学家经常说，身体图式是动力的［dynamique］。① 在确切的意义上，这个术语表示我的身体为了某个实际的或可能的任务而向我呈现的姿态。事实上，身体的空间性不是如同外部物体的空间性或"空间感觉"的空间性那样的一种位置的空间性［spatialité de position］，而是一种处境的空间性［spatialité de situation］。如果我站在我的写字台前，用双手倚靠在写字台上，那么只有我的双手在用力，我的整个身体如同彗星的尾巴拖在我的双手后面。这不是因为我不知道我的肩膀或腰部的位置，而是因为它们的位置包含在我双手的位置中，可以说，我的整个姿态表现在我的双手对桌子的支撑中。如果我站着，手中紧握烟斗，那么我的手的位置不是根据我的手与我的前臂、我的前臂与我的胳膊、我的胳膊与我的躯干、我的躯干与地面形成的角度推断出来的。我以一种绝对能力知道我的烟斗的位置，并由此知道我的手的位置，我的身体的位置，就像在荒野中的原始人每时每刻都能一下子确定方位，根本不需要回忆和计算走过的路程和偏离出发点的角度。词语"这里"如果用于我的身体，则不表示相对于其他位置或相对于外部坐标而确定的位置，而是表示初始坐标的位置，主动的身体在一个物体中的定位，身体面对其任务的处境。身体空间有别于外部空间，它能包住它的各个部分，而不是展现它的各个部分，因为身体空间是景象的明晰所必需的室内黑暗，动作及其目的在上面清楚显现的昏暗背景或不确定能力的保留②，明确的存在、图形和点能在它前面显现的非存在区域。总之，之所以我的身体能是一个"完形"，之所以在我的身体前面可能有出现在无关背景上的享有优先的图形，是因为我的身体被它的任务吸引，是因为我的身体朝向它的任务存在，是因为我的身体缩成一团以便达到它的目的，总之，"身体图式"是一种表示我的身体在世界之中存在的方式。③ 就现在仅与我们有关

---

① 比如，参见康拉德，引用著作。——原页下注
② 格林鲍姆：《失语症和运动机能》，第 395 页。——原页下注
③ 我们已经看到（见上第 97 页），作为身体图式的一种样式的幻肢，可通过在世界上存在的一般活动得到解释。——原页下注

的空间性而言，身体本身是图形和背景结构中的一个始终不言而喻的第三项，任何图形都是在外部空间和身体空间的双重场域上显现的。因此，我们不应该否认仅考虑图形和点的身体空间的分析是抽象的，因为图形和点既不能被设想出来，也不能没有场域。

人们可能回答说，图形和背景结构或点—场域结构本身必须以客观空间概念为前提，为把手的灵巧动作感知为在身体厚重基底上的图形，应该通过这种客观空间性关系把手和身体的其余部分联系在一起，图形和背景结构由此重新成为一般空间形式的偶然内容之一。但是，对于不是以他的身体处在世界面前的人来说，词语"在……上"的意思是什么？它表示上和下的区分，即表示"方位确定的空间"①。当我说一个物体在一张桌子上时，我始终在思想上置身于这张桌子或这个物体之中，我把原则上适用于我的身体和外部物体的关系的一种范畴用于这张桌子和这个物体。如果缺少这种人类学含义，那么词语"在……上"就不再与词语"在……下"和"在……旁边"有什么区别。即使一般空间形式是为我们的身体空间得以存在的必要条件，它也不是为我们的身体空间得以存在的充分条件。即使形式不是内容所处的环境 [le milieu dans lequel]，而是内容所凭借的方式 [le moyen par lequel]，形式也不是与身体空间有关的这种位置的充分条件，在这种情况下，与形式相比，身体内容是某种含糊的、偶然的和不可理解的东西。在这方面的唯一解决办法也许是承认身体空间性没有本身的、区别于客观空间性的意义，但由此将取消作为现象的内容，因而也将取消内容与形式的关系的问题。但是，我们能假装在词语"在……上""在……下""在……旁边"中和在方位确定的空间维度中，找不到清楚的意义吗？尽管分析能在所有这些关系中重新发现一般的外在性关系，但对在空间里的人来说，上和下、左和右的明证不容许我们把所有这些区别当作无意义，而是要求我们在这些定义的明确意义下面找到体验的潜在意义。于是，两种空间的关系可能是这样的：一旦我想要将我的身体空间主题化，或想要详细说明身体空间的意义，那么我在身体空间中只能发现纯概念性空间。但在同时，这种纯概念性空间并非得自方位确定的空间，它只不过是对方位确定的空间的解释，如果脱离了这个根基，纯概念性空间就完全

---

① 参见贝克《论几何学及其物理学应用的现象学依据》。——原页下注

没有意义。所以，均质的空间能表达方位确定的空间的意义，只是因为它已经从方位确定的空间获得了意义。之所以内容能真正地被归入形式并显现为这种形式的内容，是因为形式只有通过内容才能被理解。只有当身体在其特殊性中包含了能使身体空间转变为一般空间的辩证因素，身体空间才能真正成为客观空间的一部分。这就是当我们说点—场域结构是空间的基础时想表明的东西。如果场域和背景不属于和图形同类的存在，如果它们不能通过目光的移动转变成点，那么场域和背景就不能延伸到图形以外或周围。但是，点—场域结构只有在它前面设置一个能从那里看见它的身体性区域，在它周围设置作为该视觉对等物的不确定区域，才能告诉我什么是点。众多的点或"这里"原则上只有通过诸体验的交织才能被构成，在体验的交织中，每次只有一个体验成为对象，而且本身就在这个空间的中心形成。总之，我的身体在我看来不但不只是空间的一部分，而且如果我没有身体的话，在我看来也就没有空间。

[……]

因此，不应该说我们的身体是在空间里，也不应该说我们的身体是在时间里。我们的身体寓于空间和时间中。如果我的手在空中做了一个复杂的移动，那么为了知道手的最后位置，我不需要把同一方向的运动全部加起来，也不需要减去相反方向的运动。"可识的每一种变化在到达意识时，已经带着它与变化之前的东西的关系，正如在出租车的自动计价表上，呈现给我们的里程已经换算成先令和便士。"① 以前的姿态和运动每时每刻都提供一个现成的尺度标准。问题不在于手之初始位置的视觉或运动"回忆"：大脑损伤虽然使运动意识消失，但没有使视觉回忆受到影响。至于"运动回忆"，显而易见的是，如果运动回忆从中产生的知觉本身不包含一种"这里"的绝对意识——如果缺了它，人们只能从记忆回到记忆并且不能形成当前的知觉——那么就不可能确定我的手的目前的位置。正如身体必然在"这里"，身体也必然在"现在"；现在不可能成为"过去"，如果我们不能在健康状态下保存对疾病的生动回忆，或不能在成年保存孩提时代我们身体的回忆，那么这些"记忆的空缺"仅表示我们身体的时间结构。在一个运动的每一时刻，以前的时刻并非不被关注，而是被装入现

---

① 海德、霍尔姆斯：《大脑损伤造成的感觉错乱》，第 187 页。——原页下注

在，总之，目前的知觉在于依据当前的位置重新把握一个套着一个的一系列以前的位置。但是，即将来到的位置也被装入现在，通过即将来到的位置，所有直至运动结束来到的位置也被装入现在。运动的每一时刻包含了运动时刻的整个长度，尤其是第一个时刻，运动的开展开始了一个这里和一个那里、一个现在和一个将来的联系，而其他的时刻仅限于展开这种联系。因为我有一个身体，因为我通过身体在世界中活动，所以空间和时间在我看来不是并列的点的总和，更不是我的意识对其进行综合和我的意识能在其中包含我的身体的无数关系；我不是在空间里和时间里，我不思考空间和时间；我属于空间和时间，我的身体适合和包含时间和空间。这种把握的范围规定了我的存在的范围；但这种把握无论如何不可能是完全的：我寓于其中的空间和时间总是彼此拥有许多包含其他视点的不确定场域。同空间的综合一样，时间的综合也始终需要重新开始。我们的身体的运动体验不是认识的一个特例；它向我们提供进入世界和进入物体的方式，一种应该被当作原始的或最初的"实际认识"［«praktognosie»］。① 我的身体有它的世界，或者不需要经过"表象"、不需要服从"象征功能"或"具体化功能"就能包含它的世界。一些病人能模仿医生的动作，能用右手触摸右耳，用左手触摸鼻子，如果他们站在医生旁边观察在镜子中的医生的动作，而不是面对医生的话。海德用病人的"表达"［«formula-tion»］不充分来解释病人不能完成模仿：动作的模仿需要借助语词的传达［traduction verbale］。事实上，语音表达可能是准确的，但模仿却不能完成，没有语言表达，模仿照样可以完成。于是，一些研究者②认为，起作用的即使不是语词象征，至少也是一种一般象征功能，一种"转换"［«transposer»］能力，作为知觉或客观思维的模仿只不过是这种能力的一个特例。不过，这种一般功能不能解释适应行为，这是显而易见的。因为病人不仅能表达出需要完成的动作，而且也能把它回忆出来。病人十分了解他们要做什么，却不用右手触摸右耳并用左手触摸鼻子，他会用每一只手来触摸一只耳朵，或者触摸鼻子和一只眼睛，或者触摸一只耳朵和一只

---

① 格林鲍姆：《失语症和运动机能》。——原页下注
② 戈尔德斯坦、凡·沃尔康姆、布曼和格林鲍姆。——原页下注

眼睛。① 运动的客观定义不适用于病人的身体本身并与之协调。换句话说，右手和左手、眼睛和耳朵仍然是作为绝对的位置呈现给病人的，而不能进入一种对应系统，这种系统把它们与医生的身体的相应部位联系在一起，即使当医生面对病人时也能利用它们来进行模仿。为了模仿面对我的某个人的动作，我不需要清楚地知道"出现在我的视觉场右边的手，对我的对方来说是左手"。而病人恰恰需要求助于这些解释。在正常的模仿中，被试的左手直接等同于他的对方的左手，被试的动作直接仿照其示范的动作，他置身于他的范例中或暂时成为他的范例，和他的范例等同起来，位置的变换明显地包含在这种生存活动中。这是因为正常被试不仅拥有作为当前位置系统的他的身体，而且也因此拥有作为在其他方位中无数等同位置的开放系统的他的身体。我们称之为身体图式的东西就是这种等同系统，各种运动任务得以瞬间换位的直接呈现的这种不变者。这就是说，它不仅是我的身体的体验，而且也是在世界中的我的身体的体验，是它把一种意义给了语词指令。因此，在运用不能症患者的障碍中，被破坏的功能是运动功能。"在这类病例中，受到影响的不是一般象征或意义功能；而是一种更原始的和有运动性质的功能，即动力的身体图式的运动分化能力。"② 与具体空间及其绝对位置相比较，正常模仿的活动空间不是基于一种思维活动的"客观空间"或"表象空间"。这个空间已经出现在我的身体结构中，是我的身体结构不可分离的关联物。"从纯粹状态来考虑，运动机能已经具有 Sinngebung（意义给与）的基本能力。"③ 尽管空间思维和知觉后来摆脱了运动机能和在空间的存在，但如果要表征空间，我们必须首先通过我们的身体进入空间，空间必须给予我们使空间变成一个客观体系，使我们的体验成为关于物体的体验，并向一个"自在"开放的换位、相等、等同的最初模型。"运动机能是所有意义的意义（des Sinn aller Signifikationen）在被表征空间的范围内产生的最初领域。"④

作为身体图式的修正和更新的习惯之获得，使始终倾向于把综合设想为一种智力综合的传统哲学陷入困境。确实，不是一种外部联想把基本运

---

① 格林鲍姆，引用著作，第 386～392 页。——原页下注
② 格林鲍姆，引用著作，第 397～398 页。——原页下注
③ 格林鲍姆，引用著作，第 394 页。——原页下注
④ 格林鲍姆，引用著作，第 396 页。——原页下注

动、反应和"刺激"在习惯中连接在一起。① 任何一种机械论学说都在"学习是系统的"这个事实面前碰壁：被试不把个别的运动和个别的刺激联系在一起，而是获得了用某种解决办法来对付某种情境的能力，由于各种情境间的差别可能很大，所以反应运动有时可能被交给一个效应器来完成，有时可能被交给另一个效应器来完成。在不同的情况下，情境和反应的相似性与其说在于诸要素的局部相同，还不如说在于其意义的相同。因此，是否应该把习惯归因为一种知觉活动，它将诸要素组织起来以便之后从中抽离？② 例如，获得一种舞蹈习惯，不就是通过分析发现动作样式，借助已经获得的动作，根据理想的运动线路来指导步伐和移位运动，重新组织运动吗？但是，为使新的舞蹈样式融入一般运动机能的某些组成部分，新的舞蹈样式应首先作为运动被接受。正如人们经常说的，是身体"明白"（kapiert）和"理解"［«comprend»］了运动。习惯的获得就是对一种意义的把握，而且是对一种运动意义的运动把握。这句话的意思是什么？一位妇女不需要计算就能在其帽子上的羽饰和可能碰坏羽饰的物体之间保持一段安全距离，她能感觉出羽饰的位置，就像我们能感觉出我们的手的位置一样。③ 如果我有驾驶汽车的习惯，我把车子开到一条路上，我不需要比较路的宽度和车身的宽度就能知道"我能通过"，就像我通过房门时不用比较房门的宽度和我的身体的宽度。④ 帽子和汽车不再是其大小和体积与其他物体比较后确定的物体。它们成了有体积的力量，某种自由空间的需要。相应地，地铁列车的车门和道路则成了能约束人的力量，并一下子向我的身体及其附件显现为可通行的或不可通行的。盲人的手杖对盲人来说不再是一件物体，手杖不再为手杖本身而被感知，手杖的尖端已转变成有感觉能力的区域，增加了触觉活动的广度和范围，它成了视觉的同功器官［或"相似物"，analogue］。在探索物体时，手杖的长度不是明确地作为中项起作用的：与其说盲人通过手杖的长度来了解物体的位置，还不如说通过物体的位置来了解手杖的长度。物体的位置是由触摸物体的

---

① 关于这一点，参见《行为的结构》，第 125 页及以下。——原页下注
② 比如，柏格森就是这样认为的，他把习惯定义为"一种精神活动的化石残余"。——原页下注
③ 海德：《大脑损伤造成的感觉错乱》，第 188 页。——原页下注
④ 格林鲍姆：《失语症和运动机能》，第 395 页。——原页下注

动作的幅度直接给出的，除了手臂伸展的力度，手杖的活动范围也包括在动作的幅度中。如果我想习惯一根手杖，我就尝试用它来接触物体，在一段时间以后，我"掌握"［«en main»］了这根手杖，我知道哪些物体处在我的手杖"范围内"［«à portée»］，哪些物体处在它的范围之外。在此，问题不在于手杖的客观长度和需达到的目标的客观距离之间进行即时估计和比较。空间的地点不能被定义为与我们的身体的客观位置相对的客观位置，但它们在我们周围划定了我们的目标或我们的动作的可变范围。习惯于一顶帽子、一辆汽车或一根手杖就是置身于其中，或者相反，使之分享身体本身的体量。习惯表达了我们扩大我们在世界之中存在，或当我们占有新工具时改变生存的能力。① 一个人可能会打字，却不能指出构成词语的字母在键盘上的位置。因此，会打字并不意味着能认出每一个字母在键盘上的位置，也不意味着为每一个字母获得了当字母呈现在我们眼前时它引起的条件反射。如果习惯既不是一种知识，也不是一种自动性，那么它到底是什么？它是一种在手中的、只有在身体的作用下才能出现并且只能用一个客观名称来表示的知识。被试知道键盘上的字母的位置，就像我们找到我们某一肢体的位置，凭借一种不在客观空间中给予我们某一位置的常识。打字员的手指移动并不是向打字员显现为人们可以描述的轨迹，而是显现为通过其外观有别于其他任何变化的某种运动机能的变化。人们经常提出这样的问题：对写在纸上的一个字母的知觉是否能唤起该字母的表象？该字母的表象是否又能唤起为把该字母敲键盘所需的动作表象？但是，这种说法是没有依据的。当我扫视呈现在我眼前的文本时，没有能唤起表象的知觉，具有特征的或熟悉外观的整体是在当前形成的。当我坐在打字机前，一个运动空间在我的手下展开，我就在这个空间里把我读到的东西打出来。读到的词语是可见空间的一种变化，而动作的执行则是手的空间的一种变化。整个问题在于了解"视觉"整体的某种外观为什么叫作运动反应的某种方式，每一个视觉结构为什么最终能产生其运动本质，而不需要拼读出词语和拼读出运动，以便表达运动中的词语。但是，这种习

---

① 习惯以这种方式说明了身体图式的本质。当我们说身体图式把我们的身体的位置直接给予我们，我们并不是以经验主义者的方式表明身体图式是"延伸的感觉"的拼凑物。它是一个向世界开放的、与世界有关联的体系。——原页下注

惯的能力不能与我们身上通常具有的能力区分开来：如果有人要我触摸我的耳朵或我的膝盖，我将以最短的距离把我的手放到我的耳朵或我的膝盖上，根本不需要想象我的手的起点位置、我的耳朵的位置，以及从我的手到我的耳朵的轨迹。我们已经在前面说过，在习惯的获得中，是身体在"理解"。如果理解是把一种直接感觉材料归入一个概念，如果身体是一个物体，那么这种说法将是荒谬的。然而，恰恰是习惯的现象要求我们修改我们的"理解"概念和我们的身体概念。理解，就是体验到我们指向的东西和呈现出的东西，意向和实现之间的一致——身体则是我们在世界中的定位。当我把手移向我的膝盖时，在运动的每一个时刻，我都体验到一种意向的实现，但这个意向不是指向作为概念或作为对象的我的膝盖，而是指向作为我的有生命的身体的和呈现的实在部分，即最终作为我向着一个世界持续运动之经过点的我的膝盖。当打字员在键盘上做必要的运动时，这些运动是受一种意向引导的，但是，这种意向不把键盘上的键当作客观位置。严格地说，学习打字的人确实把键盘的空间和他自己的身体的空间融合在一起。

乐器演奏家的例子能进一步说明为什么习惯不寓于思想和客观身体中，而是寓于作为世界中介的身体中。我们知道，[①] 一位熟练的管风琴演奏者能用一架他不熟悉的管风琴进行演奏，与他用惯了的管风琴相比较，该管风琴的琴键数目多少有些差别，音栓的排列也不尽相同。但只要他练习一小时，就能上台表演。如此短的学习时间不足以假定新的条件反射代替了已经建立的联系，除非两者都已形成了一个体系，除非变化是完全的，这个事实能使我们摆脱机械论学说，因为反应需要通过对乐器的整体把握。在此，我们是否能说管风琴演奏者分析了管风琴，也就是说他形成和保存了音栓、踏板、琴键及其在空间里的关系的表象？但是，在音乐会之前的短暂排练期间，管风琴演奏者的所作所为不同于人们在拟定一个计划时的行为。他坐在琴凳上，踏动踏板，使管子发出声音，用他的身体控制乐器，配合指挥，他置身于管风琴之中，就像人们置身于一所住宅之中。至于每一次弹奏，每一次踏板，他记住的不是在客观空间里的位置，他没有把这些位置放入"记忆"。在排练期间和演出期间，音栓、踏板和

_____

① 参见谢瓦利埃《习惯》，第 202 页及以下。——原页下注

琴键只是作为这种感情或音乐意义的力量呈现给他的，而它们的位置只是作为这种意义得以出现在世界中的地点呈现给他的。在标在乐谱上的乐曲的音乐本质和实际上在管风琴中回响的乐曲之间，有一种非常直接的关系，以至于管风琴演奏者的身体和乐器只不过是这种关系的经过地点。从此，乐曲通过自身而存在，并且正是通过乐曲，其他的一切才存在。① 在此，没有关于音栓位置的"记忆"，管风琴演奏者不是在客观空间里进行演奏的。事实上，他在排练期间的演奏动作就是在祝圣仪式上的演奏动作：这些动作体现了富有感情的力量，发现了激动人心的源泉，创造了一个有表现力的空间，就像占卜者的动作划定了神庙的范围。

在此，习惯的整个问题在于了解演奏动作的音乐意义如何能转化为某种确定的地点，以至于管风琴演奏者在演奏乐曲的时候正好把实现乐曲的音栓和踏板连接在一起。然而，身体完全是一个有表现力的空间。我想拿一件物体，在我没有想到的一个空间点上，作为这种抓握能力的我的手已经伸向该物体。我移动我的双腿，不是因为它们处在与我的头相距四十八厘米的空间中，而是因为它们的走动能力使我的意向朝下延伸。我的身体的主要部位协助参与动作，分享动作的意义，为什么常识把思维的地点放在大脑，为什么管风琴演奏者把音乐意义分布在管风琴的空间中，是同一个问题。但是，我们的身体不只是所有其他空间中的一个有表现力的空间。被构成的身体就在那里。这个空间是所有其他空间的起源，表达运动本身，是它把一个地点给予意义并把意义投射到外面，是它使意义作为物体在我们的手下、在我们的眼睛下开始存在。即使我们的身体不像动物那样，把一出生就规定的本能强加给我们，也至少把普遍性的形式给予我们的生命，使我们的个人行为在稳定的个性中延伸。在这个意义上，我们的本性不是一种旧习惯，因为习惯必须以本性的被动性形式为前提。身体是我们拥有一个世界的一般方式，有时，身体仅局限于保存生命所必需的行为，反过来说，它在我们周围规定了一个生物世界；有时，身体利用这些最初的行为，经过行为的本义到达行为的转义，并通过行为来表示新的意

---

① 参见普鲁斯特《在斯万家》，Ⅱ，"乐器演奏家好像不是在演奏他们正在演奏的短句，而是在演奏短句所要求的格式，以便短句能够显现出来……"（第 187 页）"其喊叫声来得如此突然，以至小提琴演奏家赶紧猛拉琴弓以迎接喊叫声。"（第 193 页）——原页下注

义的核心：这就是诸如舞蹈运动习惯的情况。最后，被指向的意义可能不是通过身体的自然手段联系起来的；所以，应该制作一件工具，在工具的周围投射一个文化世界。在各个方面，工具所起的作用都是向自发性的即时运动提供"一些可重做的动作和独立的生存"①。习惯只不过是这种基本能力的方式。人们说，当身体被一种新的意义渗透，当身体同化一个新意义的核心时，身体就能理解，习惯就能被获得。

总之，通过对运动机能的研究，我们发现了"意义"一词的新意义。理智主义心理学和唯心主义哲学的力量在于它们能容易地证明知觉和思维有一种内在意义，证明知觉和思维不能通过偶然联结在一起的内容的外部联合来解释。我思就是这种内在性的觉悟。但是，任何一种意义由此被设想为一种思维活动，一个纯粹的我（Je）的活动，即使理智主义能轻而易举地战胜经验主义，它也不能解释我们的各种体验，不能解释我们的体验中作为无意义的东西，不能解释内容的偶然性。身体的体验使我们认识到一种意义的强加——不是一个有普遍构成能力的意识的强加，一种依附于某些内容的意义。我的身体就是像一种普遍功能那样运作，并且存在着和容易受到疾病侵袭的这个意义核心。在这个意义核心中，我们学习认识我们通常将在知觉中重新发现的、我们需要对它做更全面描述的这个本质和存在的纽结。

## 三　导读

作为早期梅洛－庞蒂最为重要的代表性著作，《知觉现象学》一书除了整体介绍现象学诸问题的"前言"和澄清既有理论偏见并提出该论著基本立场的"导语：传统偏见与回到现象"之外，共分为三个部分。"第一部分：身体"，该部分从"作为对象（客体）的身体"和"身体经验"两个方面批判了机械物理学和传统心理学或外在客观性或内在主观性的单一研究维度，认为应当走出"主体—客体"的研究范式，从而在身体的现象中探索其本质。以此为基础，梅洛－庞蒂分别探讨了"身体自身的空间性与运动机能"、"身体自身的综合"、"有性别的身体"和作为表达的身体

① 瓦莱里：《达芬奇方法引论》，札记集，第177页。——原页下注

与言语等问题，在对既有理论的批判与反思中较为系统地形成了以"身体意向性"为核心的"身体（知觉）—世界—他人"意向关联。"第二部分：被知觉的世界"，该部分从"感觉"、"空间"、"物与自然世界"和"他人和人的世界"（应为"他人与人文世界"——编者注）等方面更加集中地讨论了被身体所知觉的世界涉及的诸问题。如果说第一部分侧重于描述主体一极诸维度，那么第二部分则对对象一极诸维度进行了较为深入的阐发。"第三部分：自为存在与在世存在"，梅洛－庞蒂在前两个部分的基础上探讨了"我思"、"时间性"和"自由"等问题。首先，他认为笛卡儿式的"我思"乃是一种建基于语词之上的"已被言说的我思"（cogito parlé），而身体知觉所构成的则是一种"缄默的我思"（cogito tacite），它既是主体的生存基底，又使传统意义上的"我思"得以实现。其次，他指出"时间性"并非物之属性，而是主体之主体性。时间并非度量主体行为的外在刻度，而是主体在世界之中存在的展开过程。在此意义上，主体即时间，时间即主体。最后，他反对一种绝对的自由，因为绝对自由恰恰意味着没有自由。自由并不意味着主体任意地施展其主体性，而是涉及他人的交互主体性问题。在"自我—另一个自我"（Ego-Alter-ego）的内外交互过程中，一种"有条件的自由"（la liberté conditionnée）才得以实现。

本导读所节录的部分出自《知觉现象学》第一部分的第三章，主要围绕身体自身的空间性问题而展开。事实上，在梅洛－庞蒂之前，海德格尔已经在其早期著作《存在与时间》（Sein und Zeit）中通过存在的生存论建构提出了一种存在论意义上的身体空间性问题。在海德格尔看来，身体的空间并非生物学意义上的肉体所呈现出的物理空间，而是身体自身在与世界打交道的过程中所生成的属人空间。这种空间不仅是作为"此在"（Dasein）的人之本原性绽出，也是人"在世界之中存在"（In-der-Welt-Sein）的基本样态。梅洛－庞蒂接受了海德格尔的基本观点，并通过大量病理学与心理学案例对其加以阐发。

梅洛－庞蒂指出，身体的空间性并非如同诸物一般在一种外在的并置或相邻中呈现出一种"位置的空间性"，而是在主体与世界打交道的过程中实现的"处境的空间性"。与海德格尔的判断相同，梅洛－庞蒂认为主体并非"我思"或某种具有超越性思想的代名词，而是始终凭借身体在世界之中存在。这里的"在……之中"并不意味着主体如同匣中之物般被置于某个业已固定的时空框架之中，相反，"在……之中"意味着主体通过自身的行为将内在主体性弥散在诸物的外在客体性之中，他始终生成并敞开着自身的时间与空间。在行为的结构中，主体实现了一种外在世界的属我化，使得行为发生的场域也因此带有了生存论色彩。空间不是静态的地点，而是被主体行为赋予意义的场所。空荡的房间是墙壁围合而成的物理地点，只有当人在其中的行为赋予其意义时，这个物理层面的空洞之所才会通过言谈和争辩成为思想的诞生之处，通过乐音或姿态成为艺术生成的领域。相应的，不断生成着意义的身体不是骨骼筋肉的生理性拼接，而是通过其意向性活动使自身诸部分相互涵摄的有机整体。这个将身体自身统一为一个整体的机制即"身体图式"（schéma corporel）。所谓"身体图式"，既非身体经验的概括，亦非某种整体大于部分的心理"完形"，而是一种表示我的身体在世界之中存在的方式。这也就意味着，"身体图式"既不后于我们的行为，亦不先于我们的行为。它在我们的行为中产生，并使我们能够自如地应对其他相同或相似的情境。内化于身体行为的"身体图式"因此也并非一成不变的僵化模型，而是能够通过习惯的获得来不断修正和更新的动力性机制。梅洛－庞蒂列举了打字员与管风琴演奏者的事例，说明身体在具有某个相对稳定的"身体图式"时，可以在不通过思维计算的前提下，通过身体顺利地将可能全新的处境纳入身体自身的运动场域之中。在此过程中，并非我的思想在短暂的时间内快速计算着眼前处境的各个部分，而是身体自身在行动中"把握"和"理解"着境域自身。正因如此，梅洛－庞蒂并不认为主体的意识具有朝向事物自身的意向性，相反，他认为身体的"运动机能"本身就是一种原发的意向性，即身体意向性。与意识意向性不同的是，身体意向性不是对某一事件之思考的"我想……"（je pense que...），而是直接与事物打交道的"我能"（je peux）。在梅洛－庞蒂那里，主体不是虚悬的"我思"，而是时刻以身体为中介在世界之中存在的"具身主体"（sujet incarné）。这也就意味着，主体的意识活动必须在其身体的行为中才能够与诸物发生关联，相应的，主体的身体也不仅仅是生物学意义上的肉体，更是一个承载着主体意向性的、半透明的身体。正是在身体的行为过程中，主体得以与诸物打交道，也因此真正敞开一个属我的世界。

在西方历史中，"灵"（灵魂、精神、意识）与"肉"（身体）的矛盾始终被艺术家和思想者们反复言说。在古希腊思想家柏拉图看来，尘世的肉体作为被创生的、坚硬的、无法自动的、无灵魂的载体，不但为羽翼丰满的、自动的灵魂提供了不合时宜的"昏暗工具"，同时还因其可朽（mortal）的特质成了灵魂必须摆脱的负累。这一思想经由新柏拉图主义者的弘扬，成为中世纪基督教身体理论的核心，即沉迷于尘世欲望的身体作为原罪的显现必须加以克服，从而使灵魂与上帝同在。近代以来，笛卡儿的身心二元论将身体与精神置于两种截然不同的原则之下，一方面是通过怀疑法不断确证其自身的"我思"，另一方面则是游离于反思性原则之外的身体。德意志唯心论作为现代哲学的典型形态，同样将身体置于一种从属性的境域之中。在此，人的理性不过是上帝的代名词，人即人的理性，而人的活动也就是理性的活动。身体作为理性的载体，或是表现为感性材料的收集器，或是表现为理性实现自身目的的手段。身体被动地接受理性的驱使，同时在这一过程中隐藏其自身。梅洛－庞蒂在现象学语境中对身体自身的理论探索不仅是对意识现象学的反思与批判，而且也是作为"灵"之附庸的"肉"进行的价值重估。从思想发展史的角度看，他的身体理论不但松动乃至瓦解了西方传统中的"灵—肉"模式，也为后现代思想家——尤其是法国思想家（德勒兹、福柯等）——对身体的多重维度进行深入探索提供了理论前提与转化创生的可能性。

# 26

## 德里达的《声音与现象》

庄　威<sup>*</sup>

符号从一开始就被虚构加工过。

——《声音与现象》

　　说起德里达，学者们总把他视为所谓"后现代"一派，仿佛有些花哨。但是一旦读起他的东西来，就绝非轻松了。

　　雅克·德里达（Jacques Dérrida）生于 1930 年，卒于 2004 年。他是一位高产的哲学家和思想家，其传记作者提到他有七八十本专著出版。在1967 年，37 岁的德里达开始在思想界掀起波澜，接连出版三本书，彰显其显然已经蕴育成熟的思想，即《声音与现象》、《书写与差异》（此为论文集）、《论文字学》。我们这里要谈的就是他的《声音与现象》。

　　德里达的东西大家都公认很难读，这也难怪，因为他很多作品的讨论对象都是哲学史上难啃的"硬骨头"，比如亚里士多德、胡塞尔、海德格尔等等。但难读的原因之二，也不得不说是某些法国思想家身上具有的几乎是标志性的晦涩表达。读书读到一定的时候，其实需要鉴别思想性的东西和风格性的东西，尽量明朗的表达是更需要投入精力的。对于德里达而言，这本早期的《声音与现象》尽管也有迂曲冗赘之处，但这本 100 多页的小书蕴含的思想绝对掩盖了对其晦涩的诟病。

------------

　　* 庄威，男，哲学博士，副教授，主要研究方向为德法哲学、现象学、美学。

我这里借助的版本是北京大学杜小真女士翻译的《声音与现象》汉译本，商务印书馆于1999年第一次出版印刷作为"当代法国思想文化译丛"的一部分，至今屡次印刷，业已被收入商务印书馆"汉译世界学术名著丛书"之中。我用的是2001年商务印书馆第二次印刷版。说实话，要读懂这部汉译着实不容易，因为在对不少涉及胡塞尔现象学术语的处理上，杜小真女士的译法和国内现象学翻译的先驱者倪梁康先生的译法（参照他翻译的胡塞尔的《逻辑研究》）有出入，这直接影响到了对德里达思想的理解。本人在学生时代读这本书的时候除了阅读多遍，还在行间用笔将二位学者的译法对照着标注出，阅读时得"瞻前顾后"，自我统一，体会是以倪先生的译法为一个基本的术语坐标可能会省力些。事先得说明一下，在这篇导读中有时会对杜女士的译文加以微调，必要时给予说明，有些关键术语会标出德文或法文，读者在阅读中如果时常参照会有助于理解德里达的思路。

说了这么多，我们现在就出发，探索一下这本书的内容吧！

# 一 "在场"和"语言"

导言一开始德里达就认为，尽管有一些修改以及大量的解释，胡塞尔在《逻辑研究》所开始的，"直到这部著作的第四版（1928），这条道路仍没有任何根本变化"[①]，我们会想：在胡塞尔那里是什么东西一直保持着呢？德里达相信通过仔细阅读《逻辑研究》就能揭示出胡塞尔思想的全部萌芽。作为导读，本文不想卖关子，一开始就揭示谜底吧！那个一直保持的东西可以说就是：本质！德里达说："我们在书中的任何一页上都能读到本质还原和现象学还原的必要性——或者未言明的实践——以及这些还原允许进入的一切的可以定位的在场。"[②] 这段话里有不少难以一言以蔽之的概念，但可以说此处的"在场"就是一个关键词，它是"本质"的代名词，或者说所谓"本质"就有"在场"的特征。当然，一开始要明白这些含义并不容易。阅读哲学其实是进入一个哲学家构造的概念域的过程，刚

---

① 〔法〕德里达：《声音与现象》，杜小真译，商务印书馆，1999，第1页。
② 〔法〕德里达：《声音与现象》，杜小真译，商务印书馆，1999，第2页。

开始一头雾水，周游之后就能得出总体印象了。所以对于阅读来说，忍耐是一种必要的德行。

德里达认为《逻辑研究》第一卷（Ausdruck und Bedeutung）中对于表达与意义中的一些基本区分制约着胡塞尔的所有分析。其中就有对于"符号"（Zeichen）的区分，这是一个关键，胡塞尔区分了这个词的两个层次。这个语言层次的划分对于胡塞尔要求的现象学的严格性、自明性有影响。胡塞尔要求的严格性就是其形而上学的残留，但也正是这种严格性和自明性的形而上学承诺构成了整个胡塞尔现象学，自明性、现在或直观都是"在场"的表现。我们这里可以体会一下："在场"这个词标记着一种全然呈现、全然袒露的状态，对于真、对于自明性和直观所要求的其实正好也是这种全然体现。所以，在这个问题上，德里达表现出了一种对现象学的警觉，有的现象学家可能没能警觉这一点，但是这种警觉可以使现象学跳出形而上学的统治。对于符号的讨论实际上就是要在胡塞尔现象学内部打开这种警觉的领域。德里达把论述的中心放在了胡塞尔《逻辑研究》中对符号领域的观点上。"符号"是认识理论的条件，也是形而上学的条件。其实这个符号条件，说白了就是语言，因为正如胡塞尔的现象学得在语言（这就意味着符号）的水平上进行沉思，严格性 – 在场的实现也得通过语言。

语言 – 符号问题就是德里达哲学的全部秘密之所在。引入语言实际上就是引入和在场相关联的不在场，"语言可称为在场与不在场这个游戏的中项"①。这里的"不在场"又是一个不怎么好懂而且需要参照与之相反的"在场"来理解的一个词。现在，我们可以先在脑海里想象一下火苗的形象：你无法固定住火苗的每一处（不在场），但是火苗整个都在那里（在场）。这样一来，我们是不是可以说"火苗"这个词就已经包含了上述在场和不在场？是不是可以说语言统一了理想和生命、意义和气流？亲爱的读者，您现在能够感受到一点语言的奇特效应了吗？按照胡塞尔的划分，他区分了心理学和现象学的层次（先验的理想性的层次），但是这种平行论在德里达看来是一种"乌有"，心理学和先验哲学的差异只是对语言 – 符号所坚持的这样一种使用，先验哲学依然是一种生命哲学："当经验的

---

① 〔法〕德里达：《声音与现象》，杜小真译，商务印书馆，1999，第10页。

生命或甚至纯粹心理的领域被置于括号之中的时候，这仍然还是一种先验的生命，或最终还是胡塞尔发现的活生生的在场的超验性"①，"先验的意识除了是心理的意识之外，不是任何其他的东西"②。所以胡塞尔所要求的现象学的先验层次在逻各斯和音素之间维持着，但是音素或声音这一和机体（Körper）相关的自明性从未在胡塞尔那里占据过主要地位，而"在场"的特权却只能建立在这一被忽略了的自明性之上。

也许，现在我这么压缩一下德里达晦涩的导言还是不能一下子传达清楚，那么请耐心往下读，德里达会在后面的章节里把导言里的意思填充得更为丰满详细。

## 二 符号、表达和指号

德里达指出，胡塞尔在第一研究中首先揭示出，符号（德文词叫 Zeichen）总是包括了两个相异的层次，一个叫表达（Ausdruck），一个叫指号（Anzeichen），即意义的层面和非意义的层面。德里达说，胡塞尔认为可能有一些并不表达任何东西的符号，即只有指号的层次（我此刻想到的例子是一个指向某处的箭头），并且认为胡塞尔很快就把"表达"视为了话语的纯粹的层次，具有"纯粹逻辑性的权利"③ 表达对应着"意义"。德里达看得很准确，在《逻辑研究》中胡塞尔并未区分 Sinn 和 Bedeutung，两者都表示意义。④ 但在 1913 年的《纯粹现象学和现象学哲学的观念》第一卷（以下简称《观念 1》）中，"Bedeutung 被保留在口头表达和口头话语的理想意义的内容之中，而 Sinn 则遍及整个思维对象的范围直指它的非表达的层次"⑤。不管怎样，指号和表达在胡塞尔那里成为符号的两个基本面，表达对于话语来说是根本的，而在这一层次之外，指号的层次同时存在，二者紧密交错。但是胡塞尔倾向于把指号的指示性和交流性视为表达

---

① 〔法〕德里达：《声音与现象》，杜小真译，商务印书馆，1999，第 10~11 页。
② 〔法〕德里达：《声音与现象》，杜小真译，商务印书馆，1999，第 15 页。
③ 〔法〕德里达：《声音与现象》，杜小真译，商务印书馆，1999，第 21 页。
④ Sinn 和 Bedeutung 都可以作"意义"讲，但是在哥特勒布·弗雷格那里，这两个词的含义迥然不同。在胡塞尔的文本中，Bedeutung 可以专门适用于话语表达的意义，动词 bedeuten 可以译作"意谓"，这在杜小真和倪梁康两位译者那里是保持了一致的。
⑤ 〔法〕德里达：《声音与现象》，杜小真译，商务印书馆，1999，第 22 页。

的外在层次，他总想克服这种外在性，其办法是找到一种无交流的语言，即独白的话语，内心中自言自语的情况。德里达认为胡塞尔努力想获得纯粹性，而"Bedeutung""只有在对某种外表的关系被悬搁起来的时刻才能把它的表达性的被集中纯粹性孤立起来"①。胡塞尔这种排除表达的外在交流的动向，德里达辨识出来这正是在追求接近所谓内在性、追求在场、意义的透明性的表现。在独白中、在灵魂的自语中，胡塞尔认为表达不再作为指号活动了，而只剩下"意谓"的功能。德里达认为，胡塞尔并没有肯定地指出符号的本质一定是什么，但他的确功能性地强调了和逻辑意义相关联的意谓层面，他还是行走在通向意义和通过符号制作真理的道路上。德里达说胡塞尔越来越关心的是"真"的"制造"而非"录制"；他对此表示怀疑，指出这是胡塞尔现象学对于古典在场哲学的本体论依附（体现为指号对于表达的依附）。这个出于符号立场的批评也可以看作德里达思想的关键："如果符号是以某种方式先于人们称作真或本质的东西的话，那谈论真或符号的本质就没有任何意义。"② 如果"指号"和"表达"的交错关系是不能还原的，那么可以说胡塞尔的全部理论都将会受到质疑。无论是怎样的还原，指号的外在性总是不可清除的。德里达认为现象学本该将这一认识吸纳进来，以变得更加细致苛刻、更加"现象学"，但是胡塞尔还是相信意义的绝对性先于表达，这就是在场的执念。其实，到此为止（我们在这里已经讲完了第二章），应该说德里达已经将其思想的要点全盘托出。从《声音与现象》的第三章开始，他所论述的都是对前述基本思路的展开和细化。

## 三　意义、再现和解构

意谓在胡塞尔那里有一种理想化的倾向，应和着表达的内在化。意谓针对的是外在，但是是理想对象的外在，这理想的外在得到表达。德里达说，对胡塞尔而言，"表达的话语本身就其本质来说并不需要真正在世界

---

① 〔法〕德里达：《声音与现象》，杜小真译，商务印书馆，1999，第26～27页。
② 〔法〕德里达：《声音与现象》，杜小真译，商务印书馆，1999，第30页。

之中被大声说出来"①。指向对象的意向性实际上针对的就是这种理想性，简言之，"被表达的是一种意义，即一种并不存在于世界之中的理想性"②。在德里达看来，胡塞尔的现象学是目的论的和意志论的，因为胡塞尔要求意义只能在在场性的意谓那里得到表达。这种意义和意谓的在场性意志要求排除了手势和表情，也排除了活生生的身体，甚至还排除了话语的一切形体方面和传达、交流性的方面，世俗存在、自然性、可感性、经验性、联想等这些和指号层次相关的方面都在非在场那里找到了自己的位置。当然，德里达始终强调胡塞尔是在功能的意义上压制指号和非在场层次的，表达从来不是纯粹的，但是对胡塞尔来说，"只有当交流被悬搁时，纯粹的表达性才能显现"③。

那么，交流意味着什么呢？话语的交流关系一定会有不可还原的形体经历和心理经历，比如听到语词，有所联想，等等，"这种不可还原的中介化使每个表达都介入一种指示（Hinweis）过程"④。"他人的体验只是因为它直接地被包含一种形体面貌的符号所指示才对我变得明显起来。'形体'的思想本身，形体面貌的思想本身只有从这种表述运动出发才是可以想像（象）的。"⑤ 所以表达对于他人关系的引入对胡塞尔来说是需要排除的非意谓的因素，他很自然地找到了一个看起来不用面对他人的行为，即"内心独白"。胡塞尔认为指示性的因素在内心独白中不起作用，在这里，表达是完满的，词是被"再现"的，是一种想象物，而不具有交流中的指

---

① 〔法〕德里达：《声音与现象》，杜小真译，商务印书馆，1999，第 39~40 页。
② 〔法〕德里达：《声音与现象》，杜小真译，商务印书馆，1999，第 41 页。
③ 〔法〕德里达：《声音与现象》，杜小真译，商务印书馆，1999，第 47 页。
④ 〔法〕德里达：《声音与现象》，杜小真译，商务印书馆，1999，第 47 页。译文有所改动。这里的"指示"倪梁康先生译为"指明"，杜小真女士译为"表述"，差别很大；在《逻辑研究》的译本中倪先生用"表述"来译 Ausdruck，而它在杜女士那里作"表达"，因为汉语中"表达"和"表述"语义接近，可 Hinweis 和 Ausdruck 差别巨大，这就引起了较大的阅读障碍。我在这里的处理是把 Ausdruck 作"表达"，Hinweis 作"指示"。杜女士把 Anzeigen 译为"显示"（见汉译本第 29 页），但在汉译本的第 53 页却作"表述"，应该还是作"显示"较妥。胡塞尔还有 Zeigen 一词，杜女士译为"指示"，和 Anzeigen 接近，另外还有前文出现过的 Zeichen（符号）和 Anzeichen（指号），它们都具有"指"的意味，可以视为与 Ausdruck（表达）相对立的一族。这是读者在读《声音与现象》的时候要牢记在心的术语问题，如果一时忘记了、淆乱了，可以再回到这个注解里来参照。
⑤ 〔法〕德里达：《声音与现象》，杜小真译，商务印书馆，1999，第 48 页。

示因素，词语是被回忆起来的。德里达认为，这种处理方式，即使不论讨论背后的心理学机制是否得当，也根本不能避免引入新的含混，追求意义在场的胡塞尔无法一下子获得原始在场，因为"想象"和"再现"的机制恰好表明词语不是原始的，而是有一个"re"（再、重复）的因子卡在了在场成立的通道上。德里达说："每当一个音素或一个字母在一个公式或一种感知中出现时，这音素或字母必然在某种程度上总是另一个，但是，它只有当一种形式的同一性得以重印出来并且承认它时才能够作为符号和一般语言进行活动。这种同一性必然是理想的。它必然引出一种再现……这种再现结构就是意义本身，若不从一开始就涉入一个不定的再现性中去，我就不能开始一个'真正的'话语。"① 所以，表达或者符号必然具有再现的结构，"纯粹的表达"也不例外。这就相当于把胡塞尔希望获得的表达和意义的在场结构破除掉了，所以"无论是涉及表达还是涉及指示的交流，实在与再现之间，真实与想像物之间，简单在场与重复之间的差异已经开始消失"②。德里达认为整个西方形而上学传统都在维系这种差异，这一传统都具有在符号那里抹去其再现特征的倾向，但德里达恰好通过符号的这一再现、重复（这同时意味着对理想性的偏离和差异）结构将胡塞尔现象学以及整个西方形而上学传统拖入解构（déconstruction）之中。

到这里，我们基本上完成了对《声音与现象》一半内容（从导言到前四章）的解读。在意义的在场性被解构之后，德里达指出，胡塞尔在《逻辑研究》中还有一种补救措施：即使语言 – 符号因再现而具有差异和不可还原的非在场性，但是对自我和自我体验而言，自我直接感受到了这一点似乎仍可以说具有一种对体验的当下在场性，这一点也似乎并不通过符号 – 指示媒介而形成，"对自我在场的现在就与眨眼瞬间一样是不可分割的"③。因此，自我的体验、感知这一活动好像就能够避开因为符号 – 指示因素的侵入而造成的非在场性。所以，自我的问题以及感知的问题将是德里达在《声音与现象》后半部分中的解构对象。

---

① 〔法〕德里达：《声音与现象》，杜小真译，商务印书馆，1999，第 63 页。
② 〔法〕德里达：《声音与现象》，杜小真译，商务印书馆，1999，第 64 页。译文有所改动。
③ 〔法〕德里达：《声音与现象》，杜小真译，商务印书馆，1999，第 75 页。

## 四　符号与瞬间

德里达认为从《逻辑研究》开始（尤其是在其中的第六研究），胡塞尔就强调了直观活动和有意义的活动（表达活动）之间的现象学差异。他引用胡塞尔的《观念1》："在感知为一方和通过形象或符号表现的象征的再现为一方之间，存在着一种不可逾越的本质差异。"（第43节）所以，提及这一区分，德里达的想法是如果表达的纯粹性企图失效后，以感知为领域的直观活动还能继续承担理想性在场的候选项，"这种感知或在在场中通过自我对自我的直观"能够避开表达那里的意义发生的复杂性（德里达已经表明了的"再现"机制），因而保持直观作为胡塞尔所说的现象学的"原则之原则"的地位。

但对于这种可能的拯救在场的措施，德里达同样找到了胡塞尔自己文本中的抵牾，一方面是强调直观体验中的当下性，"一个内在时间性对象的流逝方式还是拥有一个开始，就是说一个'源点'。这是内在对象由之开始存在的流逝方式。它的特点就是现在的"[1]，"实显的当下必然是而且始终是某种即时的东西，一种不断更新的质料的持存着的形式"[2]。这种当下性就是维系自明性乃至维系哲学和真之特权的在场。但是德里达注意到在胡塞尔的《时间内部结构的现象学教程》中已经含有对这一特权的破坏因素。胡塞尔在书中以一种时间意识解构了感知或者说直观的当下性，德里达直接引用道，"如果我们称感知为任何根源所寓居的活动，即原始构成的活动，那么，最初的回忆就是感知"[3]，"在理想的意义上讲，感知（印象）可能是构成纯粹'当下'和回忆的'意识阶段'，是完全不同的连续性的阶段。但是，这恰恰只是一种理想的界限，即不可能在自身中成为任何东西的抽象事物。此外，还应看到，这个理想的'当下'并不是与非当下完全不同的东西，相反，是不断与之交往的东西。因此与之相应的是感知到最初回忆的过程"[4]。所以即时、瞬间以及当下本身就是一种理想

---

① 〔法〕德里达：《声音与现象》，杜小真译，商务印书馆，1999，第78页。
② 〔法〕德里达：《声音与现象》，杜小真译，商务印书馆，1999，第79页。
③ 〔法〕德里达：《声音与现象》，杜小真译，商务印书馆，1999，第81页。
④ 〔法〕德里达：《声音与现象》，杜小真译，商务印书馆，1999，第82~83页。

性和抽象，感知和非感知、自明和非自明、当下和非当下的交错才是更基本、更为"现象学"的东西，这实际上表明了自我的同一性问题也被胡塞尔推翻或者纳入这种交错中来了。这种更为基本的东西，是"最初回忆"和"感知"的交会或交错地，德里达称之为"印记"（trace，另译"踪迹""痕迹"等）。我们可以说对某物的感知留下了一条原始感知所接受到的"印记"，但要感知到某物的话得把它回忆起来，把那条最初接受的"印记"（对这整个机制的描述不无休谟的意味）激活，但这种回忆和激活难免与最初不同，因而这种激活或者说最终的感知到某物已经处在相对于最初"印记"的差异之中，这一过程德里达称之为"延异"（différance，另译"分延"等）。这个词来源于 différence，把第二个 e 改成了 a 之后的 différance 读音与 différence 一样，但是在"印记"的意义上不同于后者。通过这个术语的游戏，德里达表达了上述非在场的机制。这本身已经是一种比胡塞尔的现象学更为严格的现象学了。

现在，我们站在延异的机制上再来看胡塞尔在第一研究中对内心独白的纯粹表达性的强调、对"指示"因素的驱逐，将会更加感受到由时间视角下自我同一性的破坏而带来的所谓纯粹表达的可质疑性，以及胡塞尔的现象学忽视、简化了"纯粹"背后的内在生命结构。

## 五　声音和现象学

在对以上所有的论述综合之后，德里达才开始分析胡塞尔选择的内心独白的一个具体例证："你瘦了，你不能再这样继续下去了。"他说胡塞尔借此想要同时证明两件事情："这个句子不是指示的（因而它是一种虚构的交流），而且它不为自己认识主体提供任何东西。荒谬的是，它不是指示的，因为它既然是非理论的、非逻辑性的、非认识性的，就不更多的是表达的。所以，它会是一种完全虚构的意义现象。"[1] 德里达的意思是这个例句不是具有认识意义的句子，"那是因它们并不直接在谓词陈述的形式之中：他们并不直接利用动词'是'（être）和它们的意义"[2]。简单来说，

---

① 〔法〕德里达：《声音与现象》，杜小真译，商务印书馆，1999，第 91 页。
② 〔法〕德里达：《声音与现象》，杜小真译，商务印书馆，1999，第 92 页。译文有所改动。

德里达认为，胡塞尔认为上述例句背后具有一个被非表达的外表隐藏了的
"'是'动词的现在时陈述式"这一"表达的逻辑性的纯粹目的论形式"①。
即：S 是 P 类型的句子，"如果人们确定表达和逻辑意义的同一性，那就应
该承认'是'动词的第三人称现在陈述式是表达的不可还原的纯粹核
心"②。这里，德里达进一步发挥了胡塞尔的上述逻辑目的论，认为胡塞尔
选择的独白自语，"并不是'自我对自我说'，除非这个人能采取'自己说
S 是 P'的形式"③。此处德里达终于抽引出了"是"动词的主宰结构：
"它无疑不是一个简单的词，因为人们不能用不同的语言表现它。它并不
更多地是一种观念的普遍性。但是，因为它的意义不指明任何东西：任何
物、任何在者、任何本体的规定，因为人们在词之外的任何地方都碰不到
它，它的不可还原性就是字句（Verbum）或说（Legein）、思想和声音在
逻辑统一中的不可还原性。"④ 在德里达看来，纯粹表达背后的主宰动机就
是这个"是"的非生产性的不可还原的理想性。

　　但是，这个看起来具有特权的理想化的"是"，恰恰寓居于声音之中，
它可以被无限重复，因而也不会与指示的因素决裂。发音和逻辑之间的联
系不能从根本上被斩断。胡塞尔不能悬置表达所要借助的实体、物质、载
体或者能指，如声音 – 音素，这是"现象学的声音"⑤，德里达由此进一步
质疑了所谓理想的"对象性"概念。形而上学借助"是"的理想化和在场
规定控制了"对象"，但是既然"指示"的因素不可消除，那么对象也可
以不断被重复和被听见，对象也以这种方式来接近自我。可是在哲学和形
而上学那里，这种指示因素被弱化得近乎可以忽略，对象借助声音被自我
听见或把握反倒被塑造成了一种绝对性和纯粹性，于是我们有"纯粹自
我"和"对象性"这样的看起来稳固无误的纪念碑式的概念，指示和能指
在此变得透明。（除非［例如］："当我看见自己在写或用手势表达意义而
不是听见自己说话的时候，这种接近被打断了。"⑥）只有这种透明性被获

① 〔法〕德里达：《声音与现象》，杜小真译，商务印书馆，1999，第 92 页。译文有所改动。
② 〔法〕德里达：《声音与现象》，杜小真译，商务印书馆，1999，第 93 页。
③ 〔法〕德里达：《声音与现象》，杜小真译，商务印书馆，1999，第 93 页。
④ 〔法〕德里达：《声音与现象》，杜小真译，商务印书馆，1999，第 93 ~ 94 页。
⑤ 〔法〕德里达：《声音与现象》，杜小真译，商务印书馆，1999，第 96 页。
⑥ 〔法〕德里达：《声音与现象》，杜小真译，商务印书馆，1999，第 102 页。

取，胡塞尔才能进行还原，从而坚持得到一个对象和意义的先表达层次。但是在这背后的非在场、指示性、能指或者形体（与灵魂对照）、外在性或者说书写的差异因素从一开始就伴随着胡塞尔现象学的全部，"作为声音过程的自我影响认为一种纯粹的差异要分裂自我在场。人们认为可以从自我影响中驱逐出去的一切可能性正是扎根于这种纯粹的差异之中：空间、外在、世界、形体等等。一旦人们承认自我影响是自我在场的条件，那任何纯粹先验的还原都是不可能的了"①。自我影响或差异应该在前面提到的"延异"运动中去理解，应该说分延正是德里达为这种不可还原的差异运动苦心制作出来的概念："这种延异运动并不是突然在先验主体面前出现。前者产生后者。自我影响不是一种经验状态——标志一个可能已经是其自身的在者的经验状态。它产生作为在与自我的差异中的对自我关系的同一个，作为非同一的同一个。"②

仿佛处在当下那里的透明的声音被其延异运动所替代，从另一面表明了当下、原点、原初印象背后时间化的隐喻其实误导了一种理想性："'时间'这个词本身总是在形而上学的历史中被听见，它就是一种隐喻，指示并消除这种自我影响的运动。"③ 在这里，德里达重复了上一节已经表明的："活生生的现在从它与自我的非同一性和持存的印迹的可能性出发喷射出来。它永远已经是一种印记。"④ 德里达称这一印记为"原文字"。⑤ 所以，纯粹自我、主体性和主体同一性在时间的平台那里天然就属于延异运动。德里达说，胡塞尔的第一研究那里作为特权加以处理的独白自语绝非一个自我关闭的内在，而恰好是一个巨大的更为"现象学"的空间，"现象学还原是一个舞台"。⑥ 舞台的这一隐喻，意味着深度，意味着在场的非理想和非透明，也意味着表演、替代，在场和非在场的交错游戏，指号对表述－意义理想性的补充，意味着分延运动的进行。

① 〔法〕德里达：《声音与现象》，杜小真译，商务印书馆，1999，第104～105页。
② 〔法〕德里达：《声音与现象》，杜小真译，商务印书馆，1999，第105页。译文有所改动。
③ 〔法〕德里达：《声音与现象》，杜小真译，商务印书馆，1999，第108页。译文有所改动。
④ 〔法〕德里达：《声音与现象》，杜小真译，商务印书馆，1999，第108页。
⑤ 〔法〕德里达：《声音与现象》，杜小真译，商务印书馆，1999，第109页。译文有所改动。
⑥ 〔法〕德里达：《声音与现象》，杜小真译，商务印书馆，1999，第110页。

## 六　延异、历史与新思想

写到这里，德里达基本已经将其主要的思考全盘托出了，在最后一章中，他分析了胡塞尔那里的一个具体的问题，这个问题是指示因素进入意义理想性之中的直接表现，即胡塞尔有关机遇性表达的问题。胡塞尔举的例子是第一人称的表述，例如："我是满意的。"这种机遇性的表达每次都得根据说话人的处境来获得现时意义。这里的"我"具有不可消除的指示性，胡塞尔甚至认为所有的表达其实都已经具有这种机遇性："一切知觉、信念、怀疑、愿望、希望、担忧、秩序等的表达也都如此。"① 这种机遇性表达恰好体现了一种理想性在场和不在场的交错："为了理解知觉的陈述，我不需要知觉，为了理解'我'这个词，我不需要对对象'我'的直观。"② 德里达从中看到了（又是在隐喻意义上的）死亡和在场的关系："'我是'或'我是活着的'，或'我的活着的现在'都不是其所是，它只有在虚构性开始即我能在它活动的时刻死亡的情况下，才具有对任何意义都固有的理想的同一性。"③ 死亡和不在场也进入主体的起源之初［"从'我是'（je suis）出发进入'我是要死的'（je suis mortel）"④］，作为其替补，而且指示因素或者书写因素在这里起作用，由此才能将机遇性指示和标记出来。德里达说，以上其实乃是语言本身自然具有的普通特点和历史。胡塞尔尽管看到了这些因素，但是他出于形而上学传统的在场目的论压制了这些本该作为更为严格的现象学所应关注的东西。德里达说，全部现象学都陷入了这一在场形而上学的图式之中。他讲："在这个图式的内部，黑格尔学说似乎更加彻底，尤其是他似乎认为积极的无限应该为着分延的不定性的真实显现而得到思考……黑格尔对康德的批评同样适用于胡塞尔。"⑤ 当然，对黑格尔的批评这里还未展开，德里达仍然把黑格尔置于形而上学图示内部，在《论文字学》中将其视为最后的形而上学家。黑格

---

① 〔法〕德里达：《声音与现象》，杜小真译，商务印书馆，1999，第119页。
② 〔法〕德里达：《声音与现象》，杜小真译，商务印书馆，1999，第121页。
③ 〔法〕德里达：《声音与现象》，杜小真译，商务印书馆，1999，第122页。译文有所改动。
④ 〔法〕德里达：《声音与现象》，杜小真译，商务印书馆，1999，第123页。
⑤ 〔法〕德里达：《声音与现象》，杜小真译，商务印书馆，1999，第130页。

尔的哲学仍然是一种独语的哲学，"形而上学的历史是绝对的要自言自语。这种历史，在绝对无限显现为自身死亡时，它是关闭的。一种没有分延的声音，一种无书写的声音绝对是活生生的，而同时又是绝对死亡的"①。这里，形而上学的自语是对胡塞尔心灵独白的特权的呼应。现在，德里达放眼整个西方哲学，立足于延异，提出要进行一种以往形而上学压制了的尚未进行过的"闻所未闻的思想"。这就是整本《声音与现象》所揭示的属于被符号、指示、书写、印记所揭示的延异和再现的领域。

整本书的法国式风格对于我们来说也是需要体会的，在导读中肯定无法全然展示。尽管有些晦涩，但是其思想脉络通过足够细致和耐心的阅读还是能够把握住的。回顾起来，其实就像德里达自己说的那样，他已经系统地把"意义、理想性、对象性、真、直观、知觉、表达"②（还要加上"自我"）的在场模式全部加以揭示，这些被德里达视为在场形而上学的问题无不是西方哲学中最为关键的问题。应该说，仔细读读德里达，穿过重重评判不一的声音，你绝对会收获满满的思想，你不再会把所谓"解构""后现代"这些被赋予德里达的名头等闲视之，也不会被这些说法所迷惑。

当然，他人的创造和精力确实是有限的，德里达一生的思想关键其实都蕴含在这部青壮年时期最具自我标识意图的作品中了。**痕迹—延异—文字**的思想在《声音与现象》之后的作品中被加以发挥，成为德里达思想的标志。读者需要牢记的是，德里达后期的发挥都离不开早期思想的奠基。如果在读了这本书之后，读者还意犹未尽，想探知德里达的其他作品的话，这里列举了一些中文译本。（按照我个人的经验，好好读一读胡塞尔的作品，尤其是从《逻辑研究》开始，是有助于把握德里达的。现象学已经作为重要的思想资源影响了法国 20 世纪的诸多大家，读读胡塞尔的作品是十分必要的。）

已出版的中文译本还有：《文学行动》《胡塞尔现象学中的结构与发生问题》《胡塞尔论几何学的起源》《论文字学》《书写与差异》《多重立场》《论好客》《论保罗·德·曼》《马刺：尼采的风格》《给出死亡》等。尚未出版的还有：《绘画中的真理》（*La vérité en peinture*）、《丧钟》（*Glas*）、

---

① 〔法〕德里达：《声音与现象》，杜小真译，商务印书馆，1999，第 131 页。
② 〔法〕德里达：《声音与现象》，杜小真译，商务印书馆，1999，第 126 页。译文有所改动。

《给予时间》（*Donner le temps*）、《播撒》（*La Dissémination*）、《边缘：论哲学》（*Marges-de la philosophie*）、《签名蓬热/展开蓬热》（*Signéponge/Déplier Ponge*）、《割礼忏悔录》（*Circonfession*）、《阿尔托莫玛》（*Artaud le Moma*）、《每次都独一无二，世界的终结》（*Chaque fois unique，la fin du monde*）、《心灵：他者的发明》（*Psyché：Inventions de l'autre*）、《存档的过失：弗洛伊德印象》（*Mal d'archive：Une impression Freudienne*）、《省略号：访谈录》（*Points de suspension：Entretiens*）、《他者的单语主义》（*Le monolinguisme de l'autre*）、《法的力量》（*Force de loi*）、《有限责任公司》（*Limited Inc.*）……所以，这么看起来，这篇单薄的《声音与现象》的导读的确只是一个小小的但已争取负责任的引向德里达作品的开始。

# 后 记

2019年，在教育部一流本科专业建设"双万计划"申报评选工作中，教育部最终认定了4054个国家一流本科专业建设点，其中哲学类的数量最少，只有13个专业列入国家一流本科专业建设。湖北大学哲学学院哲学专业有幸成为国家第一批13个一流本科专业建设点中的一个。在第一批国家一流本科专业建设点中，10个为北京大学、清华大学等教育部直属高校专业建设点，3个为省属高校专业建设点。在湖北大学哲学学院专业建设过程中，一方面，获批国家一流本科专业建设点是我们专业建设的一个里程碑性事件；另一方面，虽然我们的专业建设有着自己的特色和优势，但是，无论是与教育部直属高校相比，还是与同为省属高校的其他一些高校相比，我们的专业建设还是存在着不少有待提高和改进的地方，其中一个较明显的差距是教材建设。故而，获批国家一流本科专业建设点不是我们专业建设的终点，而是我们进一步促进专业建设的一个良好的和不可多得的契机。

不管是在哪一所大学的哪一个专业，专业建设的一个非常重要的方面是教材建设，这一点对于湖北大学哲学学院来说尤为关键。作为一所省属高校，湖北大学的目标之一是"一流本科"建设，这同样是湖北大学哲学学院的主要追求之一。为了培养一流的本科毕业生，一流的教材建设是我们不可回避的工作重点之一。教材建设也是教育部教学指导委员会一流本科专业建设点检查的主要内容之一。故而，无论是为了提高我们的人才培养质量，还是为了迎接教育部哲学教学指导委员会对我们一流本科专业建设点的检查，学院始终把教材建设作为我们本科教学的核心工作之一。为了加强学院的教材建设工作，在大力推广、使用教育部规划教材、国家级重点教材的基础上，学院需要加强自编教材的编写工作。在过去几年中，哲学学院曾经有过几部自己的教材，如戴茂堂教授、李家莲副教授在人民出版社出版的《哲学引论》(2014)、周海春教授在科学出版社出版的《中国哲学导论》(2016)。但总体而言，我们出版的教材不仅数量较少，而且参与教材编写的教师也不多。相对于我们本科教学的其他环节来说，我们的教材建设工作是滞后的。为了弥补这一缺陷，在申报国家一流本科专业建设点的同时，学院组织全院一些既有较高学术素养，又具备丰富教学经验的老师，从事几门本科哲学教学核心课程的教材编写工作。经过近 2 年的筹备、讨论和具体的编写工作，现有 2 本教材已经完成，分别是阮航副教授和江畅教授主编的《西方伦理学原著导读》、舒红跃教授和宋伟副教授主编的《西方哲学原著导读新编》。在教材编写过程中，我们既注意在课堂教学中所遇到的各种具体问题，同时也把各位编者在各自研究领域中所形成的独特见解纳入教材之中，因而它们是湖北大学哲学学院一线教师多年来的教学经验和研究成果的结晶。另外，在编写过程中，我们既注意突出哲学这一学科的知识性、逻辑性和系统性，同时还注意体现这套教材的趣味性和可读性，因而这套教材既可以供本科生使用，同时也可用作硕士研究生、博士研究生的指定书目。

我们的这部《西方哲学原著导读》之所以为"新编"，是因为它是在我们 2010 年出版的《西方哲学原著导读》的基础上改编的。旧版《西方哲学原著导读》由湖北大学哲学学院当时 10 位在岗教师编写而成，该版本一共有 21 篇，22 万字。最近几年，学院引进了不少新生力量，既有从其他高校引进的教授，也有不少年轻的博士毕业生。为了让我们的本科教学更有针对性，更能发挥现有教师的教学积极性，我们编写了《西方哲学原著导读新编》。参与《西方哲学原著导读新编》的有学院在岗教师 16 人，其中 8 位教师，也就是一半的教师是新加入哲学学院的。经过近 2 年的编写，该教材最终得以完成。改版后的这部《西方哲学原著导读新编》由 26 篇组成，约 41 万字，其中 70% 以上的内容是新编或做了重大修改的。编写人员如下。

| | |
|---|---|
| 柏拉图的《申辩篇》和《斐多篇》 | 戴茂堂 |
| 亚里士多德的《形而上学》 | 陈 俊 |
| 奥古斯丁的《忏悔录》 | 汪 震 |
| 阿奎那的《论存在者与本质》 | 汪 震 |

| | |
|---|---|
| 笛卡儿的《哲学原理》 | 宋　伟 |
| 莱布尼茨的《单子论》 | 江　畅 |
| 休谟的《人类理智研究》 | 陶文佳 |
| 卢梭的《社会契约论》 | 陶文佳 |
| 康德的《纯粹理性批判》 | 强以华 |
| 康德的《判断力批判》 | 戴茂堂 |
| 黑格尔的《逻辑学》 | 强以华 |
| 黑格尔的《精神哲学》 | 强以华 |
| 叔本华的《作为意志和表象的世界》 | 杨宗伟 |
| 马克思和恩格斯的《德意志意识形态》 | 倪　霞 |
| 弗雷格的《涵义与指称》 | 王　振 |
| 胡塞尔的《现象学的方法》 | 舒红跃 |
| 柏格森的《创造进化论》 | 舒红跃 |
| 罗素的《论指称》 | 黄　妍 |
| 卡西尔的《人论》 | 高乐田 |
| 维特根斯坦的《逻辑哲学论》 | 宋　伟 |
| 维特根斯坦的《哲学研究》 | 徐　弢 |
| 海德格尔的《存在与时间》 | 舒红跃 |
| 海德格尔的《艺术作品的本源》 | 庄　严 |
| 萨特的《存在与虚无》 | 高乐田 |
| 梅洛－庞蒂的《知觉现象学》 | 庄　严 |
| 德里达的《声音与现象》 | 庄　威 |

衷心感谢社会科学文献出版社对湖北大学哲学学院教材建设工作的大力支持，衷心感谢周琼编辑为这套教材的出版所付出的辛勤劳动！这次教材出版得到了湖北大学本科生院和湖北省道德与文明研究中心的支持，我们在此也深表感谢！

最后，教材编写中存在着各种缺失之处，主要原因在于统稿者功力和水平有限，诚请国内外专家学者赐正。

舒红跃

2022 年 5 月

图书在版编目（CIP）数据

西方哲学原著导读新编 / 舒红跃，宋伟主编. -- 北
京：社会科学文献出版社，2022.5（2024.8 重印）
ISBN 978 - 7 - 5228 - 0255 - 8

Ⅰ.①西… Ⅱ.①舒… ②宋… Ⅲ.①西方哲学 - 高
等学校 - 教学参考资料 Ⅳ.①B5

中国版本图书馆 CIP 数据核字（2022）第 101333 号

**西方哲学原著导读新编**

主　　编／舒红跃　宋　伟
副 主 编／徐　弢　庄　威

出 版 人／冀祥德
责任编辑／周　琼
文稿编辑／李月明
责任印制／王京美

出　　版／社会科学文献出版社·马克思主义分社（010）59367126
　　　　　地址：北京市北三环中路甲 29 号院华龙大厦　邮编：100029
　　　　　网址：www.ssap.com.cn
发　　行／社会科学文献出版社（010）59367028
印　　装／唐山玺诚印务有限公司

规　　格／开本：787mm × 1092mm　1/16
　　　　　印张：25.5　字数：416 千字
版　　次／2022 年 5 月第 1 版　2024 年 8 月第 3 次印刷
书　　号／ISBN 978 - 7 - 5228 - 0255 - 8
定　　价／128.00 元

读者服务电话：4008918866